U0806654

文
景

Horizon

社科新知　文艺新潮

CONTESTED KNOWLEDGE

Social Theory Today

Steven Seidman

置身时代的社会理论

第六版

*

[美]
史蒂文·塞德曼
著

李 康
译

上海人民出版社

出版说明

史蒂文·塞德曼是美国纽约州立大学的社会学教授。他成长于1960年代，曾从大学辍学，但又为了增进自己对个体世界与集体世界的理解，重新进入学院。在成为社会学家的最初几年，他对美国社会学界无视历史、无视美国和“西方”的状况，缺乏与公共世界的连接而感到困扰和失望。

在这样的背景下，塞德曼转向现代社会思想的根源，想寻求社会学的道德承诺，并尝试重建其与公共生活的关联。他相信社会学的宗旨并不是确立一门关于社会的科学，或打造一套社会学体系，而是融入有关社会世界当下与未来面貌的持续的对话和冲突。

本书详细介绍了马克思和马克思主义作为社会学早期发展的重要人物和重要思想，并将社会理论在现代和当代的发展与其进行了比较。由于塞德曼长久处于以美国为代表的西方文化之中，他对马克思和马克思主义的评价存在不那么恰当之处，或者容易引起歧义。这是由于作者对马克思主义的认识是静态的，并不符合马克思主义不断变化和发展的本质。但作者对社会理论的梳理和评论,读者会有所得益。我们出版本书,并不意味着我们全然赞同作者的立场和某些说法,读者自当有明鉴。

以上种种,敬请读者了解。我们期盼读者的批评指正。

目 录

第六编　修正与反叛：世界秩序理论

第七编　后学科性理论的兴起

序　言

vii

我属于典型的60年代之子。我从大学辍学，将自己的身体视作快乐之源，反叛之源，毅然远行，去改变世界。在我想象中的社会领域，是一块蕴藏着自我更新与集体更新的巨大可能的场地。随着60年代在毒品、暴力以及不是政治极端主义就是自由包容一切的选择中陷入死胡同，我也追随着成群结队的中产阶级涌进研究生院。在我眼里，社会学这门学科有助于领会我的个体世界与集体世界，同时还能促进我去想见一个不同的、更好的未来。

我回忆起自己作为一名社会学家的最初几年所感受到的幻灭。我期盼同事们会与我分享对社会学的道德观照，但现实逐渐令人清醒过来。我钦佩同事们的研究技能和学术成就，但他们很少阅读自己专业领域之外的东西；他们很少有人自觉地将学术研究与公共论辩和争议相关联；20世纪八九十年代的社会学文化大体上显得格局狭隘，在这个世界里，保持“科学的”论述腔调和对地位的患得患失制造出一种故步自封的专家文化。这些个体头脑聪明、意愿良好、三观颇正，但他们的才智却受着一种特别的文化的规训，这种文化常常无视历史，无视美国之外、"西方"之外的各种文化，缺乏与由道德论辩和政治论辩组成的公共世界之间的牢固纽带。这就是职业化大潮之下的残破景象，我对此深感困扰。

我做出了反叛。我转向现代社会思想的根源，为的是抨击社会学不该放弃其道德承诺。从80年代，我开始研究欧洲社会理论的启蒙运动渊源。此前推动我在个人层面和社会层面上做出反叛的那种激情，如今导向了寻求改造社会学。我希望在现代社会理论的最初灵感中找到依据，把社会学看作具备某种道德和政治宗旨来探讨。我发现了自己寻求的目标：将社会分析视作社会批判与变革的载体的那些**启蒙哲人**（philosophes）与经典。

但此后，随着60年代的记忆逐渐褪去，我自己的文字也变得模糊。浸淫在80年代美国不问政治的精神氛围中，我被社会学的学科文化所吸融。我开始自认是名"理论家"，仿佛理论有其自身的研究问题和价值观念，与社会分析和批评不相干。我逐渐在"理论"讨论中迷
viii 失了自我。我在研究中开始感觉到枯燥乏味，缺乏意义，觉得与自己最初要成为一名社会学家的那些道德政治动机渐行渐远。

艾滋病的危机惊醒了我。那是1981年。我还记得读到了一种神秘的病，正在夺取男同性恋的生命。我回想起媒体的歇斯底里，恐同公众的反应，以及政府方面的漠视。我当时正住在新墨西哥，努力写完一本讨论经典社会理论家的书。正当我满脑子都是马克思的《资本论》或涂尔干的《自杀论》时，艾滋病造成的死亡似乎呈指数式增长。对于60年代的社会反叛，本来就出现了反制的逆流，艾滋病的疫情更

加剧了这种趋势。美国似乎再一次陷入了一场重大的政治文化战争的阵痛。作为一名左派，一名男同性恋，我感受到了生命的磨砺和脆弱。我所珍视的进步主义文化遭到了攻击。艾滋病成了敌人，杀害我的朋友，并威胁到我个人。置身这一片社会意义和个人意义上的动荡之中，我有关经典社会学的研究愈发让人感到毫无意义，整个社会学领域亦是如此。

不妨说，我在80年代早期离开了社会学。我完成了讨论经典社会理论的书。但我的关注焦点已经明确转移了。艾滋病以及对60年代各种进步主义思潮的反制完全吸引了我的注意力。我开始收集报章上一切有关艾滋病和社会反制的剪报材料，不再阅读社会学和社会学理论。随着有关身体、性相（sexuality）、性别（gender）和知识的政治进入了我生活的中心，我发现自己沉迷于女性主义、男女同性恋研究、种族理论、后结构主义和文化研究的相关文献。我在这些领域从事阅读和撰述，其实已经不再属于社会学学术共同体。

然而，我后来又回到了社会学。某种程度上，我是作为一名社会学家来写这本书的。原因何在？

或许，我被吸引回这门学科，就像是一名成年未久的年轻人，刚获得一些独立性和个体性，带着几分新确立的归属感，回到自己的原生家庭。社会学就是最初养育我的共同体，赋予我一些新的方式来思考自身，思考社会世界。我意识到，自己越是抗拒社会学，就越是被它所吸引。我意识到，这门学科正是适合我的那类家园。我愿意把社会学想作是某种扩大家庭，甚至更好的讲法是，一个教会。我们带着激情相互争执，有时甚至满怀忿怼，因为我们的最深切的信念，最牢固的价值观，有许多就附着于我们的社会观念，也因为我们彼此之间有着由衷的关切，哪怕不是始终亲密无间，但作为个体，我们都共享着同样的学科历史与文化。

我已经回归社会学，但和自己“出游”之前的那个我已不再完全一样。就像在某个异文化中待过相当时间的人一样，我开始把自己的原乡本土看作无非许多文化中的一个而已。我开始把社会学的种种承诺、概念和知识相对化。尤值一提的是，我开始把战后社会学家之间的理论论辩看成无非是就“社会世界”展开论辩的一种传统。社会学理论家们对其核心问题，比如有关社会行动和秩序的逻辑，有关冲突范式与秩序范式谁更有效的争论，或是有关微观分析层次与宏观分析层次之间关系的探究，都错误地想象成关乎“社会”（the social）的本质。这里的预设在于，如果有任何人在任何时候要严肃地思考一下社会世界，就必然归结到围绕这些议题的思考。按照人类学家的说
ix 法，这就属于族群中心主义（ethnocentrism）的例证，这种做法就是宣称某个群体的特定价值和观念具备普遍性和有效性。比如说，战后西方女性主义者就不曾把这些理论问题界定为核心问题。相反，女性主义论辩所围绕的问题，是性别的自然特性与社会特性，作为社会说明的主导范畴的性别概念，男性支配的起源，私人领域与公共领域之间的关系，身份与差异的性质，以及支配与抵抗的多重特征。

将社会学理论相对化并不意味着否认其重要性。社会学理论中有很多东西很有价值，值得去捍卫，尤其是其从社会维度对自我的理解，用来理解各种制度乃至整个社会的丰富的概念语言，对社会的发展、秩序与危机的阐述，以及其文化性社会研究的传统。不过，社会学

理论也在很多时候变得与公共生活相隔绝，追逐科学这个偶像，到了把自己搞得晦涩难懂的地步。最近几十年尤其如此。许多社会学理论已经放弃了道德维度和政治维度的意向，即不再作为批判性分析与变革的媒介去介入世界。

我回归社会学，宛如初入学科之门，满怀希望找到一处家园，在其中社会分析之所以得到珍视，是因为受到让世界更美好的意愿的激发。这并不等于说要放弃经验研究，也不意味着放弃分析性的视角。不过，我的确相信，社会学的宗旨并不是积累知识，确立一门关于社会的科学，或打造一套社会学体系，而是融入有关社会世界当下与未来面貌的持续对话和冲突。知识能够让我们的生活有所不同，其首要价值就蕴含于知识所想象并助力缔造的那些类型的生活。正是这样的希望，在大约两百年的时间里引领着社会学和现代社会理论。也正是这一希望，激发了本书。

x

致　谢

很高兴能在此向《置身时代的社会理论》各章初稿的多位审稿人（其中有些匿名）或助力此书问世的人们致以谢意。非常感谢佩特·阿卡德、杰弗里·亚历山大、罗伯特·安东尼奥、默勒菲·阿桑蒂、齐格蒙特·鲍曼、罗伯特·贝拉、罗斯林·波罗什、朱迪斯·巴特勒、克雷格·卡尔霍恩、帕特里夏·克拉夫、伊迪斯·库兹韦尔、理查德·拉赫曼、米歇尔·拉蒙、芭芭拉·拉斯莱特、查尔斯·勒默特、琳达·尼克尔森、多萝西·史密斯、斯蒂芬·特纳、戴维·瓦格纳和杰弗里·威克斯。特别感谢杰弗里·亚历山大和琳达·尼克尔森，我何其有幸，多年来就这些话题与两位广为交流。

导　论 1

激发现代社会理论的是一种高贵的宗旨：增进人类自由。社会科学认为人类境况本质上具有社会性和历史性，从而期待社会有可能以理性的方式塑造自身的命运。如果把社会的各项习俗和制度都理解成人类行动的产物，而不是自然法或神圣法的产物，那难道不能对它们加以塑造，以造福全人类吗？

在人们的想象中，社会科学家是某种公共教育者，其首要任务就是公共启蒙。社会科学家在探求真理的过程中，会揭启自由所面临的社会危险，点明进步的前景。社会科学的先驱们，孟德斯鸠、孔多塞、马克思、孔德、韦伯、夏洛特·珀金斯·吉尔曼（Charlotte Perkins Gilman）及杜波依斯等思想家，创造出富有想象力的崭新方式，来理解社会世界的起源和组织。他们的观念所论及的主题在道德维度和政治维度上都有重大意义，比如不平等的起源，科层制对自由造成的威胁，黑人在社会中的处境，女性遭受的剥削。在社会科学的创建先贤们看来，知识是促进社会进步的宝贵手段。

当代社会学理论尚未放弃这项社会宗旨。社会学家继续为观察当下提供批判性的视角，旨在启蒙广大公众。但是，社会学理论，以及较小程度上的整个社会学，却已经越来越与公共生活相隔绝，既有损于社会学，也无益于公共生活。由于社会学理论家已经从自己作为公共教育者的角色中抽身而出，他们的观念也失去了社会针对性。不仅如此，理论家们的社会权威渐趋衰微，也不利于广大公众。社会学理论曾经是公共论辩的催化剂，是批判性社会视角的重要源泉。但随着理论家及许多社会学家变得只关注故步自封的学科关切，公共官员、活动分子、政策制定者、新闻记者及媒体评论者开始承担公共知识分子这一重要角色。不幸的是，这些人尽管也常常富有思想，不乏
2 洞见，却往往格局逼仄，只盯着特定的议题或政治事件，像是军队里的同性恋、中东冲突或选举政治。他们面临着压力，要符合商业角度的截止时限和规范标准。有鉴于此，他们的社会观念常常缺乏概念深度和历史深度，而这本是社会科学的题中应有之义。社会学家和批判性社会科学家打磨出的社会观念，才能滋养出充满活力的民主公共文化。

社会学理论为何会变得与公共生活愈益隔绝？社会学还是在产出才智令人赞叹的理论家，但社会学的文化越来越脱离整体上的公共文化。社会学理论渐趋故步自封，在一定程度上反映出，事实上，理论家往往只是面向其自身所属的专家文化的成员。目前通行的社会学理论，大多根本不说宽泛的公共语言；这门学科文化的惯例与关切使得他们的观念要么不能被一般公众轻易理解，要么与时下道德议题和政治议题在日常生活中的讨论方式互不相干。真相是可悲的：现如

今，出了学院理论家的小圈子，社会学理论几乎没人读，美国的情形尤其如此。

如果说社会学理论深陷困境，原因之一就在于追求一种有关社会和历史的统摄全局的理论。从孔德开始，经过帕森斯和哈贝马斯，一直到兰德尔·柯林斯，理论家们都在努力揭示社会秩序与社会变迁的深层原理。这些理论家相信，社会知识的核心是一些非常一般性的问题，比如社会行动与社会秩序的本质，或者个体与社会制度之间的关系。理论的任务就是解决这些据说是基础性的议题，或是揭示社会生活的普遍原理。因此，理论原理的核心就是为社会研究和社会分析提供引领。不幸的是，针对社会知识的核心预设、概念及说明模型，理论家们未能达成任何接近共识的认识。同样可悲的是，理论家们一心想为社会知识提供确凿的基础，但这样的欲求却往往把他们引向一系列晦涩难解的概念论辩与方法论论辩，并且这些论辩大多徒劳无益。社会学理论家面临危险，无论研究者还是公众都不再关注他们。

社会学需要重新担起其作为公共教育者的角色，以便为公共讨论更趋审慎周全做出贡献。就此而言，我希望看到社会学理论重新聚焦于具有广泛公共意义的议题。理论家们不再被狭隘的学科惯例与争执所驱动，而应郑重努力，以晓畅易解的语言，应对我们所处时代的社会政治关键论辩。理论家们需要找回社会理论核心的道德冲动，再一次把自己看作是公共教育者，投身时代的议题。激发《置身时代的社会理论》的，正是现代社会思考最初的承诺：社会理论能够产出的观念，有助于打造一个更好的世界。

彼此冲突的几种社会理论观

自启蒙运动以后，社会理论的意义究竟何在多有争议。有三种理论观处在论辩的核心：作为科学的理论，作为哲学的理论，作为道德的理论。

3 **科学型社会理论**(Scientific social theory)设定，科学是唯一有能力达成可信的社会知识的方法。我们有关社会的常识观念，以及诗人、小说家、新闻记者、社会评论家们的社会理解，据说都只是在表达个人价值和意见。只有科学告诉我们什么是真切实在的。社会科学的理想就是要发现映射世界的观念；与之相反，寻常民众的观念只是映射出个人的信念或政治意识形态。

科学型理论家一心想发现适用于古往今来所有社会的人类行为的法则或原理。例如，奥古斯特·孔德孜孜以求，认为他找到了主导社会如何确立秩序及发生变迁的法则；马克思希望揭示资本主义的法则；美国社会学家兰德尔·柯林斯和彼得·布劳试图归纳主导社会生活各关键面向的原理，比如社会冲突、秩序、变迁、和平与战争。在这些理论家看来，物理学或生物学这样的科学堪为社会理论的样板。真正的知识要求我们把各种观察、研究和事实组织成一般性原理或法则，并通过重复检验加以证明。

而**哲学型思路**(Philosophical approaches)与科学型理论家一样，也立志要揭启永恒的社会真理。从某些角度来说，哲学取向的理论家比科学型理论家甚至更具雄心抱负。哲学型理论家不满足于揭示一般原理或社会法则，还企望发展出有关人类行为和社会进化的统摄全局、四海皆准的理论。然而，哲学型理论家并不是基于观察和事实来发展其观念，而是相信，在实际研究之前，必须先有严格的概念思考。我们必须先有关于社会生活性质的特定观念，才能对社会生活展开观察与记录。我们是聚焦于个体还是社会群体？是个体行动者塑造了社会，还是说个体基本上只是针对社会力量做出调适？在塑造社会生活时，宗教、经济、阶级或科层制等，究竟是哪一种社会力量最为重要？简言之，哲学型理论家旨在确立能够引领实际研究者的有关人类行为和社会生活的核心范畴与观念。塔尔科特·帕森斯与尤尔根·哈贝马斯或许是这个传统中最杰出的两位思想家。我们将会看到，他们是把理论当作一项严肃的话语规划来实施的。理论就是要去推断社会生活最基本的面向，比如说，社会秩序如何可能，或者是否存在历经千百年的社会变迁模式？哲学型理论家会说，埋论的宗旨就是要提供基础性的概念和观念，能引领实际研究者和社会分析者的工作。

科学型理论家与哲学型理论家的风格迥异。科学型理论家主要靠实际研究者提供的观察和事实来展开工作。他们的宗旨是将经验研究组织成一套社会原理或法则。与之相反，哲学型理论家在提出自己有关人类行为和社会生活的观念时，会耗费大量时间思考其他思想家的观念。帕森斯的主要作品《社会行动的结构》就是研究几位欧洲思想家的观念，并没有讨论任何实际研究。他的宗旨就是要提出一套有关社会行动的一般理论。无独有偶，哈贝马斯的《沟通行动理论》也是一场虚拟旅行，遍览19世纪中叶至今的欧美哲学与社会理论；

他力求揭示人类沟通的基本结构，将其作为有关社会的一般理论的基础。

4 理论家们试图要做的并不只是理解社会，还要改造社会。尽管有许多思想家相信，自己的社会角色应当只限于揭示社会真相，但也有些思想家主张，理论应当参与改造社会生活。这些思想家倡导**社会理论的一种道德观照**（a moral vision of social theory）。由此观之，社会知识之所以有价值，是因为它有潜力让世界成为更好的生活空间。

把理论当作一种道德实践或批判实践，这是现代社会思考的核心内容。许多理论家打磨出强有力的社会观点，倡导对自由和民主所遭到的威胁做出社会和政治维度的特定回应。针对阶级冲突、男性支配、宗教信仰的衰微、团结纽带的危机、社会的科层化等，理论家们都提出了强有力的批判性分析。受道德激发的理论的宗旨，就是要警示公众存在某种社会危险，以便促进政治行动，有时更引领政治行动。

想想马克思揭露资本主义是一种阶级分裂的剥削型社会。他对资本主义的批判是为了助力工人阶级的社会反叛。或者，另举一例，罗伯特·贝拉及其同事们合编了《心灵的习性》，一部经验材料丰富的美国社会分析，为的是警示美国人正面临着某种文化的威胁，该文化倡导个体自利，代价是牺牲共同体的价值观念。女性主义者与酷儿理论家也提供了批判性社会视角，挑战男性支配与异性恋支配；在吁求性别正义与性的正义（gender and sexual justice）的各项运动的形成过程中，她们的批判发挥了至关重要的作用。

以道德的思路对待理论和社会分析，并不意味着放弃对真理或经验知识的坚守。不过，有些理论家注重社会思考的政治意义与道德意义，可能就不一定会认为，理论或具体研究始终能够产出确凿的真理。这些思想家捍卫社会学家的独特角色：作为社会批判的社会分析。在他们看来，真相或许有可能获得，但我们不能也不应放弃我们在道德上和政治上对一个更好的世界的坚守。

尽管科学型思路和哲学型思路居于上风，但绝大多数理论家事实上并未放弃对社会科学的某种道德型观照。绝大多数理论家仍然承认，哪怕是左躲右闪被迫承认，社会知识的终极价值，还是在它能给人类带来的无论什么福祉。理论家和社会科学家这群人，整体上还是有很多人关心民众，认为自己的努力应当为社会造福。但真相令人遗憾：在评判社会研究与理论的价值时，这个道德性的希望往往并不被视为一项重要标准。对于绝大多数社会科学家来说，这只是一种希望，一种由衷的希望，但并不认为会影响有关方法、概念、说明、研究目标的决定。这并不等于说，社会科学家的价值观念与道德观照在社会研究中找不到显著位置。无论一位社会科学家有可能多么希望在自己的工作中清除道德立场，它们始终都在。然而，不幸的是，尽管道德立场塑造了社会科学，但在我们所做的工作中，它们却往往不被承认或没有体现。

这三种社会理论观也就是理论阐述的**风格**（styles）。而理论家们常常会兼采这些风格。马克思既致力于哲学型的概念分析，又力求揭示资本主义的法则，还猛烈抨击现代社会。塔尔科特·帕森斯的《社会行动的结构》是对社会行动这个概念进行的哲学分析。但此后，帕 5
森斯又对纳粹主义、家庭动力机制、现代种族主义做了经验说明，力求将其理论观念付诸应用。此外，这位不知疲倦地捍卫社会真理的人，也不屈不挠地倡导着美国自由多元主义，对抗社会主义左翼和保守主义右翼。

当然，这些思路之间也存在着张力。比如说，科学型思路对价值观念或政治信念侵入社会分析抱持敌意。但虽然科学型思路非常想要坚持“只凭事实”，事实和观察却常常无法在不同的概念思路之间做出裁断。面对有关社会世界的经验论辩，要把握其更深层的概念支撑，往往必须进行哲学型的概念分析。或者，哲学型思路在探询逻辑上具有说服力的基础性概念的过程中，也常常深陷晦涩难解的论辩，远离实际研究者、活动分子或政策制定者的关切。而那些倡导道德风格的人又必须奋力调和党派之见与学术研究的理念。即便是坚定倡导抱持某种道德观照来做人的研究*的人也必须承认，他们的观念的有效性本身有可能取决于其公共权威，而自己的党派之见又有可能削弱这样的权威。我们在分析社会理论的当代意义时，将会考察科学型、哲学型和道德型三种观照之间至关重要的张力。

---

* 本书原文和中译严格区分“人的研究”（human studies）、“人的科学”（human sciences）和“人文学”（humanities）。——译者注。若非特殊说明，全书下同

第一编

经典传统的兴起

第一编　引言 9

每一个群体，每一个社会，似乎都会发展出对人类行为的自有观点。或许这反映出我们维持生存依靠的是计划而不是本能；又或许这是一个使用语言来进行思考与沟通的物种的固有本质。无论如何，我们发现，纵观历史，人际联合总是伴随着有关人的动机、社会互动和社会秩序的观念。不过，并不是所有社会都产生"社会思想"，或类似于深思熟虑、系统周详的努力，要就社会生活给出世俗的说明。与此类似，也不是所有社会都会创造出以分析和争辩社会观念的真理性为宗旨的社会机构（比如大学、出版社、期刊等）和社会角色（比如教授、社会批评家、评论家等）。

要确定社会思想的起源何在是不可能的。在许多所谓的古代文明里（中国、埃及、希腊—罗马），我们看到有各式各样的社会思想传统。比如，在古希腊，柏拉图、亚里士多德和修昔底德打磨出针对战争、家庭与国家的起源、宗教与政府的关系等方面的社会分析。亚里士多德的《政治学》就不同的政治体制的形成，个人、家庭、文化与政治之间的相互关联，给出了丰富的社会阐述。尽管像柏拉图和亚里士多德这样的思想家对人类及社会富有洞见，但大多数历史学家并不会认为他们是社会科学的创建先贤。

是什么使得前现代时期的社会思想有别于社会科学？或许是因为相较于前现代社会思想的各个传统，社会科学对世界与社会知识所持有的预设都有不同。古代社会思想与基督教社会思想往往把宇宙看作是永恒不变的等级秩序，无论人类还是非人类，一切存在物都在其中拥有比较固定的恰当位置与目的。前现代社会思想在看待人类行为时，往往归入有关宇宙整体自然结构与道德结构的观念。比如
10 说，亚里士多德的社会思想就不太关注说明各类社会模式，像是社会阶级在塑造政治中所扮演的角色，而更侧重于以综合全面的生命哲学为背景，勾画一个理想社会。社会科学已经放弃了其希腊和基督教时期先辈们的那种静态等级世界观。现代社会科学家大多已经不再费劲打磨一套综合全面的生命哲学。社会科学所占据的观念世界，已经有别于前现代“西方”社会思想。

在接下来的四章中，我们将初次领略现代社会思想的世界。18世纪到19世纪早期的欧洲是社会科学诞生的主要家园。我们从启蒙运动的观念出发，经由奥古斯特·孔德、卡尔·马克思、埃米尔·涂尔干和马克斯·韦伯的著述，勾勒现代社会理论的发展。这些思想家构筑了被视为现代社会理论经典传统的核心。

第一章 11

论一门有关社会的科学：启蒙运动与奥古斯特·孔德

18世纪的欧洲孕育了一些令人瞩目的社会思想家，包括伏尔泰、休谟、亚当·弗格森、孔多塞、孟德斯鸠、亚当·斯密和玛丽·沃斯通克拉夫特（Mary Wollstonecraft）。尽管他们在哲学、自然科学和文学领域撰述广泛，但在社会观念方面的产出体量更令人瞩目。尤值一提的是，启蒙运动社会思想家们（启蒙主义者［Enlighteners］）与古希腊和基督教的社会思想传统分道扬镳。他们开创了一门新的有关社会的科学。

尽管启蒙主义者们是怀着十字军战士一般的热忱来投身科学事业的，但他们并非这项事业的原创者。迈向一种科学的世界观的重大突破发生于15世纪到17世纪，乃是哥白尼、开普勒、伽利略和牛顿的诸般努力的结果。从当时的角度来看，献身于科学，无异于对通行的亚里士多德—基督教世界观发出了重大挑战。在现代早期的欧洲，宇宙被视为一种等级秩序，所有存在物（人、动物、植物、属灵）都在这个神创的有序宇宙中，拥有一种恰当的位置和目的。自然世界与社会世界被视为灵性角度上充盈着价值、意义与目的。与之相反，科学革命把宇宙理解为一个机械系统，由遵循自然法则的运动中的物质构成。无论是神圣目的，还是人的意志，都会变成科学世界观中的边缘特性，事实上是可有可无的特性。

但即使启蒙主义者不是科学革命的缔造者，他们也是其重要的推广者和宣导者。他们以笔为旗，借口布道，证明了自己在把科学介绍给受过教育的欧洲人的过程中不可或缺。不仅如此，他们自身也是创新者，相较于在自然科学方面的努力，他们对人类行为的研究更具成就。他们贬斥了此前大多数社会思想，指其建基于偏见、意见、天启、哲学推断以及传统；而他们主张，真正的知识只能依靠事实与科学方法的确凿根基。启蒙主义者与将社会视为某种神意秩序或自然秩序
12 的观念分道扬镳，转而把社会理解为一块由个体互动组成的“场地”，对人的各种意向做出回应。启蒙主义者创造出一种在现代西方逐渐取得主导地位的社会世界观。居于其核心的观念，乃是人创造了社会；我们通过自己的行动，塑造出一个由各种制度组成的世界，而这个世界又反过来塑造了我们。个体与社会制度之间的相互作用决定了人类的历史与未来。有关社会的这门科学的宗旨，就是要揭示不同社会中人际联合的共同模式。

启蒙主义者确实倡导科学型世界观，但只是在有所裁剪以适应自己目的之后。他们和当时许多受过教育的男男女女一样，也在科学型世界观中看到了理智对于偏见的胜利。然而，一想到科学把宇宙设想为一块纯粹物质主义的机械论的场所，没有给自由和道德留下任何空间，他们也被这场革命所困扰。或许要靠孟德斯鸠、亚当·斯密和孔

多塞的天才智慧，他们才能将科学与自由人文主义世界观相嫁接。要实现这一点，靠的是把人类历史设想为个体行动的产物，但要以法则一般的方式，形成一定的模式。因此，孟德斯鸠在其巨著《论法的精神》中，将各类政治体制中的变异既诉诸地理、气候和宗教等自然因素与社会因素，同时宣称证明了这种变异受到人性约束的限制。[1]与此类似，当孔多塞以宏阔的眼光将历史视为人类进步的征程，他也相信，是争取人类自由的驱动力说明了为何有些社会比别的社会进步更快；同时他又认为，是我们共同的人性，创造出不同社会之间的重要共性。[2]

启蒙运动的思想家们既一心要理解人类行为，又立志用科学来促进自由与进步。但是，科学如何能既作为一种道德上中立的知识工具，又充当一种社会进步的载体呢？孔多塞在《人类精神进步史表纲要》中提出，科学的本质，即依赖事实与观察，接受批评与修正，这本身就会促进个体主义、宽容、平等和民主。他据此认为，科学的进步会自动转译为社会的进步。时至今日，经历了纳粹主义、广岛核爆，以及广泛曝光的科学通过医学与精神病学实施酷刑和控制，我们当然会质疑，科学是否必然与自由主义、人文主义的价值观相携以进。启蒙主义者是否并不可能将自己的自由主义价值观融入科学？许多启蒙运动思想家主张，社会科学只要捕捉到历史的法则，就会洞悉正确的社会规范与社会政策。然而，事实上，所谓的客观历史法则也有可能被科学家的社会价值观与利益所涂抹扭曲，我们又该如何防备这样的可能性呢？如果社会知识是要引领社会事务，我们就需要确定，我们的社会观念真的映射了客观世界，而不是我们的主观世界。但我们又如何能确定这一点呢?

启蒙运动思想家们的社会动机引发了更多的疑虑,他们的科学型观照恐怕并非完全没有道德与政治上的意涵。启蒙运动的这些伟人生活在社会动荡的时期。欧洲各社会都分裂为两类社会群体,一类捍卫社会等级秩序与现状(即教会与土地贵族),另一类像是工商企业
13 主、农民和劳工,奋力谋求自由、平等与民主。启蒙主义者大多来自社会特权家庭(贵族或议员的儿子),但一般不属于把持统治权的僧侣和贵族精英。他们的生计既不受到统治精英的保障,也没有20世纪发展起来的那种独立大学体系为依托。作为受过教育但殊少社会特权的男性,他们能共情的对象,一般就是那些想要推动社会变迁的人。

启蒙主义者也都投身当时的社会斗争。他们作为积极论战者和社会批评家的活动都面临重大风险,从缴纳罚款和经济上缺乏保障,到被迫流亡、身陷囹圄,甚至遭到处决。事实上,他们中有许多人是用化名或笔名写作的,并且作品里的批判论调也用幽默或戏仿精心掩饰。既然他们一般都不是地主或议员,他们的战场就是文化。他们要驳斥的信仰和社会规范,就是拥护一个基于社会等级、不宽容和不平等组织起来的社会。在18世纪的法国,斗争主要就是针对天主教等级秩序。一方面,启蒙运动思想家要力争公共表达自由、言论自由和宽容异见。另一方面,他们的斗争又聚焦于这样的议题:社会中应当通行什么样的信仰、价值观和社会规范。换言之,启蒙主义者要就基于基督宗教文化组织起来的社会的合法性展开争辩,就等于挑战了土地贵族和教会等级秩序的根基本身。由此观之,他们投身于科学的事业,作为其斗争的核心要素,以塑造欧洲乃至全人类的未来。

鉴于启蒙主义者的前辈们为科学型世界观所做的突破，启蒙主义者以科学为载体来挑战基督教文化，也就没有什么可惊讶的了。公众通过伽利略及其他科学创新者被指异端邪说而遭到的迫害，把科学与社会反叛联系在一起。不仅如此，无论是教会，还是抨击教会的人，都把科学型世界观解读为对基督教宇宙论的严重威胁。如果宇宙被看作受机械法则主导，那么上帝就无异于一个边缘性的超然观察者。既然上帝在自然事务和人间事务中的角色都被化减为区区观察者，那么教会的社会角色也就相应削减了。

科学型世界观挑战了教会的公共权威。在科学勾画出的宇宙里，所有的存在物都被化约为运动的物质。唯一值得考虑的差异关乎形状、力量、质量或速度。关于灵性存在物及其行动（比如天使或道成肉身）的存在，关于使我们有别于动物的人类灵魂这个观念本身，基督教的相关基本信仰都陷入受质疑的境地。与此类似，既然科学设定真正的知识乃是基于观察、事实和科学方法，在启示、传统和教会权威基础上确立起来的基督教知识也就信誉不保了。最后，我们还应当注意到，与西方现代科学相维系的社会价值观和启蒙主义者的社会价值观之间有着密切关联。比如，牛顿式的宇宙把所有存在物都置于平等的基础上；科学知识本身也不是继承的权利或天赋，而是教育和努力的结果；自然法则适用于宇宙中的一切存在物。简言之，科学革命似乎 14
与现代自由主义价值观念和谐相融，与希望社会改良的那些群体的社会行动议程也完全合拍。话说回来，将科学宇宙论转译成某种社会世界观的并不是伽利略或牛顿这代人，而是要等到启蒙主义者。

科学革命的第一阶段（自15世纪到17世纪）依然让上帝和教会葆

有大权，到了启蒙主义者发动的第二阶段，上帝就成了私人信仰之事，而教会则成了人类创设的机构，不配享有任何特别的公共权威。启蒙主义者对作为知识、社会规范和公共价值之源泉的宗教严加抨击，从而直接挑战了教会及土地贵族的社会权力。如果真正的知识是建立在观察和事实基础上的，那么基于启示或传统的宗教就只不过是意见或幻觉了。事实上，许多启蒙主义者指责教会之所以发明基督教，是为了让大众始终处在敬畏、恐惧和愚昧状态下，以便自身赢得社会特权。既存的社会秩序与教会等级秩序、君主王室和土地贵族结为同盟，被视为脆弱的人为创设，仰仗的宗教根基业已摇摇欲坠。

启蒙主义者倡导科学的事业，从而有能力发动对社会现状的正面抨击。不过，他们的批判方式若此，恰恰很容易被反诸自身。如果说教会塑造了一种世界观，掩盖了自身对于社会权力的欲望，那启蒙主义者不也同样如此吗？他们不就是想用科学取代宗教，用科学家取代牧师吗？声称只有科学能够确保真正的知识，确保社会的进步，这不就是一群上升中的社会精英希望把自己对权力的欲望合法化的另一种伎俩吗？

尽管启蒙主义者大谈科学乃是基于事实、观察和方法，但却忽略了一点，科学和宗教一样，也是依赖于一些无法从科学角度证明的观念的。一旦我们注意到这一点，我们的怀疑就多了几份可信。比如说，所谓人是自然的存在，自然是均衡一致如法则一般的，观察能产出知识，历史是有规律可循、有目标导引的，这些主张其实都无法通过科学来证明。这些信念说到底都属于信仰之事。不仅如此，尽管他们反复保证，说他们的社会说明有着事实的牢固基础，但他们的同时代人和后晋晚辈们却提出了严肃的质疑。例如说，孟德斯鸠坚持其科学思路，宣称“我（有关社会组织）的原理并非源于我的偏见，而是来自事物的本质”。[3]但是，“事物的本质”真的揭示了像孟德斯鸠所认为的那样，决定政治体制的主要因素是气候，而不是宗教或社会阶级？当孟德斯鸠提出，寒冷气候孕育出来的人勇敢、慷慨、能耐受痛苦，当他用寒冷气候所导致的急躁来说明“英国人对自由的热爱”时，他只是在表达“事物的本质”吗？还是说在表达他自己的偏见？或许更能体现启蒙运动社会思想的道德模式化意味的，是他们有关人类进步征程和理智战胜迷信的宏大故事。这些叙事令人生疑，颇像是基督教千禧年主义的世俗版本。简言之，给我们留下的印象是，启蒙运动的科学实践对真理的担保其实和宗教的担保一样脆弱。宗教的支持者和科学的倡导者之间的文化冲突，其争斗的焦点似乎只是如何塑造社会的面目，谁有权利将社会规范和理念合法化。

启蒙主义者纵然称颂科学是呈现真理的媒介，却又将科学用作社 15
会变革的有力工具。他们坚信科学是通往真正知识的道路，这种信念十分真诚，我们毫无理由怀疑。他们接受说科学之等同于真理，宛如他们的前辈承认基督教等同于信仰。当信念成为社会中大部分人的常识性理解，信念（beliefs）也就固化成了一种信仰（faith）。从18世纪中叶到晚期，科学已经成为许多受过教育的欧洲人所珍视的世俗人文主义世界观的核心内容。不仅如此，在许多欧洲人的心目中，科学既象征着一个新的启蒙时代，又是一种社会进步的力量。倡导科学，就是与人类进步的征程保持步调一致。基督教或许是启蒙运动嘲笑的对象，但基督教所信奉的所谓真理将带来拯救，却仍然鼓舞着哪怕是受过启蒙的心智。

启蒙时代或许并不是它的杰出思想家及其许多继承者所相信的那样，是人类历史上的伟大转折点，但这个时期的确称得上风云跌宕，变革激越。商贸扩张，自由开明的政治制度形成，欧洲社会的阶级组织初显端倪，这些都展现出一种新的或“现代的”社会类型的轮廓。依照许多人的理解，尤其是西方社会的人，这些变革都体现出人类的重大进步。由此观之，科学既是进步的象征，又是进步的主因。

倡导启蒙运动的人也自有诋毁他们的敌手。并不是18世纪的每一个人都热情拥护启蒙运动。所谓科学等于真理，所谓现代时期的方向就是势在必然的人类进步，批评者们驳斥了这样的等式。启蒙运动激起了反启蒙运动。后者就像前一场运动，展现出纷繁多样的面目。“浪漫派”批评者，比如英国诗人华兹华斯和柯勒律治，倡导直觉与情感，精神追求，以及自然、人类与上帝之间的统一。[4]而像埃德蒙·伯克和约瑟夫·德·迈斯特这样杰出的“保守派”社会批评家，则主张一种珍视宗教和传统的社会理念。[5]至于法国激进派格拉克斯·巴贝夫和夏尔·傅里叶之类的革命派批评者，捍卫的是与田园牧歌般的农业社会理想相维系的平等主义价值观。[6]反启蒙运动的这些支脉各具特色，但都从深层厌恶经济上的个体主义，文化的世俗化，知识的科学化，以及社会进步的教旨。

当自由与社会变革的新精神席卷欧美，启蒙主义者内部以及他们和反启蒙运动批评家之间的意识形态冲突也愈发激化，进入公共生活的中心。而这些文化冲突的核心，就是对科学的意涵及其社会意义的追问。

启蒙运动关于社会的科学的继承者们也接续了启蒙主义者对于科

学的信仰，同时将赋予科学的崇高道德希望一并吸纳。然而，面对法国大革命毫无节制的冷峻现实，或是启蒙运动世俗人文主义遭遇的诸多批评者，启蒙运动的继承人们几乎无法视若不见。到了19世纪初，支撑起经典大家的宏大观照的，正是有关科学、社会和历史变革的观念冲突。

奥古斯特·孔德 16

孔德生活在法国社会剧烈动荡的时期。许多欧洲人对法国大革命（1789年）寄予厚望，但后者转向政治恐怖主义，未能实现一个新法国，这厚望也落了空。不过，启蒙运动时代所激发的对自由与进步的热忱信仰，并没有随着革命的渐渐远去而消失。孔德也分享了这份启蒙信仰。他和许多同时代人一样，都对19世纪最初几十年的王权复辟倍感沮丧。一边是启蒙主义者和革命派，另一边是帝国与王室的拥戴者，孔德的社会思想就是在这样两方撕裂中的法国形成的。

在孔德的眼中，19世纪上半叶的法国深陷社会危机。启蒙运动与法国大革命在相当程度上破坏了旧法国，一个由教会和拥有大量财富及土地的贵族所支配的法国。然而，革命并未能够创立一个新法国。启蒙主义者，尤其是点燃革命的那些最激进的分子（例如卢梭和罗伯斯庇尔），正确地揭示了农民与劳工的受压迫状况，批判教会与贵族的腐败。不幸的是，他们的乌托邦式社会希望并没能转换成切实可行的社会改良行动议程。一旦革命派接掌了权力，他们的统治就迅速蜕化为激烈的权争与暴力，残暴的镇压取代了理智与法制。这绝非意外。

就此而言，孔德认为，对启蒙运动的批评，主要是来自保守传统和天主教正统的声音，指责启蒙运动思想家未能理解社会变革必须基于习俗与传统，这说的没错。不过，这些保守派批评者表达的只是选择之一：捍卫现状，抵御他们预见启蒙主义者的改革将会造成的混乱。基于此前一个世纪业已发生的社会变革如此深广，孔德并不认为这样的立场能守得住。法国整个国家已经开始变成一个现代工业社会，这种趋势无可逆转，昭示着社会进步。

奥古斯特·孔德（Auguste Comte，1798—1857）出生于法国蒙彼利埃（Montpellier）。孔德的观念是在法国大革命和反革命对抗的动荡中形成的。因此就不难理解，孔德为何特别关注社会如何确立社会秩序，又是如何变革的。孔德主张，社会历经三阶段发生系列演进。而社会进化的驱动力就是时代的主导观念。最后一个阶段，即孔德所称的实证阶段，是由科学知识所引领的。孔德想象社会学将成为科学时代的最终果实。社会学将揭启社会生活的法则，促成重大的社会进步。

17 法国处在社会转型之中。旧法国垂垂死去。王室复辟，教会与贵族重掌权力，也只能激起社会混乱。变革不可遏止。然而，革命派所设想的新法国，一个奉行普遍权利、平等、大众民主和世俗人文主义的社会，却招致了社会失序。启蒙主义者坚信，将会有一种理性，为一种合乎理想的社会秩序的各项法律和制度立法。但与此信仰相反，新社会并未能遵照理性的指令有序塑造。社会并非一大团黏土，任我们如愿拿捏成型。孔德相信，正是启蒙主义者的这种理性主义信仰，导致了法国大革命的失败。社会变革必须基于一个国家的过去的鲜活传统，基于对社会秩序原理的理解。

法国处在社会危机之中，处在激进变革的倡导者与衰亡社会秩序的捍卫者的两极对立之中。这导致社会状况相当不稳定，19世纪法国在共和、帝国与王朝之间更迭频仍，即为明证。孔德本人一生历经七个不同政权，从短命的共和政府，复辟的王朝，到拿破仑的帝国。社会动荡并不只是政治方面的。法国经历着剧烈的工业化，给这个很大程度上仍属于农业社会的地方带来了巨大的社会紧张。教会和贵族统治精英正遭到颇具实力的实业家和银行家阶层的挑战，而后者又遭到心怀不满的农民、劳工和手工业者的威胁。

孔德希望找到破解这种社会僵局的出路。他提出一套社会改良方案，给出了一种配合社会进步步调的法国社会观照。而这场社会改良的载体，就是一门有关社会的新科学，孔德称之为社会学。

孔德对社会学的科学型观照

孔德觉得，当下这个时期属于历史的转折点。根据有些欧洲人的解释，当前的社会危机象征着社会的衰落，但孔德却把这理解为标示着无限人类进步的新纪元的诞生阵痛。

究其本质，当前的危机是文化方面的。法国和整个欧洲一样，承受着文化剧变的镇痛，而这文化剧变将最终塑造所有社会的命运。人类正要经历其文化根基的重大转型。这场变革包括从宗教的世界观、形而上学的世界观转向科学的世界观。宗教的、形而上学的、科学的世界观之间的这种文化冲撞，在19世纪的法国达到了最高潮。正是这种有关人类心智演进的宏大观照，支撑了孔德关于欧洲文化危机的观点。

孔德认为，他已经发现了主导人类心智进步的法则。根据所谓的“三阶段法则”，人类心智相继经历三个思维阶段：神学的，形而上学的，实证的。在第一个阶段，即神学阶段，人类心智诉诸超自然实体（例如精灵、神圣存在和神祇）来说明现象的起源及终极目的。基督教世界观就是神学阶段的典型例示。在第二个阶段，即形而上学阶段，人类思维继续寻求揭启事物的起源与终极目的，但诉诸本质或抽象力
18 量（例如人的理性或自然法则）。笛卡尔或莱布尼茨的哲学体系就是形而上学阶段的具体体现。第三个阶段，即实证阶段，人们不再探寻本质、起源与终极目的，而是努力说明事实之间的相互关联与前后继替。哲学性或宗教性的玄思让位于对自然法则和社会法则的发现。实证阶段体现着现代科学的时代。

孔德并不只是勾勒出一系列变革，而且是一场渐次进步的历史发展。各门科学所体现的不单单是对宗教和哲学的一种取而代之的世界观，而且是从玄思到真理的一次突破。孔德作为启蒙运动的继承人，相信发现一种有关真理的语言就是人类的转折点。无知、幻念和谬误的密网拖慢了甚或阻遏了人类进步的征程，而真理将把人类从这密网中解放出来。

孔德相信，每一门科学都会历经这三个阶段，但速度不一，取决于它们的难易程度。各门科学中最一般、最简单的门类，会先于那些更

具体、更复杂的门类。因此，孔德提出，数学和天文学将先于物理学、化学、生物学和社会学，达到实证阶段。换言之，孔德认为，人类将能够在远离人世考虑的事情上（比如数学、天文学或物理学）最先摆脱宗教性和形而上学性的观念。一旦我们有关自然界的观念摆脱了宗教性和形而上学性的信念，就有可能对人间事务也采取科学的思路。有鉴于此，社会学作为对人类的研究，是最后发展出来的科学门类，因为它最复杂、最具体。

社会学是一众科学门类中的女王。它与其他科学门类不同，不是分析生活中狭隘的一小部分，而是要整合全部有关人类的知识。孔德仰仗生物学来统摄其社会想象和语言。用有机体的术语来将社会可视化，视之为一个系统，通过其功能上相互依赖的各个组成部分的正常运作，满足其各种“需求”。社会和所有有机体一样，以缓慢、连续和线性的方式成长，展现出从简单到复杂、从潜在可能到自我实现的运动。社会学将成为有关社会的**唯一**科学，其目标就在于发现主导人类组织和进化的普遍法则。

孔德认为社会学由两部分组成：静力学与动力学。社会静力学（Social statics）分析社会的结构和功能运作；它描述社会的基本组成部分、它们的功能和相互关联。社会动力学（Social dynamics）则考察人类的进化；它揭示变革的源泉、阶段和方向。孔德的宗旨至少是勾勒社会静力学和动力学的普遍法则，这个规划肇始于他的《实证哲学教程》（1830—1842），并在其《实证政体体系》（1851—1854）中宣告完成。[7]

孔德的社会学首先预设，每一门科学都有其自成一类的研究对象。孔德摒弃了许多启蒙运动思想家的共识，认为再把社会理解成个体的集合是一种错误。相反，他认为，社会是由独立于个体心理因素的社会互动、社会规则及制度组成的。社会静力学*考察了这个社会世界的结构与功能运作。首要的问题就在于说明社会秩序，尤其是现代社会中的社会秩序。鉴于工业化社会大力倡导个体主义，又如何遏
19 制自利，以促成社会稳定？孔德在说明社会秩序时，强调家庭、政府和宗教的角色。家庭为个体提供了最初的并且在成长过程中维续的道德环境；有关自足、独立的个体的观念是一种迷思，我们诞生于家庭，成长于家庭。而在家庭的道德影响力有不逮之处，就有宗教来弥补。宗教提供了共同信条，巩固了我们的社会纽带和对社会政治制度的忠诚。

孔德引入社会动力学的观念来说明社会演进的法则。他阐发了有关人类不断趋向完善的进步历程的一种宏大观照。在孔德眼里，人类历经固定不变的几个阶段，依次接续，代表着人类发展的更高水平。虽说若无干预，所有社会都将同时经历同样的阶段，但各种意外（比如自然灾害）会导致社会变革以不同的速度推进。因此，我们回顾历史可以观察到的社会之间的差异，不妨解释为展现了人类进化的各个接续阶段。基于这样的视角，我们就能够把所有社会都从较低级的社会类型到较高级的社会类型，定位在人类发展等级秩序上的某个位置。

社会变革被看作是一种线性的、有明确方向的进步过程。人类不断迈向同一个目标或终点，哪怕速度有快有慢。推动社会发展的是人类心智的演进。社会领域和政治领域制度的变革与文化领域的演进

* 原文此处作“统计学”（statistics），应系“静力学”（statics）之误。

相互关联。因此，神学阶段是由祭司和军事制度支配的。在形而上学阶段，大致对应早期现代（1300—1700），主导社会的是律师和僧侣。最后，到了实证阶段，也是在欧洲各社会初露端倪的时代，将会见证实业家和科学家的社会权威与日俱增。孔德主张，全人类都将历经这三个社会阶段演进，历史将在实证时代达到巅峰。

孔德相信，人类进化已经达到转折点。法国乃至欧洲的危机就是这三种社会系统和世界观之间的重大冲突导致的结果。启蒙主义者代表了形而上学阶段，尽管启蒙运动思想的有些流派也呈现了实证时代；而他们的主要敌手，即对现状的保守捍卫者，则是神学阶段的典型。在过去几百年的科学突破中，孔德捕捉到实证阶段的精神愈益上扬。孔德的社会学就是要为当前的危机提供诊断，给出药方：巩固“实证的”或实业—科学的秩序。根据“三阶段法则”，社会进化不可逆转地趋向实证时代。在他看来，法国的命运就是充当世界新秩序的诞生的接生婆。而我们将会看到，孔德同样坚信，告诉法国其被赋予的历史角色，也正是社会学的命运。

孔德对社会学的天国型观照

孔德的社会学的核心有其自相矛盾之处。他对社会学的科学型观照是受某种道德激情激发的，这种激情最终支配了他的整个研究。对于推动自己的科学的道德动力，孔德坦然承认。他希望提供给人类有关人 20
类的法则的理解，而这些法则充当着社会改良的道德纲领。如果社会学能够揭示社会秩序和变革的深层原理，真实的知识也能引领社会改良。

孔德和许多启蒙社会思想家一样，也认为科学在生产社会真理的过程中所扮演的角色，能够与其道德角色相分离。然而，孔德本人却未能维持科学与道德之间的分离。

孔德想象社会学建立在观察与事实的坚实基石上，虽说他也主张，事实是靠一套整体性的思想视角才能统贯一体的。不过，孔德从未阐明这些解释视角的由来，或者它们与"事实"之间的关系。如果这些引导观察的理论是从某种特定的文化世界观中孕育出来的，那么我们如何能够确保它们不受其社会起源的价值观和社会利益的影响而沦为偏见呢？如果是理论引导着事实的筛选和相互关联，我们如何能够避免被怀疑说，理论家们只是以能够确证理论的方式，筛选并解释事实？想想孔德自己的社会观念。他的社会学的主要观念，比如说预设人性的一致，历史过程的连续性、线性和方向性，以及人类的进步，都基本属于凭信仰大胆放言，类似宗教性、哲学性的心智类型。什么样的事实有可能确证或否定像"三阶段法则"这般宏大的理论呢？我们如何能够避免得出结论，说孔德的进化学说暴露出，在对进步的信仰鼓召之下，一个基本持世俗立场的现代西方人所持有的偏见呢？整个非西方的世界被孔德化约为无异于人类历史上毫不起眼的小角色。这不是现代西方世界的自负？孔德有关人类的观照带有深厚的千年至福意味，展现出标准的犹太—基督教主题，令人印象最深的就是预见一个时代，将会实现世界和平与人类完善。

到最后，孔德的道德型观照冲破了他表面的科学型修辞。孔德的社会学的核心目的之一，就是不仅阐明社会秩序与变革的原则，而且提供一幅有关美好社会的蓝图。尽管他的第一部重要著作《实证哲学教程》旨在揭启社会静力学与社会动力学的普遍法则，但他后来的作品《实证政体体系》却在讨论社会学的道德角色。在充分实现的实证社会里，实业家们将会和科学家共享权力。前者将在制度运作的世俗领域有优先地位，而后者将主导精神事务。各门科学将充当新社会的核心信仰。伽利略、牛顿以及孔德本人这样的科学缔造者将会被奉为神祇；环绕着这些神圣的人物形象，将会形成崇拜。尤其考虑到社会学在相当程度上提供了一套统合性的社会观照，社会学家将成为实证社会的大祭司！社会学家将提供实证社会的道德纲领，指明必须履行的责任、义务与社会角色，以求让社会和谐通行于世。

面对孔德想把科学变成一种宗教的愿望，受到科学型观照激发的20世纪的社会学家备感窘迫。他们试图祛除这种先知预言般的宗教冲动，指其反映出孔德逐渐陷入心智衰退，或至少将其与他的科学成就分而论之。但孔德内心深处就是一名感受神启的社会学家。他的道德型观照深植于其社会学的核心。

推荐书目 21

Peter Gay, *The Enlightenment* (New York: W. W. Norton, 1977).（彼得·盖伊，《启蒙时代：人的觉醒与现代秩序的诞生》[上、下]，刘北成、王皖强译，上海人民出版社，2019）[*]

Robert Nisbit, *The Sociological Tradition* (New York: Basic Books, 1966).

Mary Pickering, *Auguste Comte* (Cambridge: Cambridge University Press,

---

* 本书中译会在各章末尾“推荐书目”环节尽量标注译者所知目前大陆已刊行的中译本。

1993).

Ken Tucker, *Classical Social Theory* (Cambridge, MA: Blackwell, 2001).

参考文献

1. Baron de Montesquieu, *The Spirit of the Laws* (New York: Hafner Press, 1975).
2. Marquis de Condorcet, *Sketch for a Historical Picture of the Progress of the Human Mind* (New York: Noonday Press, 1955).
3. Montesquieu, *The Spirit of the Laws*, p. lxvii.
4. 有关对启蒙运动的浪漫主义批评，读者可以参阅M. H. Abrams, *Natural Supernaturalism* (New York: Norton, 1971); Charles Taylor, *Hegel* (Cambridge: Cambridge University Press, 1979); and Alvin Gouldner, "Romanticism and Classicism: Deep Structures in Social Science," in *For Sociology* (New York: Basic Books, 1973)。
5. 有关这一时期保守主义社会思想的概述，参看Karl Mannheim, "Conservative Thought," in *From Karl Mannheim*, ed. J. Wolff (New York: Oxford University Press, 1971) and Robert Nesbet, *The Sociological Tradition* (New York: Basic Books, 1966)。
6. 有关革命派对启蒙运动的批评，参看G. H. Cole, *Socialist Thought* (New York: St. Martin's Press, 1962); J. L. Talmon, *The Rise of Totalitarian Democracy* (Boston: Beacon Press, 1952); and George Lichtheim, *The Origins of Socialism* (New York: Praeger, 1969)。
7. Auguste Comte, *The Course of Positive Philosophy*, 3 vols. (London: George Bell and Sons, 1876 [1830–42]); *System of Positive Polity*, 4 vols. (New York: Burt Franklin, 1875 [1851–4]).

第二章 22

卡尔·马克思的革命性理论

马克思从未与孔德会过面。对于这位略比自己年长的同时代人，他只有寥寥几笔语带不屑的评论，透露出觉得孔德有几分乖戾。其实，马克思本人据说也是咄咄逼人，暴躁易怒，对待思想上的竞争者尤其如此。而在19世纪上半叶，孔德在受过教育的欧洲人当中已有些名气，但马克思一生大部分时间都只是在籍籍无名中打拼。事实上，孔德与马克思颇有些共性，特别是都祈望一个新的时代即将到来，将会解放全人类。马克思和孔德一样，也满怀热情地认为，在缔造这个新时代的过程中，社会知识会扮演关键角色。

理论与实践相统一

孔德是在后革命时期的法国这一背景下发展其社会观念的。一边是启蒙运动的传统，饱含千年至福的希望，相信人类有能力依照自己的意志塑造未来；另一边则是一些社会群体，顽固捍卫着过去的权威，法国就此一分为二。而在这种世界观的碰撞的深层，则是方兴未艾的中产阶级与年深日久的土地贵族和教会精英之间的冲突。孔德的社会学的目标，就是通过宣称只有通过渐进有序、尊重过去的变革，才能实现进步，来整合这些相互对抗的成分。这种讯息对中产阶级特别有吸引力，他们既担心旧制度的复辟，又害怕自下而上的革命。

德国并未经历堪与法国或北美殖民地发生的那些革命相比的革命。不仅如此，法国被许多受过教育的德国人视为一个充满活力的社会，哪怕冲突重重，相比之下，德国就显得静滞而落后。从政治维度上讲，德国被分割为许多独立邦国。德国的统一要到1871年才姗姗来迟，并且只是因为普鲁士在军事上和经济上的实力，因为俾斯麦的外
23 交手腕。从经济维度上说，德国基本上还是农业社会，间或迸发出的工业化苗头，也被政府管制和反工商的文化所挫败。而从社会维度上看，德国由一群高度保守的土地贵族支配，容不下多少自由和社会创新。德国的社会状况相比于法国来说可谓落后，有鉴于此，德国中产阶级在政治上表现软弱，对土地贵族家长做派的尚武精神倒很崇尚，也就不让人奇怪了。

卡尔·马克思（Karl Marx，1818—1883）出生于德国特里尔（Trier）。他求学于波恩大学，然后又去了柏林大学，在那里学习了哲学、法律和历史。马克思于1843年离开德国去往法国。1847年，社会主义团体“正义者联盟”（The League of the Just）委托马克思与其长期合作者弗里德里希·恩格斯撰写《共产党

> 宣言》。在《宣言》中,马克思明确阶级斗争作为历史的发动机,预测会通过一场工人阶级革命来终结资本主义。在社会主义社会里,只会有个体之间的差异,而没有重大的社会不平等。马克思最终移居伦敦,在那里写了《资本论》,并积极参与"国际工人协会"*。

话说回来,德国还是受到欧洲新的变革精神的影响。启蒙运动的观念在德国站住了脚跟,在受过教育的圈子中尤其如此。德国文化精英与政治精英中有许多接受了启蒙运动的进步精神。但他们这样做的时候,所处的社会却没有什么社会变革的切实前景。与法国和英国的情况不同,那里的中产阶级在推动自由主义的社会变革方面扮演了关键角色,而德国中产阶级满心想的却是以贵族为楷模,而不是推翻他们。许多持进步立场的德国人找不到一个社会群体能够带动社会变革,假定知识分子及其观念就是真正的变革力量。而德国知识分子并不把社会视为一块充满社会冲突的竞技场,却想象不同世界观的冲撞就是社会变革的切实源泉。历史被理解为通过观念碰撞而实现理性发展的故事。

作为启蒙运动之子,马克思是在很大程度上抵触变革的德国成长起来的。那里根本不存在一心要挑战社会现状的独立生长的中产阶级运动。在19世纪头几十年,农民与劳工内部的不满也缺乏组织。马克思在其早期著述中提出如下问题:在德国,社会变革的前景何在?

* "International Working Men's Association",即第一国际。

有哪些社会力量可能发动变革？社会理论或科学在推动社会变革方面扮演什么角色？最后，有哪些类型的变革是可能发生的，是值得向往的？在探讨这些问题时，马克思常常超出自由主义的社会观念，趋向革命的视角。

马克思勘查德国政治景观，注意到有两个社会群体致力于发动社会变革：开明改良派与唯心主义哲学家。

开明改良派相信，变革需要的是点滴渐进的行政与立法行动。科学用来分析具体的问题，或是提供有关特定议题的信息，或许有所助
24 益；但这些改良派认为，根本不需要一套关于社会或历史的理论。马克思不同意这种看法。他主张，要催生变革，就必须理解阻碍变革的那些社会力量，包括各种制度、文化传统和社会群体。这就要求采取某种理论视角。不仅如此，马克思还认为，德国有些传统注重服从权威的宗教职责，这就有碍于变革。他认为，社会变革要求必须削弱这种宗教文化，促成有利于社会进步的新观念。要破坏这种反启蒙运动的文化传统的权威，社会批判的作用至关重要。

马克思给予同情理解的是唯心主义哲学家。事实上，青年马克思就属于受德国唯心主义传统启发的一个才华横溢的理论家群体。他们借鉴康德与黑格尔的哲学，阐述自己关于启蒙引发的变革的观点。他们的目标就是要以倡导大体可谓开明观念的世俗人文主义文化，取代德国宗教文化。带动文化变革的方式就是挑战德国国民文化的宗教支撑的真理地位，替之以世俗人文主义的哲学。

马克思曾是唯心主义圈子中的一员，但不能忍受他们视野的局限。马克思认为，批判哲学家们固然正确地主张，在改变意识的过程

中，理论相当重要；但他们却天真地觉得，单单诉诸自己观念的真理，就能转变德国的文化。马克思就此提出日后其思想中富有争议的一条原则：人们之所以依照观念行事，主要不是因为这些观念符合真理，而是因为这些观念符合他们的自我利益。观念可能塑造我们的行动，但我们的社会利益决定了我们采纳哪些观念。不仅如此，我们的社会利益还是由我们的社会位置所决定的，尤其是由我们的阶级地位所决定的。由此得出，如果说观念的根源在于阶级结构，那么只有改变这种社会条件，才能促成文化变革。对文化这一由观念、价值和意义组成的领域进行批判是很重要的，但也必须对产生并维持这种文化的社会条件做出批判。马克思逐渐远离了只想着思想批判的唯心主义哲学，转而趋向某种“唯物主义”视角，认为社会不平等孕育出的社会利益冲突才是社会变革的真正源泉。

马克思也不赞同唯心主义者想象自己的批判性观念改变社会的方式。唯心主义者假定，理性揭启真理的力量足以带动变革。他们认为，一旦真理得到揭示，公众就会被打动，遵照这些观念行事。而马克思主张，行为的动机并不是抽象的理论，而是社会利益。人们相信的是其自我利益确定的东西。这并不等于说，理论在推动社会变革方面丝毫不能发挥作用。恰恰相反：理论能够成为变革的力量，只要它吸引那些以改变社会条件为自我利益的个体。换言之，如果理论表达了那些处在被压迫的社会位置的个体的社会利益，就能够成为变革的力量。个体在多大程度上接受某种理论视角，就在多大程度上以该理论为滤镜来理解世界。而“理论……一经掌握群众，也会变成物质力量”。[1]理论能帮助将彼此孤立的个体构成的乌合之众，变作具备共同的政治身份和行动议程的群体。举个当代的例子，当20世纪70年代的女性采取了女性主义的视角，她们对自身、男性及社会的理解就发
25 生了重大变化；这些女性就转变成为一个社会集团和意识形态集团，由动员起来投身政治行动的女性主义者组成。

尽管马克思对理论作为政治力量能发挥的作用寄予厚望，但他并不认为，单凭理论自身就能引发变革。只有当存在一群因为其阶级位置而视变革社会为自身利益所在的人，理论才能成为变革的力量。是一个人的阶级地位，比如作为雇佣劳动者，创造出了社会不满及视改变社会条件为自身利益的可能性。理论本身并不能创造出令人不满的社会条件，也不能创造出寻求变革的利益，但它能够替社会不满发声，能够引导这种不满在政治上的表达。如果有利于变革的社会条件缺失，理论就会无力。马克思似乎是想指出，尽管是人创造出了变革，但只有当这些人受到自我利益的驱使，前者才会发生，而其自我利益又取决于不平等的深层社会条件。处于社会不利位置的人会视社会变革为其利益所在。理论不能创造出使变革时机成熟的深层条件，或是寻求变革的利益，但能让人们意识到，他们的不满根子是社会性的，只有通过政治斗争，才能带来变革。

在马克思看来，德国在不远的将来发生实质性社会变革的前景渺茫。不过，他也意识到，整个欧洲正在发生重大变革。尽管工业化在德国步伐缓慢，但在法国、英国、美国、比利时和西班牙，工厂蜂起，商贸扩张，新型银行金融机构问世，社会面貌日新月异。不仅如此，与工业化相伴而来的，还有世俗化（政教分离）与民主化（比如政党的兴起，宪政的推行，公民权利和政治权利的扩张）的大步前行。马克思对

这些变革持积极态度。尽管他相信，中产阶级是现代化肇始阶段的驱动力，但他也认为，他们会抵制全面的社会变革。他在19世纪40年代早期的一段记者生涯，以及随后从1843年到1845年旅居巴黎的经历，让他看到了资本家是如何无情对待农民与劳工，他们害怕来自下层的社会反叛，常常与贵族保守派结盟。在巴黎，当马克思读到英法政治经济学家的新作品，并接触到社会主义者和工人中的激进分子，开始意识到资本家和劳工之间的冲突具有核心意义。他逐渐把劳工阶级看成转变德国、欧洲乃至全人类的载体。

马克思从未放弃自己对于新时代即将到来的启蒙信仰。不过，他的确抛弃了自己青年时期的唯心主义哲学，连同后者对于理性有力量改变世界的信仰。他逐渐发展出一种原创性的理论视角，旨在提供一种有关当前社会的特别理解，以社会革命为目的。变革的行动方不再是中产阶级，这个群体在德国不仅力量软弱，而且已经在无情压迫农民和劳工的过程中暴露了本色。革命的真正载体会是工人阶级，广大劳工穷困潦倒，朝不保夕，这会迫使他们投身社会反叛。马克思想把自己有关社会的新科学，他称之为"历史唯物主义"，与被压迫劳工相结合，缔造一场革命的暴动，力量强大，足以解放全人类。

历史唯物主义：一种革命性科学 26

马克思在政治上的愈益激进，是与他转向社会理论相伴随的。如前所见，马克思主张，社会变革的议程必须依靠特定的理论视角，要凸显政治冲突的社会源泉，强调哪些群体有可能带动变革。马克思借鉴了英法政治经济学家和历史学家的著述，已经得出结论说，唯心主义哲学需要让位于“唯物主义”社会理论，即分析有关社会的政治经济学的理论。历经19世纪40年代，马克思勾勒出一种基于政治经济学的批判性社会理论可能的轮廓。

在《德意志意识形态》中，马克思与其挚友和合作者恩格斯一起，对唯心主义哲学做了最后的思想清算。[2]马克思与恩格斯的目标就是要转换社会批判的焦点，从分析意识和观念的演进，转向社会制度与社会冲突的发展。

德国唯心主义者主张，人的独特性就在于，我们有能力进行推理和思考。尽管许多唯心主义者主要聚焦于人的意识的性质或推理的结构，但他们也确实大体描画了一种社会视角。他们认为，人的思想产生出信念、价值观和规范。每一个社会据说都有其独特的世界观、价值观、有关真善美的标准，以及自身的社会理想。文化是充满活力的社会核心。文化体系塑造了社会的结构。社会的进化反映着它的文化的进化。由此可得，分析社会的关键，就在于理解其文化。重大社会冲突涉及观念的碰撞。历史被理解为心智趋向更高层级的思想发展和社会发展的不断演进。

马克思接受的唯心主义成分比他愿意承认的要多。比如，他从唯心主义者那里借鉴了一种观点，把社会看作是一个有内在矛盾的有机整体，会历经多个发展阶段而不断进化。但他矢志摆脱唯心主义者，频频以激烈言辞自陈立场，这种策略使马克思很容易成为抨击的靶子。

马克思承认，人是“理性的”，因为我们形成的思考带有不同程度的连贯一致。然而，把我们精细推理的能力当作人之为人的本质所在，则是一个错误。唯心主义者的预设忽略了一个关键事实：人类是自然界的组成部分。我们有意识、讲理性的生活，是以我们的生理性、物质性存在为前提的。人类有能力过上有意识、会推理的生活，但要实现这一点，我们首先必须维持自身具有身体和实际生理需求的自然存在。唯心主义者错误地将我们有意识、会思考的生活从我们的物质生活中抽象出来。人类是自然界的组成部分，我们的有意识的生活寓于我们的身体；物质的穷困和匮乏是我们的命运。在我们做好准备进行推理并创造文化之前，我们必须维持自身作为自然存在的生存。物质生活的再生产先在于文化的生产。

人并不是自我维持的；我们的身体并不能生产出它们的再生产 27
所需要的资源。不仅如此，自然环境也并不向我们提供我们的生活所需要的东西。人类不能只是指望自然界维持生存，而是必须改变自然界，以满足我们的身体需求。换言之，人类并不单纯是依赖自然界求生，而是要改造自然界。我们赖以维持这种与自然环境之间的交换的活动，马克思略有些语焉不详地称之为劳动或生产活动。不仅如此，当我们改造自然环境以维持生存，我们也塑造了自己的人性（human nature）。人类通过其劳动实践，塑造了自己的本性（例如我们的需求、需要、欲望和意识），马克思正是将这一事实看作人类真正独特的属性。因此，要把握人类意识及其产品，即文化，就应当结合我们的物质性、生产性的生活。

支撑马克思的人性概念的，是一种强有力的启蒙运动世俗人文主义观照。人类通过自己的行动创造了自己的本性。只有我们有潜力带着自觉目的塑造我们的生活。人类的命运把握在我们自己手中，而不是听凭上帝或自然法则的摆布。不过，马克思也相信，纵观历史，人类并没有以合乎目的、讲求理性的方式塑造自己的命运。恰恰相反：人类的历史所揭示的是一则悲伤的故事：人类屈从于自己创造出的那些力量的控制。作为被启蒙运动孕育的人，马克思希望这种状况能有改变。事实上，马克思召唤科学来为人类提供观照和工具，以使我们能够把控自身的命运。有关人类悲伤的故事将转变成充满希望和奇迹的故事，不过，要理解马克思所承担的先知角色，我们必须把握其有关社会的科学的基本原理。

一套关于社会的理论的出发点，应当是一个社会的劳动或生产活动。假定生产活动就意味着经济劳动或有偿（以实物或货币支付的）劳动，就像马克思似乎认为的那样，那么社会分析就应当首先聚焦于一个社会中居于主导地位的经济生产手段。换句话说，为什么某个社会以这种方式组织其经济劳动或其生产资料（土地、原材料、技术、人类劳动力）？马克思贬低了地理角度和技术角度的说明，因为这类因素不能解释社会经济体系方面的社会变异。使马克思成为一位重要社会理论家的就是其社会角度的说明：阶级动力塑造了社会经济生活的组织，而后者又决定了整个社会的结构与方向。归根结底，历史唯物主义的核心就在于此。

马克思提出了一套关于社会的阶级理论。他在《共产党宣言》中明言："至今一切社会的历史都是阶级斗争的历史。自由民和奴隶、贵族和平民、领主和农奴、行会师傅和帮工，一句话，压迫者和被压迫者，始终处于相互对立的地位。"[3]古往今来，所有社会，都被分割为拥有并控制"生产资料"(即原材料、技术、雇佣或购买劳动力的货币或资源)的人与只拥有自己的劳动能力的人。简言之,所有社会都被大致分为有产阶级与劳工阶级两个层级。除了爆发社会革命的时期,有产阶级都因为所占有的经济资源而拥有更多的权力。它也因此有能力在相当程度上塑造劳动的组织方式,也就是生产什么、怎样生产、谁做什么。最重要的是,有产阶级有权力控制财富在社会中的分配。 28

有产阶级之所以成为关键社会力量,是因为它有能力将其巨大的经济权力转换为对政治制度、文化制度及社会制度的控制。例如,它所拥有的财富、充裕的闲暇时间、组织技能、教育和社会人脉,使其在控制政府的斗争中占据上风。同样是这些资源,使有产阶级能够控制文化制度/机构(例如学校、教会和大众传媒),塑造哪些观念可以具备权威和社会影响。"支配着物质生产资料的阶级,同时也支配着精神生产资料,因此……占统治地位的思想不过是占统治地位的【社会阶级】在观念上的表现。"[4]有产阶级在经济、政治和文化上的权力被用来助长其社会利益,保护其权力基础,即私有财产。一句话,有产阶级成为依照自身意象塑造整个社会的统治阶级。

马克思确信,统治阶级的权力从未是总体性的,它对社会实施彻底控制的努力流于失败。统治阶级内部也存在分裂(比如有产阶级的不同部分会产生冲突),不仅如此,更重要的是,劳工大众并不会温顺地服从自上而下的社会统治。尽管统治阶级竭力对整个社会强加其统治,但工人阶级中的某些部分会发展出自己的文化,表达其阶级利益。彼此对抗的利益会导致阶级冲突。一支廉价、驯顺、地位无保障的劳动力队伍正符合有产者统治阶级的利益,后者希望维持社会现状，以此维护其社会特权和权力。与此相反，劳工者的利益就是提高工资，改善劳动内外的条件，提升自身在社会中的作用。在所有社会的表面平静之下，潜藏着深层的矛盾，并将不可避免地露出表面，发生针对劳动条件的争斗，有时还会爆发公开的阶级斗争。这预示着转向一个新社会的过渡期。人类历史在被压迫社会阶级的受苦与斗争的驱动下，作为一系列的划时代变革渐次展开。

马克思的历史观有着鲜明的启蒙运动烙印。历史具有明确的模式和意义；各个社会起起落落，前后继替，揭启了一则人类进步的故事。马克思的历史阶段论始于“原始部落共同体”，随后是“古代公有制”，“封建制”，最后是“资本家市民”社会，并注定让位于“共产主义”。这些变革彰显了人类的进步，从非理性力量（例如神话、宗教、阶级冲突）主宰人间事务的欠发展的简单状态，到个体主义和文化发展的复杂状态。在共产主义阶段，人类将受自觉选择和理性主导；自由将与道德秩序及社会和谐步调一致。而工人阶级就是揭启这一自由新时代的载体。工人阶级受到自由社会的崇高理想的激励，但又因为在这样的社会中遭到大规模的剥夺而被迫起而反抗，粉碎资本主义的铁爪，同时维持其技术进步和社会进步的奇迹般成就。马克思预测将会有世界范围内的激烈革命，揭启一个共产主义自由的新时代。

29 《资本论》：社会革命的逻辑

旅居巴黎期间（1843—1845），马克思得出一个结论：在现代资本主义时期，工人阶级将会成为革命的行动方。他相信，这场革命会成为最后一次重大历史变革。它将终结以阶级为基础的前后继替的系列革命，后者此前一直居于历史的中心。工人阶级与此前的市民资本家阶级或封建贵族不同，不会让自身成为新的统治阶级。工人阶级将成为历史上第一个真正代表全人类利益的阶级。工人阶级与资本家之间的冲突被视为关乎人类终极命运的斗争；而工人阶级的胜利预示着一个摆脱阶级分裂和高度社会不平等的时代。

在马克思的早期著作中，他有关工人阶级革命的观照被呈现为有关社会的科学的结论之一。马克思借鉴了亚当·斯密和大卫·李嘉图等古典经济学家的著述，并把他们有关工业资本主义的自由主义视角推向激进。例如，在去世后以《一八四四年经济学哲学手稿》为题刊行的一些笔记中，马克思把劳动分工解释成创造了一个以阶级为结构的社会，而不是按照自由主义经济学家的讲法，属于为社会进步提供了动力。[5]马克思指出，资本主义体制下生产出的巨大财富，既创造出一个富有的资本家阶级，同时也创造了大众的极端贫困和被剥夺。马克思认为，劳工群体身处受人类自由权利的理想激发的富裕社会，却在物质上和精神上陷入贫困，这最终会激起他们的反抗。然而，直到19世纪50年代中期，就连马克思本人也清楚地看到，工人阶级的反抗并非近在眼前。但马克思并没有放弃他对于社会革命的信念。相反，他假定，出于资本主义发展自身的逻辑所致，将会发生社会革命。马克思有关劳工群体起而反抗社会不公的人道主义观照，让位于结构性强得多的社会革命观。他未完成的巨著《资本论：政治经济学批判》的核心，正是要探寻社会革命的逻辑。[6]

《资本论》以分析商品入手。在资本主义社会，财富采取的形式就是大规模的商品生产与流通。所谓商品，就是以交换为目的生产的物品。因此，它既具有某种“使用价值”，或者说凭借能满足某种需求而具备的价值；又具有某种“交换价值”，或者说能够交换到的价值，简单讲，就是价格。交换价值及其大小的根源，就在于生产一件商品平均所耗费的时间量。比如，假定每小时劳动生产出5美元的价值，那么每8小时工作日就将生产出40美元的价值。所谓的劳动价值理论就说明了为什么不同的商品以不同的比率或价格进行交换。如果我们买鞋花了50美元，那是因为50美元体现的劳动时间与鞋子体现的劳动时间相等。

资本主义并不是唯一生产商品的社会。不过，只有在这个社会，生产商品是出于赢利目的。一个企业家冒着风险创办一家企业，除了
30 指望赢利，又能是为了什么呢？要理解资本主义，核心问题在于：利润从何而来？马克思并不觉得它来自欺骗消费者，为物品定上高于其实际价值的价格。不仅如此，马克思还拒绝认为，利润来自资本家承担风险的决策。他提出，利润源于资本家对劳动者的剥削。

从资本家的角度来看待世界，有助于我们把握马克思有关利润就是剥削的观点。企业的创办就是为了实现利润。资本家开始办企业，首先必须购买必需的生产资料。会发生一系列的交换；雄心勃勃的企业家开始从其他资本家那里购买了原材料和技术。交换是公平的，因为所购买的物品价值与所支付的货币等价。但企业并不能单靠原材料和技术就运转起来；资本家还需要人类劳动力来启动劳动过程。马克思指出，耐人寻味的是，劳动力完全像其他任何商品一样被售卖。

劳动者出售自己的劳动能力或“劳动力”，作为他们唯一拥有的商品。它的价格或交换价值就像所有商品一样，等价于生产出基本生活工资，即维持人的日常生活，平均所耗费的时间量。如果生产出足以维持劳动者一天生活的50美元价值要耗费8小时，那么这就是劳动的成本。现在，马克思指出，当资本家与劳动者在市场上相遇，他们结成了一项据称是自由而公平的契约协议。资本家同意支付给劳动者一份工资，与其交换价值等价，作为回报，资本家将按照协议规定的小时数使用劳动者。据此，我们的企业家不仅购买了原材料和技术，而且购买了足够的劳动力，以便企业能够开始有生产效益地运作。

从这些经济交换的角度来看，资本主义似乎是公平与自由的典范体现。然而，如果我们从劳动者的角度来看资本家与劳动者之间的交换，其剥削性质就暴露了。劳动者**必须**出售自己的劳动力以维持生存。诚然，资本家是支付了劳动者一份公平的工资，即与劳动力的交换价值等价的工资。作为这份工资的回报，劳动者必须为资本家劳动他们达成协议的时间量。但是，如果劳动者为资本家生产出的价值超过以工资形式支付给他或她的价值呢？这种“差额”或马克思所称的剥削，就是利润的源泉。

姑且说，一名工人与一名资本家订立契约，为50美元的公平工资工作10小时。在这段工作时间内，工人创造出了60美元的价值。谁拿到了额外的10美元？工资契约只是言明，资本家同意支付给工人与劳动力交换价值等价的工资，而不是与工人创造的价值等价的工资。只要资本家支付给劳动者协议规定的工资，无论劳动者创造出多少价值，都归资本家所有。额外的10美元，根据工资契约，归资本家所有，公平公正。但你会问，为什么劳动者不反抗这种剥削呢？从劳动者的角度来看，似乎自己投入劳动的每一个小时都获得了报酬。如果劳动者工作10小时获得50美元工资，似乎每小时获酬5美元。劳动者没有意识到，8小时过后，与其工资等价的价值（50美元）就已经创造出来了，额外的2小时是资本家的利润。劳动者并没有觉察到剥削，
31 因为这段无偿劳动时间被计时工资体系模糊掉了。不仅如此，剥削还被资本主义意识形态掩盖了，后者确认人人皆因其劳动获得报酬，而利润来自资本家承担的风险、辛勤的劳动和经营的才能。资本主义社会的社会表象，是自由个体之间看似平等公正的交换，但马克思指出，恰恰相反，资本主义是建立在阶级不平等和剥削的基础上的。

起初，劳工大众并未看出自己受到的剥削。他们并没有看穿资本主义意识形态，后者确认这个社会建立在个体自由、平等和公正的基础上。他们的社会不满指向给他们造成可能取而代之的威胁的机器，或是和他们竞争工作岗位的其他工人。慢慢地，劳工大众发展成一场工人阶级政治运动，呼吁推翻资本主义。这场工人以及资本主义的社会转型是如何发生的呢？

资本主义的本性就是要获取利润。资本家别无选择。如果一个人开办企业，无论其个人动机或价值观如何，利润是必须要取得的。没有利润，就没有生计。不仅如此，赢利还必须为经济现代化提供可能。如果资本家没能获取足够多的利润，使劳动过程现代化，就会有在竞争中落败而丢失市场份额的风险。资本主义的逻辑要求各个企业家都要赢利，持续推进现代化，否则就面临经济角度和社会角度的失败。同样这套逻辑也给工人带来社会角度和政治角度的严重后果。

经济现代化不仅意味着设计出更新更好的产品，也意味着使劳动过程更有效率，不断降低工资，并使工人的生产率最大化。换言之，正如劳动者不得不将自己的劳动能力出售给资本家，以维持自身生存，资本家也没啥选择，只能剥削和压迫劳动者。

马克思并没有抨击资本家贪得无厌或缺乏社会良知。资本主义的逻辑迫使他们去赢利、现代化和剥削劳动。《资本论》讲述的故事，是一个控制所有个人的生活的社会体系。不仅如此，马克思也没有说，这个体系一无是处。资本主义有很强的能力生产财富，激发技术创新、社会创新与文化创新，为民主创造条件，对此马克思深表赞叹。资本主义创造出了使人类自由成为可能的社会条件，但与此同时，它又创造出巨大的社会不平等，从而破坏了这种可能。只有工商业阶级真能从资本主义令人惊叹的生产率中获益。为了让每一个人都能获得自由和发展，资本主义必须做出变革。马克思认为，自己已经在资本主义的动力机制本身当中发现了社会革命的逻辑。

资本家在竞争的驱动下，被迫进行现代化。而这在使企业家个人得以维持生存的同时，也预示了资本主义开始走向终结。经济现代化有助于将劳工大众转变成一群政治上产生自觉意识的工人阶级。劳动场所的理性化进一步剥夺了工人的权力；随着机器取代工人，它往往导致工资被压低，工人的位置也没有保障，还造成极度的专门化，剥夺了劳动中所有的技能和想象力。简言之，资本家为了增加利润所做的一切，都加剧了工人的困境与不满。资本主义的进步，以及它创造出的个人发展的巨大社会机会，给工人们带来的体验就只是某种社会角度和精神角度的贫困。他们的劳动生活被剥夺了自由和创造性；他 32

们的家庭也常常分崩离析，因为父母和子女都得劳动；他们的社区也被贫困和社会不稳定搞得衰败不堪。劳动者看到资本家的生活，而自己的生活又停滞不前甚或每况愈下，这明显的差异唤醒了他们的政治意志。起初，他们的斗争聚焦于劳动条件、工作日时长、工资水平或童工法规。慢慢地，他们开始看到，自己的不满的根源正在于资本主义的性质本身。

话虽如此，社会革命并未发生，直到整个体系没有给工人留下其他任何选择。导致这一终极反抗行动的刺激，是在强度上和速度上都不断升级的一系列社会经济危机。定期出现的萧条与衰退周期暴露了资本主义的非理性性质。资本家要靠现代化来维持生存。这种动力机制意味着生产率的跃升，但也意味着反复出现的社会危机。消费必须得到扩张，以吸收不断增长的物流规模。这刺激了资本主义的国际化，也因为此前属于非商业的部门（如休闲、娱乐和运动）也走向商业化，拓宽了国内市场。不幸的是，无论如何快速地创造新的市场，资本投资的快速转移不可避免地导致市场定期出现供过于求，大规模解雇，以及波及深广的社会混乱。比如说，电脑销售趋于火爆；资本涌入电脑生产，毫不考虑市场的容量；某个点上生产将超过需求；电脑生产将放缓乃至停滞；工人遭到解雇；家庭和社区承受苦难。马克思认为，定期出现的经济危机破坏了工人对体系的信念，因为工人的生活，以及他们的家庭的生活，都愈益恶化。

劳动者为了生存下去，维护人的尊严，变成政治上的积极行动者。由于他们一起劳动，一起生活，因为他们分享共同的利益和观念，他们的不满会凝聚成统一的工人阶级意识。对机器和资本家的攻击会让位于组织工会，组建社会主义政党或劳工政党。在表达出工人阶级体验的社会主义意识形态的激励下，工人阶级转变其政治活动的方向，谋求将经济社会主义化，将各项社会制度/机构民主化。在可以获得投票权的地方，社会主义革命就能和平成功，而如果没有，就会有暴力出现。这样的革命将会具有世界历史意义。它可能预示着摆脱个体受到超出其控制的力量控制的社会状况，转向一个新的社会，在那里，我们能够遵照我们的意图，塑造我们的历史命运。

科学型观照与道德型观照之间的张力

马克思的理论阐述的首要目标，就是改变社会。正如他在其《关于费尔巴哈的提纲》中所言："哲学家们只是用不同的方式解释世界，而问题在于改变世界。"[7]社会变革始终关系到道德价值与社会理想。马克思提供了一种激进版的启蒙运动社会观照。他充分重视有关个体主义、自由权利和平等的自由主义理想，也相信西方资本主义社会将实现这些理想，只是以部分的、不完全的方式。比如说，资本主义社会崇尚个体主义，但作为基于阶级的社会，它的实际自由仅仅延及工商阶级。与此类似，相较于封建体制下法律化的社会等级秩序，法律平等是一种进步，但它却并未触动整体上的社会不平等。马克思希望 33
实现自由主义的社会梦想，但也做出了彻底改变，因为这需要推翻资本主义。他倡导以工人阶级作为这种革命性道德希望的载体。

社会理论与社会变革携手并进。科学不仅提供对于社会的理解，也成为变革社会的一种实际力量。马克思相信，只要科学对社会的理解被变革符合其利益的个体和群体接受，科学就能成为一种变革的力量。社会科学视角可以充当个体观看其所面临的个人现实和社会现实的透镜。如此一来，理论就能够使人们政治化。正是这样的信念激发了《资本论》。马克思认为，变革符合劳工大众的利益。他希望《资本论》成为一面透镜，劳动者由此把自身看作是一个受剥削、受压迫的社会阶级。《资本论》从社会角度来说明工人的不满，抨击资本主义体系为造成不满的根源，而社会主义政治实践就是药方。《资本论》的宗旨就是加入时代的道德斗争和政治斗争。

尽管马克思从未否认自己的社会理论阐述背后有着道德冲动，但从19世纪40年代中期以后，他开始自视为一名科学家。比如说，在《德意志意识形态》里，马克思声明，自己看待历史的视角是迈向有关社会的一种真正科学的突破。那些意识形态分子给出的社会观念是带有偏见的，是立场片面的，与之相反，马克思宣称，历史唯物主义提供的是对社会现实的客观理解。马克思说服了自己，他的社会视角的那些预设、基本概念和说明具有普遍有效性。不过，他没有在任何地方阐明过引领他做出判断的真理的标准。马克思的确为自己的声言给出过一些理据，但它们大多颇为薄弱。比如，他主张人性不是普遍一致、固定不变的，但人是通过自己的行动来塑造和重塑自己的本性，这一点却是被确认的，只是未经论证。我们完全可以同样轻松地主张，尽管人会改变自己的信念与价值观，但人性是稳定不变、普遍一致的。人性变或不变，是善是恶，相关假设和宗教信仰或形而上学信念差不多。与此类似，马克思声称，在塑造社会的结构方面，经济生产活动比文化更重要，这也和信仰主张或出于策略考虑的政治声言差不了多少。你如何能够知道哪一种因素在因果角度上更为优先呢？事实上，马克思的声言是否统贯一致，一点也不清楚。有什么生产活动不曾受到规范和信念的塑造吗？最后，我们究竟如何假定能把生产活动、劳动活动，与符号实践、宗教实践、家庭实践或生育实践区分开来呢？

马克思的预设似乎几近于信念，而不是明确的真理。这并不意味着他的社会观念是向壁虚构或缺乏价值。观念的用途大小和它们真假与否并没有必然的关联。观念可能是真实但无用的，也可能是错误但有用的。如果马克思想要通过自己的社会观念，把劳动者的政治自觉塑造成一种批判性力量，那他的努力的“成功”与否就应当以这种实践标准来评判，而不是看他的观念在某种绝对意义上是否真理。遗憾的是，马克思又渴望仅仅依据是否符合“外在”世界，来为自己的社会观念确立正当性。之所以说这很遗憾，不仅是因为它没有必要，或许也不可能，而且是因为它造成了并不值得想往的后果。马克思单纯 34
基于其经验真实来捍卫自己的社会政治观念，也就绕开了提出严肃认真的论点，来捍卫贯穿其社会视角的那些道德上和政治上的价值观。马克思只是诉诸历史法则和社会法则来为自己的社会价值观（比如社会主义、民主制、个体主义）背书。

马克思对西方工业社会持批判态度，但这并没有影响他信奉科学，信奉科学有力量解放全人类。对于科学能够揭启具备解放意味的真理这一启蒙运动信念，马克思的膺服程度毫不逊色于他在意识形态上的那些对手。他自视为社会科学领域的牛顿。《资本论》之于社会科学的意义，宛如达尔文的《物种起源》之于自然科学。在社会科学的历史上，如此雄心勃勃的声言并非马克思所独有。马克思之前有孔多塞与孔德，以及斯宾塞、涂尔干，以及从帕森斯到哈贝马斯，几乎每一位20世纪重要理论家，都发出过类似激昂的声言。所谓一套社会观念是科学性质的，而非意识形态性质的，这样的声言或许更该被看作是一种策略，要赋予这些观念以公共权威。到了19世纪中期，即使不说更早时期，科学已经自带权威。以科学的名义发声，就是在表述真理之言。科学将合法性赋予以科学名义言说的社会事业。科学将社会地位和权力授予社会观念，也授予生产并支持这些观念的人。由此看来，马克思对科学地位的诉求在一定程度上是某种政治策略，是要努力倡导某种社会性和政治性的世界观。

马克思对有关社会的科学的观照强大有力，确实推动了他的思考。不过，无论他多么想将自己的观念包裹在科学的外表下，还是不由自主地给出了有关历史和未来的宏伟观照。这幅观照业已证明，在审美、道德、情感和政治等角度上都很打动人心，20世纪的历史彰显了这一点。马克思或许非常希望将他的价值观和社会希望与他的科学分离开来，但它们也深深融入了他的基本预设、概念和说明。比如说，关于人类本性的可变性，关于历史趋向共产主义的线性运动，相关预设都直接嫁接着他的社会行动议程。无独有偶，尽管《资本论》旨在为当时的西方社会提供一种客观看法，但其基本预设、概念和说明都体现出某种批判的态度。只有接受劳动价值理论，并否认承担风险的经营行为具有增值作用，利润才能等于剥削。最后，他把历史看作是一场运动，从简单到复杂，从群体支配到个体主义，从由无意识力量控制的社会状况到由细致理性的行动引导的社会状况，就其道德意蕴而言，与各大世界宗教颇为类似。

马克思这位伟人在社会观察上具有远见卓识，以通过重大转型拯救人类为宗旨，塑造强有力的道德观照，在这方面真正堪比于犹太—基督教诸先知。但吊诡之处在于，他却相信，自己的社会观念仅仅是科学理性的揭启。像孔德和马克思这样的现代杰出心智，这样洞见丰富、观察犀利的人，对于他们如何以科学的名义，提供了在审美角度和社会角度都强劲有力的经验性、道德性与政治性观照，却如此缺乏觉察，这是何等奇怪。或许这是因为，在西方社会，坚信科学会将人类从 35
神话 / 迷思（myth）和压迫中解放出来，本身就是我们时代的主要幻觉之一。

推荐书目

Shlomo Avineri, *The Social and Political Thought of Karl Marx* (Cambridge: Cambridge University Press, 1978).（阿维纳瑞，《马克思的社会与政治思想》，张东辉译，知识产权出版社，2016）

Jon Elster, *Making Sense of Marx* (Cambridge: Cambridge University Press, 1985).（乔恩·埃尔斯特，《理解马克思》，何怀远等译，中国人民大学出版社，2016）

David McLellan, *Karl Marx* (New York: Harper Colophon, 1973).（戴维·麦克莱伦，《马克思传》，王珍译，中国人民大学出版社，2016）

Tom Rockmore, *Marx After Marxism* (Oxford: Blackwell, 2002).（汤姆·洛克曼，《马克思主义之后的马克思：卡尔·马克思的哲学》，杨学功、徐素华译，东方出版社，2008）

Jonathan Wolff, *Why Read Marx Today?* (Oxford: Oxford University Press,

2002).(乔纳森·沃尔夫,《当今为什么还要研读马克思》,段忠桥译,广西师范大学出版社,2021)

参考文献

1. Karl Marx, "A Contribution to the Critique of Hegel's Philosophy of Right. Introduction," in *Early Writings* (New York: Random House, 1975), p. 251.
2. Karl Marx and Friedrich Engels, *The German Ideology*, in Collected Works, vol. 5 (New York: International, 1975).
3. Karl Marx, "The Communist Manifesto," in *The Revolutions of 1848*, edited by David Fernbach (New York: Random House, 1974), pp. 67–8.
4. Marx and Engels, *The German Ideology*, in *Collected Works*, vol. 5, p. 59.
5. Karl Marx, *The Economic and Philosophical Manuscripts of 1844* (New York: International, 1964).
6. Karl Marx, *Capital: A Critique of Political Economy*, vols. 1–3 (New York: International, 1967–73).
7. Marx, "Theses on Feuerbach," in Marx and Engels, *Collected Works*, vol. 5, p. 5.

第三章 36

社会学的承诺：埃米尔·涂尔干

孔德与马克思都不是大学教授。他们尽管受过学院训练，但其观念都是在学院之外形成的。孔德与马克思都打磨出了强有力的批判性社会视角，但他们也都缔造了以转变社会为宗旨的社会思潮。他俩就像伟大的犹太—基督教诸先知，塑造了有关历史与人类自由的宏阔愿景。与此相反，涂尔干，以及我们将在下一章看到的韦伯，几乎毕生都是教授。他们是第一代作为社会学家著书立说的社会思想家。社会学被理解为一门专业化的学科，而不是有关人类的一种整体学说。与孔德和马克思不同，涂尔干和韦伯撰写的是以学术研究为导向的研究。涂尔干有关自杀的研究，韦伯有关新教和资本主义的分析，至今仍被视为现代社会学的典范。不过，涂尔干与韦伯都没有放弃打造一种统摄全局的历史观的宏愿，也没有放弃所谓科学能有助于推动社会变革的道德希望。孔德与马克思公开表达自己的道德立场，而涂尔干与韦伯则将其道德观照融入自己的社会研究的预设、概念和经验说明之中。

在19世纪，法国发生了显著的变化。在这个世纪的前半叶，法国基本上还是一个由农民构成的农业社会，被语言、社会习俗和地区纷争所分隔，受天主教会、土地贵族和王室统治。而到了19、20世纪之交，法国已经在相当程度上成为一个现代的、世俗的工业国。不过，有一个重要方面几乎没有什么变化。法国在社会角度和政治角度上依然不稳定。就像孔德面对的是一个在革命与传统的力量之间两极分化的国家，涂尔干也是在社会高度分裂的时期成长起来的。涂尔干希望捍卫一种社会自由主义世界观，同时对抗右翼与左翼的意识形态议程。他和孔德一样希望，社会学能有助于法国的社会重建。

37 埃米尔·涂尔干(Emile Durkheim，1858—1917)出生于法国埃皮纳尔(Epinal)。他求学于负有盛名的巴黎高师。涂尔干曾执教于波尔多大学和索邦大学。他把职业生涯的大部分时间都用来努力将社会学确立为一门合法的科学。涂尔干一心要揭示，可以用心理学家研究个体心智和行为的同样方式，来研究“社会”。在《自杀论》中，涂尔干相信自己论证了科学方法能够应用于研究群体生活。他确立作为一门科学学科的社会学的努力在1913年获得了回报，那一年，他的教席的名称从“教育科学教授”变成了“教育科学与社会学教授”。涂尔干成为欧洲首位官方认可的社会学家。

涂尔干的成长年代正逢法国历史上的重大转折关头。法兰西第三共和国业已成立，并成为法国历史上最为长命的自由主义政体。然而，无论共和国的拥戴者们抱有怎样的乐观情绪，都被保守右翼和激进左翼之间的组织化对抗所削弱。一方面，法国依然是一个紧密维系着农业、家长制和天主教文化的社会；对中产阶级自由派的世俗主义、个体主义及自由市场意识形态，教会、土地贵族和军事精英都表示抗拒。另一方面，现代化也孕育了同样反对自由主义的一种新兴社会力量，即社会主义左翼，它起源于劳工群体的不满，也在较小程度上来自以女性被剥夺权力为矛头的革命的女权主义。右翼攻击自由主义，称其导致了道德角度和社会角度的无政府状态；而左翼则抨击自由主义对社会不平等不管不顾。世纪之交的法国或许成功地塑造了一种颇具民主意味的现代社会秩序，但它的命运却颇为叵测。

涂尔干对第三共和国深表同情。综合各方说法，对于激进变革，无论是进步还是倒退，他个人都颇感不适。当然，他也不是头脑简单地为工商阶层和专业人士阶层辩护，对于这些人来说，社会趋向自由主义常常意味着为资本主义彻底松绑的社会政策。涂尔干希望守护一个共和制的法国，但前提是它得奉行法国大革命的崇高理想——自由、平等、博爱（liberté，égalité，fraternité）。

涂尔干的自由主义与英美对不受约束的经济个体主义的捍卫并没有什么共性。他的自由主义将英美对个体主义的尊重与欧洲对道德秩序和公民德性的关注相融合；肯定经济自由，但前提是要有社会监管；捍卫个体主义，前提是个人要牢固扎根于社会制度；珍视文化多元主义，前提是社会得有明确的道德核心。简言之，涂尔干想要终结法国的苦难冲突，诉诸一种将自由主义（个体主义）、激进主义（社会公正）和保守主义（道德秩序）的精神融为一体的社会愿景。涂尔干的自由主义社会价值观塑造了他的经验社会学的核心。他的道德观照构筑了他最重要的两部社会学研究《社会分工论》与《自杀论》的核心。[1]

38

涂尔干对历史与现代性的自由主义观照

历经19世纪，科学变成道德论证和政治论证中的一种重要语言。人们诉诸科学的事实、说明或原理，来为道德和政治上的偏好提供正当性。就此，孔德诉诸“三阶段法则”来证明，他关于理想的工业社会的观点是不可避免的，是值得向往的。马克思致力于将自己的社会价值观视同历史法则，以此赋予前者正当性。如果说有关社会的法则需要特定的社会制度，那么后者也被说成是客观的，而不只是个人偏好或意识形态偏好。与此类似，涂尔干也希望运用科学来支持其道德信念和政治信念。他的社会学在某种程度上就是要揭示，社会自由主义价值观与政治的根源，就在于当代社会的结构本身。

在《社会分工论》中，涂尔干以社会进化论的形式，表达了一种社会自由主义理想。他着手撰写了一则人类从“原始”阶段发展到“发达”现代时期的故事。

涂尔干区分了两种社会类型：环节（segmental）社会或传统社会，以“机械团结”（mechanical solidarity）统合一体；以“有机团结”（organic solidarity）为特征的有组织社会或现代社会。人类的历史被描绘成从“原始的”、环节的社会类型向“现代的、有组织的”社会类型的运动。

“原始”社会的社会结构呈现出一种根本上的简单性和一致性。一般来说，它们是由一系列亲属群体组成的，其结构和功能运作多少都是相同的。每一个人都出生在亲属群体中，在其生命周期的历程中，承担着该群体指派的特定社会角色。亲属群体界定并监管着它的成员的行为。这些群体之间的社会交换少之又少，因为每个亲属单元在很大程度上都是社会意义上自足的。亲属单元之间缺乏社会分化，涂尔干所说的环节型社会结构，指的正是这种状况。社会单元（亲属群体）就其组织方式而言彼此复制。

如果说原始社会的特点就在于环节型社会结构，那么它们的社会团结源于何处？如果每一个亲属群体都是自足的，那是什么社会力量将它们编织成一个可以辨识、统贯一体的社会整体？涂尔干的回答是：原始社会是由某种基于宗教的共同文化统合起来的。当一个社会中的个体体验都呈现出明显的一致性，亲属单元也发展出类似的信念与价值观。在原始文化中，绝大多数个体都分享同样的信念、价值观与规范。不仅如此，由于原始人无法理解塑造他们生活的那些社会力量和自然力量，他们想象出一个由超自然力量主宰的宇宙；原始文化的核心就是宗教性的。原始人把人类秩序看作是一种神圣秩序，充斥着超自然存在。正是这样的宗教性文化，把各自分散的社会环节融合成一个统贯一体的社会整体。

鉴于原始社会靠共同文化统合一体，我们可以预期，这样的社会是保守的。如果靠一种共同文化将社会整合一体，那么任何文化逾越都会是对社会统合的威胁。有鉴于此，越轨会受到严苛的处置；越轨 39

者会遭到社会角度和法律角度的沉重压制。涂尔干提出的是一种无意识的社会逻辑：个体行事，犹如社会力量的缺乏意识的载体。原始人压制越轨，因为人们无意识地觉得，越轨是对个人统合和社会统合的威胁。涂尔干像孔德与马克思一样相信，在原始社会，人类处在不被理解的社会力量的控制之下。我们将会看到，涂尔干讲的故事是人类趋向理性理解和社会控制的状况的进化故事。西方现代性标志着人类进化的关键转折；科学破坏了对超自然力量的幻觉，赋予人类塑造自身命运的潜力。

以环节方式组织起来的社会有着内在固有的不稳定性。涂尔干借鉴了达尔文主义而推断道，原始社会相互隔绝，眼界促狭，限制了它们有效回应所处自然环境和社会环境中的变革的能力。社会侵入，与外来文明遭遇，自然资源、气候或人口方面的变化，这些都会迫使原始社会做出变革，以求维持生存。社会调适要求引入更多的社会复杂性和分化。比如说，亲属群体会学会在经济实践方面专门化，以此做出调适。不过，一旦人类走上社会分化的道路，社会进化就会破坏以亲属为基础的社会。换句话说，自然事件和社会事件启动了一种无法遏制的动力，推动人类前行。社会进化的终点就是一种现代类型的社会，其特征是“组织化/有机化”（organized）的社会结构和“有机”类型的团结。

现代社会据说是由高度分化的社会结构为典型特征的。原始社会的基本社会单元体现出高度的结构一致性和功能一致性，而在现代社会，这些都分化了。涵盖广泛的大型多功能亲属群体被各式各样的专门化社会制度所取代（例如经济的、政治的、家庭的、福利的、军事的、教育的)，每一种都监管着个体行为的一个部分。比如说，原始亲属群体满足了政治、情感、经济、宗教与教育等方面的多种需求。现代西方家庭专门负责个体的情感需求和心理需求。而非家庭的制度发展出来，专门履行经济、政治或教育等功能。制度内部同样会发生社会分化与专门化。因此，知识的生产成为教育系统的专门化角色，但在这个系统内部，又会发生分化过程。知识被拆解为各个学科、专业和次级专业。

与社会分化不断加剧的社会进化相伴而来的，是文化多元主义的动态发展。在分化细密的现代社会，个体的体验根据个体的社会阶级、国籍、宗教、职业、年龄或居住区域的不同，呈现出广泛的差异。由于个体在塑造其观念时被允许有了更多的空间，文化的共同范围也缩减了。不仅如此，那些被共同持有的信念和价值观也将是高度一般性和抽象化的。比如，现代人对于个体富有价值或许共同持有一种一般性信念，但个体的意义何在、社会角色为何，就各持己见了。事实上，涂尔干也相信，随着现代文化趋向多元主义，我们共享的极少数信念之一就是个体主义。现代人赋予个体以神圣性，个体主义就是我们的公共宗教。尽管个体被神化，现代文化经历的却是彻底的世俗化过程。自然事件与人间事件的世界都与超自然力量的世界更明确地相 40
分化。前一种领域原则上是通过科学来搞懂的，而后一种领域属于私人信仰的事情。现代文化凸显的是一个以人为中心的世界，评价制度看的是它们对个体和社会的价值。

人类趋向现代社会的进化伴随着个体主义的进程。涂尔干注意到，有两股强有力的社会力量推动了个体主义的发展。其一，劳动分工的推进要求个体得到更多的自由，去监管他们的制度性行为。在一个分化细密的社会里，经济、政府、家庭、学校、军队等制度纷繁多样，无论是政府还是教会都没有能力一一监管。这些制度的日常监管必须留给在其中担当社会角色的个体。而文化多元主义又进一步加强了这种扩大个体主义的制度压力。如果说现代社会中的共同观念减少，那么社会在打造社会规则和规范时，就**必须**更多地依赖个体，而不是政府或教会之类的制度性权威。社会要想维持生存，就得允许个体拥有更多的自由去打造规则，监管社会事务。涂尔干诉诸有关现代社会的社会学主张，以证明个体主义和文化多元主义的正当性，就此转从道德的角度来表达上述经验性命题。

最后还剩下一个问题。假定现代化导致了社会分化、文化多元主义、世俗主义和个体主义，那么现代社会又如何统合一体呢？是什么阻止了这样的社会被现代化的各种离心力量拆解分裂呢？涂尔干与当时一些左翼思想家截然相反，并不认为在一个社会规则和规范趋于去中心化和异质化的社会里，现代国家能够强加道德秩序。但涂尔干也反对保守主义者，主张任何强加宗教秩序的企图也将制造失序。社会秩序必须来自现代社会的组织过程本身。这又如何会发生呢？制度分化和专门化（社会劳动分工）通过其日常常规功能运作，打造出一个社会维度上整合、相互依赖、统合一体的社会。

涂尔干主张，劳动分工发挥的功能不仅是作为一种经济力量，而且是作为一种道德力量。社会角色的专门化与相互依赖，以及由各种道德权利、责任和交换组成的与此相对应的体系，创造出社会纽带。涂尔干说明道：

> 尽管社会非常彻底地依赖劳动分工，它并不会变成杂乱并置的一堆原子……相反，各个成员通过纽带统合一体，这些纽带远比交换发生的短暂瞬间更为深广。他们（个体）履行的每一种功能都……相互依赖，并就此形成一个单独自在的体系……由于我们都履行某种……社会功能，我们都涉入多重交错的义务关系……首先，是……国家……它获得的信任来自提醒我们共同团结的情感的那种责任。[2]

家庭、经济、政府、教会、教育体系，现代社会各项制度都是相互依赖的；它们彼此交错，结成一个交换网络，后者通过功能上的相互依赖，共享的社会规范，以及国家的道德权威，将这些制度维系在一起，
结成一个整合体系。比如，经济依赖于家庭来对个体进行社会化，成 41
为接受纪律规训、保持动机激发的劳动者。与此类似，家庭也依赖于经济提供工作岗位和收入，这样才有可能维持一个家庭。只有一个功能运作良好、富有生产效率的经济，才能让个体有可能成家立业、自立门户。不仅如此，相较于原始社会那种在文化上强推的团结，现代社会在功能上和道德上的相互关联更加稳定持久，因为它们更能针对环境变化做出调适。因此，与右翼和左翼的那些批评者相反，涂尔干认为，现代社会原则上能够成功地融合经济活力、文化创新、个体主义，以及一个稳定而统合的社会秩序。

涂尔干意识到，法国乃至整个欧洲的社会事务的实际状况并不能完美呈现他的社会理想。在整个欧陆，处处有其社会冲突、经济危机、道德混乱。事实上，他撰写《社会分工论》，就是要在社会主义者、保

守主义者和倡导个体主义的自由主义者之外，提供一种探讨当前社会问题的替代视角。比如说，社会主义左翼把经济危机描述成资本主义内在固有矛盾的症状，他们说，因此急需社会主义。与之相反，涂尔干相信，诸如此类的经济危机是与生产和消费缺乏有效协调相关联的，而这是过去几十年来经济变革太迅疾所导致的。换言之，在经济现代化的最初阶段，尤其是当生产者与消费者开始产生实质上的空间分离之后，生产者对市场需求并不清楚。生产者与消费者之间保持定期沟通，能使生产者根据市场需求调整生产规模。与此类似，保守主义者指责现代个体主义和世俗主义导致了社会混乱，呼吁恢复宗教的权力。相反，在涂尔干看来，当时的社会动荡大多是短期的，属于新秩序诞生时不可避免的副产品。在现代社会，需要一段调整期，以便确定合适的社会规则、规范、权利和义务，让各项制度可以稳定而有效地发挥功能运作。

涂尔干捍卫现代西方的社会发展，驳斥左翼与右翼的批评者，尽管如此，对于某些自由主义者，他也同样持批评态度。英国风格的自由主义者不加批判地颂扬西方现代性。他们将个体自由和创造性确定为社会现代化的本质属性。他们主张，不受约束的个体自由会提高生产力，增进公民之间的和谐，促进公共福祉。这些自由主义者倡导一种不受政府监管羁绊的自由市场。涂尔干相信，他们都无视与现代化相伴而来的强制、社会支配与道德混乱等现实。比如说，这些个体主义至上的自由主义者宣扬市场体系能释放个体自由，但并不考虑劳动分工迫使个体进行交换；他们只看到个体的机会，而不是社会阶级之间的不平等。但涂尔干看到了。不过，他并不是追随马克思关于阶级冲突的观点。相反，他认为随着现代性走向民主化，僵化的阶级体系会消失。涂尔干说的社会民主化，意思是个体在经济、政治和教育等制度中有着平等的提升机会。他相信社会民主化是现代化的题中应有之义。他提倡进行一些改革，促进社会竞争走向平等（比如废除遗产继承），推动社会走向公正。

涂尔干勾勒了一种宽广的社会视角来看待自己打算捍卫的自由 42
社会，而没有变成狭隘的经济自由主义的辩护人。他和个体主义至上的自由主义者不同，承认当下存在严重的问题。具体来说，他对个体主义可能给个人和社会带来的代价深表警惕。尽管他在《社会分工论》中聚焦于社会结构，聚焦于社会秩序的问题，但随后他在一定程度上把注意力转移到个体主义的社会意涵与道德意涵上。涂尔干从未放弃自己对于个体主义的支持，但他希望捍卫的个体，是作为稳定的道德秩序与社会秩序的组成部分。对于个体主义的这种重新思考，是涂尔干的社会自由主义的根本要素，并在一部重要研究中得到阐明，那就是《自杀论》。

《自杀论》：重审个体主义与共同体

保守主义者指责现代社会助长个体主义，牺牲了道德秩序和社会秩序，涂尔干不同意这种看法。他在《社会分工论》中提出，社会分化、文化多元主义、世俗主义都激发了个体主义。在现代社会，个体必须拥有更多的自由，去创造监管了自己生活的那些社会规则。个体自由远不是什么破坏了社会统合，而是促成了社会统合，因为社会规范和价值观并不能由国家、教会或家庭来确立。现代社会创造出的个体是作为积极社会行动者的，因为现代社会的功能要想持续运作，自由是必不可少的。

个体受到的尊崇，正是个体在现代社会中的社会重要性的象征。涂尔干认为，当深切的群体情感被附于某个观念或客体，而这些情感又表现于共享信念和社会实践，我们所见证的本质上就是一种宗教。现代性自有其世俗性，政教的分离，犹太—基督教教义的衰微，即为明证。尽管如此，现代性也发展出属于它的人性宗教。个体作为一种神圣客体发挥功能；法律、社会制度和习俗创造并保护了个体的权利与尊严。在《社会分工论》之后，涂尔干又强调了个体主义这种宗教性文化对社会统合的促进作用。

涂尔干区分了自己对个体主义的捍卫与英国式的自由主义，后者对个体主义摆脱制度约束大加颂扬。不受羁绊的个体主义被认为会确保社会进步。比如，经济上的贪欲据说会以更便宜的价格，为消费者生产出更多更好的物品，或是鼓励勤勉劳动、自我牺牲、勇担风险等德性，从而推动了公共福祉。涂尔干不同意这种看法。倡导一种拒绝所有社会限制的个体主义，这对个体和社会都是有害的。个体主义只有置于某种社会框架和道德框架，才是值得珍视的。在日后被推崇为科学的社会学的开山之作《自杀论》中，涂尔干希望证明的正是这一道德主张。

涂尔干决定研究自杀是经过审慎思量的，尽管这样的姿态易于引发争议。他的理由有两点。首先，涂尔干努力要使社会学获得成为一门科学的合法性。当时，社会学这块研究领域羽翼未丰，没有任何学院地位。在20世纪早期的法国，社会学还不是一门得到认可的科学。 43
被讲授的社会学课程屈指可数，倡导社会学的教授在与同事们苦苦缠斗。在社会学的众多敌人中，首要的就是（世俗的与宗教的）人文主义者，他们相信社会学否认自由意志，因此侵蚀了道德责任。但或许更强大的对手是社会科学家，在他们看来，社会究其根本就是个体心理和行为的事情。涂尔干要使社会学获得成为一门科学的合法性，就必须说服诋毁他的那些人，社会是一种不可化约为个体心理的实在。自杀这种行为看似显然可以通过个体心理来说明，却是一种社会事实，还能有什么方式比展示这一点更好地论证他的主张？与此同时，有关自杀的研究还能够展示不受羁绊的个体主义所蕴含的社会危险。《自杀论》成为一种理想的载体来倡导他的社会自由主义观照，并且是以科学的名义这样做。

涂尔干并不否认，心理困扰会促使人们自行了结生命。但他最主要的观点是：社会条件孕育出这种自杀倾向。涂尔干区分出自杀的三种基本类型（唯我型、唯他型和失范型），分别呈现有关整合与监管的不同社会条件。我会概述每一种类型，同时凸显涂尔干的社会自由主义价值观。

在唯我型自杀（egoistic suicide）中，导致个体自行了结生命的心理困扰是由于他们缺乏社会整合：

> 在这个例子中，将人们附着于生命的纽带松弛了，因为将他附着于社会的纽带本身松弛了。私人生命中的偶然事件……被

视为自杀的决定性原因，但其实只是偶然原因。个体之所以屈服于极其微小的环境震荡，是因为社会的状况已经使他成为自杀的方便猎物。[3]

涂尔干通过宗教与自杀之间关联的经验案例研究，探讨唯我型自杀的动力机制。他观察到，西方工业化国家的自杀统计数据始终显示，新教徒的自杀率高于天主教徒。没有任何可信的理由能够认定，这两个群体有什么显著的心理角度的差异。不仅如此，这两个教派都谴责自杀。不过，涂尔干注意到一些关键性的社会差异。具体而言，新教是高度个体主义的。新教徒通过诉诸个体良知来达成自己的信仰。他们共享的信念和仪礼很少；因此，他们与其宗教共同体之间的社会整合程度不那么高。与此相反，天主教的集中化教阶组织强加给信徒一种统一的信仰。天主教徒共享许多信念和仪礼；因此，他们与其宗教性的社会共同体之间的整合程度很高。

涂尔干推出了一项一般性社会原则：社会整合程度下降，自杀率就会上升。为什么？因为缺少了紧密的社会纽带，个体就会丧失道德目标，容易陷入倦怠，忧郁至极，孤零自处：

社会人要想存在……必须先有一个社会，他能够在其中表达自己，并为之服务。如果这个社会消解了……我们就被剥夺了存在的理由……就此而言，确实可以说，我们的活动需要一个超越活动本身的目的（社会目标）。[4]

把这项“科学原则”转从道德的角度来表述，涂尔干是想说，如果 44
个体缺乏某种稳定的社会框架，他们就会自我伤害。

涂尔干有关唯我型自杀的分析传递出的讯息是：不受拘限的个体主义是不值得向往的。尽管如此，他同时主张，太多的社会整合也同样有害。他在评论唯他型自杀（altruistic suicide）时发展了这种道德观点。唯他主义是唯我主义的对立面，显示出社会整合过度的状况，群体的需求、利益和身份淹没乃至湮灭了与之分离的个体存在。如果个体的生活如此彻底地与群体的福祉融为一体，那么群体生活的任何扰乱都会威胁到个体的福祉。自杀就是对群体团结的扰乱或削弱做出的一种反应。鉴于现代社会明确宣扬个体主义，唯他型自杀非常少见，几乎只限于军队。尤其是战争情境最明确地体现出这一点。个体受到强烈的群体认同和国族主义的精神激励，会践行自我牺牲的英勇行为。这里传递出的道德讯息就是：过多的群体控制是不健康的，至少在现代社会是这样。

社会整合代表了自杀的一根社会轴线，另一根是社会监管。失范型自杀（Anomic suicide）就展现了个体缺乏足够的社会引导的状况。涂尔干认定，社会界定并引导着个体的需要、欲望和目标。如果缺乏充分的社会监管，个体就无法以稳定而统贯的方式，组织自己的生活。涂尔干讨论失范型自杀，举的例子是经济危机期间记录在案的自杀率的上升。他认为，这种社会现象与其说是经济衰退的产物（因为它导致个体上向或下向流动），不如说是伴随骤然的社会经济变革而来的道德失序的结果。随着个体迅速转变自己的社会经济地位（上向或下向），就会因为社会机会出现重大改变，出现期望与目标的混乱，至少暂时会这样。自杀就是失范状态下体验到的道德混乱与困惑所产生的可以预料的结果。从道德视角来解释，涂尔干有关失范型自杀的分析所传递的讯息，无论对于英国式的自由主义者，还是对于社会主义左翼，都不令人愉快。尽管他们是出于良好意愿，希望解放个体免遭压迫性社会控制，但过多的自由会导致困惑，可能会走向自杀。涂尔干的结论是：个体需要有一种稳定而不受影响的社会框架和道德框架，为其行为设定界限，赋予方向，给出宗旨。

涂尔干坚持自己的分析具有科学地位，但他宣称揭示的原则与自己的社会自由主义价值观如此精准契合，难道纯属巧合吗？《自杀论》为涂尔干充当了一个媒介，可以由此参与有关个体与社会共同体之间恰当关系的公共讨论。他反对保守主义者，主张个体主义是健康社会的一项条件；他也反对个体主义至上的自由主义者和社会主义者，主张社会监管与道德监管是健康的个体主义的一项必要条件。

即使说涂尔干的社会议程在他的自杀类型分析中还不能完全看清楚，当他在结论部分明确自居社会改革者这一角色时，也就表露无遗了。如果自杀率显示出个体与群体之间关系的某种社会失调，那么
45 救治之道也必须是社会角度的。涂尔干相信，无论是家庭、教会还是国家，都没有能力抗衡现代社会中唯我主义和失范的潮流。比如说，世俗化削弱了教会的社会作用；它所承担的社会功能中失去的许多也同样弱化了家庭；国家退出日常事务也使其没有能力直接监管个体行为。涂尔干设想，随着工作场所成为现代生活的核心，将会凝结出新形式的共同体和道德监管，为个体提供某种道德中心和社会中心。就像《社会分工论》里一样，《自杀论》也为涂尔干充当了一个载体，倡

导一种融合个体主义、道德统合与社会公正的社会。

科学、真理与道德希望

涂尔干清楚表明，科学如果不能为增进人类福祉做出贡献，就没有什么价值："如果我们的研究只是出于思辨的兴趣，那我们应当判定它们不具有任何价值。即使我们细致区分出实践问题与理论问题，也并不是要忽略前者；恰恰相反，是为了有能力更好地解决它们。"[5]涂尔干在对社会分工、自杀、家庭、教育和宗教的社会学研究中，从未将社会分析局限在陈述事实、提出说明或理论上。他总是给出某种道德性的、往往还是政治性的视角来看待社会事务。比如说，在《社会分工论》的头两卷中，涂尔干结合人类从原始社会向现代社会的进化来阐述社会事实。他勾勒了有关现代社会的理念，使其能够对当前的发展做出评判。而在《社会分工论》的第三卷，题为"反常形式"，涂尔干告诉我们，目前的社会分工哪些是有问题的，哪些改革会是恰当的。[6]比如，如前所见，当前的经济危机被解释为面对迅疾的社会变革暂时的调适不良，需要的是生产者与消费者之间扩大沟通，而不是资本主义转型为社会主义。在涂尔干看来，科学、道德和社会政策携手并行，尽管在社会分析中仍是各自独立的维度。

涂尔干在《社会学方法的准则》中，为这种社会学的思路提供了正当性辩护。[7]他概述了社会学分析应该遵循的准则。大致来说，他的策略是区分两样东西：确立科学事实和说明，旨在给出道德和社会政策方面建议的意识形态。

涂尔干把社会学的研究主题界定为那些不可化约为个体心理因素的共享制度、文化信念和社会习俗。他称这些现象为“社会事实”。它们的核心特征就在于，尽管是由个体产生出来的，但它们的存在外在于我们并制约着我们的行为。比如，劳动分工是一种社会事实，因为它制约着我们的行为(即我们必须在我们的社会角色上专门化)，并且看起来无关乎我们的个人意愿。

社会学研究社会事实，是把它们当作涂尔干所称的“物”一般的。涂尔干建议说，我们看待社会事实时要不带情感，即不掺杂感情或成见。我们有关社会事实的观念应当来自世界本身的样子，而不是源于
46 我们的个体偏见。我们把自身沉浸于对事实的研究，就能避免个人价值观对我们的社会学观念的侵染。社会学家旨在确立社会事实，将它们关联到合适的社会类型(比如原始社会、封建社会或现代社会)，并提供历史说明、因果说明和功能说明。这会使社会学能够确认社会事实的“正常”结构与功能运作。涂尔干相信，所谓社会事实的正常是说一种功能，即它们对某一特定社会类型是“普遍的”，对该类社会的稳定是有用或有益的。比如说，在分化细密的现代社会中，个体主义既是普遍的，又是对社会有用的，有鉴于此，它就是正常的。与此相反，在原始社会，个体主义就会是反常的，因为它既是例外的，又是功能失调的。

涂尔干断言，自己提出的方法论准则使科学能够产生有关社会事实的普遍真理。这使社会学家可以做出客观的道德评判。我可以确信，他大大地错了。

他宣称社会学家能够在某种程度上搁置自己的偏见和成见，

以便“如其实际所是”地接触社会现实。但这种主张忽略了社会旨趣（interest）和价值观在形成社会知识时扮演的重要角色。涂尔干提出“所有的成见都必须清除”[8]，但恰恰相反，正是我们的成见（preconceptions）引导着我们的感知（perceptions）。它们告诉我们什么是重要的，如何把感知关联起来以形成概念，框定概念之间的关联，并使我们有可能把零散存在的点滴信息塑造成统贯一体的社会故事或画面。涂尔干觉得，如果我们向世界敞开自我，世界就会把其本质加诸我们。但不管怎么说，世界总是被体验为蕴含意义的。我们永远不可能绕开我们的成见，触及一个作为原初经验存在的世界。我们的社会感知在一定程度上受我们的旨趣和成见引导，因此，我们的社会观念被我们特定的社会旨趣、价值观及带有文化偏见的预设所塑造。想想涂尔干的社会进化理论。涂尔干有关原始社会的图景展示了当时标准的西方刻板印象，比如，原始社会在社会角度上是简单的，在文化角度上是同质性的，深陷于超自然的宗教情怀，反个体主义，社会氛围不宽容，抗拒变革。他有关现代性的概念的刻板印象意味也毫不见轻，哪怕是以一种理想化的方式。比如，现代性在社会角度上是复杂的、世俗的，文化角度上是多元主义的、个体主义的、宽容的，社会充满活力。这种“类型学”几近于不加多少掩饰的有关人类进步的故事，对此如果还有什么怀疑，那么《社会分工论》的副标题“高级社会组织研究”就暴露出涂尔干的现代欧洲中产阶级价值观。

涂尔干想象科学知识与道德之间存在某种密切的纽带。科学不仅服务于道德目标，还赋予道德一种客观地位。但涂尔干也希望维持科学、道德与政治之间的分离。最终，他并没有成功。比如说，他为了证明价值中立的客观科学观的正当性，退回到设定科学家与社会之间有着毫不含糊的分离，这就与他有关意识之社会形成的主张产生了矛盾。如果一个社会的文化是由其社会结构塑造的，那么这难道不同样适用于社会学家吗？如前所见，涂尔干有关社会知识、社会进化和现代性的观念都令人生疑，像是一位现代中产阶级自由派法国男人所持有的社会价值观和观念。

47 在他最后一部重要著作《宗教生活的基本形式》当中，他的道德型观照涌上了舞台中心。[9]涂尔干试图说明宗教的起源与性质。他的命题是：宗教信念其实是以符号方式理解社会塑造个体的力量；宗教仪式被解释成社会整合的实践。在启蒙运动问世之前，人类缺乏理性的力量领会到，他们认为主宰人间事务的那些超自然的、灵性的力量，其实就是社会力量（比如劳动分工、文化信念、法律）。现代社会摧毁了这种幻念，科学迫使人类直面由人和自然界的力量主宰的现实。尤其是社会学乘势前行，要将宗教性的社会信念与伦理取而代之。社会学家占据了此前由萨满、先知和牧师所承担的社会角色。显然，这是对孔德笔下社会学与宗教融为一体的强烈呼应。涂尔干揭示出，社会的真正实在，乃是作为一种超验的力量，为我们的生活提供统合与宗旨。这样一来，他似乎开启了可能性，社会学有可能成为某种宗教崇拜的核心。

推荐书目

Jeffrey Alexander, *Theoretical Logic in Sociology*, vol. 3[*] (Berkeley:

* 本书共四卷，与本章相关的是第二卷，原作者应系搞错了卷次。

University of California Press, 1983).（杰弗里·亚历山大,《社会学的理论逻辑（第二卷）：古典思想中的矛盾：马克思和涂尔干》,夏光、戴盛中译,商务印书馆,2008）

Robert Jones, *Emile Durkheim* (Newbury Park, CA: Sage, 1985).

Jennifer Lehman, *Deconstructing Durkheim* (New York: Routledge, 1993).

Steven Lukes, *Emile Durkheim* (New York: Penguin, 1977).

Robert Nesbit*, *The Sociology of Emile Durkheim* (New York: Oxford University Press, 1974).

参考文献

1. Emile Durkheim, *Suicide* (New York: Free Press, 1951); *The Division of Labor in Society* (New York: Free Press, 1933).
2. Durkheim, *The Division of Labor in Society*, p. 227.
3. Durkheim, *Suicide*, pp. 214–15.
4. Durkheim, *Suicide*, p. 213.
5. Durkheim, *The Division of Labor in Society*, p. 33.
6. Durkheim, *The Division of Labor in Society*, Book 3, "Abnormal Forms."
7. Emile Durkheim, *The Rules of Sociological Method* (New York: Free Press, 1966).
8. Durkheim, *The Rules of Sociological Method*, p. 31.
9. Emile Durkheim, *The Elementary Forms of Religious Life* (New York: Free Press, 1954).

* 应作 Nisbit。

48

第四章

马克斯·韦伯的反讽性社会理论

韦伯与埃米尔·涂尔干都认为，1890年到第一次世界大战这段时期，对塑造个体自由的命运至关重要。无论是法国还是德国，工业化、国族统一与科层化、世俗教育体系的形成、宪政的确立以及法治，都标志着现代化的胜利。尽管涂尔干与韦伯都反驳批评者，为现代化做辩护，但他们也都敏锐地意识到自由在现代世界面临种种危险。比如说，对于经济发展和国家安全，集权化的科层制国家或许是必要的，但它也有变成新型专制统治的威胁。

韦伯与许多自由主义者截然相反，并不相信经济现代化会自动转换为社会领域和政治领域的自由化。尽管在英国和美国，一种自由主义政治文化相伴工业资本主义发展而来，但在德国，工业化却与等级制、威权制的社会政治文化共存一时。虽说德国经济在19世纪下半叶大获成功，但其社会政治权力还把持在封建式的普鲁士地主阶级即所谓“容克”(Junkers)手中。

德国的统一乃拜俾斯麦的铁血意志所赐，是他让普鲁士国家成为

一股支配性的国族强力。不仅如此，普鲁士也是由容克统治的。他们
是土地贵族，咄咄逼人地支持国族主义和军国主义价值观。法国和英
国的资本主义发展是与土地贵族在经济上和政治上的地位衰落相伴
而行的，与它们的情形不同，容克阶级的调适之道是要么成为成功的
资本家，要么在丧失经济权力的地方，努力维持其社会政治权威。即
使容克阶级并非以直接的政治方式支配德国，他们的社会权威也使其
能够强加给社会他们好战的国族主义、经济保护主义、对教会正统的
支持，以及反劳工的情绪。普鲁士的容克们得到一群文化精英的支 49
持，后者谨守宗教虔敬和人文主义立场，对启蒙运动价值观念满怀敌
意。容克们得以在德国施展可观的公共权威，直到“一战”结束。

> 马克斯·韦伯（Max Weber，1864—1920）出生于德国法兰克福。他在海德堡大学和柏林大学学习法律。1889年，他完成了自己在经济史和法律史方面的博士学位。韦伯不像马克思和涂尔干，对个体自由在现代世界的前景深表悲观。他很担忧一个推崇秩序与安全胜过自由与个体性的科层世界，也担心运行一个科层化政府的不是真正的领袖，而是一帮职业专家和官吏。从当下的角度来看，你觉得谁对我们世界的判断更符合现实：马克思还是韦伯？

韦伯成长于深陷分裂的德国。捍卫现代化的人与怀旧回顾的抨击现代化的人之间冲突频频。不仅如此，社会现代化的捍卫者们内部也分裂成相互敌视的不同阵营。个体主义至上的自由主义者倡导自

由市场体系；保守派国族主义者力挺积极行动的政府，因为它能把经济发展和军国主义国族强力融合在一起；革命派的社会主义者既反对资本主义，也摒弃国族主义。意识形态上的这些分裂表现出中产阶级、土地贵族和劳工阶级之间根深蒂固的对立。与涂尔干所处的法国极为相似，只是有一点例外，并且是重要的例外，那就是德国根本没有与法兰西第三共和国相提并论的东西。事实上，法国大革命，英国或美国的革命，这些在德国都根本没有可相提并论的东西。德国根本就没有中产阶级革命。尽管德国中产阶级繁荣兴旺，却并不挑战容克阶级的社会政治权力。德国中产阶级没有成为一种政治力量，被动员起来推翻容克的统治，反倒承继了后者保守主义、国族主义的价值观。

更早一代的马克思对中产阶级成为德国社会改革的力量不抱任何希望，但韦伯不这样。韦伯相信，只有中产阶级具备足以给容克阶级致命一击的社会权威和资源。话说回来，韦伯也不曾设想中产阶级的统治会带来无法阻挡的社会进步。这并不是说韦伯把自己的社会信仰放在工人阶级身上，他没有。更确切地说，韦伯从未全盘接受启蒙运动的社会信仰。尽管韦伯认同启蒙运动的许多价值观，但他从未放弃一些反启蒙运动的观念。奇怪的是，他在比自己意识到的更大的程度上，也持有容克阶级的那种保守的国族主义。无论他对人类进步抱有什么样的期望，都受阻于他从普鲁士路德宗文化那里承继的悲观主义和实力政治（Realpolitik）倾向，而他对这种文化的其他方面都颇为抵触。我们在启蒙运动和孔德、马克思与涂尔干身上看到的那种强烈的社会期望，韦伯这里是缺乏的。韦伯的社会愿景混合了对个体主义的倡导与对国族主义同样满怀热情的信守。

清教与中产阶级的形成 50

德国的未来与中产阶级的命运紧密维系。韦伯相信，只有一个强大的并且在政治上积极进取的中产阶级，才能不仅成功地让德国现代化，并且让这个国家跻身世界强权。但他对此并不抱多大希望。德国中产阶级历史上屡屡从政治斗争中退缩。韦伯在其早期著述中试图说明德国中产阶级这种政治上的不成熟。他还力图唤醒德国资产阶级的政治意愿。

这种道德上和政治上的动机支撑起韦伯第一部社会学名著《新教伦理与资本主义精神》。[1]尽管该书的首要主题是围绕着新教与资本主义之间的关联展开的，但潜台词是韦伯希望把摒除幻念、勤勉劳作、内心坚定的清教徒树立为德国中产阶级的榜样。

《新教伦理》探讨了资本主义“精神”或文化的宗教起源。韦伯相信，如果没有特定的心理态度，现代资本主义是发展不起来的。为了让个体甘当风险，投入资本开办企业，为了让工人接受工业资本主义有纪律、专门化的劳动，这种行为就必须是富有意义和价值的。企业家为什么要在现在勤奋工作，付出牺牲，为了未来不确定的回报？当然，一旦资本主义确立，企业家们就会被迫去积累财富，把利润拿来再投资，以求保持竞争力。但不管怎么说，在资本主义发展的早期阶段，不存在任何市场机制会推动自我牺牲、甘当风险的行为。韦伯希望理解个体为什么会变成企业家。

韦伯捕捉到欧洲社会中存在一种社会氛围，有助于现代资本主义的兴起。这种文化推崇纪律、勤勉劳作、节俭、长远回报、积累财富而且不挥霍消费，以及为经济上的成功而自豪。欧洲许多自由主义者主张，人类天生富有竞争性、勤勉、贪婪、富有经济上的动力，但韦伯和他们不一样，认为这种行为是习得的。韦伯固然赞同社会主义者的看法，也认为资本主义确立之后，是竞争推动了企业家行为，但这些社会主义者并没有把握是什么社会力量最初鼓励了这种行为。

韦伯提出了一个乍看似乎有些牵强的命题：新教在资本主义文化起源中扮演了关键角色。当然，新教徒并不是受经济利益驱动的。恰恰相反，新教改革是一场精神革新的运动，要反抗天主教会的物质主义和世俗主义。然而，新教的救赎学说无意中推动了企业家的活动。韦伯讲的故事颇为反讽，令人伤感。一种强烈的精神期望驱动着新教，却在无意中缔造了一种宏大的物质主义世俗文明，全无道德提升的价值观。

在奉行苦行主义的新教教派中，像是加尔文宗（Calvinism）、虔信宗（Pietism）、循道宗（Methodism）、浸礼宗（Baptism）和公理宗（Congregationalism），韦伯都找到了一种文化世界观，给企业家行为
51 赋予某种宗教价值。韦伯最有名的例子就是加尔文宗。加尔文阐明了预定论（doctrine of predestination）：上帝在创世时即已预先决定了谁将获得救赎。不仅如此，牧师也没有特权作为神圣审判的首要信使。这些牧师既不能深察创世的宗旨，又无法洞悉救赎的算度。善行、仁心、捐赠或祈祷都不能确保获得救赎，每个人都独自面对自己对于个人救赎的疑虑。整个宗教共同体中弥漫着愈益增强的焦虑感，为

此，加尔文宗的教徒诉诸外在的迹象来解读自己灵魂的命运。经济上的成功充当了宗教上的命运的首要标志。有鉴于此，经济行为也饱含着超验性的宗教意义。在某个职业中勤勉工作，以生意的兴旺或职业的成就作为个人成功的标志，而不是靠炫耀性消费，这被所属共同体视为灵魂获得拯救的明确标志。救赎主义宗教意义被附于企业家行为，形成促进现代资本主义兴起的文化基体（matrix）。

在《新教伦理》的尾声，韦伯故事的反讽之味——和悲悯之声——流露无遗。新教成功地激发了资本主义，却也就此为自己敲响了丧钟。一旦资本主义确立，竞争就会推动企业家行为；宗教动机将被世俗功利动机所取代。新教徒的工作伦理将让位于以生存、地位和权力为基础的动机。

韦伯对于新兴的现代资本主义文明的理解与启蒙运动的欢庆精神殊少共鸣。自由主义者和社会主义者们拥护工业发展，因为它促成了个体主义和社会进步的新时代。与他们相反，韦伯为道德德性与个体主义的文化的衰微叹惋不已。在强调积极投身尘世事务的宗教价值观的激励下，17、18世纪的新教徒成为货真价实的个体主义者。而这些教徒在19、20世纪的后继者却深陷资本主义科层体系，韦伯称之为“铁笼”。[2]

《新教伦理》所提供的社会观照也不完全是悲观主义的。尽管新教个体主义的全盛荣光已经再也无法重新领略，但韦伯希望，清教的入世行动主义精神或许也能激励德国中产阶级。自力更生的清教徒们不懈奋斗，以自己的意象重塑世界，这恰恰是韦伯的同时代人所缺乏的。德国中产阶级所渴望的，似乎只是通过顺应普鲁士的统治，在德国的财富和声望中分得自己那一小杯羹。《新教伦理》为这种现象提供了部分说明。在德国，塑造其文化的不是加尔文宗的行动主义伦理，而是路德宗的"顺应主义"(accommodationist)精神大行其道。路德宗教义命令个体履行其所占据的职业或社会位置的职责；它的精神是顺应世界而不是转变世界。路德宗教义塑造的这种文化，产生出平静的、以他人为导向的个体。内在导向的清教徒奋力重塑世界，他人导向的路德宗教徒努力顺应社会，两者之间的鲜明对比可能会激起德国中产阶级的自觉意识和社会行动取向。

52

对西方现代性的说明与历史的反讽

新教伦理命题最初出现在1904年的一篇论文中。随后，韦伯又探讨了更宽广的主题，通过一系列比较研究来说明西方的现代化。他考察了希腊—罗马和美索不达米亚诸文明，然后考察了中国、印度、古犹太教、伊斯兰教和中世纪基督教文明，分析法律、宗教、城市和政治结构的发展，这些合聚成了他的两部巨著，《经济与社会》和《宗教社会学文集》。[3]在每一项研究中，韦伯都会探问："为什么现代化最初发生在西方，而不是东方各文明？"比如，为什么现代科学起源于西方？为什么理性法律体系最初发展于罗马文明？为什么现代资本主义缘起于西方？如何说明由宪政、法治、议会、公民权利、政党等组成的西方政治形态？

韦伯有关现代性的社会学在给出说明时，避免诉诸人性、个体心理、气候或地理因素。他拒绝仰赖单一因素，比如经济、人口或观念，来说明社会发展。尽管韦伯不回避人类进化故事，把变革视为有规律、有意义的，但他并未设定一套固定的阶段，人类循序经历，通向预定的终点。韦伯也没有讲述一个人类从较低级的开始趋向更高级、获解放的终点的进步故事。不过，韦伯关于各大文明的社会学的确揭示了有关历史的意义的一种观照，其核心就是现代性的宿命。为了具体呈现韦伯有关现代性的社会学，我来谈谈他对中国文明的研究，即《中国的宗教》。[4]

在中国历史的许多时刻，其社会状况都有利于现代化。但尽管在中国出现了经济财富的积累，也形成了商行和商会，现代资本主义却从未发展起来。尽管在现代早期之前，中国的技术始终领先于西方，但这片土壤上却从未生长出现代科学。尽管中国形成了一个政治帝国，但其官僚体系*始终是高度传统主义的。韦伯想要说明，为什么现代化在中国未能出现。

韦伯对中国进行了定格速写。公元前221年中国的统一被后世证明是决定性的。战国时期封建诸侯的统治被官僚帝国所取代，治理后者的是皇帝和一群在行政上管理帝国的文化精英（官僚［mandarins］）。官僚们是国家意识形态即儒家的主要承载者。而个体在日常村庄生活中受到严格的亲族体系的控制，更进一步巩固了自上而下的国家与意识形态社会控制。韦伯认为，这些社会力量（官僚

---

* 原文的“bureaucracy”及其词形变化，为求译文行文顺畅并考虑义理差别，我们大体上在中外传统社会语境中使用“官僚制”，在现当代社会语境中使用“科层制”的译法。

制国家、儒家意识形态、村庄亲族体系）都发挥了作用，阻碍了中国的现代化。

皇帝是中国的符号性统治者。在大约2 000年的时间里，管理官僚制国家的官僚阶层有效治理着中国。韦伯区分了现代西方科层制国家和中国的“家长制”官僚制，就是基于后者本质上的人治特点。
53 比如，皇帝原则上拥有所有的官僚职位、人员和资源，并对其享有无限控制权；官员听命于皇帝的裁量；他们效忠的是皇帝，而不是他们的职位或符合官僚职业精神的理念。中国的家长制国家既避免了“再封建化”，也无法走向现代化。通过限制职位任期，定期轮换官员，推行监察体系，设立培养官僚认同帝制国家的科举体制，皇帝力求避免权力分散。不管怎么说，政治现代化也遭到官僚们的抵制，因为注重专业技能、各司其职和技术培训的现代科层伦理会破坏他们的合法性。官僚们对政治现代化的抵制也得到了皇帝的支持，因为对他来说，现代科层秩序会限制帝权。

家长制的官僚国家也阻碍了社会现代化和经济现代化。比如说，韦伯提出，帝制国家更偏好一种更具人治色彩的法律体系，给予法官断案广泛的自主空间。与此相反，现代法律规范的运作看的是证据和判例，这大大限制了法官的自由裁量。在西方，现代司法规范的发展（比如在罗马）之所以可能，是因为存在独立的法官和律师阶层。而中华帝国反对这类群体的兴起，视之为对皇帝统治的羁绊。与此类似，中华帝国也更偏好官督官办的工商业，而不是自由市场，因为它害怕独立商人阶级的发展。在韦伯眼里，中国的家长制政府压制了原本能成为社会现代化的载体的那些力量。

唯一能够抗衡帝制国家的社会力量就是村庄宗族。尽管帝制国家怀有雄心，要对社会实施总体控制，但中国幅员辽阔，情况多样，使之变得不可能实现。村庄生活多少脱离于国家统治，但受到本地亲族体系的支配。宗族没有给社会创新开辟空间，而是对个体和村庄社会生活实施严格控制，从而巩固了中国的传统主义。祖先崇拜和长老统治的文化使传统与社会习俗地位神圣，村庄宗族基于这样的文化，大力限制行业选择、个体流动及个人财富积累等，推行着一种保守的生活方式。

归根结底，帝国统治掌握在官僚手中。这类文化精英对这个官僚制国家进行着日常管理；是他们塑造了中国的政治文化。是这些官僚让儒家成为一种国家意识形态。

从犹太—基督教传统的视角来看，儒家更近于一种文化理念而非宗教。比如，儒家缺乏作为造物主的上帝的概念，每个人都与之有人身关联。儒家把宇宙想象成一个井然有序的世界，所有存在物都在某种等级秩序中具有固定的位置和目的。世界和谐要靠个体确立内在的（心理维度上的）平衡和外在的（社会维度上的）平衡来维持。儒家鼓励的伦理是要个体控制情感和行为，以此维持情感平衡和社会平衡。它的社会伦理强调家庭孝行、文化修养和公共服务。私人财富和权力并不重要，除非是通过公职获得的；私人经营被认为扰乱了内在 54
和外在的平衡。儒家伦理引导个体按照世界现有的样子去适应它，去完成自己的社会位置应该完成的职责。物质上的安适，家庭的荣誉与保障，以及有地位的公职，这都是遵从儒家伦理所能期待获得的现世回报。清教那种依照某种道德愿景重塑世界的斗争姿态，是儒家思想里没有的。

和他有关印度、古犹太教或古代远东诸文明的研究一样，韦伯对中国的研究也旨在对西方和东方的不同道路做出科学分析。韦伯分类梳理了刺激西方向现代性突破和导致东方现代化受阻的各项因素。比如，新教的此世行动伦理推动了现代化，而儒家的伦理是顺应世界，又加上帝国官僚体系和村庄宗族体系，阻碍了中国的现代化。韦伯力图通过艰辛的经验比较与尝试性的因果勾勒，证实其关于现代化的看法，与此类似，他的社会学也展现出某种暗示人类悲剧命运的道德型观照。

标准的启蒙运动历史叙事展望了人类的一股进步运动：从简单的不发达的社会状况，到复杂的发达的社会，前者中的个体受着群体、神话和自然的支配，后者中的个体在科学的帮助下，主宰了自然与历史。孔德、马克思与涂尔干的视角都是关于社会进步的这则故事的不同版本。但这不是韦伯看到的图景。他看待社会进化的方式肇始于古代远东官僚制文明和罗马文明。尽管韦伯赞赏它们在国家统一和军功征战方面取得的成就，但这是以牺牲个体自由和社会活力为代价的。无论韦伯是在讨论古罗马、埃及还是中国哪一个帝国，他都强调官僚体制使社会多元主义和个体主义陷于窒息，并最终导致社会衰败。政治自由化与社会现代化是携手并进的；当制度多元主义与个体主义有发展空间，繁荣而有活力的社会秩序也会蓬勃发展。比如说，韦伯有关中国的社会学研究的首要主题就是，现代化之所以失败，很大程度上是因为帝国官僚体制扼杀了与之相对抗的各种社会力量。与此相反，在西方，国家官僚体系不得不与多个权力中心展开竞争，比如教会、法官和律师、独立的商人阶层，以及摆脱集权化的国家权威而获得自由的城市，在那里，社会文化创新大受鼓励。韦伯的观照显然是自由主义的：社会多元主义和个体主义促进了一个富于创新、充满活力的社会。

不过，韦伯并没有把这项自由主义主题塑造成有关作为社会进步的现代化的叙事。他所讲述的故事是西方从官僚制帝国趋向社会自由化，直至今日，而欧洲各国也有可能重新回归某种形式的官僚制帝国。可以说，现代化被说成是由两个阶段构成。第一个阶段，大致是从16世纪到19世纪中叶，属于充满活力的阶段。西方社会创造了现代科学、自由市场资本主义、由清教徒典型体现的内在导向的个体主义，以及许多政治民主结构，比如法治、宪政、公民权利和议会政府。然而，自19世纪晚期以来的社会发展产生了威胁，逐渐侵蚀这种自由 55
主义、个体主义的社会。具体而言，科层制及其地位导向的功利主义文化扩散到所有现代制度，塑造出这样一种社会，由缺乏灵魂的科层体制，统治着一群他人导向、精神乏味、远离政治的个体。换言之，韦伯在中国看到的不仅仅是西方现代化所走出的过去，而且是西方乃至全人类可能步入的未来。韦伯对历史的观照中蕴含着悲剧性的反讽，人类的未来与其说是启蒙主义者们的乌托邦式愿景，或许不如说是科层专制主义的反乌托邦（dystopian）现实。可悲的是，启蒙主义者被现代乌托邦梦想弄得目眩神迷，甚至都不曾意识到，人类正在步入一个反乌托邦的世界。这种被障目的图景是属于启蒙主义者的悲剧，还是说悲剧在于韦伯没有能力看到，他是把德国最糟糕的特点投射到整个人类的未来，这正是评估韦伯的社会观照的要害所在。

克里斯玛与科层制：变成噩梦的现代梦想

韦伯与他的启蒙运动先辈和同时代人都不一样，并没有讲述一个人类持续前行的故事。在韦伯的想象中，那些形成威胁要碾压个体自由的维护秩序的力量，与那些支持社会创新和变革的力量，发生着永续冲突。如果官僚制/科层制代表着典型的秩序力量，那么克里斯玛就是首要的变革之源。韦伯刻画了西方世界从官僚制帝国趋向社会现代化的一场运动，而克里斯玛型的运动在其中扮演了关键角色。[5]

韦伯苦苦思索，如何说明面对官僚制帝国实施的保守权力而发生的社会变革。他在克里斯玛型运动这个概念下界定了一种力量，其社会维度上的饱满强烈能抵消官僚制在社会维度上的麻木怠惰。

克里斯玛（Charisma）是个体宣称拥有的一种带有巫魅意味的超自然权力。克里斯玛型领袖通过宣称拥有超凡权力，实施公共权威。在克里斯玛型领袖与其追随者之间，存在着强有力的道德纽带和情感纽带。领袖塑造了一项社会使命，追随者们誓言践行。克里斯玛型运动是具有革命潜力的社会力量，因为追随者要奉行社会变革的行动议程，以此证明对于领袖的个人效忠。虽说克里斯玛型运动其实不可避免地要么逐渐消散，要么走向例行常规（即演化出它们自有的稳定社会生活），但韦伯相信，在撬动甚或摧毁官僚制/科层制给社会带来的钳制方面，克里斯玛型运动充当着关键性的力量。

还有一点反讽性的转折。韦伯认为，尽管克里斯玛型运动是孕育现代化的关键因素，但现代化这种环境却对克里斯玛抱持敌意。比如说，现代文化的世俗性消减了个体宣称拥有巫魅力量的可信度。与之类似，资本主义培养出一种功利主义文化，也对克里斯玛型权威抱持敌意。克里斯玛面临的最显著的障碍，或许要算是现代科层制，它鼓励个体珍视安全而有序的社会环境。事实上，韦伯认为，确定西方现代性特点的属性就是科层制与其保守文化一起扩散到各个社会领域。社会的科层化预示着人类的黯淡未来。鉴于社会现代化会与科层化 56
携手并进，那么科学、民主、法律等等的推进，也一定会揭启一个扼杀生机的科层支配时代。

正是创造出一个充满活力的现代社会的那些社会力量，也刺激了科层化。比如说，资本主义引入了一个生机勃勃的市场体系，但它需要大规模的交通和通信设施，以及确保合同实施的法律管理体系，这就促使了国家的科层化。与此类似，市场竞争势必会导致巨型企业的发展，它们投入庞大资本，协调海量资源，通盘统筹规划，刺激了经济的科层化。现代化还会带来政治民主化（例如公民权利、政党、代议制政治机构的普及），而后者又需要有科层管理结构来维持。科层制就这样一步步地但不可避免地扩散到几乎各个社会领域，经济、政府、政党、教会、福利、军队、教育以及科学。

科层化涉及一套独特的行政秩序和社会秩序；社会制度是依照非人格性和专业主义的精神组织起来的。科层机构被分割为各个职能部门，每一部门都由其特定的功能和社会角色所界定。所有的部门都以等级秩序来安排，从而形成某种自上而下的命令体系；个体被指派特定的角色，具备边界明确的职责与权威。科层化的企业经营也是依照一套非人格化的规则和程序来实施的，它们的宗旨就是要排除个人考虑和冲突，以免其干扰制度运作。最后，科层制还创造出一种新型工人、职员或白领劳动者，他们是技能熟练、各具专长的专业人员，基于其资格条件而被雇用。

韦伯主张，科层制的非人格化和专业主义精神使其成为现代社会中最具效率的管理模式。它的扩散是不可避免的，也是不可逆转的。比如说，科层化使大众民主和举国社会规划成为可能。不仅如此，科层制还促进了社会公正与平等，因为每一个个体——既作为寻求服务的客户也作为提供服务的职员——原则上都会受到平等而公正的对待。话说回来，正是这些使科层制富有效率和社会益处的特征，也使其成为一种确实有害的社会力量。韦伯几乎不怀疑，科层制是现代性中最具权力的社会力量，并产生威胁，使人类面临黯淡的未来。

科层制据说会消减个体自由。在科层制社会里，个体会丧失对满足其需求的手段的控制。例如，在科层制经济中，不管是资本主义的还是社会主义的，绝大多数个体都不控制获取生产资料（技术、原材料、劳动力）的渠道，考虑到生产资料规模之庞大，技术之复杂，成本之高昂，它们要么需要科层制方式的管理，要么超出绝大多数个体的资源。我们仰赖于经济制度来维持生计。与此类似，科学与学术研究的资料的科层化意味着，个体只有作为大学或研究中心的成员，才能接触到研究技术和文献资料。当这些机构拥有科学生产的资料，它们就
57 会对科学与学术实施控制。韦伯总结道，随着机构科层化，个体丧失了对塑造自己生活的资料（如经济的、教育的、军事的）的直接控制，不得不仰赖科层体系来满足自己的许多需求。在科层化培育出的社

会世界里，个体无法自立，缺乏权力。它培养了一种他人导向的个体，崇尚的行为是乐于合作、寻求赞同，与致力于重塑世界的内在导向的清教徒自我恰恰相反。

科层制预示了政治上的灾难。由于个体变得仰赖于科层制，他们相信自己的命运维系于它。具有反讽意味的是，现代公民丧失了对政治的兴趣，哪怕他们被公民权利、政党和议会机构赋予了权力。不仅如此，政界人物还发现自己为了制定并贯彻公共政策，还得仰赖于科层职员的技术知识与技能。政策制定者依赖于科层职员的技术知识以及他们有限的公共问责能力，这就鼓励高级科层职员掌控政界人物的决策权力。科层制的政治角色不断扩张，这在韦伯看来并非好事；民主遭受损害，因为科层职员并不是具有政治远见的领袖，而只是谋求职业生涯，受着狭隘局促的利益驱动。

韦伯为现代西方现代性的发展描绘了一幅黯淡的画面。现代化最初充满活力的阶段助长了科层化广泛蔓延，构成威胁，有碍于个体性、自由和民主。面对社会的科层化，两股主导性的社会意识形态开始变得过时。持个体至上立场的古典自由主义倡导不受约束的个体主义，自由的市场，最小职能的政府，但由于忽略了科层化的社会权力，越来越不合时宜。而社会主义者承诺经由政府经济监管和大众民主达成自由，也在无意之中助长了科层化和政治威权主义的扩散。

那该怎么办？韦伯就像他如此赞赏的清教徒们那样，建议我们直面事实：当今之世，恶不在资本主义，也不在社会主义，而是科层制。面对**不可逆转的社会科层化**，无论思古之怀旧，还是乌托邦式的摆脱当下，都不是负责任的回应方式。“在行政管理已经彻底科层化了的地方，其所导致的支配体系其实是不可摧毁的。”[6]韦伯给我们的社会前景提供的看法清醒冷峻。科层制固然长久维持，但如果我们推动彼此冲突的多种科层体制，还是能够保留社会活力和自由的某些方面的。因此，韦伯之所以捍卫资本主义对抗社会主义左翼，与其说是因为他不赞成后者对资本主义阶级不平等的批判，不如说是因为他相信，资本主义维持了政府精英、工商业主和工会之间的张力，从而促进了社会活力与自由。韦伯尤其担心政治的科层化会导致出现平庸而保守的领袖，要么受偏狭的社会利益的引导，要么被科层体制所掌控。身处世界列强持续冲突的时代背景，韦伯害怕软弱的政治领袖会削弱国家力量，带来政治或经济殖民化的危险。他建议实行一种特别的政治安排，能够激励克里斯玛型领袖崛起，以抵消国家和政党的科层化。
58 到了晚年，他更捍卫一种由公民直选政治领袖的政治体制。韦伯对滥权的可能性忽略不计，希望这种体制能促成克里斯玛型领袖的崛起，要不然他们会被科层化的政党与利益集团所压制。

科学、真相与价值

韦伯塑造的有关社会生活的理论视角，充满了矛盾与反讽。他是一位由衷相信理性与科学的力量的启蒙主义者，是一位热忱捍卫现代性对抗其批评者的人。然而，韦伯关于现代性的观照却是黯淡的。他想象的现代化的发达阶段类似于呆板僵化的古代东方帝国：威权主义的官僚机构支配着公共生活，回撤到各种膜拜运动或狭隘的私人生活。

尽管韦伯对人类未来的观照是黯淡的，他却从未放弃过对科学的启蒙运动信仰。他不像从保守主义或浪漫主义立场批判现代性的那些人，并不认为科学就像现代性的其他特性一样，也具有社会破坏性。他对科学的信仰从未动摇。即使面对人类即将坠入黑暗的前景，韦伯也想象自己保持清醒地直面世界的本来面目。他就像自己非常赞赏的清教徒，并不会躲避到预言或意识形态幻念之中。即使科学必须放弃复兴人类的梦想，也不能抛下它迫使我们清醒负责地审视自己的那份角色。

韦伯对科学保持了一份启蒙运动的信仰，就此而言，相较于他的许多前辈和同时代人，这种信仰尚属清醒。在孔多塞和孔德或马克思和涂尔干看来，科学就是现代化和社会进步的催化剂。科学摧毁了那些神话和迷信，它们约束了我们的生活，源出于无知、谬误或僧侣们的操弄。科学让我们摆脱偏见，能够按照现实本来的面目去看待它。科学揭示了人类是塑造社会世界的积极行动者。最后，科学还承诺要揭启社会组织的原则和历史的法则；它提供了基于社会知识的道德纲领与政策方针，从而有可能理性地组织社会。

韦伯也相信科学具有破除幻念的力量。科学能够迫使我们为自己的行为承担责任。科学把社会世界看作是个体行动的创造，以此迫使个体意识到自己的行动会产生社会后果。韦伯甚至设想了科学具有一种“道德”角色：科学澄清了我们的价值观对于我们个人、对于社会所具有的意涵，从而给我们施加压力，要以道德上负责的方式行事。不过，科学并不能揭启历史的意义与宗旨，也不能为我们指引社会行动的方向，因为道德决定始终会面临争议，归根结底还是要诉诸良知。[7]有鉴于此，韦伯批评启蒙主义者不仅只是把科学看作是破除社会幻念的中介，更要去建构新的世界观。用一种科学的世界观取代宗教的世界观，这样的努力(像是孔德或马克思)是人为虚设的，纯属智识性的，因而注定要失败。不仅如此，韦伯还坚持认为，当科学不单单解释事实，还要为各种社会事件赋予意义和价值，就将丧失其可信性。

59 许多社会科学家要模糊科学与道德之间的界限，把科学搞得几乎成了一门宗教，韦伯针对这种趋向，提出了价值中立的原则。社会科学应当仅限于确立事实和因果关系，提出一般模型和社会学原则。价值判断与社会改革方案属于私人生活和政治的领域。原因何在？因为尽管有可能产生关于社会事实及其因果关系的知识，但关于它们的价值的判断却属于意见或意识形态。资本主义涉及私有产权和商品生产，这属于经验科学；究竟是资本主义扩张了自由所以是好的，还是资本主义产生了不平等所以是不好的，这属于意识形态。在韦伯看来，科学与意识形态、事实性知识、道德判断都属于各自分离的智识领域。

不过，在韦伯有关科学的更加周全的考虑中，他沿循自己分析的逻辑，不得不质疑科学与道德之间是否存在这种清晰界限。这一点需要进一步澄清。

韦伯说，科学家从来不是带着空白的大脑接触现实的。现实始终是透过某个概念棱镜过滤的。我们始终是从某个特定的立场出发来了解世界的。而一个立场就涉及一系列有关世界的本质的预设。比如说，把社会世界设想成一个具有目的的等级秩序，一个社会有机体，一个由追求自我利益的个体组成的集合体，一个充满活力和内在矛盾的系统，或是把社会看作由经济或阶级动力、宗教观念、民族国家冲突所驱动的社会，不同的意象框定了我们所能知晓的内容。这些框架覆盖全局、自我连贯，正是特定社会氛围的产物，并不能直接受制于经验验证或证据。但在科学研究中，这些框架的角色同样是关键性的。它们引导着我们选择什么样的问题；它们框定了我们看到什么样的东西，如何看待世界，以及所谓"事实"或"事件"在社会知识中具有什么样的意义，扮演什么样的角色。这些覆盖全局的框架被转译成一系列概念、分类体系、因果模型，促成了对现实进行科学的或经验分析性的分类整理。

我们整体的智识立场主导着科学理论中的重大变革。随着立场的变易，它的经验机制和概念机制也会变易，包括什么问题被视为重要，哪些概念和因果模型起到支撑作用等。不仅如此，韦伯还毫不含糊地指出，驱动立场和科学的概念结构发生这些整体变易的，并不是专门化的科学研究，而是更广泛的社会背景中的变迁。广泛的社会变革改变了我们有关社会的基本意象以及社会价值观，而它们又会转译成新的感兴趣领域、待研究问题，新的概念思路和经验思路。

> 专业化时代里文化（社会）科学的所有研究，一旦通过特定的问题设置，以某个给定的主题为取向，确立其方法论原则，就会以对于数据资料的分析作为其目的本身……它将不再意识到，其归根结底的根源乃在于整体上的价值观念……但总有一刻，整体氛围会发生变化。那些不经反思就被应用的观点的意涵会变得不确定……重大文化问题的光影会变移。到那时，科学也准备好改

变其立场和分析机制。[8]

60 韦伯难道不是在说，是社会利益和价值观念塑造了科学的结构，主导了它的问题选择、概念思路乃至转型？正是这样理解的社会对于科学的结构塑造，驱使韦伯纵然原则上宣称科学与道德相分离，却仍得出结论说，话虽如此，但“科学与信仰之间的界限仅在毫发之间”。[9] 韦伯仍在含糊其词。他相信，价值观影响着科学的问题选择、概念形成、方法论标准（例如简洁、精确、一致）以及解释功能。不仅如此，如果广泛的社会利益和价值观念是社会科学变革的首要推动者，或许韦伯应当怀着其一贯的清醒坦诚，摈除幻念，做出推想：把科学看成一种纯粹的知识领域，这种想法本身就是现代西方的一种幻念！

推荐书目

Reinhard Bendix, *Max Weber* (New York: Doubleday, 1962).（莱因哈特·本迪克斯，《马克斯·韦伯思想肖像》，刘北成等译，上海人民出版社，2020）

Roslyn Bologh, *Love or Greatness* (London: Unwin Hyman, 1990).

Randall Collins, *Weberian Social Theory* (Cambridge: Cambridge University Press, 1984).

Wolfgang Mommsen, *The Age of Bureaucracy* (New York: Blackwell, 1983).

Lawrence Scaff, *Fleeing the Iron Cage* (Berkeley: University of California Press, 1989).

参考文献

1. Max Weber, *The Protestant Ethic and the Spirit of Capitalism* (New York:

Free Press, 1958).

2. Weber, *The Protestant Ethic and the Spirit of Capitalism*, p. 181.
3. Max Weber, *Economy and Society*, vols. 1–3 (New York: Bedminster Press, 1968); *Gesammelte Aufsätze zur Religionssoziologie*, vols. 1–3 (Stuttgart: Verlag: 1988 [1920]).
4. Max Weber, *The Religion of China: Confucianism and Taoism* (New York: Free Press, 1951).
5. Max Weber, "Charisma and Its Transformation," in *Economy and Society*, vol. 3.
6. Max Weber, "Bureaucracy," in *Economy and Society*, vol. 3, p. 987.
7. Max Weber, "Science as a Vocation," in *From Max Weber: Essays in Sociology*, edited by Hans Gerth and C. W. Mills (New York: Oxford University Press, 1946).
8. Max Weber, "Objectivity in Social Science and Social Policy," in *The Methodology of the Social Sciences* (New York: Free Press, 1949), p. 112.
9. Weber, *The Methodology of the Social Sciences*, p. 110.

61 # 第一编　结语

为什么我们仍然要阅读并思考经典？我姑且提出两点理由。

其一，从亚当·斯密或伏尔泰到韦伯，这些思想家塑造出各种令人信服的有关人类的社会观照。人类境况被理解为本质上具有社会性和历史性。如果你想要理解社会不平等、贫困、经济增长、民族主义、爱与性别角色，经典思想家说你就必须考察社会阶级、宗教或人口动力机制之类的社会因素。为什么这一点很重要呢？坚持以社会视角来看人的行为，会使我们能够带着明确目的去促成一个更好的社会世界。经典思想家并不设定自然或上帝控制着人类的命运，而是主张，人类能够审慎从容地塑造自己的未来。在经典社会思想的核心蕴含着一种期望：社会知识能够有助于一种更自由、更理性的个体生活和集体生活。

其二，经典思想家刻画出各种富于想象的有关社会生活和现代世界的意象。这些社会图像依然十分有用，因为我们许多人还在努力领会我们的生活，努力打造一个少几分苦难和不公的世界。

孔德反对将社会看作是个体的集合，而是把社会设想成一个有机的整体，由共享的宗教信念和道德信念紧密结合起来。孔德提请我们注意到，一味颂扬个体主义，却不考虑过度的个体主义对社会秩序和道德秩序带来的后果，蕴含着一些危险。孔德和涂尔干一样，都相信一个健康的社会要想统合一体，靠的是共同信念和价值观。孔德敦促我们将社会视为某种与个体相分离的独立实在。个体自由固然重要，但整个社会的统合一体也同样重要。

马克思与孔德一样，都认为社会不仅仅是个体的集合。不过，马克思强调的是政治与经济方面的动态过程，而不是宗教与文化。在他看来，社会是围绕着基于社会阶级的社会利益之间的冲突而组织起来的。一个人是工人还是企业主，不仅影响到他的生活标准，而且影响到他的信念、政治权力、社会机会等。他基于数量有限的范畴（比如劳 62
动、生产方式、社会阶级、意识形态），塑造出有关社会和历史的一套令人惊叹的综合观念。马克思讲述了一出以时代划分的多幕社会戏剧，不仅有助于领会不平等和社会冲突，而且告诉我们如何去创造一个更加公正的社会。马克思有关社会和现代性的愿景对世界的推动作用，要多过其他任何一位社会思想家。

涂尔干和韦伯属于孔德和马克思的传人。他们承继了人类的社会性这一观念，提供的有关社会生活的看法有时与我们许多人所认为的相去甚远。尤其是他们并不认为社会是由个体产生的，而是认为个体主义本身就是社会力量的产物。

例如说，对于自我的社会塑造是涂尔干社会学的一项主旨。他在《自杀论》中主张，自我毁灭的行为常常被想象成受心理因素驱动，但是要由社会条件来说明，比如要看个体接受社会整合或社会监管的程度。有鉴于此，处置自杀的药方与其说在于个体变革，不如说在于社会变革。在《社会分工论》中，他又提出，个体主义是社会力量的产物。在工业社会中，个体变成一种共同的文化信念和价值观。这就使人们有可能从法律上保护自我，也为主体选择和表达留下了宽广余地。与个体主义立场的社会生活观截然相反，涂尔干认为个体是嵌于社会制度的，并强调共享文化信念和价值观是维护自由和社会一体的条件，非常重要。涂尔干主张，如果个体根植于稳定的共同体，个体的需求和目标清晰确定，社会公正的条件普遍满足，这样的地方就称得上一个好社会。尽管涂尔干矢志将社会学变成一门受人敬重的科学，但他并不回避提出一种关于好社会的观念，还告诉我们如何实现这种状态。

韦伯强调了自我的文化建构。这是《新教伦理与资本主义精神》的关键论点。在韦伯所处的时代之前，人们往往设定，个体是发乎自然地受动机驱使，去为经济上的好处展开竞争并积累财富的。资本主义常常被视为人性的表达。人们难道不是天生就贪得无厌、追求自利吗？韦伯不同意这种观点，认为资本主义经济行为包含工作专门化、追求职业生涯成功、积累财富、接受长远回报，这都属于社会信念和价值观的结果。韦伯将资本主义经济伦理回溯到宗教改革。正是经济行为在新教徒中具有宗教上的重要意义，驱动着人们执迷于金钱与财富。他得出了一个悖谬的结论：产生资本主义的不是人性，而是清教徒的精神渴求，他们赋予资本家的行为一种宗教性、救赎性的价值。换言之，韦伯明确肯定了个体主义经济行为的文化形成。他远非称颂现代生活解放了个体，而是观察到一种愈演愈烈的科层化趋势，能够碾压个体的自由。如今，尽管科层制因其效率而受称道，我们却都清楚意识到，它对自由和民主都构成威胁，就此而言，我们都是韦伯主义者。

无论是马克思眼中处在阶级冲突阵痛中的现代世界这一图景，还 63
是韦伯笔下处在科层制铁罩把控中的个体这一意象，要思考我们所处的世界，都几乎不可能不借鉴经典思想家们的观念。我们阅读他们，是因为他们帮助塑造了我们的世界，并依然是理解这一世界不可摒弃的手段。

不过，孔德、涂尔干和韦伯，都在相当程度上还是他们那个时代的产物。他们有关人类历史的宏大故事始终是始于西方也终于西方；登上历史舞台充当主角/主要行动者的都是男人；尽管他们都宣称客观性，但所描绘的社会图景都明确标示出好与坏，罪恶与救赎。今天，我们可以领会到，他们对科学、理性、个体主义、进步以及西方的信仰，有助于现代殖民帝国和男性支配地位的形成，但也产生了强有力的道德愿景和政治愿景，内中满怀着对一个更好的世界的社会期望。

第二编

重审经典传统：美国社会学

第二编 引言 67

马克思创造了马克思主义，这个传统把理论理解为服务于社会变革。马克思主义作为理论之所以成功，离不开它融入一场世界范围的运动，引发了社会主义革命。在美国，在几乎每一个欧洲国家，工人阶级运动从19世纪中期到晚期都逐渐形成，并永久改变了政治景观。到了20世纪早期，马克思的观念被全球各大学所吸纳。马克思主义现在成了所有严肃的社会思想者的一个参照点。比如说，涂尔干和韦伯的社会学观念就是在与马克思主义的批判性对话中成形的。尽管倡导马克思主义意识形态的社会主义思潮在美国并不像在许多欧洲国家那样令人瞩目，但马克思的著述还是被社会批评者和学人广泛阅读。到了"二战"之后，马克思主义可能是世界上最具影响力的社会视角。不讨论马克思及其后继者的观念，就不再有可能从事社会学的理论阐述或实际研究。

孔德、涂尔干和韦伯的社会学理论并不都大获成功。孔德在19世纪的大部分时间里都是个知名思想家。事实上，甚至一直到20世纪的头几十年，他在英国和美国都拥有可观的追随者。但是，到了20世纪中叶，他几乎成了个被遗忘的角色。不过，就算他的观念在学术界不再受人欢迎，他对有关社会的自然科学的愿景还是会定期复活，受到拥戴，我们在兰德尔·柯林斯和彼得·布劳那里就会看到。

涂尔干确立了自己在法国作为第一流思想家的地位。在法国学术界，在法国公共知识生活中，他都是一位重要人物。他评点公共事务，并大力推动社会学在法国的建制化。他的社会观念孕育出了信徒，他更缔造了一个社会学中的涂尔干学派。到了20世纪早期，涂尔干在法国及其他地方逐渐被认可为一位社会思想大师。

68 韦伯的遭际和涂尔干差不多。他不仅被认可为所处时代最博学的思想家之一，也是一位公共人物。公共官员和政界人士特别倚重他为政治事务提供咨询。但韦伯既没有缔造一股思潮，也不曾创建一门社会思想学派。在他去世之后，并没有什么韦伯主义社会学。他的观念在德国得到广泛讨论，但并未超出国境，至少在20世纪头几十年是如此。

在20世纪上半叶，马克思、韦伯和涂尔干都还不是他们到60年代成为的那种巍峨巨人。除了马克思，听过涂尔干或韦伯名字的学人并没有多少，在一般公众中就更是寥寥无几。他们的著述尚未被译介。事实上，孔德，以及英国社会进化学说理论家赫伯特·斯宾塞，才是塑造美国社会学的关键人物。当时美国最重要的几位思想家，比如威廉·格拉汉姆·萨姆纳和莱斯特·沃德，就大力借鉴孔德与斯宾塞的观念，来说明工业化、城市生活方式、迁移与移民入境，当时在美国这些发生的程度丝毫不逊于欧洲。

那么，马克思、涂尔干与韦伯是如何逐渐被视为“经典思想家”或现代社会理论的创建先贤的呢？要不是法国尤其德国的大学在20世纪早期所享有的声望，这些欧洲思想家或许也不会成为经典传统的核心。别忘了，研究型大学在美国还是相对新鲜的事物，但是在欧洲，它们的历史还要回溯数百年。美国的重要社会思想家中有许多在欧洲大学学习过。他们追随着在法国和德国围绕以下话题如火如荼进行的论争：资本主义的起源，世俗主义的性质，革命变迁与民主的前景，如此等等。而在他们阅读的重要人物当中，就有马克思、涂尔干与韦伯。随着大萧条、法西斯主义与纳粹主义，以及与女性主义和黑人民权相联系的社会运动，在美国先后产生剧烈动荡和变迁，围绕这些重大社会议题的论争在美国也逐渐获得了新的关联意义。换言之，随着美国开始经历欧洲经历过的许多动荡，比如经济危机、阶级冲突，以及分别来自左翼与右翼的对自由主义社会的挑战，孔德式与斯宾塞式的进化学说丧失了可信度。美国思想家开始寻找针对其变动中的社会现实的观念，尤其是探讨重大社会危险与冲突的那些观念。许多思想家开始求诸欧洲的思想大师。

在将美国社会理论从孔德和斯宾塞转向马克思、涂尔干和韦伯的过程中，作用首屈一指的角色就是塔尔科特·帕森斯。帕森斯在德国留学，然后带着他对资本主义的欧洲式聚焦，带着对马克思及其在社会学中堪与匹敌的对手学说的了解，回到哈佛。我们将会看到，在打造一股将马克思、涂尔干和韦伯置于核心的经典传统的过程中，帕森斯的《社会行动的结构》是一份决定乾坤的文献。

从20世纪50年代到60年代末，帕森斯主宰了美国社会学和社会理论。不过，随着美国陷入新的社会冲突的阵痛，帕森斯的观念让许多人觉得不合时宜。当思想者们寻求描绘新的社会地图，以领会变动中的社会世界，帕森斯式的社会学也就遭到了猛烈抨击。然而，奇怪的是，批判帕森斯的人并没有抛弃他对马克思、韦伯和涂尔干的典范
69 化（canonizing）处理。相反，这些批评者中有许多在发展新的理论视角时，还致力于重新解读“经典”。

从20世纪50年代起至今，美国社会理论尤其是社会学理论的发展成型，往往是通过解读或发展经典思想家的作品，而后者又几乎完全限于这些欧洲思想家，直到晚近才有所变化。比如说，赖特·米尔斯或许是帕森斯最令人生畏的批评者，也是在马克思和韦伯的基础上进一步发展，形成一套批判性社会理论的。或者再举一例，在发展一种新式社会理论、但又相当借重经典思想家的最具影响力的努力当中，有一项就是彼得·伯格与托马斯·勒克曼的《现实的社会建构》。伯格与勒克曼固然缺乏像帕森斯那样条分缕析地将观念阐发为一套体系，但他们勾勒出的那套有关社会的理论，其格局之宽广，表述之雅致，皆不逊于帕森斯。不过，兰德尔·柯林斯的冲突社会学，以及我们将会看到的罗伯特·贝拉的道德型社会学，在塑造各自社会愿景时受经典思想家的启发程度，也是不相上下。

第五章 70

塔尔科特·帕森斯、彼得·伯格与托马斯·勒克曼的宏大理论

塔尔科特·帕森斯

在伦敦经济学院学习了一年之后，帕森斯又在德国海德堡大学拿到了博士学位。我认为，他的博士论文以德国探讨现代资本主义的视角为主题，并非偶然。马克思主义批判资本主义和西方自由主义具有深层缺陷，注定走向衰亡。而俄国革命的成功更提升了这种批判的可信度。帕森斯希望从德国社会学家那里找到马克思主义批判之外的替代方案。在接下来的十年里，帕森斯的研究规划会不限于捍卫资本主义。面对大萧条和纳粹的兴起，帕森斯要为西方自由主义文明提供一套有说服力的辩护。他求诸欧洲社会学，以求找到一种新的基础来奠立有关社会和历史的一般理论，能支撑其自由主义世界观。

帕森斯的思想方略颇为大胆。他基本上无视其在美国的前辈和同时代人，试图全盘转向明显以欧洲为中心的社会学。但是，韦伯和涂尔干将取代孔德和斯宾塞，成为经典传统的核心。这就是他的首部

要著《社会行动的结构》的宗旨所在，该书基本没有引起他的同时代人的重视，但后来变成了社会学理论的一部“经典”文献，其实成了帕森斯成功塑造社会学形貌的一把标尺。[1]

《社会行动的结构》可能会令我们吃惊，在20世纪30年代写出这样一本不同寻常的书。面对破坏性的经济萧条、俄国的共产革命、法西斯主义和纳粹主义的兴起，帕森斯拿出了一部800页的皇皇巨著，并且其首要问题是：“社会行动的一般结构——其实是普遍结构——为何？”当世界正饱受灾难性的、划时代的社会变迁的影响，为什么帕
71 森斯会选择以显然是哲学性的考察方式，钻研社会行动的性质？帕森斯的书严守学院路数；它煞费苦心对欧洲思想家们进行了细致的文本分析，不仅着眼于他们讨论资本主义或政治的视角，而且梳理了他们有关自我、社会行动和社会的极具一般性的观念。

> 塔尔科特·帕森斯（Talcott Parsons，1902—1979）出生于美国科罗拉多州的科罗拉多斯普林斯（Colorado Springs）。他留学德国的海德堡大学，在哈佛度过了全部职业生涯，并成为“二战”后美国主导性的社会理论家。帕森斯塑造了社会作为一种“社会系统”的新意象。系统的各个组成部分，例如家庭和经济，各具特定角色，并且相互依赖。如果某个部分或“子系统”崩溃，系统会经历社会功能失调。帕森斯对人类的未来抱持乐观态度。他想象美国会引领世界进入一个自由和民主的新时代。

这算是学院派的退缩，面对令人不安的现实，躲进书卷学究的平

静文明世界吗？或许不是。帕森斯就像他的许多同时代人那样，也认为西方自由主义的危机并不仅仅是一场社会危机，它还是一场思想危机。如果西方社会正在摇摇欲坠地走上自我毁灭之路，就不无理由假定，这在一定程度上反映出某种思维习惯。这场危机是如此彻底地挑战了西方文明，值得对我们最基础的社会观念做一番研究。支撑这一哲学探究或理论探究的是一种期望：社会理论可能有助于为西方自由主义文明重新确立安定的根基。

为什么聚焦于社会行动的结构？帕森斯相信，我们有关社会行动的预设就是最基础的社会观念。有关人的动机、行为和目标的概念，以深广的方式，影响了我们如何思考社会制度、政治与社会变迁。这不仅适用于社会理论家，也适用于我们所有人；我们每一个人都持有关于个体行动和社会行动的观念，这些观念塑造了我们有关政治与社会的广泛感知。不仅如此，日常的社会观念也受到学院人士和知识分子所创造的广泛的智识视角的塑造。社会变革会要求人们改变思考自我与社会的方式，有鉴于此，旨在改变社会观念的理论探索就会具有道德上和政治上的意涵。

帕森斯相信，西方各大文化传统所持的社会观是相互矛盾的。一方面，有些视角（例如功利主义、行为主义、马克思主义、社会达尔文主义）认为个体针对超出自己直接控制的自然力量或社会力量做出调适，这些力量驱动个体以特定的方式行事。比如说，弗洛伊德心理学之类的本能学说把个体说成是受生物性驱力驱动的；行为主义者借助机械主义的刺激—反应模式来说明人的行为；许多社会学家诉诸市场力量或阶级位置来说明行为。有关社会行动的这些理论的关键特性，就是个体单纯对决定我们社会行为的那些客观条件（生物性、心理性或社会学性质的）做出调适。帕森斯间或称这种社会视角为实证主
72 义、功利主义或唯物主义。另一方面，帕森斯又注意到与此相对立的一些视角（例如德国唯心主义、历史主义、美国实用主义），将个体理解为自己行动的启动者和指挥者。这类视角对行为的说明会诉诸个体的价值观念或信念。比如韦伯从清教徒的宗教观念来阐述资本主义的行为。帕森斯把将社会行动解释成表达主观动机和意义称为“观念论”（idealism）。

西方文化已经分隔为物质论和观念论两类社会观念。*帕森斯相信，每种视角都有其长短优劣。比如说，观念论把个体看作是积极主动的行动者，能够塑造自己的社会命运。然而，也可以把观念论解释为将个体遭遇的不幸归咎于他们自己。物质论可能让社会为个体的不幸负责，但它认为个体是消极被动的，或者说是超出个体控制的力量的产物。这就有可能使某种主张社会工程的文化合法化。帕森斯提出，物质论与观念论之间的分隔正是社会理论与西方文化的核心，它加剧了社会与意识形态方面的不协调，加剧了当下的社会危机。在《社会行动的结构》中，帕森斯希望塑造一种新的视角，整合主观自由与客观决定机制，以求为西方自由主义确立稳固的思想基础。

《社会行动的结构》通篇是对帕累托（意大利）、韦伯（德国）、涂尔干（法国）和马歇尔（英国）的重要社会学作品的详细文本分析。支撑这些解释性阐述的是一个覆盖广泛的主张：尽管各具国别背景，经

* 也就是“唯物主义”和“唯心主义”。

验关切各异，意识形态立场不同，但这些社会理论家几乎异乎寻常地都倾向于一个共同的理论立场，要整合物质论与观念论。经典的欧洲社会理论在帕森斯所称的“意愿行动论”(voluntaristic theory of action)上达成会通。帕森斯的宗旨就是要说清楚这个社会学——其实是整个西方社会思想——的新的理论基础。

在意愿行动论的核心，是将人的行动理解为同时包含自由与必然，或者说同时包含个体选择与社会约束。帕森斯主张，个体并非单纯就客观条件做出调适，而是会以某些能表达自己主观兴趣和价值观念的方式引导自己的行为。要把人的行动视为包含个体选择来探讨，就要求社会学里基本的社会概念与说明必须考虑主观意义的领域。但如果只把人的行动看作个体选择的表达，这样的社会学又是不充分的，因为我们的行为始终受到客观条件的约束，比如我们的物理构造和心理构造，或是社会阶级位置。尽管这些条件中有些或许是个体有能力操控的，但许多不能，至少在行动的直接进程中不能。因此，我们需要一套概念词汇，既述及主观选择的体验，又考虑到对行动的社会约束。正式的表述就是，意愿行动论假定一个**行动者**(actor)在如下**情境**(situation)中实施**努力**(effort)，该情境中某些特性是不可变易的(**行动的条件**[conditions of action])，另一些特性则可以被用作实现**目标**(goals)的**手段**(means)；而目标与手段的选择都受到**规范**(norms)的引导。

《社会行动的结构》是奠立一般理论的一步操练。它的宗旨是要阐明有关社会的一般理论的概念前提。帕森斯强烈主张，我们的出发 73
点应当是整合性的“意愿行动论”，而不是单方面的物质论或观念论假设。社会行动被设想成综合了主观选择和客观约束。帕森斯明确肯定，从经验角度上说，这个理论立场比物质论或观念论都要胜出一筹，尽管如此，他在这部作品中根本没尝试具体说明，从他的行动理论中，可以推出哪些经验性的概念、模型或社会说明。《社会行动的结构》的宗旨是为有关社会的一般理论奠立基础。

1929年，股市崩盘；1933年，纳粹掌权。帕森斯花了十年时间撰写《社会行动的结构》，这部书将社会思想框定在它对社会行动的意象上。但当要阐明书在道德上和政治上的好处时，帕森斯却奇怪地不著一字了。他认为，考察社会思想的基本预设，是可以对当前的社会危机有所表达的；然而，他从未表明以什么方式来做到这一点。

如果说帕森斯并未觉得必须对自己的理论阐述给出什么道德角度或政治角度的说法，那或许是因为他认为，这会迫使他承认是什么样的道德愿景塑造了自己的著述。如果说帕森斯要捍卫基于严格概念理据的意愿行动论的价值，那或许是因为他认识到，任何其他的辩护都会把他推向道德角度和政治角度的论证。无论帕森斯多么希望以某种“纯粹”理论性的语言（行动者、努力、目标、行动条件）来框定其行动理论，显而易见的事实是，他是在就人的行为和社会理念提出某种道德主张。个体行为究竟是被视为“自由的”还是“被决定的”，是包含主观选择还是必然性，这在一定程度上是一种价值观的陈述。帕森斯更偏向于想象人的行动虽然受到约束但是合乎意愿，这就是在陈述自由主义的社会希望，希望社会崇尚的是负责任的界限之内的选择与多元。但帕森斯拒绝承认自己理论阐述的道德支撑。或许他觉得，如此坦承会有损于自己主张的权威性。故此，他用一套价值中立的客观理论的语言，来包裹自己的道德愿景。事实上，他的理论阐述的这种高度抽象、一般的特点，似乎使理论消除了任何道德上或政治上的味道。他似乎相信，自己观念的权威性有赖于它们被视为纯粹理论的表达。

作为自由主义主张的功能主义社会学

在《社会行动的结构》之后，帕森斯的著述朝两个方向发展。他开始寻求探讨当下的发展，从而转向更为经验性的关切。[2]他还进一步梳理自己有关行动的观念，形成一套预设和概念，能充当关于社会的一般理论的基础。具体而言，帕森斯发展出一个模型，把社会看作一个功能运作的社会系统。我们将来简单谈谈这个一般理论。我会聚焦于他最重要的理论陈述《社会系统》。[3]

《社会系统》从个体行动者转向了互动模式，或者帕森斯所称的
“社会系统”。虽然帕森斯希望维持对于主观选择和客观条件的双重
强调，但《社会系统》的核心还是系统模型：社会由分析上独立的三
个系统组成（人格系统由个体需求和动机构成；文化系统包括共享信
念与价值观；社会系统包括多种社会角色与规范）。有必要记住，这 74
些系统并非实存的实体，而是代表着社会生活的分析性维度。个体需
求、社会角色、规范和文化价值观始终是相互关联的。试想一支棒球
队。要成为球队的一员，每名选手都必须将球队的赢球价值观（文化
系统）变成自己的价值观；每名选手都必须知道自己被期待如何作为

以完成得分（社会系统）；最后，每名选手都必须认同球队，或者以其成员资格满足自己的需求（人格系统）。据此，以系统思路来看待棒球队，就会提出一种多维说明，来分析人格系统、社会系统和文化系统之间的相互关联。帕森斯想象自己的一般系统模型会构筑起有关人类的综合科学的基础。各门特定的科学将专门研究某个“系统”，比如心理学将聚焦于人格系统，人类学聚焦于文化系统。在这个宏大的图式中，社会学将研究社会系统。

帕森斯在这种宏大的理论愿景的激励下，认为《社会系统》是要铺陈一些基本概念，能统合并引领社会学家去分析社会系统。帕森斯说的社会系统，指的是几乎任何满足下列条件的互动模式：保持足够的连续性，发展出社会角色、地位、社会期待以及规范，比如棒球队、医院、大学、俱乐部、友谊、家庭或政党。分析社会系统的关键问题，就是说明社会整合。假定社会系统是由多种多样的角色、规范、地位、义务和权威关系组成的，它们都会面临冲突和变迁，又如何能够以惯常的方式实现社会稳定？

关于社会秩序的有些说明诉诸人类偏好公民秩序的倾向或是自然选择与维存的过程之类观念，帕森斯驳斥了这些说明，个体主义的阐述并不能说明彼此冲突的利益是如何协调的。与此类似，他也反对有些视角把社会秩序说成是源于支配，比如国家或某个社会统治阶级的强制性权力，这类阐述没有为主观选择和社会共识留下任何空间。在帕森斯看来，要促成社会秩序，得经过社会协调与文化共识的一系列复杂过程。

帕森斯主张，一个功能运作良好的社会系统要从简单系统演进到复杂系统，需要个体的需求和动机与制度或社会单元的角色要求之间存在某种“契合”(fit)。比如说，如果教授被期待专注于研究，但大学又重视教学，就会出现大量的制度性不满、冲突与不稳定。大学要稳定，前提是教授们的期待与大学管理者们的期待相一致。在多种多样的社会互动或角色关系之间，必须形成帕森斯所称的“期待的互补性”(complementarity of expectations)，才能让社会系统实现惯常的秩序。因此，不仅教授与管理者之间必须达成契合，而且在教授与学生之间、教授与职员之间、教授与学生家长之间、教授之间等，都必须达成期待上的重叠。

如果惯常的社会秩序以期待的互补性为前提，又如何实现这一点呢？帕森斯的阐述非常借重文化共识这一观念。我来说明一下。为了让个人的需求与制度的需求之间达成契合，个体与社会角色之间达成契合，必须有最低限度的共享理解和价值观。如果个体拥有的意义 75
和价值观属于明显不同的世界，社会互动和制度功能运作就会卷入持续的冲突。但文化整合如何转译为社会整合呢？帕森斯谈到了“内化”(internalization)，他指的是一种社会化过程，文化意义成为自我的组成部分；个体在一定程度上把社会的信念、规范和价值观都融入自身。由于存在共享文化，由于社会化大致获得成功，个体会发展形成类似的理解与动机。社会秩序将就此展现出共识性的面向，即个体遵从社会规范和准则，因为他们相信这些东西，因为它们表达了他们是什么样的人，以及他们希望社会成为什么样子。为了说明惯常秩序，帕森斯引入了第二个核心概念：“制度化”(institutionalization)。内化指的是文化成为自我的组成部分，而制度化指的是一个平行的过程，即文化成为制度秩序的组成部分，也就是界定角色、地位、规范和目标。如果同样的文化模式既界定了个体的需求和期待，也界定了制度环境，我们就能期待个体与制度之间达成某种契合，从而实现社会整合。

帕森斯意识到，期待的互补性、文化共识、成功的社会化与制度化，所有这些条件，在任何社会都从未充分满足过。没有大量的社会冲突就实现社会稳定，这是很罕见的。比如说，在以个体主义和社会多元主义为特征的社会里，文化共识以及由此实现的社会整合都将不太稳定。如果社会允许意识形态方面存在实质性的分歧，我们就可能看到，对于需求、期待、社会规范存在多种彼此冲突的理解，并因此出现制度性冲突。事实上，帕森斯也预期会从社会化与制度化的日常波动里孕育出难以消除的社会紊乱。个体、文化与制度性角色之间的“契合”即使存在这些张力，如果能促进社会创新，也可能发挥“功能”。

不过，社会冲突还有其他更具威胁性的源泉。帕森斯谈到了源于“配置性”(allocative)冲突的社会紊乱。究其本质，社会系统关系到社会资源、人员和酬报的配置。如果社会资源和酬报是稀缺的，围绕着谁得到什么、得到多少而产生分歧就在所难免。社会系统必须发展出一些机制来配置资源（比如技术和人员）和酬报（比如货币与声望），以满足基本的社会要求。从配置的角度来看，社会系统整合的问题呈现出更多的“物质论”特征或结构性特征。社会系统分配社会的社会资源、技术资源和人力资源，其方式是否能确保个体再生产和社会再生产？比如说，社会是否生产出足够的食物和居所？教育系统是否生产出经济所需要的那些类型的技能？社会是否生产出足够的技术人员、物理学家或农业劳动者？社会系统整合的前提不仅在于以所需要的水平生产并分配合适的资源，而且在于资源、酬报与人员的配置能切实满足个体，避免社会重大分歧。换言之，社会系统发展出一些机制（比如公正规范、绩效标准）以确定社会酬报（比如货币和声望）在人员之间如何分配。如果社会普遍感觉这些配置机制不公平，那就会 76
产生某些类型的社会冲突，马克思觉得这些冲突是私有制社会所固有的。

社会系统的张力与冲突是普遍存在、在所难免的。社会化与制度化过程中的波动是无法避免的。个体无论出于什么理由产生对社会的怨愤，都有可能反抗制度的期待。文化多样性必然会转译成对于需求、社会规范和角色的多种相互冲突的解释。不仅如此，由于社会系统必须对稀缺资源进行配置，势必面临艰巨的问题，要协调各种资源，以确保各项社会功能得到合适水平的输入，并产生合适水平的输出，这就会不时导致匮乏。与此类似，在人员中配置酬报也很难避免张力。如果社会的某些部分觉得资源与酬报的配置不公，如果人们觉得自己的声望水平有欠公平，对配置规范和配置机制的进一步不满将有产生严重社会冲突的威胁。如果由于社会化或配置方面出现问题，导致整合崩溃，社会系统就要诉诸国家的强制力量，比如法律、警察和军队。

《社会系统》刊行于1951年。在随后的著述中，帕森斯更明确地趋向功能主义和形式主义，进一步阐发这种系统思路。[4]社会系统现在被理解为具有四项功能要求或需求：调适（adaptation）、达鹄（goal attainment)、整合(integration)和维模(pattern maintenance)。考虑一整个社会(比如美国)作为一种社会系统，帕森斯想象会形成四个子系统，满足四项功能需求。据此，经济专门负责确保社会的物质条件(调适)；政治制度优先考虑社会的目标，动员各种社会资源以确保它们实现(达鹄)；法律系统在维持社会监管和团结方面扮演了关键角色(整合)；家庭、宗教和教育都旨在生产出拥有恰当的需求、价值观、动机和技能的个体(维模)。不仅如此，每一个子系统(比如经济或家庭)都必须应对同样这四项维存问题。比如，家庭也面临调适(经济维持)、达鹄(做出重大决策)、整合(协调家庭关系)和维模(将家庭价值观传承给子女)等问题。

到了20世纪60年代早期，帕森斯已经形成了一套高度形式化的系统理论，其焦点就是功能要求、控制论信息流(cybernetic flows)、输入/输出过程，以及系统与子系统之间的交换。尽管帕森斯的系统理论呈现出明确的反人文主义转向，有关系统必然要求的语言取代了个体行动和主体性的语言，但他的社会视角依然是在积极有力地捍卫西方自由主义。这一点在他的社会进化理论中表现得再明显不过。

自由主义美国：历史的终结

帕森斯的《社会行动的结构》与《社会系统》的写作，都是针对一些威胁西方自由主义的社会事件，比如俄国革命、大萧条、欧洲法西斯主义和第二次世界大战。然而，到了战后，美国自由主义在国内和国外都巩固了支配或霸权地位。20世纪50年代经济重新走向繁荣，聚焦于经济和内政管理的国家科层福利体系发展壮大，使许多美国人提振期望，认为一个社会和平的时代正在到来。许多知识分子同样抱有这种对于社会和谐的期望，他们表达出对激进意识形态和思潮的强烈幻灭感。帕森斯也持有这样的期望。事实上，他将这种自由主义社会梦想塑造成一套进化理论，在其中，一个理想化的当代美国标示着历史的实质终点。[5] 77

帕森斯勾勒了一幅人类从“原始”社会演进到现代社会的图景。变迁的关键是社会分化（social differentiation）的过程。这指的是（1）各制度领域（比如家庭、经济、法律、政府和宗教）的分离和相对自主性；（2）这些领域的功能专门化（例如，家庭作为一种社会化中介）；（3）这些领域的相互依赖（例如家庭为经济提供了成年劳动者，而经济又促成了家庭的物质基础）。社会分化推动着社会沿着社会进步（social progress）的轨迹进化。进步意味着在社会进化（social evolution）的过程中，形成一些结构，促成全人类实现更高水平的社会调适，比如有可能更加控制环境。帕森斯称这些结构为“进化普遍项”（evolutionary universals）。比如说，货币经济、科层组织、普遍主义规范，使物质生产有可能达到更高水平，社会资源协调更有效率，对各色社会群体的社会包容水平提高，从而提升了社会调适。此外，进步还意味着历史揭示了一场趋向更高水平的个体自由、民主和社会整合的运动。下面来简要谈谈帕森斯有关现代化的分析，可以看清他将社会变迁（social change）视为社会进步的视角。[6]

帕森斯认为，现代化标示着历史上的一场划时代变革。在前现代时期，“社会”被体验为一种决定个体的命运的自然力量；而现代性把社会呈现为个体积极主动的持续创造。

早期现代欧洲的统治制度，比如说，王室、贵族、教会、法团等级制度，意味着个体体验到的社会像是一种固定、封闭、自然的力量。个体出生时就拥有一个决定其社会命运的特定地位（比如农奴或是贵族）。社会经历上没有什么流动或变异可言。人们体验到的社会是受到约束的，充满了不堪其负的职责、义务、习俗、传统和责任。但这种等级森严的封闭社会系统毁于接连发生的三场革命：工业革命、民主革命与教育革命。

自18世纪晚期开始，工业革命造成了家庭与经济的分化。在西欧和美国，这带来了一种与家庭活动相分离的市场经济的兴起。它对于社会进化有两大后果。其一，它提升了西方社会的调适能力，因为物质生产的效率和产量均大幅提高。其二，它大大扩展了个体自由；个体对职业有了更多的选择，而这又意味着对居住地、亲密关系和家庭安排等个人事务有了更大的空间。在社会层面上，自由与流动性增强使人们觉得，社会不再是限定个体命运的某种自然力量，更像是个
78 体选择的一种中介。而现代民主革命使人们愈发感受到，社会是个体所创造的，也是为了个体而创造的。传统与习俗统治着早期现代的生活，而民主革命则使得社会基本上是个体的有意识的创造。既然个体是政治权利和公民权利的载体，社会只能经由其赞同而存在。公民权使个体感觉到社会是自己的，是对人的宗旨与理念敏于回应的。当然，如果社会资源由某个精英阶级或统治阶级控制，公民权并不能让个体获得自由；社会仍将让人觉得是压迫性的，是想要摆脱的地方。

因此，教育革命就变得至关重要；它打破了个体流动的严格壁垒，开启了个体才智和努力自由施展的社会环境。20世纪的教育革命让社会竞争平等化；由于个体的社会地位反映出个人的才智与努力，社会就让人感到是适宜个体行动的领域，是对自我的需求和努力敏于回应的载体。

帕森斯眼中的现代化，会创造一种开放、流动和民主的社会秩序。现代化的核心要义，就是社会让人觉得是其社会成员积极主动的持续创造。个体觉得对作为整体的社会有一种认同或"拥有"感。这种社会认同最明显的体现，就是帕森斯所称的"社会共同体"（societal community）的发展。现代性鼓励个体超越对特定阶级、族属、种族或宗教群体的特殊依附，而感到归属于某个国族共同体（national community），一个由抽象的国族公民组成的共同体。创造出一个社会共同体，一个超出特定道德群体的全社会范围的道德共同体，就可能产生更高程度的个体主义、多元主义和社会竞争，而不会面临坠入社会失序的威胁。

帕森斯认为，在积极行动的社会精神氛围激励下，将现代社会共同体予以制度化，美国在这方面走得最远。美国是作为一个多族群、多宗教的社会确立的，同时也创立了一个兼容并包的社会共同体。比如说，宗教自由被确立为一种私人选择；国家禁止确立某种国教，以此庇护和保障信仰自由。因此，宗教信仰被视为在国族身份与包容中是个无关紧要的因素。与此类似，族群依附与身份在美国也受到鼓励甚至称道，但只是作为私人选择，而不是获得国族包容或公民权的一项条件。原则上，要成为一名美国人，宗教、族属、种族或阶级等维度的依附都是无关紧要的。这等于换了个方式表达说，美国在各种特定依附之外、之上，创造了一个社会共同体，所有美国人作为国族公民归属于这个共同体。堪为对比的则是以色列，在那里，宗教地位（作为犹太人）界定了国族公民权。将一个统贯一体的社会共同体制度化，就会使围绕族属或宗教的冲突所引起的社会分歧，基本上不像围绕国族身份和包容的冲突那么严重了。不仅如此，由于特殊主义的群体依附在社会意义上并没有那么重要，个体在做出这类决定时就会有更大的空间。

帕森斯眼中的社会意象令人振奋，甚至令人憧憬。比如说，与许多批判现代社会的人相反，帕森斯强调，伴随着现代化进程，个人的自由权利有了切实推进。“美国社会，以及没有专制政权的绝大多数现
79 代社会，予以制度化的自由种类比以往任何社会都要宽广得多。”他继续写道：

> 或许可以说，这些自由首先在于摆脱物质生活的某些迫切要求，比如健康不佳、寿命有限、地理限制之类。对于绝大多数时期的绝大多数人口来说，这些自由里当然包括减少遭受暴力的可能性。收入提高，市场扩大，会增进消费选择自由。然后是广泛地自由接受教育、公共设施之类的各种服务。婚姻、就业、信教、政治立场、思想、言论与表达等方面也有广泛的自由。[7]

现代社会让人们感到是一种开放而流动的环境，允许个体以相对自由而被赋权的方式展开互动。在人们的想象中，社会远不是什么

压迫性的，背负着沉重的传统和强制，而是为个体提供了一块安全的空间。

理论的自主性

帕森斯坦承，自己是个“不可救药的理论家”。他做理论，就是努力把握社会中最抽象、最根本、最普遍的属性，并将它们编织成一套关于社会的一般理论，针对的是所有社会。

帕森斯看待理论，有一种真正宛如奥林匹斯众神的超凡气象。理论渴望攀上普遍知识的高峰，就必须彻底脱离时下的社会政治冲突。理论家应当心无旁骛，唯真理是求。不管帕森斯的理论阐述针对的是社会行动、社会系统、社会进化还是人类境况，他的宗旨都是要揭示社会过程中最抽象、最基本、最普遍的那些特性。他一心想找到一个有关社会世界的概念，去除一切带有特定性和历史性的社会特征。帕森斯给出的理论观，是一种自主的智识事业，不受社会利益或道德主张所侵染。

帕森斯认为，理论是一种基础性的活动。它的宗旨是要阐明社会学乃至社会科学最基本的预设、概念和说明模型。理论是要统合并引领经验科学。帕森斯的理论阐述大多是为了给各门有关人的科学提供概念基础，为其牢固确立一套概念和说明逻辑。帕森斯希望把这个概念基础阐发成一套有关社会与历史的一般理论。他一心想要搞出一套无所不包的理论体系，实质上使他的继承人们几乎变成门徒，其工作只相当于修润帕森斯的宏大综合留下的毛糙边线。在这项规划中蕴含着一种希望，希望理论和科学将造福人类。不幸的是，没有任何地方清楚表达了这样的道德宗旨，没有任何地方帕森斯阐明了自己理论阐述的道德意涵或政治意涵，或是为自己的理论提供道德理据。在帕森斯笔下，理论是要摆脱其道德上和政治上的牵绊的。无论是什么样的道德愿景激励了他，它都被深埋在一层层清除道德意味的词汇之下，有关价值中立、客观性、一般理论、社会知识的教条令其归于缄默。

80 彼得·伯格与托马斯·勒克曼

帕森斯有关社会行动的意愿论旨在为马克思主义看待社会和现代性的观点提供一种替代学说。帕森斯主张，主观信念与共享意义是人类境况不可或缺的组成部分。如果所有社会行为都受到规范、价值观和道德理念的引导，那么物质论的社会观显然是片面的。不仅如此，帕森斯提出，社会不只是争夺经济利益和权力的斗争，其间的个体还构造着共享意义世界，投入创造各种形式的团结与共同体的仪式，并追求社会理念和超验目标，比如救赎、正义、自我实现或自主。

帕森斯设想可能有一种以文化为核心的社会学，或者说这种社会学重视身份形成的过程，社会团结的形成，仪式和共有价值在社会整合中的作用。就此而言，帕森斯挑战了把现代性视为一个世俗、理性、经济、物质论的世界的主导意象。尽管他从未舍弃将现代社会视作沿循社会进步的道路前行这一深具启蒙运动色彩的愿景，但他也想象现代性这个时代有其独特的神话、仪式、团结、神圣信念和救赎希望。面对启蒙运动思想占上风的时代风潮，帕森斯就像他之前的弗洛伊德和尼采，以及韦伯和涂尔干，在其社会视角中辟出一块空间，留给理性之外的范畴，留给人类境况中情感深切、活跃易变的特性。

彼得·伯格1929年出生于奥地利维也纳。他求学于纽约的社会研究新学院（New School for Social Research）。伯格先后在社会研究新学院、罗格斯大学（Rutgers University）和波士顿学院教授社会学。托马斯·勒克曼是一位德国社会学家。伯格和勒克曼一起提出了一套将社会世界视为人类成就的理论。根据他俩的讲法，社会世界是由个体在互动中建构的。我们将意义和意图赋予人、事物与事件。伯格也是创立宗教社会学的先驱。他考察了宗教在现代世俗世界中的命运。他认为，宗教并没有消失，而是变成私人的，对社会生活的影响衰减了。伯格写作之时，宗教原教旨主义各大运动尚未席卷我们的世界。你猜想要是如今他会说些什么？

当帕森斯式的思维在20世纪六七十年代遭到攻击时，许多社会思想家和社会学家抛弃了他对文化分析的强烈兴趣。比如说在从70年代开始主宰社会学的冲突理论、交换理论、理性选择学说以及一些新马克思主义思路那里，对文化意义的分析要么付之阙如，要么明确居于次要地位。但有一位社会思想家既将文化置于社会分析的核心，又追求一种像帕森斯的理论一样统摄全局的社会理论，他就是彼得·伯

81 格。伯格与他一段时间的合作者托马斯·勒克曼一起，撰写了战后社会理论影响深远的陈述之一，《现实的社会建构》。[8]

伯格与勒克曼指出，马克思主义与功能主义的反讽之处，就在于尽管它们的社会观念是受到启蒙运动崇高理念的激励，但在它们的社会理论所勾勒的社会进化过程中，个体选择的分量却微乎其微。伯格与勒克曼确信，当启蒙思想家要捍卫一种反人文主义的社会理论，有些事情已大错特错了。

伯格与勒克曼希望将真实的个体带回社会思想的核心。他们意在换掉机械主义的社会意象，替之以将社会视为一种灵活协商的流变秩序，归根结底，体现于个体之间的互动。他们的主要作品《现实的社会建构》的书名本身，就强调了个体塑造社会的力量，彰显了历史的开放性。符号互动论与冲突理论看待社会现实的立场开始更加偏向个体主义和动态过程，与此类似，伯格和勒克曼把社会生活看作是在个体互动中生产和再生产出来的。他们力求恢复社会生活的“意愿论”维度，那是马克思与帕森斯的早期作品的题中应有之义，但在两人后来更具社会决定论色彩的视角中隐而不彰。

《现实的社会建构》的副标题“知识社会学论纲”，标示了两位作者的独特思路。知识社会学曾经被界定为探究观念——尤其是宗教、理论观念和政治意识形态——的社会起源与角色。但他们的知识社会学思路不是把观念描述为纯粹的理性表达，而是把观念理解为密切关联着社会利益和冲突，比如作为阶级支配的工具。伯格与勒克曼意在重新界定知识社会学。他们提出，它不是针对意识形态的社会角色的专门研究，而是探究有关现实的日常观念通过哪些方式被创造和维持。他们论证道，并不是只有文化精英在界定何为现实；寻常个体也在利用知识体系塑造现实。知识社会学应当聚焦于理解日常现实是以何种方式被社会性建构出来的。将知识社会学打造成一种一般社会学理论，聚焦于对现实的日常社会建构，这就是伯格与勒克曼的宗旨所在。

伯格与勒克曼的提议与马克思主义和功能主义有重大分别。马克思将社会世界描述为通过劳动和阶级斗争生产出来，而帕森斯把社会想象成由功能必备项主导的系统，伯格和勒克曼与他俩不同，将社会理解为一种文化建构或符号建构。社会不是一种系统、机制或有机形式，而是一种由观念、意义和语言构成的符号建构或心智设计。这里有一种对他们观点的梳理："人的存在是……一种持续的外在化(externalization)。人将自身外在化的时候，就是在建构世界……在外在化的过程中，他将自己的意义投射到现实。而符号世界构成了这种投射的最大范围，它揭示出，所有现实都是对人来说蕴含意义的，让整个世界都标示着人的存在的有效性。"[9]他们的潜在预设是，有关社会的观念，包括日常知识体系(如谚语、刻板印象、共享期待、民间智慧)， 82
就是社会世界的材料本身。在伯格与勒克曼看来，社会是由关联松散的活动组成的一个流动、多变、协商而成的领域。归根结底，它是由共享理解和共同语言这样的细微纽带维系起来的。

伯格与勒克曼为自己立下了两项任务。其一，他们要阐明使我们能够把握日常生活性质的主要预设和概念。他们借鉴了埃德蒙德·胡塞尔与阿尔弗雷德·舒茨的现象学哲学，引入了意向意识(intentional consciousness)、多重现实(multiple realities)、实践态度(practical attitude)、主体间性(intersubjectivity)等一系列基础性概念。他们的目的就是要把日常生活框定为个体在互动中实现的一种流动、多变、协商而成的成就。他们的第二项目标也是主要目标就在于，提供一套有关社会制度的社会起源与再生产的一般理论。他们的主要命题是：个体在互动中通过其语言性、符号性活动，创造出社会世界，旨在让本质上开放的、未定型的人类存在获得统贯性和目的性。

伯格与勒克曼的社会学理论把让-保罗·萨特与阿尔伯特·加缪等人的存在主义哲学与经典社会学传统综合在一起。基于前者，他们提出，人们意识到存在的终极无意义，却直面这种境况，要建构社会世界，赋予自己的生活以秩序和意义。形而上的痛苦的威胁从未完全消失，因为我们所创造的社会世界是脆弱的，因为还有种种事件可能暴露出，在表面的秩序与目的之下，潜藏着混沌与无意义。伯格与勒克曼还基于经典社会学的主题提出，我们所创造的社会世界始终有支配我们的危险。这些哲学性的主题被融入了一套关于社会制度的社会学理论。

社会制度源起于个体互动。伯格与勒克曼把社会制度的起源描述为某种外在化过程。在《神圣的帷幕：宗教社会学理论之要素》中，彼得·伯格如此概括这一过程：

> 社会的基本辩证过程包括三个环节或步骤。它们是外在化、客体化(objectivation)和内在化(internalization)……外在化即人同时以有形活动和心智活动的形式，持续流溢到世界之中。客体化即这种活动的产物成为……某种现实，作为某种外在于并不

> 同于其原创者的事实性，与原创者相对峙。内在化即人重新占用这种现实，将其从客观世界的结构重新变回主观意识的结构。正是通过外在化，社会成为人的产物。正是通过客体化，社会成为自在的现实。正是通过内在化，人成为社会的产物。[10]

人的需求推动个体进入社会互动。反复出现的社会交换产生了各种模式的期待和社会规范。社会制度只不过是反复出现的互动模式，以共享理解和期待为基础。令人奇怪的是，他们的主张明显带有功能主义的色彩。社会制度之所以具有功能，是因为它们满足了需求，为行为提供了可预测的有序框架。

伯格与勒克曼追随马克思的立场，也主张人类通过其社会实践创
造了自己的人性。人性是可塑的，开放的，要由社会过程赋予其形式 83
与目的。制度并不一定是支配性的力量，但是具有功能。然而，我们也可能变得与我们所创造的社会世界相异化。异化并不是像马克思笔下那样，是受客体（如商品）组成的真实世界支配的人类境况；准确地说，它像是我们创造出来具有物/客体一般（object-like）特征的社会世界几乎自然的、不可避免的属性。伯格与勒克曼指的就是客体化过程。制度的源起乃是作为个体之间持续协商达成的成就，但可以说被淡忘了，因为社会世界让人感到是一种客观上统合一体的秩序。当制度秩序被认定具备了自身的生命，独立于人的意向与需求，就发生了异化，或者说伯格与勒克曼所称的“物化”（reification）；这时的社会让人觉得是与其创造者相分离的某物，被视为控制着人的行为。物化是代际运动的必然结果。随着新的一代人通过社会化，融入某种被

视为理所当然的既存社会秩序，社会世界也被体验为自然的。社会化被描述为社会制度的客观世界转变成首要的主观现实的过程。实际上，被社会生产出来的制度世界，又被个体内在化为一种客观而自然的秩序。

与马克思主义的思路一样，伯格与勒克曼也主张，物化从未彻底成功。人们作为积极主动的、创造性的行动者，重新占有他们的社会产物及他们。如何做到？在代际之间，有不同的经历、价值观和期望。代际分歧导致更年轻的年龄组挑战现存制度秩序的合法性和必要性。不仅如此，惯常的社会事件（比如不同社会间的接触、社会冲突、生老病死）破坏了制度秩序被视为理所当然的自然特性。社会秩序始终是易变的；社会世界纯属偶然的人为起源，可能会打破有关其自然性和客观性的幻觉。而这又可能让我们直面人类存在的混沌性和无意义性，意识到这一点，会侵蚀社会权威，引发社会失序。

由于我们塑造的社会世界容易遭到破坏，这就引发了强化策略。尽管伯格与勒克曼提及了维持社会秩序的强制性手段，但他们的重点还是放在他们所称的合法化（legitimations）上。面对有可能使我们的社会体验变得脆弱且盲目的那些事件，个体的反应是发展出符号体系。它们的目的是重新确认社会制度的客观性。要实现这一点，靠的是将社会秩序视为自然或上帝所限定的某种超人类秩序的组成部分。社会制度获得权威，不是靠区区人类意志，而是靠神圣律令、自然法则或历史命运。宗教、哲学、神话与科学充当了社会合法化的主要符号源泉。它们的宗旨是要让我们重新确信，对于社会世界的既有日常感知属于某种客观秩序；这种秩序确保我们主观上将世界感受为有序的、统贯的并且是有目的的。当然，合法化也可能遭到质疑。事实上，伯格与勒克曼相信，在当代西方多元主义社会里，合法化本身就聚讼不已。现代西方在认识论上持续体验到不确定性，这种体验产生了相对主义和主观主义。也正是这种体验，促成了人们洞悉现实的社会建构。尽管人们曾经把合法化理解为主张如其表面地接受社会现实，但 84
如今我们把它们看作是有待论辩的解释。在现代世界，不同解释之间的冲突是无法避免的，归根结底是围绕权力意志的冲突。

伯格与勒克曼尽管摒弃了帕森斯的功能主义社会学，却和他一样，都对社会学理论持有雄心勃勃的愿景。他们致力于揭示社会生活的普遍特性，提供一套能够阐释社会生活的预设、概念和说明图式，并且适用于任何地方、任何时候。他们把社会生活描述成既是一种客观秩序，也是一种富含主观意义的体验。他们提出了有关制度的社会起源、结构与变迁的一般理论。

在伯格与勒克曼的理论努力的核心，也蕴含着一种道德冲动与愿景，其程度毫不逊于帕森斯。他们的作品固然以科学的语言为框架，清除了明确的道德评判。然而，伯格与勒克曼却以纳粹德国的黑暗历史为靶子，塑造出了一种自由主义的、激烈反乌托邦的道德型观照。它的自由主义即在于，坚信个体作为积极主动、富于创造的力量的价值，坚信社会制度是要保护个体自由。这是一种保持谨慎戒备的自由主义。制度必须具备充分的权威，足以防止个体主义堕入混沌与无政府状态。伯格与勒克曼都非常清楚地意识到潜藏在我们内心的那些黑暗力量。当这些激情被点燃时，制度必须发挥遏止和控制作用。他们的想法具有明确的反乌托邦性质。尽管人类塑造并重新塑造着自身及其所处的社会世界，但社会秩序需要具备足够的牢固性和权威性，以约束个体和群体身上有时狂野难驯的激情和梦想。伯格与勒克曼为了对抗一切乌托邦式冲动，强调如果将制度视为纯属支配，渴望一种不受制度约束的自由，就会招致危险。这样的狂妄自负会开启危险激情的闸门。和许多生活在法西斯主义阴影下的自由主义者一样，伯格与勒克曼不再将自己的信仰寄托于自我监管的人类理智；在一个后基督教的世界里，只有社会权威有力量以对社会有益的方式来疏导侵犯心理。既然没有可能确立一种基于宗教的社会秩序，他们就把希望寄托于社会，以维持自由和道德秩序之间脆弱的平衡。

推荐书目

Jeffrey Alexander, *Twenty Lectures* (New York: Columbia University Press, 1987).（杰弗里·亚历山大，《社会学二十讲：二战以来的理论发展》，贾春增等译，华夏出版社，2000）

Peter Berger, *An Invitation to Sociology* (New York: Doubleday, 1963).（彼得·伯格，《与社会学同游：人文主义的视角》，何道宽译，北京大学出版社，2014）

Dorothy Ross, *The Origins of American Social Science* (Cambridge: Cambridge University Press, 1991).（多萝西·罗斯，《美国社会科学的起源》，王楠、刘阳、吴莹译，生活·读书·新知三联书店，2018）

Arthur Vidich and Stanford Lyman, *American Sociology* (New Haven, CT: Yale University Press, 1985).

参考文献

1. Talcott Parsons, *The Structure of Social Action: A Study in Social Theory*

with Special Reference to a Group of Recent European Writers (New York: Free Press, 1968 [1937]).

2. 他的早期经验研究作品有许多辑录于Talcott Parsons, *Essays in Sociological Theory* (New York: Free Press, 1954)。
3. Talcott Parsons, *The Social System* (Glencoe, IL: Free Press, 1951). 85
4. Talcott Parsons, *Social Systems and the Evolution of Action Theory* (New York: Free Press, 1977).
5. Talcott Parsons, *Societies: Evolutionary and Comparative Perspectives* (Englewood Cliffs, NJ: Prentice-Hall, 1966).
6. Talcott Parsons, *The System of Modern Societies* (Englewood Cliffs, NJ: Prentice-Hall, 1971).
7. Parsons, *The System of Modern Societies*, p. 114.
8. Peter Berger and Thomas Luckmann, *The Social Construction of Reality: A Treatise in the Sociology of Knowledge* (New York: Anchor, 1967).
9. Berger and Luckmann, *The Social Construction of Reality*, p. 104.
10. Peter Berger, *The Sacred Canopy: Elements of a Sociological Theory of Religion* (New York: Anchor, 1967), p. 4.

86 第六章

兰德尔·柯林斯与彼得·布劳的科学型理论

到了20世纪60年代的晚期，围绕功能主义的争斗多少有些偃旗息鼓，哪怕相关论战还一直延续到70年代。在功能主义的主宰局面之后，取而代之的是社会学诸多流派的争战时代。理论家们纷纷进击，为各自的理论综合(例如冲突理论、交换理论、符号互动论、常人方法学、现象学社会学和马克思主义)谋求功能主义的继承地位。

学派争战的时代也在某种程度上反映出美国的状况。美国深陷社会冲突：青年与老人对抗，黑人与白人对抗，同性恋与异性恋对抗，女人与男人对抗，反越战人士与政军体制对抗。与黑人、拉美裔、美洲原住民、同性恋和女性解放相维系的运动，与学生反叛和青年反叛相维系的运动，挑战了美国的基本制度。女性主义的，男女同性恋的，拉美裔美国人的，非洲裔美国人的，社会思想和批判的这些新的声音被世人听见。与此同时，借鉴欧洲新马克思主义(如法兰克福学派和结构马克思主义)的社会批判的激进视角也开始产生影响，尤其影响了那些寻求一套精致成熟的社会批判语言的年轻社会学家。

主流社会学也并非对这些批判的声音充耳不闻。比如说，在20世纪70年代，新马克思主义、女性主义、激进社会学和依附理论（dependency theory）都开始成为社会学中的新生力量，哪怕暂居边缘。不仅如此，通过吸纳冲突、权力、多样性和不平等等主题，那个时期的诸般社会冲突也设法进入了主流社会学理论。话说回来，尽管有些社会学理论家也把握到了人文主义的、批判性的时代脉搏，但许多人还是抵制这种政治化倾向，倡导一种狭隘的科学型理论模型。这些科学型理论家把理论看作一套能够服务于经验研究的知识体系。他们寄希望于理论与研究之间若能保持密切关联，就能导致社会学作为一门真正科学的学科而“起飞”。科学型理论家放弃了他们的前辈们那类宏大理论，转而偏好更狭隘的经验性、说明性理论。有两位社 87
会学家例示了发展一种关于社会的自然科学的渴求，他们就是兰德尔·柯林斯与彼得·布劳。

兰德尔·柯林斯

兰德尔·柯林斯于20世纪60年代晚期在伯克利获得博士学位，将时代精神转译成一种不弄玄虚的（no-nonsense）科学型理论，他称之为“冲突理论”。在其主要作品《冲突社会学：说明性科学初探》中，柯林斯将自己的理论努力定位于批判性地处理学科和理论的现状。[1]柯林斯认为，学科本身做得很好；社会学研究已经积累的知识体量颇为可观。不过，无论是公众，还是许多社会学家，都未广泛知晓社会学的成就。原因之一即在于，社会学的研究散布于各式各样的专门领域（比如犯罪、组织、社会心理学、医疗、家庭）；致力于概念整合的社会学家寥寥无几。柯林斯尤其抨击有些社会学理论家，说他们只想着人文主义的追求，却导致对社会学的研究要么漠不关心，要么浑然无知。其结果，理论与研究相脱节，从而两败俱伤。柯林斯一心要重新关联理论与研究，而冲突理论就是实现社会学承诺的载体。

冲突社会学力求成为一门真正的科学。在柯林斯看来，科学的本质就是要说明经验现实。并不是所有类型的说明都能算科学；真正科学的说明，必须能阐释社会行为在不同空间和时间的变异，并呈现为一般原则或社会法则的形式。

> 科学的理想就是要说明一切，并且是通过做出归根结底基于经验的因果陈述来实现这一点。……通过科学这种方法，可以确立超越特定情境的共同原则，从我们知晓的事情推及我们不知晓的事情，把新鲜事物视为熟悉事物的另一种安排。这个宗旨应用于社会学，与应用于物理学毫无二致。[2]

科学必须依赖于艰苦细致的经验研究，尤其是促成有关社会行为的一般性说明的比较研究。柯林斯的《冲突社会学》借鉴了可用的经验研究，提出了数百条说明性原理。

柯林斯希望说服社会学界，冲突理论是有关社会的科学的唯一基础。他这样不谦虚，在理论家里并不罕见。从孔德、马克思、涂尔干到帕森斯、达伦多夫（Dahrendorf）和科尔曼，我很难想到有哪位现代社会理论家，不曾宣称自己的理论是向着真正的科学取得突破的。理论家们竞争着得到尊荣，能宣称自己成为社会科学领域的牛顿。

然而，为冲突理论披上科学的外衣，这主张所依赖的基础却是相当脆弱的。柯林斯为冲突理论给出的理据是基于对实在论的诉求，但这种诉求是可疑的，很大程度上是修辞性的。比如说，他提出，可以把 88
社会结构界定为个体互动反复出现的模式，而不是某种独立的实在。柯林斯要证明这种思路的正当性，原本可以说它为研究开启了新的可能，或是解决了某些概念问题，或激励了自由主义的社会价值观。然而他却宣称，以个体主义的立场来看待社会生活之所以成立，是因为它如实反映了社会现实。柯林斯诉诸常识知识，认为只有个体存在，冲突是社会生活的真切材料。“我相信，要达成一种综合全面的说明性社会学，唯一可行的途径就是冲突视角……它把说明建基于追求真实利益的真实的人……”[3]冲突理论之所以值得推荐，是因为它的前提预设与我们日常观察并知晓的那个现实相符。但我们如何知道，在冲突状况下存在的只是个体呢？说到底，我们如何知晓现实，有赖于塑造我们知觉的结构的那些概念与视角。“个体”是否只是“身体”，还是说这个概念指的是思维、感觉与行为的实践？一个“个体”的思维与感觉难道不是来源于“社会”吗？如果像绝大多数社会学家会承认的那样，个体将社会信念和价值观内在化，就此而言，个体被社会所渗透，那么个体与社会之间的区分似乎就是一种分析性区分，也就是说，或许只是出于某些原因才有用，但并非是对现实的如实反映。

兰德尔·柯林斯（Randall Collins）生于1941年，曾经执教于

> 加州大学圣迭戈分校和弗吉尼亚大学，目前在宾夕法尼亚大学任教。柯林斯以其冲突理论著称。当人们竞夺稀缺但有价值的东西，如权力、声望和财富，产生支配与服从的冲突就会赋予社会生活以结构。在他看来，分层发生在三块领域，分别对应社会中的几种有价值的东西。获得更多权力的群体支配了政治领域。获得更多声望的群体支配了文化领域。最后，获得更多财富的群体控制了经济领域。批评者们指出，如此看待社会生活，体现的是美国个体主义和资本主义的特定文化。你认为呢？

柯林斯对于他的理论诉求似乎需要的那种哲学推理并不感兴趣，但这并不意味着冲突理论不值得认真对待。他对冲突理论最坚定的捍卫集中在对其说明力的肯定上。此外，柯林斯还相信，冲突理论能够将经验研究组织成一套统贯一体的科学角度上有效的知识。

《冲突社会学》首先假设，社会生活是由那些受动机驱动去满足自身需求和需要的个体构成的。个体使用可以利用的一切物质资源（如财富或体力）和文化资源（如教育或言语技能），来求取自己的目标。不仅如此，个体还在社会交往中追求其自我利益，而社会交往中资源的分配是不平等的，比如，个体的体力、魅力、财富、教育或职业声望都各见其异。由于所欲求的东西（如财富、尊重和权力）是稀缺的，又假定个体会使用他们可以利用的不平等的资源来实现其目标，那么所有
89 的社会交往都会涉及冲突，都被支配与服从的关系塑造着结构。一个社会的制度性结构与文化性结构将会反映出权力的不平等分配。社会生活就是充满斗争与冲突的场域。

> 对冲突理论来说，基本的洞见在于，人类是社会性动物，但也是易起冲突的动物。为什么会有冲突？首先，之所以会有冲突，是因为暴力强制始终是一种潜在的资源……我们确知，被强制是一种本身就令人不快的体验，因此……会引发冲突，表现为对抗被支配的状态。此外，事实上，强制性权力，尤其是国家所体现的强制性权力，可以被用来给一个人带来经济上的好处和情感上的满足，而拒绝给予其他人。我们能够看到，强制作为一种资源如果可以利用，就会使冲突遍布整个社会。[4]

个体会想方设法谋求优势。他们施展一切可以利用的符号手段和意识形态手段来发挥其社会优势，并与其他个体结盟来获取社会支配地位。就此而言，柯林斯的冲突模型更接近韦伯而非马克思。他不是把**整个社会**看作基于是否占有财产，分裂成两大社会阶级，而是将社会视作众多群体之间的异质性冲突，这些群体的个体成员资格或许并没有明显的重叠。根据他的描述，社会分层沿循三个维度发生：经济维度（或职业阶层之间）、文化维度（或地位群体之间）和政治维度（或政治派别之间）。尽管有些个体可能在所有这些冲突中都属于“支配”群体成员，但一般而言，属于文化精英成员的个体并不一定属于经济精英或政治精英的成员。不仅如此，这三块领域的精英各自的社会利益也并没有必然一致之处。比如说，工商精英很可能在众多社会议题上与文化精英意见相左。柯林斯描述了一幅个体为权力展开斗争的尼采式图景，但将其重塑为一种本质上个体主义的自由主义社会视角。

柯林斯将他的社会冲突理论转译成一套社会学研究规划。他建议，社会学家应该重点关注“权力”因素。柯林斯把权力理解为一种经验角度有用的变项，认为通过分析个体所拥有的（物质上和文化上的）资源，我们能说明一系列社会领域（比如组织、政治、经济、家庭等领域）中大量的社会行为。柯林斯提出，个体所掌握的资源规模，加上其他次要因素（比如社会接触），直接影响了他们是否拥有权力，而后者又影响到社会行为与组织。资源规模与社会行为之间的关联是双重的：其一，资源的差异导致权力的差异，而权力自有其社会效应；其二，资源的规模影响“社会密度”或进入社会网络的渠道，这既会影响一个人的社会权力，又会产生独立的社会效应。柯林斯将其冲突思路应用于一系列经验研究领域（比如组织、社会变迁、科学、教育），在此过程中发展出大量法则式的原理。

柯林斯的冲突理论有一个经验例证，就是他关于性分层的说明。他假定，性冲动是自然的，或者说有生物学基础的，个体会使用可资利用的一切资源来实现性满足。不仅如此，男性的主要资源就是他们的
90 体力，而女性会运用她们维持性魅力的能力来作为主要的谈判优势。性关系就此被视为一种权力斗争。

性分层的模式取决于两大因素：其一，人际关系中对强力的使用受到社会监管的程度；其二，男女各自的经济地位。鉴于对强力的使用很少限制，男性会使用自己优越的体力来支配女性。因此，在前现代社会，对人际关系中强力的使用很少约束，男性会实施性的支配。不过，在这些社会中，男性的支配地位也会随着女性经济地位的差异而有变化。随着女性的经济权力增加，她们的性的权力也会增加，哪

怕男性的体力确保其支配地位。到了19世纪，至少在西方社会，人际关系中强力的使用失去了大部分合法性。男性的支配地位如今乃是基于其经济权威。话说回来，女性的权力也增加了，因为家庭与经济的分离助长了新的意识形态，婚姻成了个体的选择，而非家庭的决策。女性的权力有赖于她们维持性魅力和自己选择配偶的能力。婚姻成为某种社会交换，其中的男性提供安全保障和地位，以换取女性把对自己身体的排他性性权利交付给他们。婚姻市场的兴起鼓励男性强调自己的经济地位资产和社会地位资产。女性想方设法增进其社会价值，发展出有关女性特质（女性纯洁与贞洁）和浪漫爱情的意识形态，这就增加了女性的主要资产即其性相的价值。在过去两个世纪里，女性的经济地位有所改善，有鉴于此，支撑婚姻市场的交换体系也失去了社会可信度。人际关系中强力的使用也失去了合法化，在这种背景下，两性之间的经济平等化就促使亲密事务上性别平等的程度更高。

柯林斯相信，冲突理论会成为将社会学理论送入科学时代的载体。科学的社会学将把整个世界化约为一系列的一般性说明和普遍性社会法则。理论扮演着至关重要的角色：它为社会学家已经积累起来的体量可观的经验研究赋予了概念上的统合一致。

如前所示，柯林斯为冲突社会学所做的理论辩护（如认识论上的实在论或方法论上的个体主义）都颇为薄弱。归根结底，他对冲突理论的诉求就仰赖于其在说明上和经验上的充分。但即使在这方面，柯林斯的理据也不牢靠。比如说，冲突理论之所以获得推荐，主要是因为它在说明经验事件时“起作用”或帮助。但是，功能分析、马克思主义、交换理论，以及其他众多理论思路，也都能提出有关说明适用范围的类似主张。各种相互竞争的概念策略以说明上的适用领域或范围为理据，来各自主张胜出一筹，我们该如何做出评判呢？更有甚者，柯林斯似乎假定，宣称一种概念思路对于说明经验事件“起作用”，这种主张的意义显而易见。然而，概念策略在说明社会现象时发挥作用的方式可以有许多种，并且相互之间还可能冲突。例如，一种说明之所以有用，可以是因为它能被量化，使概念更为简洁，尽可能扩大对情境的理解，提供某种整体性的阐述，开辟新的研究路径，或是促成政治动
91 员。换言之，我们说一种说明有用究竟是什么意思，取决于我们的目的和立场。要想提出可信的论证，让任何一种概念策略基于其说明上的长处而胜过其竞争对手，有必要提出一个看似合理的论点：各项说明性目标可以分出轻重主次。柯林斯会不得不提出，他所追求的说明性价值（比如说明的适用范围、命题的形式化、抽象性或一般性）优于其他说明性目的（比如概念上的简洁、量化、情境理解、历史起源、叙事情节）。不幸的是，柯林斯并未提出什么论据，能使他有关冲突理论优越性的主张显得可信。

如果柯林斯对冲突社会学的主张都是基于并不牢靠的认识论理据，如果对这种理论的说明性力量的诉求同样站不住脚，那么他的经验例证也很难有所弥补。事实上，他用来论证冲突社会学的实例都是图式化的，单就其“证据”而言，并不足信。比如，所谓个体生而具备两性本质，或生物学基础的性冲动，这并不是不言自明的。我们在第十二章将会看到，许多当代理论家提出，所谓“性”的东西只是一种社会的和历史的产物。无独有偶，柯林斯径直假定存在一种自然的性别

秩序，由“男性”和“女性”构成，在整个历史中的运作形式完全一致。然而，许多学者主张，在社会内部，在各社会之间，性别意义相差显著，而所谓自然的女性与男性这样的观念本身，也属于性别的社会建构。此外，尽管强力和经济定位是说明性别模式的重要因素，但有大量晚近的研究凸显出，科学—医疗制度与话语，大众传媒与流行文化，以及国家所扮演的角色，也都非常重要。遗憾的是，柯林斯并没有认识到，冲突理论的预设和概念有可能是任意武断的、有局限性的；他似乎没有意识到，这些预设的可信性既可能源于其说明性的价值，也在同等程度上可能来自它们在文化上或意识形态上的共鸣。

柯林斯将社会学视为一种科学，以有别于作为一种文学、哲学或政治意识形态的社会学，这种努力并不令人信服。我们并不需要否认，冲突理论提供了有益的经验策略或概念策略，但同时我们也认为，这种社会学投射了一种有关社会的道德型观照。冲突理论表达了在美国相当流行的一种公共意识形态：自由主义的功利主义。个体自利、资源、竞争、社会网络、结盟、作为工具的符号等，这样的一套语言在美国的民间文化中根深蒂固。不幸的是，柯林斯在科学精神的激励下，对自己作品的道德意涵基本视若不见。

彼得·布劳

布劳的社会学理论同样受到科学型精神的激励，但也展示出不容否认的道德型观照。布劳将社会学作为一门科学来探讨，其程度更有

甚于他的前辈与同时代人。帕森斯与伯格似乎愿意把社会学看作自
由人文主义的政治文化的组成部分，而布劳则希望将社会学建立在严
格科学性的理据上。事实上，他所谓的结构社会学是刻意反人文主义
92 的。布劳根本不承认主观意义和文化符号能扮演什么角色。他将这
种科学型观照推至其合乎逻辑的结论：社会学作为一门形式化、逻辑
化、定量化的学科，原则上在其基本预设、概念和说明中排斥了任何人
文主义的残余。但是，究其内核，布劳的科学型社会学却又体现出对
自由个体主义和多元主义的政治的坚定奉行。

布劳和20世纪70年代他的许多社会学同行一样，也反对60年代的社会学的那种政治化倾向。他曾经离开奥地利躲避纳粹政权，这段个人移民经历或许让他感到，科学与大学的政治化会助长社会极端主义。无论如何，布劳支持将科学视为一种讲求逻辑与形式化的事业。理想状态下，科学应当力求成为一套由相互关联的一般命题以等级层次组织起来的体系；而其基础，则应是数量有限的一些“不言自明的真理”，或者说是公理（axioms），由此可以推演出一些定理（theorems），陈述抽象概念之间的关系，而概念又能从经验的角度检验。在基于公理的理论中，每一则定理都能从公理中合乎逻辑地推演出来，抽象程度较低的定理从抽象程度较高的定理中推演出来，每一则定理都只是暂时被接受，直至在经验的角度上被证伪。布劳自己的理论阐述是否严格符合公理化标准，尚存疑问，但这套理论阐述无疑是形式化的。布劳强调要提出一些能说明经验现实的一般命题（propositions），希望这些命题最终能相互关联起来，形成一套社会法则体系。

彼得·布劳的《不平等与异质性》是对科学型社会学理论最具影响的提案之一。[5]书的副标题“有关社会结构的初始理论”就标示了它的宗旨。布劳不再遵照标准的社会结构讨论思路，聚焦于社会制度、文化建构或个体互动模式，而是将社会结构界定为人口/统计总体（population）沿循诸社会位置的分布。布劳的定义**完全**抽象掉了个体的心理特征，互动的文化背景，以及个体或群体的行动。他排除掉了对心理、文化或历史的任何参照，以求提出一套有关社会结构的高度形式化的理论，或者用他自己的话说，“初始”理论。布劳强调人口/统计总体沿循诸社会位置的分布，以及这对社会交往（social association）产生的效应，彰显了他的意图：提供一套能用于定量分析的社会结构理论。在彼得·布劳看来，只有牛顿式的科学观照才是具有说服力的。

彼得·布劳（Peter Blau）1918年出生于奥地利维也纳，于2002年去世。布劳1939年移居美国，在埃尔姆赫斯特学院（Elmhurst College）和哥伦比亚大学求学，并先后执教于韦恩州立大学（Wayne State）、康奈尔大学、芝加哥大学、哥伦比亚大学、北卡大学教堂山校区（University of North Carolina at Chapel Hill）。布劳构建了一套理论，从社会位置和社会交往的角度来说明社会整合。根据布劳的讲法，社会位置之间的交往频率越高，就会导致社会整合的程度增加。布劳热忱提倡以科学的观念看待社会学。

《不平等与异质性》旨在将社会学推上通往科学的大道。为了论证结构社会学的理据，布劳讨论了他所认为的社会学的基本问题：如何说明社会秩序。布劳拒绝接受共识性模式（秩序作为道德共识的
93 产物）和强制性说明（比如秩序作为阶级支配的产物），提出了替代阐述，强调各社会位置之间的社会交往频率本身的核心作用。

要说清楚社会交往与社会整合之间的关联，就得概述布劳的社会结构理论。社会结构被界定为人们沿循社会位置或布劳所称的“参数”（parameters）的分布。这指的是特定社会用来将人们彼此区分开的那些特征。在美国，性别、年龄、种族和收入（而不是眼珠颜色或鞋码大小）就是参数。布劳区分了两类参数。“定类参数”(Nominal parameters）将人们分为具有明确界限的子群体，比如性别、宗教和年龄。而“定序参数”（Graduated parameters）将人们置于一个等级秩序中来加以区分，比如收入或教育程度。定类参数和定序参数各自关联着两大社会分化轴线：异质性与不平等性。也就是说，定类参数标示了社会位置或社会群体之间的水平分化（horizontal differentiation）（即异质性[heterogeneity]）；而定序参数标示了社会地位之间的垂直分化（vertical differentiation）（即不平等性[inequality]）。

布劳的核心论点是：沿循异质性和不平等这两个轴线发生的社会分化，是社会交往的频率和类型的关键决定因素，而社会交往的频率与类型又是影响社会是整合还是分裂的直接条件。布劳将其立场极大简化后提出，“参数交叉”（intersection of parameters），或异质性程度高，会产生群际交往的高频率，从而促进社会整合。换言之，当各个轴线上的社会位置（比如种族、宗教、性别、阶级等轴线）展现的相关

性很低，比如说性别与收入、声望或教育程度并不高度相关，那么这种社会异质性的状况就可能与群际交往和社会流动的高频率相关，从而促进了社会整合。按照布劳的推论，尽可能扩大异质性，会导致人们与大量小型、开放和相互交叉的群体交往，从而产生整合效应。而如果说异质性促进整合，那么不平等则标示着某种社会危险。用布劳的话来说，“参数合并”（consolidation of parameters）产生了社会位置之间的高度相关；比如，根据性别能预测收入、教育程度和声望。这就加剧了社会不平等，而后者又大大减少了群际交往的可能性，导致社会分裂和冲突。换言之，如果各种参数聚合在一起，比如白人收入高，教育程度高，职业、就学和居住模式都类似，而黑人收入低，教育程度低，职业、就学与居住也类似，那就会显著减少群际交往和社会流动，大大加剧社会不平等与冲突。

结构社会学的承诺在于，它宣称要提供一套统合一体的科学研究方案。就此而言，布劳几乎没有论及堪与匹敌的其他立场。尽管布劳的确对格奥尔格·齐美尔和埃米尔·涂尔干的著述颇多借鉴，但对经典传统并无任何明确的讨论。无独有偶，尽管布劳与探讨社会结构的许多理论阐述思路分道扬镳，但并没有另拨笔墨，专门论证自己排除心理因素、个体行动或文化这种做法的正当性。布劳的主要受众不是社会学理论家，而是经验研究者。结构社会学的价值纯粹在于它有能力提供给经验研究者一套语言和方法，以科学地说明社会世界，并且适用于任何地点、任何时间。20世纪70年代，一种以学科为中心、以 94
专业为焦点、以量化为取向的社会学开始兴盛，布劳的形式化科学型社会学与此正相呼应。

柯林斯与布劳都对社会学理论当时的状况感到不满。理论家们一心想着发展人文主义的宏大理论，或是通过文本阐释为概念策略提供正当性辩护，因此与社会学研究之间相脱节。而布劳和柯林斯希望重新建立理论与研究之间的关联。理论必须抛弃其人文主义的遗产，转投自然科学的模式。科学型理论不是效仿哲学发展精致的概念框架，而是力求提出有关经验现实的一般性说明。

无论是柯林斯的《冲突社会学》，还是布劳的《不平等与异质性》，都提出了实打实的数百条说明性命题。不过，单凭设定一般命题，是否就算是科学，或者就算是科学，是否就实现了他们的期望，其实根本不清楚。布劳与柯林斯所提出的那些命题，绝大多数基本相当于经验概括，其可信度有赖于一系列默含的社会性、哲学性和意识形态性的意涵。然而，如果是一种话语性的理论思路会讨论这些更宽广的意涵，而形式化的思路则会把它们化约为纯属经验性事务。比如说，布劳提出如下命题："对于许多雇员拥有权威的位置是当代社会中大多数权威的来源。"[6]鉴于这类命题如此抽象，概念上如此模糊，是否能被检验是值得严重怀疑的；不仅如此，它也只有放在更广泛的一系列社会观念中，才能获得其统合性。社会权威的问题，即谁拥有权力，权力的来源为何，如何维持，这必须结合更广泛的一些概念争论和意识形态争论，关系到社会的结构、社会不平等与正义、压迫，以及反抗的斗争。换言之，命题性主张的力量似乎预设了某种话语语境，在其中，狭隘的经验陈述只是更广泛的实质性和意识形态性视角的组成部分。布劳或柯林斯这样的形式化理论家没有能力探讨这种更广泛的话语语境；他们受限于将话语争论化约为经验争论。

柯林斯的《冲突社会学》于1975年刊行于世。奇怪的是，对于此书中梳理出来的数百条命题，他随后的作品即使有所借鉴，也是少之又少。[7]他根本没有花力气去把自己的众多命题发展成某种接近公理性理论的东西。事实上，尽管他的冲突理论作为一种概念策略，在理论家和研究者当中确实产生了影响，但他的形式化、命题化纲领却几乎掀不起一丝波澜。与此类似，尽管布劳与他的某些同事追求作为一种概念与研究规划的结构社会学，却也没做什么努力，把自己的定理塑造成一套系统化的理论结构。简言之，很少有社会学家认真遵行他俩的形式化科学强纲领。一方面，这可能反映出社会学家觉得有一种拉力，要他们趋向更具话语性的思路，形式化、命题性的思路被认为过于狭隘。如果一种科学的社会学的代价是像布劳所敦促的那样，我们必须放弃对个体心理、文化和历史的关切，那么许多社会学家就会感到，这种代价未免过大。如果一种科学的社会学要求我们只关注社会结构的某些方面，能促成完全形式化、定量化的精确性，那么社会学家就会质疑这种科学本身的价值。柯林斯和布劳似乎希望有一种科学的社会学，由科学的逻辑指令所驱动，却既没有认真 95
应对批评自然科学模式的人，也不曾反思是什么使得这类知识具备价值。

无论布劳的结构社会学具备怎样的科学价值，它也摆脱不了价值评判，摆脱不了有关何为一个好社会的愿景。《不平等与异质性》提出了一种自由主义、多元主义的社会理想。水平分化或异质性程度提高之所以对社会有益，是因为它们促进了一个开放、流动、个体主义的社会，对社会差异抱持宽容态度。与此相反，社会不平等却是重大的社会罪恶，它加剧了一个封闭的、静滞的社会，在其中，个体被更大的首属群体牢固控制，这样的群体彼此之间的关系展现出的是内群与外群之间的敌对。不平等与异质性在某种层次上可能作为社会分化的分析性轴线而发挥功能，尽管如此，它们也标示着道德冲突与政治冲突的重大轴线。事实上，结合布劳在纳粹政权的阴影下移居美国这一点来解读，似乎有理由推断出，《不平等与异质性》在某种程度上正是他从道德上和意识形态上对这段经历的回应。从社会学的角度说，纳粹德国代表的是由刻板的内群/外群张力所分裂的封闭社会的一种极端形式；也就是一种以"参数合并"为特征的社会。布劳在纳粹政权的背景下长大成人，或许能部分说明他为何会倡导极端形式的异质性。布劳的理想似乎是一个由众多相互交叉的小型社会圈子组成的社会，乃至于发展成大力颂扬纯粹的个体主义。群体的任何统合性与牢固性都有可能演变为内群/外群的冲突、寻找替罪羊和政治极端主义。有许多欧洲出生的理论家长大成人的岁月正逢纳粹时期，布劳像他们一样，其思考都体现出某种反乌托邦主义，要将科学与某种自由主义、多元主义的社会愿景相维系。

布劳的科学主义蕴含着一种反讽。他的自由主义、人文主义的价值观与其科学的、结构的社会学相互矛盾。在其结构性说明中，在其对主观意图和历史的排斥中，结构社会学都投射出一种受到与人格无涉、与理性无涉的力量控制的社会的意象，而这种社会观念原则上是为布劳所憎恶的那种威权主义政治做辩护的。不幸的是，布劳似乎并未意识到，他的社会学的精神是如何在无意中促进了他如此痛恨的那些非自由的价值观。

推荐书目

Craig Calhoun, Marshall W. Meyer, and W. Richard Scott, eds., *Structures of Power and Constraint* (Cambridge: Cambridge University Press, 1990).

Randall Collins, *Sociology Since Midcentury* (New York: Academic Press, 1981).

Karen Cooke, ed., *Social Exchange Theory* (Newbury Park, CA: Sage, 1987).

Jonathan Turner, *The Structure of Sociological Theory* (New York: Wadsworth, 2002).（乔纳森·特纳《社会学理论的结构》(第七版)，邱泽奇、张茂元等译，华夏出版社，2006）

参考文献

1. Randall Collins, *Conflict Sociology: Towards an Explanatory Science* (New York: Academic Press, 1975).
2. Collins, *Conflict Sociology*, p. 2.
3. Collins, *Conflict Sociology*, p. 21.
4. Collins, *Conflict Sociology*, p. 59. 96
5. Peter Blau, *Inequality and Heterogeneity: A Primitive Theory of Social Structure* (New York: Free Press, 1975).
6. Blau, *Inequality and Heterogeneity*, p. 103.
7. Randall Collins, *Weberian Sociological Theory* (Cambridge: Cambridge University Press, 1985) and *Three Sociological Traditions* (New York: Oxford University Press, 1985).

97

第七章

赖特·米尔斯与罗伯特·贝拉的道德型社会学

美国当代社会思想已经分裂为以大学为基地的社会科学和学院外的社会思想。不过,有些思想家在向更广泛的公众致言的同时,也设法与学院人士交流。这些思想家对挑战社会科学和理论的正统教条往往至关重要。这些批判性的社会思想家将知识作为一种具有道德性和政治性的事业,挑战了狭隘科学型的社会知识观。本章中,我们将考察两位美国思想家,他们发挥了关键性作用,发展一种批判风格的社会分析,既替代科学型的理想,也替代帕森斯式的宏大理论。

赖特·米尔斯

米尔斯比帕森斯小大约十四岁,尽管如此,历经20世纪50年代和60年代早期,米尔斯是帕森斯多年的主要对手。人格特征与思想特性上的差异再明显也没有了。帕森斯是公理会牧师的儿子,在最好的学校受的教育（阿默斯特学院［Amherst］、伦敦经济学院和海德堡大学），代表着盎格鲁—萨克逊新教白人精英。与其相反，米尔斯来自一个传统的得克萨斯中产阶级家庭。他在学生众多的州立大学上的学（得克萨斯大学和威斯康星大学）。米尔斯和帕森斯作为社会学家各自的职业生涯大多数时候所在的系也是互为对手。帕森斯是在哈佛大学，他最后在那里创建并主宰了社会关系系。而米尔斯波澜跌宕的短暂职业生涯的盛期是在哥伦比亚大学，那里以坚定专注于经验性社会分析而著称。或许更为重要的是，当帕森斯在塑造自己有关综合性科学社会学的宏大观照的时候，米尔斯却在打磨一种批判性介入的“公共社会学”的道德型观照。

查尔斯·赖特·米尔斯（Charles Wright Mills，1916—1962） 98
出生于得克萨斯州的瓦科（Waco）。他本科就读于得克萨斯大学，毕业后在威斯康星大学获得博士学位。米尔斯执教于哥伦比亚大学，在那里与应用社会研究所有了联系。他是“二战”之后最具影响的社会学家之一。学院人士与普通公民都读他的书。米尔斯严肃究问了美国民主体制的实际功能运作。他提出了一套权力精英理论。根据米尔斯的讲法，在战后的美国，权力已经集中在商界、军界和政界的领导人的手中。米尔斯揭示道，这些领域通过相互重叠的成员资格彼此关联，而这些领导人都来自同样的精英社会背景，共享同样的利益。换言之，精英社会统治会代代承传。

然而，米尔斯却在一个关键的方面屈从于帕森斯的影响。米尔斯诉诸欧洲经典作品来为自己的社会学观照提供合法化辩护。到了20世纪40年代，在帕森斯的《社会行动的结构》激励下，人们对欧洲的经典作品的兴趣愈益浓厚。当然，帕森斯并不仅仅是将欧洲的社会思想家介绍给美国社会学家，而是透过自己的理论综合，来解读他们的意义。如前所述，帕森斯在欧洲社会学家那里看到一种趋向一般理论体系的会通，而这种体系能够充当统合各门社会科学的基础。奇怪的是，米尔斯最早发表的作品之一（1946年）就是一部韦伯译文集，《马克斯·韦伯文选》（与汉斯·格特合编）。[1]但在为此书写的编序中，米尔斯描述了一位与帕森斯所呈现的显著不同的韦伯。在米尔斯眼里，韦伯不是一位对有关社会的一般理论感兴趣的纯粹理论家，而是提供了一种社会历史视角，旨在阐明现代性在社会、政治与道德方面的意义。韦伯典型地体现了一种理想的社会学家，政治上和道德上介入时代的重大公共议题，即**作为公共知识分子的社会学家**。

米尔斯诉诸欧洲传统来为自己的社会学观照提供合法化辩护，但同时也对威廉·詹姆斯、约翰·杜威、查尔斯·皮尔士和乔治·赫伯特·米德等美国实用主义者颇多借鉴。[2]美国实用主义之所以吸引米尔斯，是因为它探讨观念时不是只关注其绝对真理，也要看它们的社会后果。实用主义以一种行动主义的思路来看待思维；观念要结合其社会效用才获得价值。

米尔斯和帕森斯代表了两种显著不同的社会学观。帕森斯的眼里是一种宏大的综合性社会学；理论将为一种有关社会的统合性科学提供基本预设和范畴。而米尔斯想象的社会学则是一种公共介入的话语。理论扮演的是一种谦卑的角色：提供能够引导经验性社会分析的概念。米尔斯致力于创造一种公共社会学。

在20世纪50年代和60年代早期，社会学中达成主宰地位的是帕森斯，不是米尔斯。米尔斯纵然广受称道，也只是学科的局外人。他想看到的是一种道德上和政治上介入的批判性的社会学，而与之格格不入的是，这门学科似乎一心想落实为宏大理论阐述，要么就是解决问题导向的经验主义。但即使米尔斯在社会学里位居边缘，他却可能 99
是当时最具影响力的公共社会学家。米尔斯与他著名的同时代人大卫·里斯曼相仿，都向受过教育的广大公众致言。[3]他为全国主要的自由派和左派报刊杂志撰文。不仅如此，当帕森斯设计其宏大系统时，米尔斯发表了他有关战后现代美国的面貌与意义的三部曲大作：《权力新人》《白领》与《权力精英》。帕森斯的功能主义科学型社会学或许把持了社会学的学科性中心，但米尔斯的公共社会学却在整个十年乃至更长时间里塑造了全国性争论的面貌。

推动米尔斯研究社会学的动力，就是希望撼动战后倦怠的美国，让它摆脱自感安全与自负的幻觉。美国人走出了战争，走出了漫长而艰辛的全国经济萧条，渴望国内岁月静好，民众和谐相处。他们转而关心起自我实现、家庭、职业生涯和消费主义。尽管国内表面上一片繁荣发展、个人与社会都是机会无限的气象，米尔斯却相信，美国正逐渐沦为一个科层主宰、精英主义的社会，所谓自我实现，至多不过是消费满足。一些社会趋势暗潮涌动，威胁到自由民主体制，但无论是被消费主义的虚假崇拜弄得无聊乏味的普通公民，还是被政府拨款、学院权位或企业重金收买叫卖的知识分子，都不再乐意探讨这些危险。

米尔斯的著述力求唤醒美国人注意到眼前的危险，并激发出新政式民主改革的重振之势。

米尔斯的三部曲的开篇之作，《权力新人》，是他最不重要的一部作品。[4]它是哥伦比亚大学应用性社会研究所资助的一项课题，而米尔斯正是该所的劳工研究室的主任。不过，尽管该所负责收集有关劳工领袖的材料，米尔斯却提供了解释的视角。马克思主义期望劳工作为一个革命阶级走向政治化，米尔斯不赞成这种预期，而是对组织化劳工的去政治化和消极被动更感困扰。普通劳工将政治事务委托给劳工领袖处理。但工会领袖们与马克思主义者的希望恰恰相反，放弃了对广泛社会变革的任何兴趣。在这个承诺给予一定的物质回报的体系里，他们已经变成主要的权力掮客。不仅如此，米尔斯的看法也与自由派改良主义者相反，人们普遍相信，劳工领袖们会充当政府与大公司的抗衡力量，从而维护自由与民主的价值观，但米尔斯对此表示怀疑。他既反对欧洲的马克思主义，也不同意20世纪40年代逐渐兴起的自由多元主义社会模式，认为新型劳工精英的行事方式与政府和工商精英协调配合；他们的目标就是要维护一个功能运作良好的稳定的社会系统，能够为庞大的社会大众提供充裕的消费品。

米尔斯尽管缺乏对基层蓝领工人的任何持续分析，却论及了他的作品的重大主题之一：在消费主义和社会精英操弄下，去政治化的民众的兴起。不仅如此，公众的去政治化还遭到知识分子的忽视。当马克思主义者坚持抱持着一场革命即将到来的梦想，自由主义者却放弃了批判的冲动，沦为冷战时期为西方辩护的区区角色。米尔斯则把自己的希望寄托于独立左翼劳工联盟的兴起，认为这有可能构筑起受社会民主理念激励的第三党的基础。

米尔斯认为，美国将逐渐变成一个科层统治的大众社会，在其中， 100
一种品质低劣的消费主义文化将延续自由与幸福的幻觉。这样的图景正是《白领：美国的中产阶级》的首要主题。[5]如前所见，米尔斯得出结论，认为控制了工会的这帮精英所追求的，无非是提高薪资，改善劳动条件，但维护整个体制现状。在20世纪中叶的美国，戏剧性地出现了一群新型中产阶级，这点燃了许多知识分子的社会希望。马克思主义者认为，白领劳动者的大量扩张标志着一种新型无产阶级。自由主义者把新型中产阶级看作是从社会角度和道德角度稳定美国的一支力量；随着白领劳动者的行列不断膨胀，阶级冲突和意识形态极端主义会如其所希望的那样消失。不仅如此，与旧式的拥有产权的中产阶级不同，新型中产阶级的专业主义精神会引领他们倡导一种富有责任感的经济与社会行动议程。米尔斯赞成说，新型中产阶级决定性地塑造了战后美国的特征。不过，他并不接受自由主义者和马克思主义者赋予他们的道德与政治希望。《白领》像是对美国发出的警示：新型中产阶级正把这个国家带上通往新型威权主义之路。

新型中产阶级的故事，属于作为受到中产阶级文化决定性影响的社会的美国历史的一部分。在这块迅猛扩张、资源丰饶的广袤地域上，封建式的贵族统治秩序付之阙如，这使得美国成为企业家的土壤。在新型中产阶级19世纪跃上舞台之前，活跃的是美国内战前的自由农民和独立商人，再到晚近，是美国传说中的业界巨头和强盗大亨。小农场主和业界巨头共享一种强力捍卫的独立，对任何制度依赖都心存疑虑。这种民主精神以私有产权为根基；经济维度的自给自足孕育出社会维度的独立与政治维度的民主文化。

19世纪美国的世界，其典型特征就是经济竞争、小城镇民主和新教个体主义。随着20世纪早期法团资本主义的兴起和政府的大力扩张，这个时代也宣告终结。在技术创新的刺激之下，经由西方殖民扩张，一个世界范围的市场逐渐形成，新式的通讯与交通方式也陆续创造出来，中小企业让位于巨型公司，负责运营的是拿薪水的经理人员，而各个岗位配置着销售、广告、公关、接待、秘书、档案、会计、律师和技术人员等组成的劳动大军。尽管小企业也能维持生存，同时意识形态上也还在颂扬经济竞争和个体自我奋斗，但实权已经转向管理精英和大企业精英手中。中产阶级如今也转变成了白领劳动者大军，在美国历史上第一次其实变得无权无势了。除了最高层级的经理高管，白领劳动者并不是企业所有者或机构决策者。他们只是执行科层体系顶层颁布的命令。即使是法律、医疗或学术之类的专门职业，也体验到对科层制度的类似依赖，在相当程度上丧失了经济自主和社会权力。

劳动趋于科层标准化，但新型中产阶级由于白领工作岗位而获得
101 的地位对此有所补偿。蓝领劳动是体力型的，而白领劳动是脑力型的，被认为包含可观的技能与智力。白领劳动者试图宣称拥有某种象征性权威或地位。然而，随着白领劳动愈益单调乏味，随着白领工作岗位之间的差异愈益模糊，新型中产阶级只能诉诸消费和休闲活动，以夸示自己的社会地位和个体特性。米尔斯相信，个体并不能通过消费主义实现自我，而是被大众文化所操弄。消费主义贩卖着它虚假的梦想和无法实现的满足幻念，新型中产阶级在其中找到的只能是转瞬即逝的满足和权力感，而不是真切实在的东西。

米尔斯并不认为新型中产阶级肩负着重焕生机的社会改革的行动议程，而是认为，他们会变成去政治化的大众，被科层精英和利润驱动的消费文化所控制。“在白领人员当中……缺乏任何信仰秩序，这使得他们作为个体在道德上毫无庇护，作为群体在政治上软弱无力……这种孤立无援的处境使他们成为出版、电影、电台和电视等流行文化全方位塑造的绝佳材料。”[6]白领个体满脑子想着私人生活中的自我实现，把消费和劳动的自由与真正的自主混为一谈。米尔斯尤其抨击了知识分子。他们要么吹捧后意识形态社会的形成，要么坐等社会自我毁灭，就此放弃了自身的批判角色。白领美国人或许是我们最糟糕的噩梦：组成这个社会的是快活的机器人，他们对自己正跌跌撞撞堕入社会地狱浑然不觉。

米尔斯的社会观照带有深切的悲观色彩。在《权力新人》中，他得出结论说，劳工运动的目标，无非是自己在美国的愈益繁荣中分一杯羹。尽管米尔斯并未完全放弃乌托邦式的希望，即劳工领袖可能会与独立左翼运动结盟，但他也承认，目前他们正逐渐变成一群新型精英，意在社会调和。在《白领》中，米尔斯分析了新型中产阶级文化的形成，它放弃了有意义的政治行动，转而寻求自我实现、地位和安全。随着美国变成一个大众社会，政治权力也集中到精英手中。米尔斯在他的头两部重要作品中，对于威权主义政治文化的巩固趋势还只有模模糊糊的认识。然而，到了《权力精英》中，他明确指出存在一群精英，对政治上无力的社会大众实施权力，并不总能担负责任，并且常常缺乏社会问责可能。[7]

在《权力精英》中，米尔斯编织了一个政治变迁的故事。在19世纪，构成经济体系的是陷入激烈竞争的小企业和农场；政治权力散布在各式各样世俗的和宗教的机构中，也散布在地方的、各州的和联邦的层级；军事建制缺乏某种显著的集中化社会呈现。美国的领土迅猛扩张，资源丰饶，交通和通信系统欠发达，联邦政府软弱无力，地方宗教精英与世俗精英之间竞争激烈，这些都有碍于一个统合性强的权力结构的发展。

到了20世纪，政治去中心化让位于集中巩固。大企业的成长大大刺激了财富的集聚；技术进步、殖民扩张、第一次世界大战以及大萧
102 条也推动了联邦政府的膨胀。此外，接踵而至的两场战争，以及军工复合体的演进，也有助于将军方转变为美国的一股重要社会势力。到了战后岁月，经济财富积聚在公司手中，政治权力积聚在全国政府，军事权力积聚在五角大楼，程度演进如此之甚，乃至于谁要是在这三种机构中占据顶层高位，就能行使巨大的权力。

米尔斯的首要命题是：一伙权力精英统治了战后的美国。这些精英绝大多数是男性，在商界、政界或军界把持大权。"在经济体系的顶层，在公司富豪行列中，是首席执行官们；在政治阶序的顶层，是政界大佬会的成员；在军事建制的顶层，是参谋长联席会议和高级将领行列及其周围聚集的退伍从政者精英……这三块权力领域中各自的领军人物，即军头、公司首脑和政界大佬，往往会抱成一团，形成美国的权力精英。"[8]尽管权力精英并不一定以刻意协调的方式行事，但他们利益相类，追求共同的社会议程。一方面，权力精英相互勾连的特点体现出经济、政治与军事制度的关联性质。任何一个制度领域里的顶层决策者都无法避免与其他领域的决策者合作。不仅如此，还有个

人纽带维系着这些精英，将他们与社会大众相分离。精英首先以其可观的财富，远离了美国蓝领和白领大众。当然，财富会转换为将精英与大众相分隔的全套标示，比如教育程度、居住地、社会机会。不仅如此，精英还发展出一种共同的身份，因为他们上过同样的名校，属于同样的俱乐部、教堂和社会圈子。最后，精英还往往会在各机构顶层之间循环流通；公司高管辞职后成了内阁官员；退休将领坐上了大公司的董事席。精英循环进一步增强了他们的集中趋势，成为一个富有政治效力的统治实体。

在米尔斯的眼中，权力精英更多的是由个人性和结构性的纽带与利益维系的一个松散关联的网络，而不是一个没有冲突的封闭的阶级。不过，精英们共享类似的社会利益；尤其是维持财富、声望和权力的现行不平等分配的利益。不仅如此，他们还协调行动，贯彻他们的社会利益。尽管他们宣称自己的利益代表着全体美国人的福祉，但还是由自我利益引领的。在米尔斯看来，由于权力精英们不仅有权力塑造社会，而且实施起来又几乎不需要什么问责，使得他们非常危险。谁能让企业高管、任命的军方首领或内阁成员担责呢？当白领公众和蓝领公众被消费和国内繁荣的虚幻承诺所蛊惑，选举过程就沦为无非是核准精英统治的一套程序。

在米尔斯脑海里，美国正逐渐变成这样一个分裂的社会，一方是被消费主义幻念弄得服服帖帖的非政治化社会大众，另一方是进行统治的权力精英。“现代美国社会的顶层越来越统合于……一群权力精英。中间层级是一群变动不居、态势胶着的平衡力量……这个社会的底部是政治上碎片化的……无权无势的：底部逐渐形成了一个大众社

会。”[9]米尔斯相信，民主社会要得以维续，必须有一群受过教育、参与
103 政治的公众。这样的民主政治文化要繁荣发展，靠的是将个体困扰转译成公共议题的公共论辩与批判性思考。令人遗憾的是，面对共产主义的压力，自由主义者放弃了以批判的视角来看待美国，转而讴歌美国的民主制度。与此同时，马克思主义者也远离当前现实，等待资本主义即将到来的崩溃。米尔斯拒绝接受自由主义和马克思主义，因为它们都抱持了狭隘的意识形态视角，脱离当前的现实。米尔斯认为，当前急需一种公共知识分子的话语，它带有批判性，但从民主革新的实践可能性角度切入，探讨了复杂的社会现实。

在20世纪最初数十年，自由派实用主义者（比如威廉·詹姆斯和约翰·杜威）、扒粪派记者（muck-raking journalists）和独立文化评论人挺身而出，捍卫民主公共文化。如今，这些形象都已经消失了，因为大学已经变成了主导性的思想中心。不仅如此，米尔斯还相信，经典社会学传统能够充当自由实用主义的继承人。在《社会学的想象力》中，米尔斯呼吁社会学家担负起他们作为公共知识分子的天职，致力于捍卫民主价值观。[10]

社会学有一项使命：成为公共介入的批判性社会话语的载体。社会学要提供批判性的视角来看待当下，公民们可以借以理解自身的社会境况。经典的欧洲社会学被视为公共社会学的样板。这些理论家提供了历史性的视角，阐明了当前的发展趋势对人类自由与民主所具有的意义。欧洲的经典作品或许会提倡客观性的论调，但米尔斯会把这解释成只不过是对经验现实的某种尊重。社会分析永远不可能彻底摆脱政治与道德维度上的价值观和立场。米尔斯设想有一种社会

学，既尊重经验现实，又对其批判角色满怀热忱。他自己的作品就典型地体现了公共社会学的理念。

米尔斯受到社会学的道德型观照的激励，相信社会学家已经放弃了批判性的公共角色。战后的美国社会学分裂为两大同样不可取的立场：帕森斯的宏大理论和抽象经验主义。米尔斯认为，帕森斯要勾勒一套有关社会的面面俱到的理论，这种努力是注定要失败的。他相信，概念上要达成这样的完整和封闭是不可能的。米尔斯要替换掉宏大理论，提倡设计一些“操作模型”或概念性经验草图，可以用来分析不同的社会中的社会动力机制。

如果说宏大理论家们从经验世界中回撤到“纯粹心智”的领域，经验主义者则认为，只要聚焦于纯粹的事实，真理就会浮出表面。不幸的是，这类研究中有许多最后证明不过是装扮成科学的常识。在现实中，经验主义者从事高度专门化、聚焦很狭隘的研究，这些研究或许有着科学的装饰（比如方法论上的严谨、统计数据、科学的语言），但缺乏自然科学那种统合性的理论目标。而根据米尔斯的解读，经验主义受到解决问题式的自由派改良这种美国精神激励。不过，尽管社会学解决问题的早前一股传统的宗旨是要改进社会弱势群体的处境，但是战后的经验主义却是服务于权力精英的。如今，社会学家已经习惯受雇于各式旨在令社会控制最大化的科层环境中的管理者，而这些管理者正是权力精英里的机构经理。米尔斯指出了社会学的社会定位的某种转变。在米尔斯眼里，社会学不再是面向民主大众，至少就其经 104
验主义的特征而言，是要积极应对客户的要求，尤其是社会较低层级管理者的要求。无论是宏大理论还是抽象经验主义，都已经不再抱持经典传统的那种志向：成为某种公共社会学。

米尔斯认为，美国正逐渐陷入某种不动声色的极权主义，与苏联那种更为喧嚣和严厉的形式形成鲜明对比。它的基本特征就是形成一群依附性的社会大众，由精英通过非人格化的科层制度和传媒来统治。极权主义社会的标志是影响社会走向的公共论辩与社会运动的缺乏或羸弱。在苏联，国家专政破坏了民主社会的可能性；在美国，大众消费文化的形成，再加上权力精英的统合一体，威胁到民主体制的生存。消费主义和选举政治能够延续自由的幻觉，这样的幻觉遮蔽了美国人，让他们看不到自己所处社会的潮流转向。米尔斯相信，在唤醒公共自觉和政治参与方面，知识分子扮演着关键角色。米尔斯从两个目标的角度来谈知识分子的公共角色："他应当为个体所做的是将私人的困扰……转化为社会议题与问题，以接受理性的审视；他的目标就是帮助个体成为自我教育的人……而他应当为社会做的则是抗御一切逐步毁坏真正的公众而创造一个大众社会的力量。或者，以积极的目标来表述，他的宗旨就是帮助打造并巩固一些自我教化的公众群体。"[11]遗憾的是，自由主义与马克思主义这两种主导性的社会视角都逐渐远离了当下现实，事实上形成了意识形态教条。米尔斯寻求一种社会学的道德型观照，以捍卫民主公共文化。作为一种公共话语，社会学将是更广泛的社会对话中的一股批判性视角，或许有助于将消极被动的公众转变成政治介入的公众。

米尔斯的遗产成分复杂。在20世纪60年代，他被拥戴为新左派在意识形态上的一位重要英雄。[12]在学界，在60年代长大成人的更年轻一代社会学家向米尔斯寻求一种批判社会学，以对抗保守的功能主义。他还激发了一股作为公共话语的社会学传统。[13]在他的同时代人中，还有一位也提倡社会学作为一门有道德立场的事业，他就是罗伯特·贝拉。

罗伯特·贝拉

罗伯特·贝拉是当代少数认真思考宗教的重要思想家之一。20世纪50年代早期他在哈佛读书，同时深受以下两方面的影响：塔尔科特·帕森斯的社会学观念，神学大家保罗·蒂利希（Paul Tillich）的存在主义宗教世界观。贝拉并不顺应当时潮流，而是提出，宗教仍然属于最重要的社会力量之一。

在20世纪60年代晚期之前，贝拉的作品聚焦于宗教作为一种现代化的力量，一种文化系统，或是人类境况的一个维度。他就日本、远东、亚洲发表了一系列重要的宗教研究。受到帕森斯的启发，贝拉也针对宗教与社会提出了一般性理论陈述。

到了60年代末，贝拉的问题关切和研究主题有了明显改变。他
的关注重心从非西方世界转向了美国。不仅如此，他对宗教的兴趣也 105
扩展成一种更广泛的以文化为中心的批判性社会学。比如说，在一篇广为流传的文章“美国的公民宗教”中，贝拉主张，存在一组神圣符号（例如7月4日和林肯纪念堂）和信念（比如美国人是天选民族），赋予美国统合性和目的性。[14]战后美国的各大事件（尤其是60年代的社会抗议）据说标示着美国公民宗教出现了危机。贝拉进一步考察了宗教

的社会影响，想让大家看到，60年代的美国是如何经历了一场重大的道德考验。越南战争和60年代的抗议造成的动荡，既揭示了美国已经背叛了它的崇高理想，也反映出它对道德革新的吁求。帕森斯那种乐观主义的自由主义愿景逐渐让位于更具悲观主义色彩的社会愿景，类似于米尔斯这种。这种转变明显体现于《背弃圣约》，该书大声宣示，美国已经丧失了纯洁，精神上罹患苛疾。[15]此后，贝拉发出了几近先知预言一般的声音，警示美国人正在逐渐坠入一种缺乏精神、缺乏方向的文明。在《心灵的习性》和《好社会》中，贝拉把他有关社会危机的讯息传递给更广泛的美国公众。他呼吁美国人重拾美国的伟大承诺，实现这个国族的道德愿景，而这个国族有多么伟大，应当看它对民主、社会同情、道德德性、宽容等的持守践行，而不是看它的军事强力或社会富足。[16]

罗伯特·贝拉（Robert Bellah）1927年出生于俄克拉荷马州的阿尔特斯（Altus）。他求学于哈佛大学，并于1955年在那里获得博士学位。贝拉从1957年开始执教于哈佛，直到1967年转去加州大学伯克利校区。作为一名社会学家，贝拉涉猎甚广。他的早期著述大多是关于宗教社会学。他的大师级作品《德川宗教》以现代早期的日本为背景，探讨韦伯的新教伦理命题。而他最著名的作品则是《心灵的习性》。这部畅销书探讨了在多大程度上，一种聚焦于自我实现的治疗伦理（therapeutic ethic）已经取代了新教徒的工作伦理。

贝拉对道德统合、公共德性和共同体等议题的关注，显示出他对于社会的看法带有深切的文化性。尽管他并非无视制度约束和权力方面的议题，但他把社会想象成一个由共享意义与符号组成的领域。社会被视为一种特别的秩序，将个体嫁接到超越自我利益、物质收益和权力的更高的社会目标和道德宗旨。

> 社会学最古老的普遍概括之一是，任何统合一体而富有生机的社会，都有赖于一套共有的有关好与坏、对与错的道德理解。……人们几乎同样广泛认为，这些共有的道德理解又必须依赖于一套共有的宗教理解，提供一幅宇宙画面，让道德理解就此可被领会。这样的道德理解和宗教理解既为社会提供了一种基本的文化合法化辩护……又为对于社会的批判提供了一种评判标准。[17]

如果没有一种能激发个体追求崇高的社会宗旨和道德宗旨的文化，社会就会堕入一切人对一切人的战争，这是一种凡俗的、低劣的人类境况。

至少从20世纪70年代早期开始，贝拉就认为美国处在危机之中， 106
相信它缺乏某种持久的道德统合感与方向感。在《背弃圣约》中，他强调了某种愈益严重的文化危机。“在18世纪……基于一位基督教上帝或至少是自然神论者眼中上帝之下的神圣秩序这一观念，生发出一套共有的宗教理解和道德理解。自由、正义与仁爱，这些都是被认为从该神圣秩序中生发出来的基本道德规范；而个人德性则被视为一个好社会的根本基础。”[18]而到了当下的美国，“共有的道德理解和宗教理解遭到侵蚀，（导致）对一个人的职业、他的家庭以及他的国家，各种形式的义务的信念都趋于衰微。人们往往将个人的满足置于他人的满足之上，与这种倾向密切相关的，是对社会中各项既有的社会制度、经济制度与政治制度抱持玩世不恭的态度”。[19]美国已经从一个受到共同体、正义和民主等崇高理念激励的国族，演变成一个尊崇贪婪、金钱和自利的社会。文化危机的迹象俯拾皆是：日常生活中的物质主义，商贸对公共生活的殖民化，对生活方式的尊崇取代了对共同体的担当，以及个体通过工作岗位、居住地点、时尚和治疗而实现的流动。美国的宗教道德传统未能把一群民众塑造出一个统合一体的社会肌体，这让美国深感其苦。

在许多方面看来，贝拉的学术生涯刚刚起步的时候，是一位颇为遵循惯例的社会学家。他早期有关宗教与社会的比较性研究，是在基本属于启蒙运动的科学型思路下形成框架的。不仅如此，诚如阿瑟·维蒂希与斯坦福德·莱曼所示，在美国有受宗教激发的社会学家的漫长传统。[20]在20世纪最初几十年里，许多美国社会学家深受新教社会改良运动的影响。不过，贝拉并不仅限于依托自己的宗教信念来引导其社会学研究；或许是受到战后争取社会正义的历次运动的激励，他逐渐模糊了宗教与社会学之间的界限。他的社会学成为一种表达深切的宗教观照和道德观照的载体，一种探讨美国危机及其救赎前景的视角。到了70年代中叶，贝拉已经远离了社会科学家和学院人士的狭隘专家圈，转而向广大美国人直接致言。由此观之，他已经致力于将社会学重塑为一种公共哲学。

在从一名宗教社会学家（sociologist of religion）转向“宗教性社会学家”（religious sociologist）的过程中，贝拉不仅变成一名批判社会的人，而且变成一名批判社会学的人。如果说美国的道德统合趋于瓦解，这种侵蚀有一个迹象，就是科学技术价值观在社会学中占据主宰地位。美国社会学反映了更广泛背景中，这个国家的功利主义、个体主义文化。它已经变成一种专门化的、以学科为中心的话语，以专家为导向，服务于科层制的福利国家。要批判贝拉曾经十分敬仰的那个社会是很难的，同样，要批判这门学科也颇有些痛苦，因为它曾经引领他看到世界的新鲜图景。不过，贝拉已经抛弃了对社会学的狭隘的科学型观照，即社会学家在有共同关切的事务上讨论自己的公民同胞时，要避免承担伦理责任，以便追求客观性和科学进步之类的虚假幻念。他开始倡导一种对于社会学的道德型观照；他主张，社会学家有责任坦承自己的道德担当，为自己的价值观或规范性立场给出理由。
在贝拉设想的那种社会学里，有一股受伦理驱动的社会分析的悠久传 107
统始终与之相伴，该传统将柏拉图、亚里士多德、马基雅维利、涂尔干和约翰·杜威关联在了一起。

作为公共哲学的社会学

贝拉提出社会学可以充当某种公共哲学，以此观念来替代科学型社会学这一标准观点。[21]作为对美国的社会危机的回应，社会学的使命就在于唤醒美国人正视这一现实。他敦促自己的同行们放弃狭隘的科学型观照，转投能够探讨当前危机的视角。作为公共哲学的社会学是一种重塑社会学的努力，要使其成为更加以公众为中心的跨学科探究，将经验性的社会分析与道德倡导融为一体。

贝拉把社会学看作是一种伦理反思，旨在提供一种有关社会的综合性、批判性观点。在贝拉脑子里，当代社会学在相当程度上已经放弃了对社会的整体性观点。许多社会学家告别了经典传统，追求一种科学模型，强调以学科为中心的问题、专业化、狭隘的社会研究，在概念和研究中排斥价值观和政治。科学型社会学助长了以碎片化的观点来看社会；社会事件之间的相互关联，长期趋势，以及广泛的道德意涵和政治意涵，都被忽视了。作为公共哲学的社会学力图恢复对社会的整体性观点，而从古希腊、经典社会学传统到帕森斯和许多新马克思主义者，整体性社会观都是题中应有之义。贝拉建议人的研究所采取的思路要能勾勒自我、社会与历史之间的关系；他所崇尚的针对社会的宽广叙事要能追溯社会的起源、演进乃至可能的未来。当然，这样一种综合性、整合性的社会分析将会是跨学科性质的，融经验分析、哲学思辨与伦理反思于一体。

社会学作为一种公共哲学，核心特征之一就是其主要受众从完全的学界人士转为包括受过教育的公众。贝拉注意到，马克思就面向受过教育的公民进行公众写作，韦伯和涂尔干在较小的程度上也是如此。令人遗憾的是，社会学乃至整个社会科学所产出的话语，几乎都是完全面向专家的。人的研究的语言也变得技术化了，其研究专门化，其作品的发表也几乎完全限于专业期刊。随着社会学演变成为一种自我封闭的学院专家文化，也产生了非出所愿的不良效应，削弱了民主公共生活领域。当社会科学家宣称对社会问题享有专家地位，寻常公民有关社会议题的公共讨论就会被贬低为区区意见。而贝拉倡导的社会学要能有效吸引受过教育的公众。我们不久就会看到，在他想象中，自由、正义、贫困、战争和共同体等具有共同利益的事务上有关社会的持续对话，社会学家都要积极参与。

在贝拉的社会学观的核心，是其明确的道德宗旨。社会学家一直努力避免将道德担当带入自己的研究，以便捍卫对于客观性的诉求。但这种将价值观清除出社会学的努力并未成功，也不可能成功。纵然有客观性作为说辞，社会学家也并未能避免被抨击，指责他们做出的价值评判，形成的观点看法，会带来确定的社会、道德与政治后果。社 108
会学对客观性的诉求的效果并不是避免道德上和意识形态上的价值观，而是对一切道德信念都抱持一种腐蚀人心的玩世不恭。

与习惯上的学科智慧恰好相反，贝拉主张，社会学具有内在固有的价值担当。社会学是社会的组成部分；它的基本预设、范畴和说明模型都表达着社会的价值观和理念，而社会学家就是这社会的成员。社会学的核心观念是定位于社会情境中的，是受其生产者的阶级、性别和国籍塑造的，难道不是这样吗？社会学家如何能够宣称，这对所有人都适用，唯独不适用于社会学家呢？我们不要试图将我们的观念承载着价值观这一特性中立化，而是应当承认社会学的道德面向，探讨有关社会规范和理念的问题。

贝拉把社会学视作综合性的、以公众为中心的伦理反思，而这样的观点的基础，是视社会学为公共对话的组成部分的概念。不过，社会学家与公民在发言的时候，与其说是个体，更多的是作为某种传统的成员。有关社会的对话被视为多种传统之间的对话，就社会的源起、发展和未来可能提出主张。且让我略作说明。

在贝拉看来，社会观念属于“传统”的组成部分。这也适用于社会学家，就像适用于寻常公民或政界人士一样。我们的观念不是孤立的碎片，由个体以各自独特的方式随意组装。相反，社会观念是信念、价值观和社会规范等组成的网络的组成部分。我们从来也不是从“上帝之眼”的视角出发来说话的，而是从某种传统出发。社会学的宗旨就是要进入与公民同胞之间就共同关注的事务展开的对话。不妨把这些对话视为不同传统之间的对话，或解释社会现实的不同方式之间的对话。作为社会学家，作为公民，我们的宗旨都是要澄清每一种传统中的社会观照与道德观照，并说出它们对我们生活的意义，亦即自我、自由和正义等特定观念如果实现，将会如何塑造我们的生活。目的何在？那就是澄清并评估支撑着我们各项制度的那些核心信念和希望，并期盼可能促进社会变革。

美国的文化危机与道德型社会学的任务

社会学作为公共对话这一观念，是《背弃圣约》《心灵的习性》和《好社会》三书的核心要义。在这些书中，贝拉投入了有关美国的一场持续对话。他想象自己的对话同伴——受访者、评论者、想象中的读者——代表着谈论自我、社会、自由、正义和共同体的多种传统。他倾听自己的对话同伴说的东西，并努力从他们的话中听出他们对美国的社会、道德和政治观照。他并不只是为了理解而倾听；他的宗旨不仅是要为有关美国的各种社会解释勾绘地图，比如宗教性的、马克思主义的、个体主义的、基督教的、自由主义的和保守主义的。他关注他的对话同伴，是为了评估他们的观点。他试图通过揭示他们有关自我和社会的意象如何破坏或促进了美国的道德承诺，说服我们认识到这些人的社会故事的长短优劣。他想要让我们皈依于他有关美国的道德观照。他诉求的是美国式实践最核心的那些价值观、信念与欲求，以验证他的批判立场的正当性。

在《心灵的习性》中，贝拉及其同事们和公众展开讨论，主题是美 109
国人如何思考个体、共同体、私人生活与公共生活、自由、成功以及正义。他们希望探究美国人是如何把自我想象成赋予个人生活和集体生活以目的性和统合性的。在他们看来，有关自我、社会和道德生活的问题具有紧迫的社会意义，围绕着堕胎、同性恋、校内祈祷、医疗保健、社会福利、政府角色、美国外交政策日标等话题的公共论争皆为明证。贝拉希望引导美国人来参与有关这些重要的社会事务和道德事务的对话。某种程度上说，对话是与就这些议题发表过公共主张的知识分子展开的(比如教授、作家、社会评论家、政策制定者)。此外，贝拉还希望让寻常美国人也参与这场对话。《心灵的习性》利用了一系列深度访谈，包含了丰富的日常百姓的声音。该书旨在成为有关一些触及美国之意义核心的事项的公共对话。他的目的就是要说服美国人采取一种特别的观点来看待美国当前的病症及其社会药方。这是作为公共哲学的社会学的一次操练。

《心灵的习性》旨在邀请读者参与一场有关美国的对话，参与各方都是平等的。然而，毫无疑问，现实是对话的角度/用语（terms）是由作者们限定的。贝拉已经设置好了对话的角度/用语。对话者们（比如被访者、作者、读者）被视为代表了各自独立的建构自我与社会的不同传统。作者们概述了四种这类传统：圣经式的、共和式的、功利主义的，以及表达性个体主义的。每一股传统据说都强有力地塑造了美国的文化与制度生活。这些传统对于美国人如何想象自身至关重要。它们构成了美国的某种文化基础结构，提供了有关自我和国族的核心意象。

圣经式传统（biblical tradition）乃是基于我们的新教遗产和更广泛而言的基督教遗产。它将自我看作是社会共同体的组成部分；自我实现维系于过一种伦理性、精神性的生活，或是蕴含社会目标的生活。清教徒约翰·温斯洛普（John Winthrop）就是这股传统的典型例证。在温斯洛普看来，成功意味着“创造出某种特定的伦理共同体”，而自由则意味着做“善好、公正和诚实”的事情。[22]

共和式传统（republican tradition）的根源在于早期现代社会思想。自我被视为一个政治社会的参与成员。而自我实现是通过塑造社会的过程中的民主参与来达成的。托马斯·杰斐逊可以说代表了这一传统：“由相互平等的人组成的全员参与的自治社会，这就是引领杰斐逊终生的理想。”[23]在共和式传统中，自由不仅强调个体权利，还融合了追求一个超验正义的愿景激励下的讲求伦理的好社会。

功利个体主义（Utilitarian individualism）构成了圣经式传统与共和式传统的对立面。后两种传统强调自我与社会的一体性，确认经由社会目标来达成自我实现。而功利个体主义则将自我视为一种分离的、自足的行动者。在这种传统中，个体出于工具性目的而创造出社会制度，比如为了积累财富或确保安全保障、竞争优势和权力。制度是自我实现的一种手段或障碍。自由关系到社会控制与义务约束的削减；成功意味着个人的获益；正义指的是根据个体功绩进行资源和 110
酬报的分配。本杰明·富兰克林有一套以促进个人获益和成功为宗旨的自我改进的生活规则，并因此成为功利个体主义精神的化身。

表达性个体主义（Expressive individualism）也是一种以自我为中心的、个体主义的世界观。如果说功利个体主义把个体看作是追逐自我利益最大化的人，看作是追求物质获益和权力的风险承担者，那么表达性个体主义则把自我想象成受到动机激励，发展自己独特的人的潜力。诗人沃尔特·惠特曼就是这股传统的典型例证。“对惠特曼来说，成功与物质获取没有什么关系。阅历丰富，见识到各式各样的人，思想和感官两方面都体验富足，这样的生活，首先是情感饱满的生活，才是他脑海中成功的生活。”[24]人的自由被理解为一种个人奋斗，要去征服内在和外在的种种艰难险阻，以此表达自己，并实现自己。

在贝拉所导演的对话中，对话各方分别代表了这四股传统。这些传统被视为美国社会的基本要义。它们塑造了美国的自我、社会价值观与社会制度的特征。

根据贝拉及其同事们的看法，美国的故事的首要主题清楚明了。在其建国年代，圣经式传统与共和式传统占据主导地位。这些传统提供了统合性的文化框架，将个体与制度、个人目标与社会目标、个体的自我利益与社会的整体利益关联起来。而功利性传统和表达性传统所倡导的个体主义并不会扰乱秩序，因为有圣经式传统与共和式传统的社会整合作用。托克维尔的《论美国的民主》描绘了这种美国社会理想，即以担当风险的创业精神和参与式民主的文化为核心，经家庭、志愿团体和教会等团结形式统合起来，由诸多小型共同体组成的国家。[25]

从19世纪中叶开始，历经20世纪，法团资本主义的兴起，科层化，战争国家（warfare）/福利国家（welfare state）的成长，世俗化，以及美国文化中的消费精神和治疗精神，这些都有助于功利性传统和表达性传统的推进。圣经式传统与共和式传统遭到侵蚀，也使社会共同体对个体的控制趋于松动。我们正逐渐成为这样一个国族，颂扬一种将自由与削减的社会控制相维系的个体主义。

贝拉并不是批判个体主义的人。美国的个体主义文化因其取得了社会和经济方面的巨大成就，又捍卫个人和政治方面的自由权利，从而受到尊崇。不过，贝拉主张，它也要为我们生活中大量的病症负责。我们的个体主义文化之所以重视社会制度，只是视其为自我实现的一种手段；相较于个体的成就，社会义务和对共享或共有目标的追求都被视为负担累赘。这种个体主义文化助长了从家庭到政府等我们的核心制度的权威走向衰微。它将个体与滋养自身的共同体（家庭、邻里、教会或同事）相分离；它使个体相互敌对，为生存和支配展开斗争。美国个体主义文化加剧了道德秩序的危机，非婚生子女、离婚和文盲的比例居高不下，原教旨主义与世俗宽容之间的教会撕裂，以及选民群体的消极被动，都是明证。

111 贝拉并不是主张，美国已经变成单纯的个体聚合。美国人依然是众多群体和机构/制度（institutions）的成员，依然在追求志愿劳动或公共服务之类的社会目标。不管怎么说，美国人的生活在如此程度上被卷入群体生活，他们也就不能在个体主义的语言中，一以贯之地表现这些社会担当。这种世界观不允许美国人承认他们的共享目标、道德担当与社会互依。美国人无法领会他们的社会介入和义务，无法为追求社会目标给出理由，无法将各制度/机构作为社会团结诸世界来把握，或是表达他们与某种共有公共生活之间的纽带。个体主义的语言并不允许美国人把握他们与过去、当下及未来各世代之间的纽带。诚然，缺乏一套有关社会关联性的语言，并不意味着社会纽带真的缺失。但无论如何，它意味着美国人无法领会自己生活中的这一面向；他们无法充分评估自己的集体生活。有关社会关联的语言偏弱，也会削弱这类纽带。

这种孱弱的共同纽带文化在今天尤其危险。在《好社会》中，贝拉及其同事提出，我们生活在一个由公司、大企业、巨型政府科层机构、全球性经济、四下扩张的传媒帝国组成的世界里。[26]要维持美国人所珍视的民主个体主义，他们需要从社会互依、制度责任、公共参与决策的角度来思考。科层化与经济全球化之类的社会过程要求美国人理解自己的生活是和社会制度相互关联的，要为这些制度的面貌承担责任。

贝拉敦促一种文化转向，转向后再来看，自我是一种社会创造物，制度是我们生活的首要场所，而个人目标与社会目标相融合。推进民主需要重建一个共同的宗教道德框架。在这方面，贝拉敦促批判性地复兴圣经式传统与共和式传统，历经20世纪前后，它们的权威已经丧失了很多。

贝拉的社会学让人觉得充满戏剧性。现代美国正处于文化危机之中。个体主义文化削弱了有关社会义务、美德、共同体和社会互依的语言。美国社会的文化危机在社会学中得到了呼应，后者被解决问题、个体主义、功利主义的精神所支配。贝拉建议对社会学和社会进行重组，将道德团结的语言整合到以个体为中心的主导词汇中。为了在重振社会中发挥作用，社会学必须重新定位，关注公共生活，而不是狭隘的、专业领域的学科问题。贝拉设想了一种社会学，它既承认其道德和政治作用，又保持其经验和概念的严谨性。

推荐书目

Robert Bellah, *Tokagawa Religion* (Glencoe, IL: Free Press, 1957).（罗伯特·贝拉，《德川宗教：现代日本的文化渊源》，王小山译，生活·读书·新知三联书店，1998）

Irving Louis Horowitz, *C. Wright Mills* (New York: Free Press, 1983).

Bruce Kuklick, *Rise of American Philosophy* (New Haven, CT: Yale University Press, 1977).

Charles Reynolds and Ralph Norman, eds., *Community in America* (Berkeley: University of California Press, 1988).

112 ## 参考文献

1. H. H. Gerth and C. W. Mills, eds., *From Max Weber: Essays in Sociology* (New York: Oxford University Press, 1946).
2. 米尔斯的博士论文在其去世后以*Sociology and Pragmatism*为题出版，(New York: Paine-Whitman, 1964)。
3. David Riesman et al., *The Lonely Crowd* (New Haven, CT: Yale

University Press, 1950); Thorstein Veblen, *The Theory of the Leisure Class* (New York: Macmillan, 1899).

4. C. Wright Mills with the assistance of Helen Schneider, *The New Men of Power: America's Labor Leaders* (New York: Harcourt Brace, 1948).
5. C. Wright Mills, *White Collar: The American Middle Class* (New York: Oxford University Press, 1951).
6. Mills, *White Collar*, p. xvi.
7. C. Wright Mills, *The Power Elite* (New York: Oxford University Press, 1959).
8. Mills, *The Power Elite*, pp. 4 and 9.
9. Mills, *The Power Elite*, p. 324.
10. C. Wright Mills, *The Sociological Imagination* (New York: Oxford University Press, 1959).
11. Mills, *The Sociological Imagination*, p. 186.
12. C. Wright Mills, *The Causes of World War III* (New York: Simon & Schuster, 1958) and *Listen Yankee: The Revolution in Cuba* (New York: McGraw-Hill, 1960).
13. 比如，Joseph Bensman and Arthur Vidich, *The New American Society* (Chicago: Quadrangle Books, 1971); Alvin Gouldner, *The Future of Intellectuals and the Rise of the New Class* (New York: Oxford University Press, 1979); Todd Gitlin, *The Whole World is Watching* (Berkeley: University of California Press, 1980); Richard Sennett, *The Fall of Public Man* (New York: Vintage, 1978); William Wilson, *The Truly Disadvantaged* (Chicago: University of Chicago Press, 1987); Arlie Hochschild, *Second Shift* (New York: Viking, 1989); Judith Stacey, *Brave New Families* (New York: Basic Books, 1991)。
14. Robert Bellah, "Civil Religion in America," in *Beyond Belief: Essays in Religion in a Post-Traditional World* (New York: Harper & Row, 1970).

15. Robert Bellah, *The Broken Covenant: American Civil Religion in Time of Trial* (New York: Seabury Press, 1975).
16. Robert Bellah, Richard Madsen, William M. Sullivan, et al., *Habits of the Heart: Individualism and Commitment in American Life* (Berkeley: University of California Press, 1985) and *The Good Society* (New York: Alfred A. Knopf, 1991).
17. Bellah, *The Broken Covenant*, p. ix.
18. Bellah, *The Broken Covenant*, p. x.
19. Bellah, *The Broken Covenant*, p. x.
20. Arthur Vidich and Stanford Lyman, *American Sociology* (New Haven, CT: Yale University Press, 1985).
21. Bellah et al., "Social Science as Public Philosophy," Appendix to *Habits of the Heart*; Robert Bellah, "The Ethical Aims of Social Inquiry," in Norma Haan, Robert N. Bellah, Paul Rabinow, et al., eds., *Social Science as Moral Inquiry* (New York: Columbia University Press, 1983); Robert Bellah, "Social Science as Practical Reason," in Daniel Callahan and Bruce Jennings, eds., *Ethics, The Social Sciences, and Policy Analysis* (New York: Plenum Press, 1983).
22. Bellah, *Habits of the Heart*, p. 29.
23. Bellah, *Habits of the Heart*, p. 30.
24. Bellah, *Habits of the Heart*, p. 34.
25. Alexis de Tocqueville, *Democracy in America*, ed. J. P. Mayer (New York: Doubleday, 1969).
26. Robert Bellah, *The Good Society* (New York: Alfred A. Knopf, 1991).

第二编　结语 113

欧洲社会理论至少在两个方面受到马克思主义的深刻影响。首先，涂尔干和韦伯等思想家有一个观点与马克思相同，即社会不能被化约为个体的集合。在他们讲述过去和现在的故事中，国家、社会阶级、科层制和劳动分工等社会力量扮演了关键角色。个体经常被描绘成被社会所支配。对马克思来说，阶级几乎决定了个体的命运；对涂尔干来说，群体的健康实际上决定了个体的福祉；即使是同情从个体主义角度思考社会的韦伯，最终也强调宗教文化和科层制之类大型社会结构是塑造现代社会生活的关键力量。其次，欧洲思想家对自由和民主在现代世界的前景可谓纠结。想想韦伯笔下被困在科层制和资本主义铁笼中的现代个体的意象。

如前所示，美国的社会思想家对欧洲社会思想的借鉴颇为可观。马克思、韦伯和涂尔干被美国人奉为典范，视为现代社会学的奠基人。然而，美国人往往对欧洲人那种社会决定论感到不安。而欧洲的悲观主义也从未真正与美国人对社会希望的感受产生共鸣。在这方面，美国思想家显然更同情英国的个体主义和社会进步思想。从19世纪80年代到第一次世界大战，美国的大部分社会思想都带有英国世界观的深刻印记。

事实上，美国流行文化经常倡导极端版本的个体主义。也许是因为缺乏沿袭日久的阶级结构，也不存在一个强大的国家政府，加上根深蒂固的粗犷个体主义文化，助长了美国人捍卫个体自由和自我实现的事业。有时，美国人认为社会生活只不过是一群个体的集合，他们有目的地创建制度，而其唯一目的就是促进个人福利。如果欧洲人倾向于强调社会约束个体的方式，那么美国人就往往会信奉一种有目的地塑造社会秩序的豪横自我（imperial self）。

114 美国社会学理论吸收了这种个体主义精神。我们在帕森斯的意愿论行动理论中观察到了这一点，该理论坚持将个体视为社会生活的积极创造者。对于伯格和勒克曼来说，社会现实不是自然法则或非人格化社会力量的产物，而是由真正活跃的个体建构的。米尔斯和贝拉都诉诸个体推动美国的民主变革的潜在力量。即使是那些偏好严格自然科学思路的理论家也认为，个体是社会的基石。柯林斯认为社会生活是由个体的行动和互动组成的。而布劳则使个体成为他的社会结构理论的基本粒子。

然而，尽管这些理论家与寻常美国人共享对个体主义的道德和政治担当，但大多拒绝将社会生活视为单纯是个体行动的产物。从帕森斯到贝拉和布劳的美国社会思想家都既坚持个体自由的切实存在，也同样坚持社会约束的切实存在，这也许反映了欧洲理论家的影响，也许是对大萧条和两次世界大战等事件的回应。是的，个体确实积极地塑造了自己的生活，但他们反过来又是由他们无法直接控制的社会力量塑造的。个体不是社会生活的唯一积极生产者；国家、社会阶级、意识形态和世界观同样是我们个体生活和共享生活的创造者。

社会思想家经常在我们所称的“道德个体主义”和“方法论个人主义”之间做出关键的区分。前者说的是我们的价值观；我们重视个体自由；我们认为，社会应该保护个体权利，鼓励自我实现。这些陈述表达的就是道德个体主义。相比之下，方法论个体主义认为，关注个体行动是说明社会生活的关键。大多数社会学理论家拒绝接受这种观点：大多数人认为，如果我们想要理解贫困、性别或种族关系，或珍惜人权的文化，我们需要考虑国家、宗教、家庭、经济等的作用。社会理论不管怎样都有个预设前提：归根结底，社会生活不仅仅是个体，要理解社会行为，就得使用指涉社会现实的概念。

尽管如此，不可否认的是，美国社会思想在道德价值观和分析性价值观上都比欧洲理论更具个体主义色彩。实际上，没有一个美国社会学理论家会遵循涂尔干和马克思严格的“方法论整体主义”。这种观点认为，主观动机和目的在社会说明中几乎没有作用。最接近的类似立场是彼得·布劳的结构主义，但我们别忘了，布劳是欧洲移民。

而且，毫不奇怪，美国理论家通常不赞同欧洲社会思想中的悲观主义潮流。韦伯笔下现代性的黯淡意象在美国语境中被置若罔闻。很少有美国社会思想家怀疑对个体主义和社会进步的力量的信仰。除了困扰美国的种族问题，帕森斯坚持认为这个国家是一个自由民主社会的典范。即使像伯格和柯林斯这样的思想家更加谨慎，他们仍然描述了一个好的而且可以做得更好的现代世界。哪怕是米尔斯和贝拉，他们分享了一些欧洲的悲观主义，也从未放弃改革后的美国在其公民把控之中的想法。在美国的大部分社会思想中，社会从未完全控制人类的命运；个体最终是自己命运的创造者。

第三编

重审经典传统：欧洲理论

第三编　引言 117

截至20世纪最初几十年，马克思主义已经成为欧洲政治文化的一项持久特征。从法国到意大利和英国，马克思主义思想塑造了工党和社会党各政党及其纲领。马克思主义也成为学术文化的重要组成部分。马克思的思想在社会科学和哲学中都得到了激烈的辩论。

到了“二战”后时期，马克思主义也许是欧洲大部分地区社会分析和批判的主要语言。当代欧洲社会理论和社会科学的大部分内容都是由其与马克思主义的相遇所塑造的，但美国的情形并非如此。

不过，马克思的思想遗产是模糊不清的。他的继任者继承了一系列充满张力和矛盾的作品。马克思在回应德国唯心主义时，有时主张片面的唯物主义，有时则主张多维度的社会理论。考虑一下他对人类行动的看法。一方面，马克思将个体描述为受生物性、物质性需求驱动；意识有时被视为身体驱力或物质需求的衍生影响。另一方面，马克思同样坚持认为，人类行为总是深思熟虑的，以目标为导向，受规范的主导。但如果人类行为是有目的的，受规则主导的，那么声称优先考虑唯物主义视角就可能不自相一致了。

在马克思身上，唯物主义和唯心主义之间的张力体现于他的社会理论的关键概念：劳动。正是通过我们的生产活动，我们创造和改造了人性和社会世界。然而，劳动究竟是指狭义的经济活动，还是泛指一切生产活动，马克思并没有说清楚。如果是前者，马克思所持的是一种狭隘的经济主义世界观；如果劳动被广义地解释为实践活动，那么很难坚持认为经济劳动具有某种优先权。但是，承认这一点会扰乱马克思所发展起来的完全以经济为导向的社会理论。马克思对人类行动的基本理解存在这样的模糊性，从中显露出一系列的概念张力。
118 马克思在机械主义的基础/上层建筑模型和有机的社会意象之间摇摆不定。在前者中，经济基础片面地决定社会的其他部分；在后者中，社会的各个部分有着相互之间的因果关系。与此类似，马克思也在受不变法则支配的机械主义历史观和由人类行动生产出历史的人文主义意象之间来回转换。

在经典马克思主义的根子上，也存在着人的研究的科学观照和道德观照之间的张力。马克思接受了机械主义的社会模型（例如基础/上层建筑），旨在揭示有关历史和社会的法则，就此而言，他接受了强烈的科学观照。然而，马克思也把他的作品框定为针对社会和社会科学进行的社会批判。这种批判的冲动标志着他作品的道德和政治特征。

马克思社会观念中的这些模糊性被他的继承人延续了下来。马克思主义在20世纪和21世纪的历史演变沿循了两种相反的方向。在20世纪上半叶，唯物主义和科学主义的马克思主义在西方和东方都取得了统治地位。马克思主义被理解为一门发现社会法则的科学。历史被看作是在现行生产方式的内部矛盾推动下，前后相继的数个社会经济形态的线性、渐进式展开。资本主义被认为是最后一种内部蕴含矛盾的生产方式；它将注定走向衰落，此后将迎来社会主义和无阶级的共产主义社会。俄国革命使科学马克思主义成为欧美各共产党的官方意识形态。在战后时期，科学马克思主义的不那么教条化的版本，比如阿尔都塞的结构马克思主义或沃勒斯坦的世界体系理论，在西方学术界找到了稳固的位置。

反对科学马克思主义在欧洲文化和政治中获得的权威是一种传统，将马克思主义视为介于科学和道德批判之间的一种视角。如果说科学马克思主义突出了马克思主义的唯物主义和经济主义的面向，那么"批判性马克思主义"则诉诸其意愿论和行动主义的维度。社会被理解为是由多种相互作用的因果因素塑造出来的，而历史被视为人类行动的自愿创造。批判性马克思主义者重视社会理论作为社会变革力量的作用。批判性马克思主义的最初故乡是德国。所谓的法兰克福学派将黑格尔唯心主义强调人类通过历史自我创造与韦伯和格奥尔格·齐美尔成熟复杂的政治社会学相结合。正如我们将在对哈贝马斯的讨论中看到的那样，这些批判理论家将马克思主义的政治经济学方法与对文化和政治的理解联系起来，试图由此拓宽马克思主义。他们的目标是将马克思主义塑造成一种批判性的社会理论，可以把握西方工业社会的运动及其变革的潜力。

法兰克福学派鼓励开展重新思考马克思主义的新努力。最重要的努力之一是所谓的伯明翰文化研究学派（Birmingham School of

Cultural Studies)。在英国社会学家斯图尔特·霍尔的带领下，伯明翰学派试图修正马克思主义，使其成为批判性经验研究和分析的丰富传统。在德国和英国批判理论家的工作基础上，另外两位理论家对批判理论提出了高度原创的陈述：皮埃尔·布尔迪厄和安东尼·吉登斯。在接下来的第八到十章中，我们将尝试梳理这些杰出的欧洲原创努力，它们重新思考经典传统，并屡屡产生与经典一样深刻的有关社会的一般理论。

119

第八章

尤尔根·哈贝马斯的批判理论

法兰克福学派的批判理论是20世纪马克思主义最重要的发展之一。法兰克福学派指的是一群杰出的哲学家、社会学家和历史学家，他们在20世纪20 年代末至 1935 年间在法兰克福社会研究所(Institute for Social Research at Frankfurt)一起工作。它的主要思想领袖是西奥多·阿多诺、马克斯·霍克海默和赫伯特·马尔库塞。[1]尽管为了逃避纳粹主义，他们于 1935 年移居美国，但在哥伦比亚大学的襄助之下，他们重建了该研究所。

法兰克福学派提出“批判理论”作为科学马克思主义和正统社会科学的替代方案。批判理论从社会科学中汲取养料，形成一种综合的社会观。批判理论的宗旨不仅是要理解社会，而且要改变社会。法兰克福学派否定了价值中立的理想，分析了爆发冲突和社会危机的主要场所，以倡导政治活动。批判理论是一种新型的社会研究：它将哲学对整体分析的关注与社会科学的经验主义结合起来，并受到让理论成为人类解放的力量这一道德意图的激励。

从马克思到法兰克福学派，中间这段历史充满了戏剧性的、往往是令人震惊的变化。马克思的思想是在社会革命即将到来这一充满希望的背景下形成的，例如1848年的工人阶级起义，1871年的巴黎公社，以及19世纪后期工会和社会主义政党的形成。到了20世纪30年代，马克思主义者已经远不那么乐观了。尽管经济危机和社会危机一再发生，但西方资本主义社会并没有发生什么革命。与马克思主义的期望相反，革命发生在经济上不发达的俄国。无论俄国革命激发了什么样的社会希望，随着共产体制的俄国逐渐沦为科层制的帝国，这种希望很快就消失了。当德国拥戴法西斯主义而不是社会主义，作为对资本主义的双重压力即经济萧条和共产主义的回应时，法兰克福学派陷入彻底的幻灭之中。

120 尤尔根·哈贝马斯（Jürgen Habermas）1929年出生于德国杜塞尔多夫（Düsseldorf）。他于1961年在马尔堡大学（University of Marburg）获得博士学位，后曾在海德堡大学和法兰克福大学任教，并于1971年至1983年担任法兰克福马克斯·普朗克研究所（Max Planck Institute）所长。哈贝马斯应该被认为是20世纪最重要的社会理论家之一。他提出了关于社会知识、社会进化、语言和社会行动以及晚期资本主义社会的原创理论。作为一名批判理论家，哈贝马斯相信社会知识应该有助于人类自由。

对于批判理论家来说，社会希望变成了社会悲观主义。随着渐进式变革的前景消失，法兰克福学派的主流逐渐放弃了经验社会分析，转而采用哲学理论来说明笼罩西方的黑暗时代。批判理论的主旨是将当前的社会悲惨境况追溯到西方的一些基本缺陷,例如它的理性概念或科学—技术理性的支配地位。面对西方文明的危机,转向哲学型的社会分析,这与塔尔科特·帕森斯的一般理论阐述的路数相似,只是后者的理论阐述还抱持着对持续的社会进步的希望。面对社会野蛮,法兰克福学派唯一的社会希望是保持哲学上和美学上业已衰弱的批判理性传统的活力。

尽管战后德国重建了社会研究所,但它从未恢复其往日的目标和思想意义的统一。它的核心成员中有许多留在了美国,包括赫伯特·马尔库塞、利奥·洛文塔尔、埃里克·弗洛姆。[2]霍克海默于1958年退休,阿多诺于1969年去世。然而,即使该研究所不再作为批判理论的社会中心,其精神仍然保留在尤尔根·哈贝马斯身上。

早期法兰克福学派和哈贝马斯之间存在着某种代际鸿沟和历史分隔。法兰克福学派的创始成员是在大萧条、纳粹主义的兴起和对苏联共产体制的幻灭中成长起来的。而哈贝马斯是在战后德国民主重建和战后西方经济繁荣的背景下成年的。他的思想发展恰逢20世纪60年代学生抗议和新兴社会运动中民主政治行动主义的复兴。纳粹德国令人震惊的暴行和苏联的阴暗面被公开披露,给哈贝马斯的社会希望带来了严重警告,尽管如此,他对西方发展的看法比他的前辈们要乐观得多。面对他们认为的现代世界的非理性,阿多诺和霍克海默放弃了启蒙运动的梦想,即理性可以有助于解放人类。而哈贝马斯却立志恢复对理性的有益力量的现代乌托邦式信仰。

哈贝马斯希望回到法兰克福学派的初衷，将哲学和经验科学结合
121 起来，以实现道德批判和社会变革的目的。他警告说，批判理论不要躲开经验分析，避往哲学和美学分析。哈贝马斯认为，战后西方渐进式变革的前景使理论与实践的重新统一成为可能。批判理论需要恢复马克思主义的原初目标，即搞清楚爆发社会危机和冲突的场所；社会批判的价值最终在于成为社会变革的力量。不管怎么说，哈贝马斯坚信，要更新这种社会批判，就需要重建马克思主义。

哈贝马斯给出了重建马克思主义的三点理由。首先，马克思主义太容易被斥为意识形态；因此，它的社会批判和政治意图缺乏公共权威。哈贝马斯承担了为批判理论提供认识论上的正当性辩护的艰巨任务。换言之，他希望证明批判理论是理性的表达，而不是意识形态。第二，马克思主义的概念基础是有不足的。马克思主义未能说明革命在西方的缺失及其在东方的发生，法西斯主义的兴起，以及战后新兴社会运动的兴起，表明了其最基本的前提和范畴存在缺陷。第三，哈贝马斯认为，马克思主义的整体概念上的不足，加上战后的一些发展趋势，使得马克思主义有关资本主义的理论不足以作为澄清当今世界主要动力机制和变革前景的基础。在过去的几十年里，哈贝马斯试图为有关社会的批判理论提供一套站得住脚的概念基础和正当性理由。

作为理性的社会批判

哈贝马斯将马克思主义描述为一门批判性的社会科学。与孔德

或涂尔干的自然科学理想或韦伯的价值中立理想相反，马克思认为，社会理论致力于促进人类自由。理论旨在揭示冲突的场所和社会转型的前景；它将改变变革行动方的社会视角，由此成为一股变革的力量。要对社会做出评判，应依据其自身的理想和社会承诺。例如，在《资本论》中，马克思批判了资本主义，声称用来为这个社会做出正当性辩护的自由、平等和正义的理想与剥削和阶级统治的现实相矛盾。马克思主张，利润是基于对劳动的剥削，或者财富的积累延续了阶级统治，他希望以此培养劳动者对资本主义持批判态度。事实上，马克思希望推动将蓝领工人大众转变为政治化的工人阶级，他们的个人不满将转化为反对资本主义的公共斗争。马克思主义提供了变革的理论，社会主义提供了政治意识形态，而工人阶级就是要将理论和实践相统一。

法兰克福学派吸收了马克思主义的"内在批判"(immanent critique)理念。道德批判的基础是使制度和政治统治合法化的社会理想。内在批判揭示了现实与社会理想之间的矛盾，以激发批判意识。根据法兰克福学派的说法，社会批判是社会变革的力量，因为它挑战了将现有社会呈现为自然和道德上有益的秩序的支配性社会意识形态。批判理论家旨在澄清社会的社会建构特征，揭示社会 122
统治群体的存在，其社会世界观证明不平等和不公平的社会安排是正当的，并确定哪些社会行动者会有兴趣/利益(interest)促成社会变革。

法兰克福学派最终放弃了内在批判的理念。它认为，面对法西斯主义，现代文明广义上的自由民主价值观正趋衰微，理性的力量和自由、社会平等与正义的现代理想愈益孱弱，对于资本主义社会的合法化来说变得可有可无。随着理性从世界消散，随着现代西方的积极道德价值观失去公共权威，内在的批判让位于捍卫抽象的、哲学的批判理性。法兰克福学派成为理性的保护者，坚定奉行理性、道德和解放等价值观，直面这些价值观正从所处世界消散的时代状况。

哈贝马斯同意法兰克福学派的洞察，即内在批判不再是批判性社会理论的充分基础。虽然他不相信启蒙运动的价值观已经从西方消散，但他确信社会对它们的支撑并不牢靠。他认为，批判理性、自主和民主等价值观所需要的正当性辩护，必须更集中地植根于理性，而不是精英文化传统（比如艺术或哲学）。但是，有关社会的批判理论如何从合理性的角度证明其合理性呢？哈贝马斯认为，诉诸某种外在于社会和历史的理性观念已经不再可信。从马克思到尼采和弗洛伊德的现代传统使我们相信，理性的背后是旨趣（interests）和欲望。哈贝马斯虽然承认知识是由社会旨趣构成的，但他不愿意屈服于相对主义。相对主义将使人类无法抵御纳粹德国或国家资本主义社会的邪恶。

在《知识与人类旨趣》一书中，哈贝马斯承认，人类旨趣构造了知识。[3]然而，哈贝马斯并没有将旨趣和知识视为彻底相对主义的，而是断言存在三种普遍的人类旨趣，它们产生了三种一般形式的知识。换句话说，哈贝马斯认为，在近乎无限多样的人类欲望背后，有三种普遍旨趣。这些人类旨趣产生了认知和知识的一般形式。这使得包括批判理论本身在内的知识成为一般的和必要的，而不仅仅是历史的或任意的。

哈贝马斯提到了三种类型的知识，它们对应三种认知旨趣，每种旨趣据说都是人类生存持续再生产的基础。经验分析性科学，例如自然科学的理想，旨在掌握使可预测性成为可能的经验规律。它们受到人类“技术”旨趣的主宰，即加强对自然和社会的控制。经验分析性科学植根于人类通过工作或控制我们的内部和外部环境进行再生产的必要性。人类需要与事件的因果序列相关的经验知识，以便对他们的环境和行为实施一定控制。而要通过对自我和世界实施掌控来进行人类生活的再生产，是通过我们合作、沟通和共享共同世界的能力而实现的。只是因为我们共享语言和意义世界，才有可能进行沟通，123
并就此维持人类生存。这种“实践”的认知旨趣催生了历史和文化科学，其目的是澄清文本、行动和社会事件的意义，以促进相互理解。至于技术认知旨趣与实践认知旨趣的基础，是第三种旨趣即“解放”旨趣。技术认知旨趣揭示了将自身从自然约束中解放出来的欲望，以便我们可以自我引导。与此类似，实践认知旨趣表现出一种愿望，即消除互动中的扭曲和阻隔，以使沟通保持开放和自由，即透过特定旨趣的噪声，自由地倾听理性的声音。解放的认知旨趣产生了批判性科学，例如马克思主义和精神分析。这些批判性科学旨在确定对人类行动不必要的内部（例如心理方面）和外部（例如社会或环境方面）限制，希望这种自觉将促进自主性。

哈贝马斯写了《知识与人类旨趣》一书，以表明批判理论不能仅仅被当作意识形态予以摒弃。正如实证主义植根于人类对控制的普遍旨趣，解释性社会科学表达了对语言沟通的旨趣一样，批判理论植根于人类对自主的普遍旨趣。哈贝马斯想捍卫批判性的道德立场，视之为一种理性形式。他的策略是确定一种自由的意志，或者摆脱嵌入工作、沟通或权力动力机制等日常生活结构中的不必要约束的意志。批判理论的特点就是表达求取人类自主的普遍驱力。

为了回应围绕认知旨趣特别是解放旨趣地位的批评意见，哈贝马斯放弃了他在《知识与人类旨趣》中的立场。他并不否认为批判理论寻找理性基础。但他没有试图确定一种解放的认知旨趣，而是转向语言和沟通的结构，以揭示人类对于自主性的普遍化旨趣。

在《沟通行动理论》一书中，哈贝马斯提出，所有人类行动都涉及语言。[4]不仅如此，如果不提出他所谓的“有效性诉求”(validity claims)，就不可能进行语言沟通。在日常的对话中，人们就世界的本质提出诉求(例如，世界是由个体组成的，或者无意识的动机说明了行为)，也就哪些社会规则是正确的提出诉求(例如，人们应该在红灯前停下来，或对成就给予酬报)。只要对这些有效性诉求达成一定共识，就可以进行例行的、持续的社会互动。为了使个体共享一个共同的社会世界，合作和协调行动，必须就我们认为什么是真实的、什么样的社会规范在各式情境下是合适的达成共识。

社会共识是脆弱的，很容易被破坏。如果有效性诉求存有争议(例如，如果有人质疑关于什么是真实的信念，或个体就社会规范各执己见)，个体可能会通过试图胁迫或操纵某种“共识”来回应。然而，人们也可能给出他们有关现实本质或哪些规范合适的信念的理由，以此做出回应，**以期重建非强制性的共识**。如果预期会达成“理性共
124 识”，就意味着提出的理由本身就可能很有力，或通过理性讨论就可能确定共同信仰、价值观、社会规范和旨趣的可能性，这是激励行为和构

建互动的强大力量。换句话说，哈贝马斯认为，只要语言沟通的前提是基于诉诸论证本身的共识取向，理性就是日常生活中不可或缺的组成部分。

哈贝马斯将有关批判理论的基础的这一主张又向前推进了一步。对理性共识的希望的核心是一种隐含的社会理想，哈贝马斯明确援引这种理想来证明批判理论的道德立场的正当性。理性共识也好，由所提出的理由的力量形成的共识也好，要思考它们的逻辑，就必须假定一种社会条件，在这种社会条件下，商谈对所有个体开放，他们不会因为缺乏资源而受到限制，也不会害怕由于质疑有效性诉求，从而质疑权力等级秩序，因此遭到打击。如果关于什么是真实、什么是正确的商谈不向所有人开放，不是不受约束的，我们就无法避免怀疑共识是通过武力或恐吓达成的。理性共识的前提是哈贝马斯所谓的"理想言谈情境"(ideal speech situation)，即参与公共商谈的各方处于平等和自主状态的社会状况。

哈贝马斯的意图不应淹没在他的沟通行动理论的细节之中。他希望捍卫作为一种理性形式的批判理论。他打算证明批判理论对社会正义和民主的担当不仅仅是一种具有文化特定性的价值观或旨趣。通过确定日常生活中固有的理性共识取向，哈贝马斯认为他已经找到了批判理论的理性基础。人们祈望一个建立在民主公共文化基础上的没有束缚的社会，这不仅是批判理论家的乌托邦式愿望，而且是铸入日常生活结构的理想。民主、正义、平等和自主等价值观不是任意的或非理性的，而是沟通的先决条件，是日常生活所指向的隐含的终极目的。

重建作为一般理论和批判的马克思主义

哈贝马斯在马克思身上察觉到，他不太愿意用其社会理论的基本概念和前提来思考问题。马克思从未真正阐明他的道德立场。他诉诸西方资本主义社会的自由和民主价值观来批判这些社会。但是，如果所援引的社会理想在道德上模棱两可，或者民主价值观正在走向衰微呢？不仅如此，马克思还认定，工人阶级代表了人类的普遍利益，他的社会观念的真实性是由工人阶级不可避免的胜利来保证的。但是，如果马克思弄错了呢？事实上，到20世纪中叶，人们开始怀疑，工人阶级是否符合人类对自由的希望。法兰克福学派的第一代人将社会批判与相对主义的立场结合在一起。但如前所示，哈贝马斯试图为有关社会的批判理论奠定坚实基础。

125 马克思从未充分阐明他的社会理论的基本概念。由于他的观念是在反对唯心主义者和政治经济学家的论战中提出的，是在回应一些重大社会发展，所以他的核心概念只有一些粗略的概述和辩护。事实上，哈贝马斯认为，经典马克思主义在概念上是有欠缺的。

马克思主义的核心是对唯物主义社会理论的辩护。马克思经常将唯物主义描述为一种单纯强调经济和政治动力机制的方法，与唯心主义对思想和文化发展的关注形成鲜明对比。然而，马克思有时将唯物主义强行归为一种经济主义的基础—上层建筑模型，忽视文化和政治动力机制。哈贝马斯认为，马克思主义倾向于片面的“唯物主义”

社会说明，在一定程度上也导致了它在西方社会中日益不合时宜。哈贝马斯希望通过扩大和重塑马克思主义的核心概念，使它重获活力，成为批判性社会分析的工具。

马克思主义的理论大厦是围绕劳动概念建立的。正是通过劳动，人类塑造并重塑了自己、社会和历史。然而，劳动的概念在马克思那里是混乱的，经常被简化为片面的物质论理解。原则上，劳动是指我们控制社会和自然力量作为维存手段的斗争。劳动还表现出“观念论”的维度，因为所有行为都以规范为指导，并涉及共同的信仰和价值观，这才能促成社会合作，调控社会冲突。马克思的多维劳动观本应帮助他发展出一些特别的概念、社会模型和说明，既强调技术发展和组织发展之类的物质论动力，又注重与不断变化的社会正义规范及理想有关的观念论过程。然而，马克思的社会理论一再走向片面的物质主义，要么忽视观念论的或文化的动力机制，要么将它们化约为物质论社会过程的衍生效应。

哈贝马斯在《重建历史唯物主义》中谈到了马克思主义中的物质论问题（许多文章出现在英国版的《沟通与社会进化》中）。[5]他基于晚近的人类学研究，对马克思主义从劳动入手来界定人类这个物种的做法提出了异议。劳动不是人类独有的特征，因为它是人科动物的特征。人类进化最早阶段的独特之处在于，劳动是按照亲属关系组织的。不仅如此，亲属关系是由语言和文化符码定义的安排。换句话说，哈贝马斯认为，劳动和语言，或工作和沟通行动或符号行动，是人类之为人类的基本要义。因此，社会理论必须在其概念策略中牢固确立双重关注，即围绕工作和生存及支配斗争的物质论过程，以及以创造意义、身份和社会团结的符号世界为中心的观念论过程。

哈贝马斯努力将马克思主义重建为一种多维社会理论，这使得他挑战了生产方式这个概念的中心地位。马克思认为，生产方式决定了社会的核心结构。马克思把生产方式理解为由生产力和生产关系组成。前者包括原材料、技术、劳动力、组织技能和知识；后者是指财产所有权的社会关系。马克思主张，占有财产的阶级控制生产力（如决
126 定劳动分工），也控制劳动者。生产力和生产关系构成了社会的经济基础，后者则决定了文化和政治方面的上层建筑。历史被看作是生产方式或经济基础的内部矛盾的逐步展开。生产力的发展不可避免地与生产关系或经济的社会框架发生冲突。例如，封建晚期欧洲的商业和制造业的发展与农业社会经济关系和制度的主导地位相矛盾。而阶级冲突是开创新型生产方式的机制。因此，新资产阶级在封建晚期欧洲展开反对土地贵族的斗争，最终前者和发展中的资本主义制度获得了胜利。工人阶级的掌权和社会主义的到来，将标志着作为阶级冲突的故事的历史宣告终结。

哈贝马斯认为，重新焕发活力的批判理论应该放弃这种历史唯物主义的表述。后者无法把握晚期资本主义社会中经济、国家和文化的相互依赖关系。通过生产关系的概念（即财产所有者和劳动者之间的关系），马克思可以说明个体——劳动者和资本家——的行动是如何被引导和形成秩序的。他严重依赖于诉诸法律规范的力量，诉诸资本家的经济和政治权力，来解释社会监管和整合的过程。马克思缺乏的是对监管行动的非法律社会规范与理念的分析；对身份形成是社会监管和冲突的核心认识不足；马克思笔下没有一处分析在工人或资本家

之间创建团结共同体。

哈贝马斯批评马克思主义将社会基础化约为经济基础。马克思将经济定义为塑造文化结构、法律结构和政治结构的决定性因素。在马克思主义把生产关系等同于狭义的经济所有制关系或产权所有制关系的做法中，显然也存在着同样的化约论。马克思认为，在所有社会中，生产资料的合法所有权决定了生产关系；也就是说，财产所有者控制着劳动力、劳动分工、财富分配，最终控制着社会的制度形态。因此，所有社会都可以从基于经济的阶级关系角度来描述：制度动力机制只是这种经济基础的进一步阐发。哈贝马斯并不这么认为。他提出，只有在自由资本主义社会（大约从19世纪中叶到20世纪中叶），生产关系才具有直接的经济形式，或者说经济是制度形成的基础。在其他社会中，非经济领域调控着对生产资料的获取，决定财富的分配，并确定身份与社会整合的主导形式。例如，在“原始”社会中，亲属关系结构构成了社会基础或制度核心；它们的形成和功能运作不能化约为财产关系，而是锚定在一系列分类和符码组成的复杂符号系统中，这些分类和符码主导着家庭、社会和政治方面的各种角色与关系。哈贝马斯并没有低估经济关系的重要性，只是反对将文化和政治方面的动力机制分解为经济方面的动力机制。

类似的关注促使哈贝马斯对标准的马克思主义社会变革理论进行了批判性的修订。根据经典马克思主义的说明，变革是由生产方式的内部矛盾驱动的。在某些关键时刻，生产关系成为生产力发展的障 127
碍。系统失衡产生社会危机，这种危机是通过生产关系向生产力的更高发展水平的“重新调整”来解决的。哈贝马斯认为，生产力对生产关系施加的压力或许可以说明社会危机的加剧，但它无法解释要引发社会革命而必须发生的各种制度变革和文化变革。“生产关系”的重大变化涉及新的社会规范、社会正义的理想、制度安排，以及个人和社会身份与整合形式的改变。面对需要社会规范、身份和社会整合等方面做出创新的社会危机，个人不能仅仅应用科学技术知识；相反，如果不改变我们的道德知识的性质，即关于社会规范、正义、身份与共同体的观念，广泛的制度转变是不可想象的。换言之，尽管科学—技术—行政知识的演进也可以说明生产力的发展，但只有应用道德知识才能说明生产关系的组织或社会的制度框架。社会革命是通过应用科学技术传统和道德知识而发生的，因为它植根于文化传统、法律、社会习俗和社会世界观中。

无论哈贝马斯探讨的是马克思主义的哪一个核心概念，是劳动、生产方式还是社会进化，他的宗旨都是要重建历史唯物主义的基础。这一努力的核心是主张，为了全面理解社会，我们的核心概念不仅必须能够把握以经济再生产为中心的物质论动力机制，而且必须能够把握与身份形成和社会团结形成有关的观念论过程。哈贝马斯社会理论的核心是对社会行动、制度和进化的引领性观照。人类被想象成沿循双重路径发展，一是通过科学技术进步增加自我控制和社会控制，一是通过伦理传统的进步经历道德进化。

哈贝马斯认为社会进化既发生在科学—技术—行政发展的层面上，也发生在伦理发展的层面上。前者的发展涉及经济理性化、技术理性化和科层理性化等过程。进步的标志就是尽可能扩大对社会过程和自然过程的富有效率和效力的控制。至于道德进化或伦理进

化，哈贝马斯借鉴了皮亚杰的发展心理学和科尔伯格（Kohlberg）的
道德发展理论，勾勒出一种与个人认知发展和道德发展平行的进步
历史观。正如孩童从自我与世界的融合状态（共生阶段［symbiotic
phase］），发展到自我与世界明显区别并能够进行批判性反思的阶段
（普遍主义阶段［universalistic phase］），道德进化也经历了从神话思
想到普遍主义伦理再到当前西方批判性反思态度的平行发展，我们的
法律和世界观即为明证。哈贝马斯讲述的人类进化故事，究其深层，
可谓纠结；虽然现代性标志着历史性的突破，促成了社会控制和自治
达到前所未有的水平，但它也释放了科层化和科学—技术理性的力 128
量，这些力量有可能使我们陷入社会噩梦。

失败的现代化：工具理性的胜利

马克思主义对资本主义的批判在20世纪60年代受到强烈的置疑。工人阶级激进主义无声无息，苏联共产体制又出现威权转向，引发了马克思主义的危机。青年、学生和边缘群体（女性、同性恋、少数族群）中激进社会运动的兴起，更加剧了这一危机，他们的斗争都不能被概括为阶级冲突。面对这些事件，许多思想家力图修改马克思主义的资本主义理论。新马克思主义者试图通过分析从竞争性资本主义到国家管理的法团资本主义的转变，说明这些事件，并保持对经济危机和阶级冲突的关注。

然而，哈贝马斯确信，战后的发展表明西方资本主义社会发生了

重大重组。需要对马克思主义的资本主义理论进行根本性的重建。社会危机和冲突的主要场所已经改变。社会危机已经从经济转向国家和文化；围绕着权利、生活质量、环境保护、维护共同体完整性，以及控制有关教育与卫生、文化合法性和社会民主的地方决策等问题，形成关键的冲突轴线；众多草根团体和共同体之间孕育出争取变革的斗争。要对这些运动做出批判性理解，就需要分析经济、国家和文化之间动态的相互关系。哈贝马斯试图提出一种新的视角来看待晚期资本主义社会，能够为反对派团体提供对政治行动潜力的批判性理解。

哈贝马斯关于晚期资本主义的第一个主要理论是《合法性危机》。[6]他声称社会危机的主要场所已经从经济领域转移到政治领域和文化领域。尽管资本主义继续经历增长和衰退的周期，但国家经济管理政策（如货币政策、价格支撑、购买剩余商品）成功地避免了重大的社会经济危机。资本主义仍然是一个充满矛盾的社会，但其主要危机已经转移到政治领域和文化领域。

哈贝马斯谈到，当公众由于认为政府的政策不公平而撤回对政府的支持时，就出现了合法化危机。合法化问题之所以出现，是因为国家必须满足自相矛盾的一些要求，既要确保资本主义的增长，又要保持大众的公共支持。前一种要求需要国家偏袒财产所有者及其管理者的特殊利益；后一种要求需要国家表现得好像它代表所有公民的利益。换句话说，国家社会政策所揭示的阶级利益破坏了在形式上民主的社会中必要的大众公共支持。合法化危机表现为公民冷漠、大规
129 模社会不满和有关社会改革的建议，所有这些都威胁到社会现状。而国家的应对之策就是通过以国家资助的支持服务或社会福利计划的

形式，增加对更广泛人口的物质补偿。然而，这种策略的影响有限，因为它吸收了利润，有导致经济衰退的威胁。更有效的回应是国家促进技术专家治国的意识形态。如果政治被重新定义为由专家处理的技术—行政问题，公民就会在政治上变得不活跃。民主政治被化约为定期投票，这具有减轻统治权力面临的合法化问题的效果，同时将合法性赋予了国家。

合法化问题在晚期资本主义社会中可能会反复出现，但只有当它们与“动机危机”结合在一起时，才能引发全面的社会危机。虽然合法化危机的概念使国家成为焦点，但动机危机的概念将文化领域置于批判理论的中心。从本质上讲，动机危机表明文化领域和经济领域之间存在矛盾。我不妨略加说明。

哈贝马斯认为，只有当个人拥有一系列适当的信仰、动机和价值观时，社会制度才能有效展开功能运作。这些行为取向是由文化传统维持的，这些传统通过家庭、教会、教育和大众传媒传递给个人。在晚期资本主义社会，我们的生活的核心是工作、家庭和事业，是消费主义和家庭的理念。这些价值观植根于犹太—基督教和世俗自由主义的传统，这些传统今天正遭到世俗化、国家主义、科层化和激进民主运动的侵蚀。晚期资本主义社会的文化支撑正在被其核心的社会结构动力机制所侵蚀。

哈贝马斯提到了动机危机的两种可能结果。首先，资本主义社会可以尝试在技术专家治国的基础上建立某种制度秩序。个人将接受社会角色和制度政策，以换取物质回报（例如安全、秩序、地位），而不要求制度规范和目标得到正义或自由之类实质性价值观的正当性辩护。第二种可能性是西方社会将向社会民主主义发展。在新兴社会运动对社会平等和参与式民主的要求中，哈贝马斯看到了真正民主社会的可能性。在某种程度上，这些运动要求为社会决策和政策提供理由，它们证明了一种“沟通伦理”，如果实现，将把资本主义转变为一个民主的社会主义社会。

哈贝马斯在《沟通行动理论》中，重新阐述了有关晚期资本主义的危机理论，将其作为社会进化的宏大理论的一部分。这一理论的核心是将社会视为“生活世界”和“系统”的二元论观点。前者是指通过共同的信仰和价值观进行社会协调或监管的行为领域；在生活世界中，个人从习俗和文化传统中汲取养料，建构身份，协商情境定义，协调行动，创造社会团结。生活世界维持着制度稳定所必需的身份和动机，由此使社会成为可能。社会生活不仅需要共同的意义，还需要一些策略来协调各种资源，控制自然和社会力量。这是社会的系统层面的功能。在社会发展过程中，人口压力、社会间的接触、技术创新和战
130 争产生了需求，要在功能上分化的科层行政结构的帮助下，对复杂多样的活动和资源加以组织。在生活世界中，行动以相互理解为导向，而在系统层面，重点是工具性控制和效率。

社会进化被看作是社会系统和生活世界的双线理性化过程。可以把社会系统的发展或社会理性化描绘成一个制度分化发展、复杂性加剧和组织可预测性增长的过程。例如，功能上分化的制度和角色（例如，经济、国家、教育、家庭）的出现，每个制度和角色都有自己的功能，使社会控制最大化。而要分析生活世界的进化或文化理性化，可以看反身性的提升，信仰的普遍化，以及价值或知识领域的分化（科

学、道德和艺术)。总的来说,哈贝马斯认为社会发展是渐进的。功能系统的分化增强了制度的主宰力,并促成了更高水平的自治。生活世界的理性化也促成了反身性水平的提升,民主公共领域的扩展。

不幸的是,西方资本主义阻碍了通过社会理性化与文化理性化实现人类的全部有益潜力。特别是,资本主义以牺牲文化发展为代价促进了社会理性化。例如,科层制的推进远远超过了政治民主的进步;科学—技术理性的发展使道德和审美推理的进步黯然无色。资本主义的发展有利于社会的科层化和由科学—技术—行政专家精英实施的统治。哈贝马斯目光黯淡,呼应着法兰克福学派,谈到了“生活世界的殖民化”(colonization of the lifeworld)。他想象一个占主导地位的科学—技术—行政精英夺取了对日常生活的控制权,将道德议题转译为成本/收益决策,并将政治论争重新定义为纯粹的行政问题或技术问题。随着“系统”以其技术—行政思维方式渗透到生活世界,它破坏了身份、传统形式的生活、各类社会团结和文化传统。一个饱受创伤的生活世界威胁着社会本身的生存。把资本主义社会看作是一个充满矛盾的、具有自我毁灭潜在可能的系统,在这样的观念中,重新闪现出马克思的精神。

但哈贝马斯并不完全悲观。他把希望寄托在新兴社会运动上。马克思在工人阶级身上看到了人类的希望,而哈贝马斯则着眼于新兴社会运动来抵抗生活世界的殖民化。

在过去的一二十年里,西方发达社会的冲突已经发展起来,以各种方式偏离了福利国家模式,即围绕分配的制度化冲

> 突。它们不再在物质再生产领域爆发；它们不再通过政党和协会予以疏导；它们不能再通过补偿来缓解。相反，这些新的冲突出现在文化再生产、社会整合和社会化领域；它们以亚制度性的（subinstitutional）——或至少是议会之外的——抗议形式进行。[7]

与工人阶级不同，新兴社会运动关注的不是工资或工作条件，而
131 是"与生活质量、平等权利、个体自我实现、参与和人权有关……新型政治在新中产阶级、年轻世代和受过更正规教育的群体中得到了强有力的支持"。[8]新兴社会运动的特点是草根的、民主的，以实质性价值观和道德愿景为动力，旨在重新建立社会理性化与文化理性化之间的适当平衡；它们是通往一个理性社会的载体。

推荐书目

David Held, *An Introduction to Critical Theory* (Berkeley: University of California Press, 1980).

David Ingram, *Habermas and the Dialectic of Reason* (New Haven, CT: Yale University Press, 1987).

William Outhwaite, *Habermas* (Cambridge: Polity Press, 1994).（威廉姆·奥斯维特,《哈贝马斯》,沈亚生译,黑龙江人民出版社,1999）

Stephen White, ed., *The Cambridge Companion to Habermas* (Cambridge: Cambridge University Press, 1994).

参考文献

1. Max Horkheimer and Theodor Adorno, *The Dialectic of Enlightenment*

(New York: Herder & Herder, 1972); Max Horkheimer, *Eclipse of Reason* (New York: Seabury, 1947); Herbert Marcuse, *One-Dimensional Man* (Boston, MA: Beacon Press, 1964).

2. Leo Lowenthal, Literature, *Popular Culture and Society* (Palo Alto, CA: Pacific Books, 1967); Eric Fromm, *Escape from Freedom* (New York: Rinehart, 1941).
3. Jürgen Habermas, *Knowledge and Human Interests* (Boston, MA: Beacon Press, 1971).
4. Jürgen Habermas, *The Theory of Communicative Action*, 2 vols. (Boston, MA: Beacon Press, 1984–7).
5. Jürgen Habermas, *Communication and the Evolution of Society* (Boston, MA: Beacon Press, 1979).
6. Jürgen Habermas, *Legitimation Crisis* (Boston, MA: Beacon Press, 1975).
7. Habermas, *The Theory of Communicative Action*, vol. 2, p. 392.
8. Habermas, *The Theory of Communicative Action*, vol. 2, p. 392.

132

第九章

斯图尔特·霍尔与英国文化研究

在“二战”后时期，出现许多重新思考马克思主义的努力。原因之一在于，马克思主义已经成为或许最重要的分析当代社会的理论视角，不仅在苏联阵营各国是这样，而且在西德、法国、意大利、英国、澳大利亚和其他地方也都如此。到20世纪50年代，马克思主义社会主义已经成为全球各共产党的官方意识形态，并在欧洲各社会民主党和工党中颇具影响力。然而，马克思主义本身处于严重困难之中。苏联共产体制引发了一个问题，即那个社会的威权主义是否是马克思主义内在固有的。欧洲或美国作为资本主义的中心地带，并没有发生任何工人阶级革命。事实上，战后的岁月让世人见证了资本主义繁荣的复兴。这一时期的激进社会运动并非以阶级政治为中心，而是以性别、种族、性相和生态为中心。

战后时期给马克思主义者带来了挑战：如何重新思考马克思主义，使其能够应对当前的社会发展，同时又不放弃其独特性，例如对政治经济学和阶级动力机制的分析，其整体的、批判的和历史的方法论，以及它将理论与实践相结合的宗旨。

哈贝马斯和斯图尔特·霍尔的著作为重新思考马克思主义提供了两次重要尝试。在某种程度上，它们的差异反映了各自不同的国别环境。哈贝马斯借鉴了德国唯心主义/观念论的体系筑造传统；霍尔则承继了英国人对宏大理论的怀疑，这影响了他对马克思主义的重新思考。不仅如此，哈贝马斯在纳粹上台之后长大成年，这决定性地影响了他的批判理论；霍尔则是作为殖民地臣民长大的。霍尔在英国殖民地牙买加出生和长大，从他的"后殖民"身份的角度思考知识问题。他经历了作为殖民地臣民的压迫，但也接受了许多"英国"价值观。成为大英帝国公民的一个好处是霍尔在牛津大学接受教育。在那里，他开始接触到马克思主义，当时他正寻求一种针对当下的批判性视角，既是国家层面的，也是全球层面的。

斯图尔特·霍尔（Stuart Hall）于1932年出生于英国殖民地 133
牙买加。作为罗德学者（Rhodes scholar），霍尔于1951年前往英国牛津大学学习。在20世纪70年代，他是伯明翰当代文化研究中心（Centre for Contemporary Cultural Studies in Birmingham）的主任，在那里他帮助确立了文化研究这块领域。霍尔和他在中心的同事拓宽了文化研究领域，因此文化的定义不仅仅包括文学作品和其他"高雅"的文化形式。日常信念、电影、流行歌曲和节日仪式都是社会文化的一部分。霍尔提出，我们的行为是由来自大众传媒和流行文化的信息塑造的。然而，他坚持认为，人们不仅仅是这些信息的被动接受者；相反，人们会积极主动地解释它们。人们给出的解释会基于一系列因素，比如他们的性别、社会阶级、国籍等。

霍尔一直是所谓的伯明翰文化研究学派的指导力量。1964年，霍尔参与创办伯明翰当代文化研究中心（他领导该中心大约15年）。由于霍尔与伯明翰学派的工作密切相关，并且因为他的许多最重要的著作都是联合或集体努力的结晶，我们的讨论将结合伯明翰学派努力发展独特的“文化研究”思路这一背景来考察他。[1]

伯明翰学派的文化转向部分与大英帝国的衰落有关。随着从加勒比海到非洲的许多殖民地反抗殖民统治，国族独立运动的重点是文化身份与政治方面的议题。此外，20世纪五六十年代，青年、女性和同性恋运动，以及反种族主义运动，同时爆发了文化冲突，将社会身份问题置于政治的中心。流行文化，从服装到电影、艺术和音乐，都进入了社会冲突的中心。而将文化定义为上层建筑或主要关注政治经济学的马克思主义视角似乎已经与此脱节。伯明翰学派将对文化的研究作为其重新思考马克思主义的题中应有之义。

但是，伯明翰学派践行文化研究的路数又是什么呢？霍尔及其同事针对两种有影响力的视角发展了他们的立场。一方面，有一种精英传统，用高雅的文学、艺术、音乐和戏剧来定义文化。另一方面，马克思主义者和许多社会学家将文化化约为意识形态，并将基于经济的阶级冲突作为历史的驱动力。伯明翰学派希望捍卫一种文化观，认为文化不可化约为政治经济学，也不能化约为高雅文化。

与精英传统相反，伯明翰学派主张，高雅文化只是文化的一个方面。对文化的研究必须包括大众发行杂志、报纸、书籍、电影、电视和流行音乐等流行文化。不仅如此，并非所有文化都是制度化的。最广义的“文化”是指应用中的语言，以及作为社会生活一部分的有关现实的意义、符号和解释。文化与其说是我们与博物馆、画廊和获奖文 134
学联系在一起的东西，不如说是构成日常生活材料的那些意义，包括规范、价值观、信仰与理念。社会生活是普遍渗透着文化的。无论是我们使用的语言，我们的意识形态和宗教信仰，还是我们产生的文本和表征（representations），文化都充盈着整个社会。正如霍尔所说，伯明翰文化研究学派力求将“整个辩论的基础从文学道德角度的文化定义转向人类学的文化定义。而它现在将后者定义为意义和定义赖以被社会建构和历史改造的‘整个过程’，而文学和艺术只是其中……一种社会沟通”。[2]

扩大文化概念意味着研究文化的适当方法不仅仅是文学美学思路，而是文化社会学。在精英传统看来，文化应根据一般审美评价标准进行分析。也就是说，有关美的形式标准是区分“高雅”文化和“低俗”文化的基础。然而，如果文化无论是高雅的还是通俗的，制度的还是非制度的，都是生活经验的表达，都植根于人们共同的集体生活，那么就需要从社会学的视角来研究。

伯明翰学派提出了一种多维度的方法来研究文化。与一些马克思主义者相反，文化应该被解释性地研究。也就是说，文化研究方法考察意义的内部组织，无论它们是精心阐述的政治意识形态、高雅文学还是电视节目。这种社会学思路旨在理解为什么物体或行动（言语、符号、人或事物）获得某些意义，这些意义如何相互关联，以及它们的社会和政治效应。在这方面，伯明翰学派的许多人受到与罗兰·巴特和翁贝托·艾柯等理论家相维系的“符号学”（semiotic）分析传统的影响。[3]符号学的视角主张，语词或符号（如旗帜、衣服或汽车）的意义与其说是由它们与某个客观现实的关系决定的，不如说是由它们与其他语词和符号的关系决定的。例如，“女人”的含义与其说是客观现实的反映，不如说是由它与对比词“男人”的关系决定的。如果女性被定义为比如说富于情感和直觉的，部分原因是男性被理解为讲究理性和理智。

伯明翰学派超越了纯粹的符号学方法。文化意义从来都不是仅仅由身份和差异的内在关系所确定的。例如，电视节目可能分别将男性和女性呈现为讲求理性的和富于情感的，但这并不一定意味着观众会从这些方面来解释该节目。符号学分析需要辅之以“接受研究”（reception studies），或考察受众消费或解释文本的方式。

例如，许多社会研究人员致力于确定大众传媒所生产的核心信念和价值观，并追踪它们对受众形成的效应（通常通过态度变化来衡量）。相比之下，伯明翰学派专注于构建媒体文本（例如电视和广播或新闻节目）的“文化符码”（cultural codes），它们的意识形态角色，以及消费者解释这些文本的方式。

霍尔认为，研究传媒是一个三重过程。[4]首先，我们根据生产者想
135 要的意义来研究传媒。这些意义不能化约为离散的信仰和价值观，而是被组织为“文化符码”（cultural codes）。塑造传媒文本的结构的，一般是多数/少数、正常/异常、道德/颓废、成熟/不成熟和健康/病态等二分法。这就意味着，传媒所做的不仅仅是传播信念和价值观；

它传达了定义、分类和评判个人与群体的方法。这就把我们带到了传媒文化研究的第二个方面。传媒按照种族、性别、国籍和其他身份范畴对个人和群体进行分类，并将每个群体与上述二分法联系起来。因此，异性恋/同性恋或西方人/东方人的二元对立，与多数/少数或优等/劣等带有分类和规范色彩的二元对立相互交叠。传媒不仅仅影响个人态度。它使不平等的社会秩序合法化；它定义了社会的道德界限，从而具体规定了哪些做法是可以接受的、健康的、正常的和好的。传媒分析的第三个重点引入了传媒文本的消费者。传媒文本的含义不是固定的或单一的。霍尔通过坚持研究传媒的消费者，指出普通人不是被动地被传媒控制，而是积极地解释传媒文本，其解释方式有时会与其生产者的预期意义不一致。大众传媒乃至整个文化都是支配和抵抗的场所。

意义据说具有某种独立的实在。文化有时被比作文本，由语词或符号组成，其意义与它们内部的异同关系有关。然而，意义并不是自由漂浮的，超然于社会利益、权力关系和物质生活。意义固然可能具有内在关系，对社会生活产生独立的效应，但它们是由真实的、活生生的、斗争着的个体创造的，而他们的生活陷于种种社会制度和不平等的社会关系之中。作为伯明翰学派马克思主义的标志，霍尔及其同事主张，只有通过追踪文化意义与社会条件之间的关联，我们才能把握它们的意识形态作用。文化可能给个体和群体的生活带来目的性和统贯性，但它也牵涉权力关系。有些意义将社会特权合法化。因此，将女性定义为富于情感、直觉和母性，是女性应该扮演照护者角色这类规范不可或缺的组成部分。这种角色意味着女性的社会权力和地位将低于男性，男性将在涉及公共权威的角色中占主导地位。

尽管伯明翰学派使文化对社会分析至关重要，但重要的是，我们不要忽视马克思主义对他们社会学的启发。像哈贝马斯和法兰克福学派一样，霍尔及其同事（其中许多人是社会学家）力求一种受马克思主义激发的批判性社会分析。在这方面，我们应该注意到意大利马克思主义者安东尼奥·葛兰西的重要影响。[5]他认为，阶级支配并不完全靠经济财富和政治权力来维持。统治集团试图将自己的文化变成社会主导文化，以便赋予他们的阶级统治以合法性。“霸权”（hegemony）的概念旨在描述这一社会过程。这个概念之所以重要，原因有二。首先，文化被视为阶级统治和政治的固有组成部分。文化成为权力和统治领域的一部分。其次，阶级统治被认为是不稳定的。即使是统治阶
136 级也需要公众的某种程度的同意才能掌握权力。通过这种方式，葛兰西将穷人和劳工阶级视为塑造社会的积极力量。因此，相较于经典马克思主义的立场，在葛兰西对社会生活的看法中，流动性、偶然性、行动者中心和文化主义色彩要重得多。他的研究所推崇的社会分析思路，在许多方面比马克思主义更接近经典社会学的精神，例如，强调经验性的批判分析，个人和群体的实践，文化的重要性，以及历史的开放性。

虽然霍尔和伯明翰学派没有一部概括全貌的代表作，但《管控危机：行凶抢劫、国家和法律与秩序》可以说是它的标志性文本。[6]《管控危机》作为五位合著者的集体努力，以回应英国政府在20世纪70年代中期转向压制性统治策略，很好地展示了伯明翰学派的“文化马克思主义”。

该书背景是20世纪70年代初的英国。尽管缺乏可靠的统计数据，但作者们注意到，有关“行凶抢劫”(muggings)的新闻报道显著增长，而警方、法院和政府为遏制其眼中的重大社会危险采取了新的举措。行凶抢劫被认为是一个全国性的问题。作者们希望说明公众对行凶抢劫的反应与其实际构成的威胁之间的极端不平衡。

《管控危机》使公众对行凶抢劫的反应成为研究的重点。书中并不否认当时确实发生了暴力犯罪行为，但“行凶抢劫”一词被理解为不仅仅是描述性的，而且是“索引性的”或更广泛的社会发展的象征。与此类似，书中并不否认公众对行凶抢劫的反应某些方面是恰如其分的，但需要说明的是传媒、法院、警方和国家的过度反应。本书的命题是，行凶抢劫现象发生在国家危机的背景下；它的作用是既掩盖了危机的真正社会根源，又为执政政府的保守转向做了辩护。

“行凶抢劫”一词来自美国。对于美国人来说，它不仅指特定类型的(暴力)犯罪，还指20世纪60年代围绕黑人、青年和其他人的抗议活动所产生的城市社会混乱。换句话说，“行凶抢劫”一词意味着一整套社会意义，与种族冲突、城市危机以及法律和秩序崩溃相关联。这个术语被英国传媒、法院和政府采用的事实意味着，这个国家也有类似的焦虑。从法官的陈述，到“行凶抢劫犯”得到的与其罪行不成比例的判决，以及创建反行凶抢劫警察小队，这些都从经验上支持了上述直觉判断。

传媒将行凶抢劫变成一种全国性的危险。《管控危机》花费大量篇幅致力于分析地方和国家各级新闻媒体。媒体以一种再生产出统治集团主导意识形态的方式来框定行凶抢劫。例如，虽然行凶抢劫被定义为一种社会危险，但其起源要么与个人的失败有关，要么与精神颓废的社会环境有关，而没有涉及经济、家庭或学校的作用。在英国媒体上，行凶抢劫唤起人们普遍感到社会失序和道德崩溃。补救措施被认为是道德教育、巩固家庭、青年教育、纪律整肃和清洁环境，而不是呼吁更多和更高薪的就业岗位和学校。最后，媒体把行凶抢劫犯变成了“民间魔鬼”(folk devils)，这与礼貌、纪律、谦虚、责任和体面等英国价值观背道而驰。

137 强调行凶抢劫的社会意义，就引发了关于其作为犯罪的地位的质疑，实际上也提出了关于犯罪范畴本身的更广泛的问题。作者没有将某些行为视为明确的“犯罪”，而是认为被定义为犯罪的东西经常受到质疑，因为这种分类与更广泛的社会冲突有关。将某些行为入罪化，可能是控制反叛性个人和运动的一种政府策略。同样，从事违法行为也可能是一种政治行为。事实上，某些“犯罪”做法可能成为激烈政治冲突的场所。行凶抢劫就是这种情况。公众对行凶抢劫的反应不仅被视为对特定犯罪的反应，而且行凶抢劫也充当了人们所认为的法律和秩序崩溃的某种标志。行凶抢劫行为本身成为个人进行社会抗议的一种方式。但是，是什么样的社会和政治背景使行凶抢劫成为社会冲突的场所？

回想葛兰西的观点，即阶级统治涉及一个经济上占主导地位的群体成为统治国家的力量。这是通过强制性国家权力(法律、立法、警方和军方)来实现的，在各阶级派别之间建立联盟形成一个统治集团，尤其是围绕统治阶级的合法性及其社会和政治价值观建立共识。后者在自由民主社会中是必要的，这些社会的特点是定期选举、议会政府、开放的公民社会，并要求公民忠诚作为统治的条件。阶级霸权只有在获得被统治者的同意时才能实现。如果成功，阶级统治就会显得像是民主统治；权利、法治、代表权和公民平等之类语言装点门面，阶级支配被掩盖不可见。《管控危机》的主要论点是，20世纪70年代初经历了同意的崩溃和霸权的危机。作为回应，阶级统治转向强制性国家措施。行凶抢劫恐慌是获得公民支持使用压制性国家措施以确保阶级霸权的一种方式。

战后的英国达成的只是一个脆弱的共识。公民的忠诚取决于国家足够成功地管理资本主义以避免危机，确保充分就业，供给一个慷慨的福利国家，以及劳资双方的合作精神。然而，到了20世纪50年代后期，利润下降，经济增长率放缓，通货膨胀，英国在世界经济中的竞争力下降，以及抗议政治的诞生，引发了重重困扰。到了60年代，共识严重动摇。持续的经济衰退，劳资双方之间的紧张，扩大的福利体系耗尽了急需资本的经济，尤其是来自青年、学生、移民、有色人种、女性和同性恋的一系列反叛，破坏了共识统治的条件。英国正在经历一场政治危机。统治集团不是努力争取重获全国共识，而是转向了压制性的政府策略。通过将危机定义为根本上事关法律和秩序的崩溃，政府能够扩大其强制措施，扩大其对社会事务的干预范围，并在强调行政控制的同时淡化权利和民主过程。

行凶抢劫恐慌是这场国家危机的一部分。通过将五花八门的社会抗议和冲突浓缩成社会和道德崩溃的观念，以行凶抢劫者的形象为典型代表，国家可以在法律、秩序和英国美德的旗帜下，合法地审查和控制异议团体。不仅统治集团会通过掩盖社会危机的深层根源（例如 138

阶级冲突、资本主义非理性、庶民群体的抗议）来维持其统治地位与合法性，而且公民的忠诚也会发展到让公民将秩序的普遍崩溃视为他们个人和国家困扰的根源。因此，行凶抢劫的“恐慌”使统治集团能够将英国的社会危机从经济和社会结构转移到特定的事件和群体，并为扩大国家的强制措施而辩护。它对劳工、黑人移民、性解放和社会抗议等方面的攻击，为撒切尔主义奠定了基础，后者致力于拆解福利国家，促进自由企业，削弱工会和异议运动。[7]

《管控危机》不仅是一次精湛的社会分析，也是对英国政府右倾转向的一场批判。霍尔和他的同事们旨在凸显政府从社会民主主义中撤退。他们坚持认为，原因并不是基于法律和秩序的普遍社会崩溃，而是资本主义的矛盾和方方面面的抗议运动，这些运动挑战了英国社会的一些关键制度和文化信仰与价值观。换句话说，《管控危机》是对英国政治的介入，其目的是影响社会斗争的结果。就像米尔斯的公共社会学和哈贝马斯的批判理论一样，伯明翰学派试图发展一种批判性社会分析的传统，这种传统既是经验性的，又是在政治上介入的。

霍尔有时引用葛兰西的“有机知识分子”（organic intellectual）概念，来描述学院知识分子与公共生活之间的理想关系。这类知识分子的目标是利用社会知识来说明当今的关键社会冲突，并阐述某种回应。有机知识分子不像是启蒙运动的普遍知识分子（universal intellectual），提出宏大理论，并对人类的进化发表有分量的声明，而是关联着特定的群体、制度或社会运动。他们与其说是从人类的一般角度说话，不如说是从特定的社会位置（在某个制度 / 机构或运动中）说话，在特定的社会历史背景下投身冲突。正是知识分子的这种社会嵌入性，激发了公共参与，并促成了有效的政治干预。

霍尔和伯明翰学派像哈贝马斯和法兰克福学派一样，试图重新思考马克思主义。然而，最终，他们塑造了一种与马克思大相径庭的社会视角。随着文化分析进入社会分析的中心，随着围绕身份的运动取代或补充劳工成为变革的主要力量，在这些重建中保留下来的与其说是马克思主义的政治、经济和基于阶级的分析，不如说是马克思主义的批判精神。

推荐书目

Paul Gilroy, L. Grossberg, and A. McRobbie, eds., *Without Guarantees: In Honor of Stuart Hall* (London: Verso, 2000).

David Morley and Kuan-Hsing Chen, eds., *Stuart Hall: Critical Dialogues in Cultural Studies* (New York: Routledge, 1996).

Graeme Turner, *British Cultural Studies* (New York: Routledge, 1992).

参考文献 139

1. 有关伯明翰学派的概述，参看Stuart Hall, "Cultural Studies and the Centre: Some Problematics and Problems," in Stuart Hall, Dorothy Hobson, Andrew Lowe, et al., eds., *Culture, Media, Language* (London: Hutchinson, 1980)。
2. Hall, "Cultural Studies and the Centre," p. 19.
3. Roland Barthes, *Mythologies* (New York: Hill & Wang, 1972) and *Fashion System* (New York: Hill & Wang, 1983). Umberto Eco, *A Theory of Semiotics* (Bloomington: Indiana University Press, 1975).
4. Stuart Hall, "Encoding/Decoding," in Hall et al., eds., *Culture, Media,*

Language, p. 19. 又见，"Deviancy, Politics and the Media," in Paul Rock and Mary McIntosh, eds., *Deviance and Social Control* (London: Tavistock, 1974)。

5. Antonio Gramsci, *Selections from the Prison Notebooks* (New York: International, 1971). 参见 Stuart Hall, "Gramsci's Relevance for the Study of Race and Ethnicity," in David Morley and Kuan-Hsing Chen, eds., *Stuart Hall: Critical Dialogues in Cultural Studies* (New York: Routledge, 1996)。
6. Stuart Hall, Chas Critcher, Tony Jefferson, et al., *Policing the Crisis: Mugging, the State, and Law and Order* (London: Macmillan, 1978).
7. Stuart Hall, *The Hard Road to Renewal: Thatcherism and the Crisis of the Left* (London: Verso, 1987).

第十章 140

安东尼·吉登斯与皮埃尔·布尔迪厄的批判社会学

事实证明,德国批判理论家和英国文化研究学者对欧洲社会理论的发展产生了巨大的影响。他们为科学马克思主义往往僵化、教条的框框提供了替代方案。像哈贝马斯和霍尔这样的理论家,在处理马克思的思想时,着眼于进行广泛的修正。不仅如此,他们各自都在很大程度上借鉴了关于社会、历史和政治的非马克思主义思想。特别是,哈贝马斯和霍尔将马克思主义与涂尔干和韦伯的经典社会学带入了富有创意和收益的对话。到20世纪七八十年代,整合马克思主义、社会学和其他社会思想潮流的新理论综合的想法非常流行。理论综合方面最具说服力、影响最深远的两股努力,分别来自英国的安东尼·吉登斯和法国的皮埃尔·布尔迪厄。

安东尼·吉登斯

吉登斯的首部重要著作《资本主义与现代社会理论》[1]旨在改变

我们思考经典和社会理论的方式，从帕森斯式的宏大理论，转向强调历史、社会不平等和社会批判的思路。然而，到了20世纪80年代，吉登斯已经阐发了一套理论，即使不说是一套“社会学体系”，也像帕森斯一样广泛而“宏大”。[2]这种情况不仅仅是一个理论家在逻辑问题中迷失了自己，或是被体系构建的魅力所诱惑。吉登斯是在对20世纪七八十年代社会学内部的碎片化和分隔做出反应。不仅如此，吉登斯之所以转向一般理论，也是对在英美社会学中大行其道的经验主义和科学主义做出反应。与他的宿敌帕森斯相呼应，吉登斯觉得有必要证明，除了经验分析、方法论或建立模型和说明框架之外，还有一定程度的理论反思，也必须被认为是社会学的关键部分。

141 英国社会学家安东尼·吉登斯（Anthony Giddens）出生于1938年。他曾在伦敦经济学院和剑桥大学接受教育。吉登斯现在是伦敦政治经济学院院长。*尽管吉登斯的职业生涯始于对帕森斯宏大理论的激烈批评，但具有反讽意味的是，他已经成为我们这个时代最重要的宏大理论家之一。吉登斯认为，社会科学不仅告诉我们社会现实的本质，而且有助于塑造我们的世界。今天，我们中的许多人阅读并了解社会学家或经济学家的想法，这些思想有时会影响我们的思维和行为方式，这难道不是事实吗？

对于吉登斯来说，在社会学和社会理论的根子上，存在以行动者

* 原文如此，吉登斯任该院院长的时间为1997年至2003年。

为中心的社会分析思路和以结构为中心的社会分析思路之间的分隔。前者聚焦于个体及其塑造社会生活的意图、动机、信念或价值观。后者在说明个人和社会生活时，强调组织动态过程或阶级动态过程之类的社会过程。前者以符号互动论和交换理论等思路为代表，后者则是美国和法国结构主义（如彼得·布劳和列维-斯特劳斯）、马克思主义和功能主义的特征。从某种意义上说，以行动为中心的思路和以结构为中心的思路之间的分隔体现出一种由来已久的分隔：社会生活和历史究竟是个人决策和创造力的产物，还是社会法则和非人格化社会过程的产物。吉登斯认为，社会学家领会行动和结构的方式，将塑造他们的经验研究和更广泛的社会历史视角。

社会理论家要是避免以行动为中心或以结构为中心的一维思路，往往在概念上将个人与社会之间的关系理解为相互影响的动态过程。据说个体创造了社会制度和文化，但这些结构反过来又约束了个体行为。如此梳理存在两方面的问题。首先，这种思路很容易变成片面的化约论，要么行动要么结构被赋予首要的因果权重（例如马克思和帕森斯那样的趋向结构主义）。其次，个体始终已经是一种社会存在，如果不设定个体的行动，社会就不可能概念化。吉登斯没有将个体（行动）与社会（社会结构）之间的关系视为互动关系，而是建议将行动和结构径直视为所有社会实践的不同面向。我们可以区分人类行动的行动面向和结构面向，但这是一种分析性的区分，而不是实在的区分。

吉登斯引入了“结构二重性”（duality of structure）这个概念，来把握社会实践的这种双重面向。据说社会结构既是行动的媒介，又使行动成为可能，并通过社会行动得到再生产。这种思路涉及将社会结构视为一种“虚拟秩序”(virtual order)，而不是独立于个人的社会实在。吉登斯所说的“虚拟秩序”意味着，从某种意义上说，社会结构作为实践知识存在于个人的头脑中，即哪些规则(想当然接受的步骤或惯例)和哪些资源(用于完成任务的物质装备和社会装备)对不同情
142 境下的社会行为是必要的和适当的。例如，玩家知道是什么规则使棒球比赛成为可能，但只有在他们的行为中，规则才能进入社会生活的流动。或者，考虑一下语言是如何在某种意义上仅仅通过个人言语行为而存在，但也作为一种虚拟现实存在，也就是说，在个人的头脑中，但与他们相分离。结构二重性证据确凿，因为我们的言语实践是通过语言实现的，但语言反过来又通过这些实践被再生产。不仅如此，结构二重性这个观念也使吉登斯能够主张，人类行动的结构特性不仅仅是约束性的，而且正如语言的例子所表明的那样，也使社会行为成为可能。将社会生活视为一种“结构化”(structuration)过程，并不意味着人类事务始终处在流变状态。社会实践逐渐模式化而进入社会系统和制度。要分析这些社会模式，可以看它们的特定规则，以及构成所有社会系统关键结构特性的资源和权力动力机制的组织方式。吉登斯详细阐发了这些核心范畴，包括结构二重性、规则、资源和社会系统，形成一套一般理论，来阐述世界历史上不同类型社会的结构性原则，以及社会变迁的动力机制。

关键的一点是，在吉登斯看来，社会生活既不是个体行动的集合，也不是某种社会结构秩序。相反，社会生活被当作一个过程，其中的关键概念是社会实践，它具有“行动”面向和“结构”面向。这种探讨社会生活的过程性思路是吉登斯整个社会理论的基础。因此，他拒绝

实证主义，认为社会科学知识，包括有关社会生活的一般原则，可以被行动者学习，纳入行为，并因此改变其有效性的条件。据说普通行动者的反身性破坏了实证主义，因为个体可以决定违背社会科学原则而行事，部分原因在于他们对这些原则的了解。与此类似，吉登斯也批评功能主义，功能主义根据社会系统的要求或需求来说明个体行为。可以把系统性的社会模式说成是社会实践有意或无意的结果。这就避免了识别系统需求的问题，同时继续主张，社会生活是过程性的，并因此依赖于个体的反身性行为。对吉登斯来说，社会不是有机的或机械的系统，而是由实践网络组成的，有些是制度化的，但总是通过反身性的个体行动来实现的。在这方面，吉登斯批评看待历史的进化思路设定了一个不可避免的方向和结果，从而使个体行为是在结构上被决定的。通过坚持将个人视为反身性的、有认知能力的行动者，吉登斯提出了一种看待历史的思路，强调其开放性和基于冲突的特性。如果接受结构化理论的预设，意味着要想对社会生活和历史做出说明，就必须在我们的概念、说明和模型中筑入一种方法，以了解社会再生产和变迁的持续动态过程，包括诉诸社会实践的时间维度和空间维度，反身性的、具有认知能力的主体，以及权力在塑造规则和资源中的作用。从某种意义上说，吉登斯旨在用社会生活的过程观来代替大部分社会学中的意愿论和结构决定论。

为了说明吉登斯社会分析的理论思路的力量，我想聚焦于他作品中的一个核心观念：反身性（reflexivity）和知识在现代生活中的作用。如前所见，吉登斯批评那些将个体行为说成是适应结构性动力机制或 143
系统动力机制的社会学视角。他主张，个体在塑造社会生活中发挥着积极作用。然而，他也批评交换理论或某些版本的冲突理论等社会学视角，它们主要强调个体行动的目标导向、理性计算的维度。虽然手段和目的的协调是社会行为的组成部分，但更基本、更具有社会学重要性的维度是其自我监督的性质。个体不仅仅是由兴趣/利益、价值观和需求驱使而行事的，个体不仅仅是遵从社会规范和惯例，而是他们的行动涉及有关他们所处世界的实践知识，一种反思他们行动的条件并将这类知识纳入其行为的能力。个体是具有认知能力、反身性和技能的行动者。

虽然反身性是吉登斯关于人类行动者和行动的理论的关键部分，因此也是他的形式结构化理论的关键组成部分，但他将这种反身性作为其宏观社会分析的核心。[3]特别是他提出，反身性已成为现代社会的一个关键特征。尽可能简单地说，他的论点如下。在前现代社会，“传统”往往引导着日常行为。也就是说，行为受过去实践的权威所主宰。而在现代社会中，社会实践根据新的信息不断修订。事实上，在越来越多的社会领域（从家庭到教育、社会福利和政府），对社会过程的持续反思或知识生产的过程，成了社会实践的制度化组成部分。换言之，现代制度的一个关键特点就是融入了一些特别的实践，这些实践就是要了解制度的功能运作情况，以改善制度的表现。从监狱到政府机构，不断产生新知识并将其融入制度/机构实践，成了现代性的一种驱动力。

吉登斯认为，现代性的特征不仅在于制度和人际层面的反身性过程，还在于这两个层面之间的持续互动或反馈。制度产生的专家知识不仅被融入制度实践，而且被融入个体行为。例如，大学和精神病学之类的机构/制度生产出关于亲密生活的知识。当这种知识通过大众传媒、学校、教堂和文学公众等中介在整个社会秩序中传播时，它们塑造了日常的亲密行为。吉登斯做出了如下描绘：

> 今天，任何在西方国家步入婚姻的人……都知道离婚率很高……了解高离婚率可能会影响结婚的决定，以及有关相关考虑的决定，包括关于财产的规定等。此外，对离婚水平的认识通常远不止是对一桩直白事实的意识。它是由外行行动者以渗透着社会学思维的方式加以理论化的。因此，几乎每个考虑婚姻的人都对家庭制度的变化、男女相对社会地位和权力的变化、性习俗的改变等有所了解，所有这些都进入了他们反身性地影响的进一步变化的过程。婚姻和家庭如果没有彻底的"社会学化"和"心理学化"，就不会是今天这个样子。[4]

这种制度反身性与个体反身性程度的提升，是否意味着人类更接 144
近于实现启蒙运动的乌托邦希望，即人类进入一个理性将主宰人类事务的时代？吉登斯认为，20世纪晚期是一个日益统一和相互联系的世界，它是否正在开创一个前所未有的民主化和自由的新型世界秩序？

作为社会理论经典传统的继承者，作为21世纪许多暴行的见证人，吉登斯对此持谨慎态度。一方面，吉登斯用程度前所未有的制度反身性和人际反身性来概括晚期现代性的特征，与**启蒙哲人**及其社会学继承人如马克思和帕森斯等一起相信，理性可以成为世界上一种有益的社会力量。制度化的反身性意味着，社会规则和惯例将成为充满争论和社会冲突的场所，因为它们与权力关系有关。话说回来，同样的反身性也开启了新的可能，即关于规则的理性共识或论证得出的共识可能成为社会合法化的最高原则。因此，民主化和自治就是晚期现代性状况的题中应有之义。另一方面，制度反身性的程度提升也带来了新的社会风险和危险。例如，反身性的增加意味着针对知识主张的争论加剧，因此，具有讽刺意味的是，确定性反而降低了。专家系统，无论是医学知识或科学知识，还是基于计算机或空气动力学的系统，都会带来许多未曾预见到的和无法预见的后果和社会风险，在某种程度上它们也是不可控的。医学知识和技术可能使许多疾病的治疗成为可能，但也可能会产生未曾预见的可怕后果，例如比原初疾病更危险的副作用。核技术为广大人口提供了廉价、高效的能源，但也带来了程度前所未有的环境风险和社会风险。

晚期现代性的世界与其说是一个以理性、民主化和安全水平不断提高为特征的世界，不如说是一个由专家系统驱动的世界。由此观之，现代性与其说是韦伯笔下的“铁笼”，或马克思眼中人类自由的非自觉的载体，不如说是推动人类穿越时空的“巨兽战车”(juggernaut)，即使不说是没有方向，也肯定不是走向预定的终点。现代性被比作“一个失控的巨大动力引擎……骑行绝不是完全不愉快或没有回报的；它通常令人振奋，并令人满怀希冀。但是，只要现代性的制度延续，我们就永远无法完全控制旅程的路径或步伐”。[5]尽管对于人类理性地控制历史这一启蒙运动梦想在很大程度上仍然是一个梦想，但吉登斯提出了一种“现实主义乌托邦式”的希望，即人类渴望至少能够“驾驭这台巨兽战车”。

皮埃尔·布尔迪厄

在英吉利海峡对岸，比吉登斯年纪稍大的同时代人皮埃尔·布尔
迪厄接替了社会学大家雷蒙·阿隆在法兰西公学院的席位。*与吉登
斯不同，布尔迪厄一再拒绝阐发一套社会学一般理论或体系的目标。
布尔迪厄声称，他的概念工作始终是受经验驱动的。事实上，吉登斯 145
在20世纪80年代的主要贡献是理论阐述的著作，与此相反，布尔迪
厄的主要著述是对社会分层、文化、大学、学校等的经验研究。[6]不过，
布尔迪厄在他的社会分析中，还是提出了一系列一般理论立场。透过
许多论文和访谈，布尔迪厄其实详细阐发了一系列基本概念和理论
立场。[7]

皮埃尔·布尔迪厄（Pierre Bourdieu，1930—2002）出生于法国南部省份贝亚恩（Béarn）。他曾就读于精英荟萃的巴黎高师。

---

* 法兰西公学院（Collège de France）亦称“法兰西公开学术院”，是法国历史最悠久的学术机构，由国王弗朗索瓦一世成立于1530年。面向社会大众传授前沿知识，独立于法国基础研究和高等教育之外，不跟其他任何机构进行职业竞争，无预定教学计划，也不颁发任何文凭证书。上海译文出版社《法汉词典》和李猛、李康的布尔迪厄著译中皆作“法兰西学院”，但无法跟“法兰西学院”/“法兰西学会”（L'Institut de France）或“法兰西学术院”（L'Académie Française）相分别，在汉语里通常三者都译为“法兰西学院”。正式教授的教席覆盖数理化生、文史经社、世界伟大文明研究等。某教授退休后，教席的更新按照科学的最新发展来确定，新教席的名称确定研究新主题。教授由同行们在全体大会上选举产生。

1982年，他获选继任法兰西公学院社会学席位。布迪厄是一位具有挑战性的作家和杰出的社会学家。他致力于发展一种观点，就是将个体理解为积极的行动者，但不能完全掌握自己的命运。布尔迪厄通过他的惯习概念，即个体根据其社会阶级位置获得的一套整体性的、无意识的解释准则和动机准则，试图创造一种理论，既不会将个体化约为仅仅是社会结构的产物，也不会忽视社会结构在对个人施加约束方面的作用。他的名著《区隔》通过考察社会分层的深层模式来应用这一概念。

像吉登斯一样，布尔迪厄将他的主要理论兴趣描述为希望克服主观主义与客观主义、结构主义与文化主义、微观社会分析与宏观社会分析之间的分隔，这些分隔导致了当前社会学支离破碎、充满冲突的状态。布尔迪厄认为，最重要的是，在社会学家和现代社会思想家里，以结构为中心的思路和以行动者为中心的思路之间的二元论是核心的分隔。

结构主义，在法国以列维-斯特劳斯和阿尔都塞的结构马克思主义为例证(参见第十一章)，是指这样一种理论立场，它通过市场、社会阶级、人口和组织之类的社会结构动力机制来说明个体行为。结构主义的优点在于，它阐明了个体意识和主体间意义(信念和价值观)之下的社会现实。然而，通过将社会过程视为自主的动力机制，个体行动的自我决定的面向被放弃了。个体被视为社会结构的产物。布尔迪厄认为，这是一种在社会学上和伦理学上都站不住脚的立场。因此，布尔迪厄主张，社会学在对待社会生活时，不仅要关注结构，还要关注个体行动和主体间性的意义。不幸的是，现象学和解释性社会学等传统将社会现实视为以主体间性的方式完成，未能从概念上阐明结构约束。布尔迪厄拒绝片面的以行动者为中心的思路，因为社会学家必须能够说明个体行动的社会背景。

布尔迪厄的目标与吉登斯的目标非常相似：通过某种版本的“结构性”理论，克服结构和行动的二元论。然而，这些相似之处几乎完全限于整体理论意图的层面上。布尔迪厄的核心概念与吉登斯的核心概念几无相似之处。在概述布尔迪厄的基本概念之后，将简要概括 146
《区隔》，此书即使不说是他的代表作，也肯定明确刻画了他的核心概念，展示了他的理论视角的力量。

社会结构是布尔迪厄社会分析的出发点。个体总是在结构上位于一个多维的社会空间中，大体可以从社会阶级位置来界定这个空间。社会阶级位置与其说是严格意义上的马克思主义对阶级的定义，不如说是指个体获得各种资源、社会纽带和社会机会的渠道，而渠道的差异不仅与职业相关，还包括年龄、性别、教育地位等。我们将会看到，将个体与其社会结构位置联系起来，并不一定使布尔迪厄陷入某种结构决定论。此外，他的行动概念也不能化约为将个体视为自我确定的行动者（像符号互动论那样），理性计算的行动者（像交换理论或理性选择理论那样），或规则支配的行动者（像常人方法学和帕森斯的行动理论那样）；布尔迪厄将个体行动描述为富于直觉、策略性和创造性的。

为了澄清布尔迪厄的概念策略，我们需要引入一个关键术语——“惯习”（habitus）。为了简化这个往往显得很棘手或至少难以捉摸的概念，“惯习”指的是解释图式，主要是无意识的或以默含的方式发挥作用的。它告诉我们世界是如何运作的，如何评估事物，并提供行动指南。布尔迪厄认为，这些解释图式调控着个体的行为。然而，惯习与其说是一套决定实践的僵化规则，不如说是一套松散的指导方针，允许个体制定策略，适应新情境，并发明新的实践。布尔迪厄为了避免观念论，主张惯习并不是个体的原创，也不能将个体从社会结构条件中解放出来。相反，惯习是个体的社会结构条件的产物，但又以再生产出行动者社会存在的客观条件的方式，构建他的社会实践。重复一遍，这种社会再生产过程并不意味着以工具性的、机械论的观点来看待社会实践。在某种程度上，惯习指的是非常整体性的指导方针，个体需要以策略上有利的、有时是创新的方式应用它们。换句话说，社会结构、惯习和社会实践之间的关系并不是简单的线性、因果和机械论的关系。布尔迪厄的观点大体如下：具有相同结构位置或阶级位置的个体也具有相似的重复经历，这些经历会产生共同的惯习，而这种惯习又进而构建了他们的社会实践，即制定了指导方针和限制，但也允许个体创新。因此，个体既不是完全自由的行动者，也不是社会结构的被动产物；社会生活既不完全是主观的，仅仅由意义和自愿行动组成，也不是完全客观的，受社会结构过程驱动，并被体验为约束性或强制性的。

惯习的概念是布尔迪厄的理论综合的概念支点。惯习既是社会结构的产物，本身也是社会实践生成的一种结构，能再生产社会结构；它既是主观的（由解释图式组成），也是客观的（带有社会结构的印记）；惯习既是微观的（在个体和人际层面运作），也是宏观的（社会结构的产物和生产者）。然而，惯习总是结合“场域”（fields）和“资本”一起运作的。下面依次简述这两个核心概念。

布尔迪厄拒绝将社会这个概念视为个体的集合，或是有机的统合 147
体或社会系统。他转而用社会场域（fields）来讨论问题。这让人想起韦伯笔下的社会意象，即由社会诸领域（宗教、法律、经济、政体）组成，每个领域（sphere）都有各自相对自主的逻辑。学术、经济、体育、艺术和学校等场域，不能相互化约，也不能化约为某种系统逻辑，比如资本主义。相反，场域是由个体组成的，他们客观地定位在一系列社会关系中，拥有不同的资源（不同类型的资本），并为声望、财富和权力展开斗争。例如，在学术场域，有一些个体，处在相对于大学、学科和院系所设定的客观社会关系的位置上，通过使用可资利用的资源（例如社会纽带和知识），来争夺权威、权力和声望。布尔迪厄主张，不同的场域重视不同类型的资本或资源；例如，文化资本或知识和文凭是争夺学术领域支配地位的关键资源，而在经济场域的竞争中就远非如此了。“资本”是指个体拥有的具有社会影响力或流通性的资源或品质。资本有多种形式，包括经济资本（财富）、文化资本（文凭、知识）、符号资本（荣誉、声望）和社会资本（社会纽带、信心）。

如果说布尔迪厄的目标之一是整合社会生活中以行动者为中心的面向和以结构为中心的面向，那么他的工作的首要冲动也许是**将文化带入社会学的中心，以分析社会支配的动力机制**。布尔迪厄主张，文化是支配的社会组织过程不可或缺的组成部分。如果文化在当今许多社会中是政治的关键场所，如果人们为控制意义的生产和流通而斗争，那是因为文化对社会不平等的动力机制至关重要。布尔迪厄的研究分析了文化在基于阶级的不平等中的作用。

但是文化与支配是如何关联起来的呢？总的来说，布尔迪厄认为，文化，他指的是符号、意义和文化产品（从音乐和高雅文学到食物和家具），总是被打上社会阶级的烙印。不仅如此，文化还再生产出阶级支配，以至于居于支配地位的阶级可以把自己的文化价值观、标准和品位强加给整个社会，或者至少将他们的文化偏好作为标准，来判定国族文化中哪些是最高、最好和最合法的。只要居于支配地位的阶级的知识、生活方式、品位、审美判断和社交举止成为社会维度上合法的，占支配地位的，就实现了阶级支配。阶级支配被居于支配地位的阶级所倡导的意识形态所掩盖，这种意识形态将最受渴求、最被推崇的文化形式和实践视为有天赋、有才华甚至有克里斯玛魅力的个体的产物。换句话说，许多人不认为音乐、艺术、装饰、衣服或食物反映了阶级不平等，而是将这些东西视为天才个体的创造，而他们的欣赏反映了个体鉴赏力的天然差异。

为了说明布尔迪厄的社会学视角，我们不妨来谈谈据说是他的代表作《区隔》，[8]该书基于广泛的调查数据撰成。布尔迪厄的总体目标是将阶级分析和文化分析结合在一起，或者更具体地说，研究阶级支
148 配的文化机制。在这方面，布尔迪厄批评了一种文化模式，这种模式假设存在艺术、文学、音乐等文化表达形式，其价值（value or worth）可以在社会利益和权力之外确立，作为纯粹的审美理性问题。而布尔迪厄将所有文化实践直接定位在社会冲突和权力关系的领域。虽然他批评将文化从社会中移除的努力，但他也批评马克思主义的思路，即将文化化约为阶级意识形态，或者在分析文化时，仅仅视其为将基

于阶级的社会不平等予以自然化和模糊化的手段。这当然是文化的一部分，但这种思路无法分析文化在阶级再生产中的运作。布尔迪厄提出了一套有关文化的阶级生产和阶级的文化再生产的理论。

《区隔》花费大量篇幅记录了基于阶级的生活方式差异，表现在法国人的阅读、音乐或食物偏好上。这些文化实践被视为既是由阶级赋予了结构，又再生产着社会阶级。布尔迪厄至少提出了三点整体主张和论点，对他有关社会分层的政治社会学都是至关重要的。

首先，他提出，存在着不同的阶级和阶级派别（class fractions），它们反映了经济资本和文化资本的不同组合。布尔迪厄区分了工人阶级、小资产阶级、中产阶级和上层阶级，这些阶级大致是由他们的职业来定义的。他继续在每个阶级中进一步区分出派别，据说这些派别因其文化资本而异。例如，资产阶级的基础是他们拥有相对高水平的经济资本，但是这个阶级内部的工商派别和知识分子派别（教师、作家、文化工作者）之间的分隔所反映的很大程度上是文化资本的差异。前者相对于后者拥有更多的经济资本，但文化资本较少。换句话说，教师或文化工作者（作家、记者、画廊老板）拥有中产阶级工商派别通常缺乏的文凭证书和玄秘的文化知识。社会阶级内部资本数量和构成的这些变异，可以说明阶级内部的差异和对立。因此，经济地位在很大程度上决定了社会阶级，而文化资本部分地受到经济资本的制约，创造了阶级派别。

其次，布尔迪厄声称，虽然这些不同的阶级和阶级派别是不同文化风格的基础，但在每个阶级派别内部，文化模式多少还是统一的。这是布尔迪厄的核心主张之一，在我看来，也是最具原创性、最发人深思的主张。阶级和阶级派别产生了相对同质的生活方式模式，因为有可能在音乐、戏剧、食物和家居装饰等各种实践中识别出共同的基于阶级的文化模式。布尔迪厄通过论证每个阶级创造自己的惯习来说明这一点，这涉及如何解释和判断阶级成员共享的物体和事件。每个基于阶级的惯习都会导致行为模式跨越多个文化领域而保持一致。特别是，布尔迪厄认为，阶级地位在多大程度上使人们有可能获得摆脱物质必需的自由，塑造了一个阶级的惯习和文化实践。例如，中产阶级的高水平经济资本这一特征，使他们在相当程度上拥有摆脱物质必需的自由。因此，中产阶级更喜欢强调物体和生活的风格化或审美化的文化形式。所以，中产阶级中的上层更喜欢古典音乐、抽象艺术、前卫电影与先锋戏剧。换句话说，中产阶级或至少这个阶级里的某些派别更喜欢某些文化对象和实践，其意义在于对线条、颜色和技
149 术等形式上的考虑。与此相反，以低经济资本为特征的工人阶级受到物质必需品的压力。因此，劳动者养成了一种惯习，使他们倾向于以更具功能性的方式来对待文化。工人阶级个人更偏好的那些文化物体和实践，其意义是由其内容传达的。例如，他们喜欢注重旋律和歌词的音乐、内容驱动的艺术和功能性家具。基于阶级的文化差异的一个例子是食物消费。布尔迪厄认为，调查表明，工人阶级男性更喜欢肉质和饱腹的食物，这证实了他们阶级特有的对男性特质的认识。因此，他们不喜欢鱼，因为它太精致，太女性特质，而且也吃不饱。与此相反，中产阶级男性更喜欢鱼，正是因为它细腻、饱腹感少、健康，并且涉及烹饪的精细化和消费的精致化，进而指向风格化。从某种意义上说，布尔迪厄认为，中产阶级在所有文化模式中都普遍追求形式和风

格化，而不是感性和功能性，由此将他们摆脱物质必需的这种相对自由予以理想化。事实上，对物质性和功能的贬低是中产阶级宣称更高道德地位的一种方式，就好像一种实践或生活方式越是抽象化、精神化和形式化，它在道德上和美学上就越优越，而且那些从事这种实践的人也是如此。

第三，布尔迪厄认为，文化消费是不同阶级派别让自己有别于他人并确认优越地位的一种方式，从这个意义上说，文化是阶级政治的一部分。具体而言，文化生产和消费是居于支配地位的阶级派别寻求确立并维持其支配地位的手段。他们的目标是将自己的文化品位、偏好、标准和生活方式变成最有价值、最被渴求和最占支配地位的。只要他们的价值观、审美风格和判断力占据社会支配地位，他们的霸权式阶级地位就得以维持。不仅如此，布尔迪厄还说明了被支配阶级如何服从他们的臣属性社会位置。他认为，被支配阶级创造了一种阶级特定的惯习，所导致的生活方式和审美偏好又能再生产出他们的社会位置。也就是说，被支配阶级选择的生活方式是由他们的阶级位置所促成的，但也再生产出其阶级位置。此外，布尔迪厄认为，这些阶级支配的动力机制被大大掩盖，直到有关个人才华和努力的意识形态被接受的程度。也就是说，通过将文化实践视为个体能力的产物，居于支配地位的文化模式被视为反映了鉴赏力胜出一筹，而不是基于阶级的某种强加，是社会不平等的固有组成部分。

布尔迪厄应用这一视角，来分析学校作为阶级再生产的主要制度机制。和对地位区隔的研究中的情形一样，他首要关注的是文化如何使支配系统的再生产成为可能，而行动者却几乎没有任何自觉意识。

学校通过将社会阶级区隔转化为教育区隔，再生产了阶级不平等。布尔迪厄主张，居于支配地位的阶级派别使他们的阶级文化成为占支配地位的学校文化。学校成为支配阶级的社会化的另一个场域。例如，来自支配阶级的儿童为学校带来了各种社会资本和文化资本（例如语言技能、社会纽带、互动风格、智力技能和纪律规训），这些资本实际上确保了他们的成功。他们将体验到学校环境是“自然的”，因为
150 他们拥有取得好成绩所需要的一切社会资本和文化资本（例如知识、社会纽带、信心，人际交往能力）。与此相反，工人阶级体验到学校系统在社会角度和文化角度上都具有挑战性，或者是一个颇为格格不入的社会环境。他们具有阶级特定性的技能、才华、思维方式和互动方式不会轻易转化为教育成功。因为他们的惯习在学校里并不占支配地位，工人阶级会表现不佳，并被判定为低人一等。有两点应当强调。首先，学校并不只是再生产出阶级支配，而是增多了*基于阶级的不平等。其次，这种通过学校教育再生产出阶级不平等的机制并没有被认识到，因为有所谓成功反映出个人努力和能力的意识形态。学校里的失败被解释为个人的失败，而不是基于阶级的失败，这有助于维持阶级等级秩序。

就这样，布尔迪厄对文化进行了彻底的社会分析。此外，文化分析被带入社会学的中心。布尔迪厄反对旨在将“文化”与权力相分离的视角，认为文化产品、偏好和价值观并没有什么内在固有的价值；各种文化品位和价值观之间也没有什么合乎理性的等级秩序。是社

* 原文为“multiply”，不光是指量上的增多，也意味着种类的扩充。

会权力在决定哪些文化对象受到推崇。文化之所以是一块社会冲突的领域，正是因为不同的阶级围绕着哪些文化价值观、标准、选择和生活方式作为文化的合法标准而展开斗争。布尔迪厄将通过文化强加完成的阶级支配描述为一种符号暴力（symbolic violence），即将基于阶级的特定价值观强加给所有社会阶级的暴力。

布尔迪厄有关文化的政治社会学引出了一个耐人寻味的问题：如果说文化是一种社会建构，是阶级政治的场所，那么知识和科学也是如此吗？如果阶级的目的是声称自己基于阶级的特定品位和价值观具有优越性，并由此区分自己，那么科学，至少是社会科学，难道不是受到同样的阶级结构塑造，或至少与阶级政治有关吗？布尔迪厄意识到，他有关文化的政治社会学会如何影响到那些提出有关知识的主张的话语，那些话语有可能被视为阶级政治的一种策略。他试图避免自相矛盾的立场，即既声称文化是政治领域的一部分，又主张他自己的社会学的文化生产具有非政治地位。他的解决方案是提出一种“反身性社会学”。[9]

当然，布尔迪厄并不是社会学家第一个推荐反身性策略，以避免社会偏见破坏对科学知识的诉求。实证主义者拒绝承认与理性无涉的（nonrational）因素会影响研究，许多社会学家反对他们的立场，主张一种反身性，鼓励科学家意识到个人价值观、性别或阶级利益如何影响有关智识问题、范畴、主题和说明的决定。布尔迪厄相信，这个策略也有其局限，因为最令人担忧的并不主要是个人偏见，而是我们的制度/机构的学科立场的影响。布尔迪厄提出，学者从属于某种学院制度环境下的特定学科，基于这样的结构性立场来进行社会研究。必须分析个人所处特定学科位置的惯习，以避免将特定的学科惯习强加给我们所研究的人，从而使我们自己的实践沦为符号暴力。

例如，布尔迪厄评论说，社会学的惯习助长了唯智主义的偏见
151 (intellectualist bias)。也就是说，许多社会学家认为，他们自己对理解和说明社会事件的关注，也是所研究人群的社会实践的逻辑。换句话说，社会学家经常不加批判地假设非学术性的社会实践也是围绕着对相互理解、智识澄清和系统化的同样强调组织起来的。反身性社会学旨在揭示产生这种唯智主义偏见的结构性条件，从而将社会学家从中解放出来。然后，社会学家就会认识到，社会实践的逻辑与其说是由理解和说明的动机所主导的，不如说是由做出调适、满足需求、获得权力等的动机所主导的。布尔迪厄认为，通过将学院惯习对象化/客观化(objectifying)，我们可以避免用学院惯习来解释寻常社会实践的错误。事实上，将学院惯习对象化，可以让分析者掌握社会实践逻辑的独特性质，这种逻辑比受规则支配、以理性计算的逻辑更具直觉性和策略性。布尔迪厄认为，意识到社会科学的制度结构化，这样的反身性社会学将促成一种真正的科学的社会学。

推荐书目

Pierre Bourdieu and Loic Wacquant, *An Invitation to Reflexive Sociology* (Chicago: University of Chicago Press, 1992).（皮埃尔·布尔迪厄与华康德，《反思社会学导引》，李猛、李康译，商务印书馆，2015）

Craig Calhoun, ed., *Bourdieu* (Chicago: University of Chicago Press, 1993).

Ian Craib, *Anthony Giddens* (New York: Routledge, 1992).

Ken Tucker, *Anthony Giddens and Modern Social Theory* (Newbury Park,

CA: Sage, 1998).

参考文献

1. Anthony Giddens, *Capitalism and Modern Social Theory* (Cambridge: Cambridge University Press, 1971).
2. Anthony Giddens, *Central Problems in Social Theory: Action, Structure and Contradiction in Social Analysis* (Berkeley: University of California Press, 1979); *The Constitution of Society: Outline of the Theory of Structuration* (Berkeley: University of California Press, 1984).
3. Anthony Giddens, *A Contemporary Critique of Historical Materialism*, vols. 1 and 2 (Berkeley: University of California Press, 1981 and 1985).
4. Anthony Giddens, *The Consequences of Modernity* (Stanford, CA: Stanford University Press, 1990), pp. 42–3.
5. Giddens, *The Consequences of Modernity*, p. 139.
6. Pierre Bourdieu, *Homo Academicus* (Stanford, CA: Stanford University Press, 1984); *The Field of Cultural Production: Essays on Art and Leisure* (New York: Columbia University Press, 1993); (with Jean-Claude Passeron) *Reproduction in Education, Society, and Culture* (London: Sage, 1990).
7. Pierre Bourdieu, *Outline of a Theory of Practice* (Cambridge: Cambridge University Press, 1977) and *The Logic of Social Practice* (Stanford, CA: Stanford University Press, 1990).
8. Pierre Bourdieu, *Distinction: A Social Critique of the Judgement of Taste* (Cambridge, MA: Harvard University Press, 1984).
9. 参见 Pierre Bourdieu and Loic Wacquant, eds., *An Invitation to Reflexive Sociology* (Chicago: University of Chicago Press, 1992)。

152

第三编　结语

欧美理论家将马克思、涂尔干和韦伯等人视为现代社会思想的奠基人。然而，也有一些重要的差异，导致欧洲人发展出一些更具哲学和道德取向的思路来对待社会科学和理论。

如前所见，欧洲思想家对马克思主义要友好得多。马克思主义在美国政治文化中并不是一股重要力量。事实上，反共产主义和反马克思主义一直是美国文化中一股强大的力量。例如，帕森斯和伯格就对马克思主义提出了严厉抨击。美国的大部分社会思想要么忽视马克思主义，要么被对马克思主义的拒斥所塑造。

与之相反，马克思主义是欧洲的一股主要政治力量。主流政党如各工党或社会党接受了马克思主义社会主义的意识形态。欧洲思想家们其实别无选择，只能结合马克思来界定各自的社会政治思想。许多欧洲人拒斥了马克思，尤其是在苏联共产体制兴起之后。然而，许多重要的社会思想家都受到马克思主义的积极影响。事实上，马克思的思想被许多欧洲人接受为社会政治理论的出发点或基础。

哈贝马斯、霍尔、吉登斯和布尔迪厄都认为马克思是一位杰出的社会思想家。马克思的社会阶级理论被理解为把握社会不平等的起点。他的资本主义理论揭露了剥削和异化的现实，被理解为标志着相较于自由主义思路的重大进步，后者将市场经济视为促进自由和社会进步。最重要的是，这些理论家都接受了马克思主义的社会批判理论；其目的不仅是说明现实，而且还要带来有利于穷人和劣势群体的社会变革。

但是，到了“二战”后时期，批判理论家也确信马克思主义需要相当大的修改。它的资本主义理论，它的社会阶级理论，它对工人阶级革命的预期，以及它对即将到来的共产主义时代的想法，似乎显然已 153
经陈旧了，在某些情况下还搞错了。如前所见，许多欧洲理论家试图将马克思、经典社会学和其他思想视角结合起来，创造出一种新的社会批判理论。

欧洲和美国之间还有另一个塑造社会思想面貌的重要差异。总的来说，欧洲知识分子更受尊重。人们期望他们在当今的主要道德问题和社会问题上采取立场，在公共论坛上发表意见，并经常得到顶层公职人员和政治家的认真考虑。人们不时会发现知识分子领军人物现身电视和广播，并为报章杂志定期撰稿。

此外，欧洲社会思想家处理社会思想的角度比美国人的典型手法要宽广得多。毕竟，欧洲人属于一股伟大的哲学传统，从柏拉图和亚里士多德延伸到笛卡尔、康德、黑格尔、维特根斯坦和海德格尔。人文学和社会科学的学生经常接触哲学。美国的社会理论家，特别是社会学理论家，经常在哲学和科学之间划清界限，与之相反，欧洲理论家的情况并非如此。认真思考有关不平等、社会秩序和变革等社会问题，不可避免地要被推入某种哲学思维。

因此，发现欧洲思想家经常会接受一种特别的社会科学与理论观，将哲学、经验分析和道德批评融合在一起，也就不足为奇了。即使对于涂尔干和韦伯这样的社会科学大家来说，社会科学也从来不仅仅是揭示事实，提出对社会模式的说明；科学总是涉及揭露自由和民主或社会秩序和共同体所面临的社会危险。社会分析是奋力争取一个理性、善好的社会的一部分。这一传统由当代欧洲理论家发扬光大。即使是像布尔迪厄这样认真对待有关社会的科学这一观念的人，也煞费苦心去澄清他的社会视角的哲学基础；布尔迪厄认为社会理论和分析是一种批判实践，其最终目的是促进正义和自由，在这一点上，他毫不逊色于哈贝马斯、吉登斯和霍尔。

在某些方面，哈贝马斯是欧洲理论家的典范。虽然尊重经验研究，但他的雄心壮志是勾勒一套有关社会和历史的一般理论，其中包括有关现代性的理论，以及对社会科学的道德基础和认识论基础的哲学阐述。没有其他理论家，不是霍尔、吉登斯或布尔迪厄，当然也没有任何美国理论家，以哈贝马斯那样的深思熟虑和严谨逻辑，接受思考社会科学意义的挑战。但是，即使对哈贝马斯来说，理论最终也总是通过它告诉我们关于世界的内容，以及它如何有助于创造一个更好的社会世界，来证明它的价值。

第四编

修正与反叛：后现代转向

第四编　引言 157

如前所见，从18世纪到19世纪初，一套新的社会和政治思想引起世人瞩目。伏尔泰、狄德罗、孟德斯鸠、富兰克林、大卫·休谟和亚当·斯密等思想家团结在一些强有力的思想周围，比如科学的客观性，科学进步与社会进步的携手并进，人类的一体性，人类从东方到西方、从压迫到自由的演进等。这些社会观念融入了现代西方的政治和文化历史。这些思想根子上有一种深刻而持久的信仰：在科学和民主制度的帮助下，人类可以为所有人创造一个自由和正义的世界。这种信念成为19世纪、20世纪和21世纪各个世代的一种信条。甚至马克思、哈贝马斯和C.赖特·米尔斯等社会批评家，也是进步这一启蒙运动观念的坚定信徒。

20世纪50年代开始，这些观念中有许多遭到了挑战。我们将在第五编看到，在非洲和其他地方针对西方殖民主义的反抗中，在女性、同性恋、非白人和残障人士的反叛中，暴露了充斥着酷刑、剥削、排斥和种族灭绝的历史。这些批评者说，启蒙运动实际上并不意味着为所有人增加自由和正义。不过我们稍后再来谈谈这个故事。

第二次世界大战尘埃落定后，许多社会思想家开始评点席卷西方社会的社会和政治生活的巨大变化。以制造业为基础的工业经济正在丧失地盘，让位于以服务为导向的后工业经济；一种强调努力工作和财富积累的文化现在开始提倡消费、快乐和自我表达；民主和权利不断推进，但真正的个体自由似乎在减少；国家越来越做大，但随着全球化、跨国公司和国际运动等力量的增强，国家也越来越走弱；媒
158 体和新的信息系统正在以意想不到的方式重塑我们的日常生活；科学与政治之间的界限趋于模糊。针对当代社会的现状和未来，一场论争应运而来。

一些思想家提出，社会思想需要根据当前正在发生的世界转型进行重大修改。这些思想家声称，后工业经济、世界社会、媒体饱和文化（media-saturated culture）和多元文化主义等发展表明了一种划时代的转变。现代社会理论的关键概念，例如国家和个体的首要性、西方的优越性，以及现代生活作为进步故事的观念，都不再具有真理的光环。世界已经改变，社会理论需要做出重大变革。一个新的世界秩序，一个既现代又后现代的世界，正在形成。

我们将在接下来的章节看到，当代思想家对当前的社会状况提出了原创性的解释。对于一些理论家（如利奥塔）来说，有关科学进步和社会进步的观念宣告终结是决定性的；对于其他人来说，媒体在塑造日常生活方面前所未有的力量（例如鲍德里亚），或者法律和政府之外的统治力量新的显著意义（福柯和鲍曼），正在重塑我们的社会世界。

第十一章

雅克·德里达、让-弗朗索瓦·利奥塔和让·鲍德里亚的后现代世界

对比美国和法国的思想文化会很有启发。战后美国特有的学院知识分子和公共知识分子之间的分离，在法国就不那么明确。至少自20世纪50年代以来，科学精神和专业精神一直主导着美国大学；学院知识分子应该进行科学研究或学术研究，主要由其所属学科的成员阅读。尽管一些美国学者承担了公共知识分子的角色，但这既不是人们的期待，也不一定赋予学术声望。而在法国，学者被期望是普遍知识分子（general intellectuals）；他们渴望提出原创的观点，面向学界以外的广大公众发言。

法国的文化理想是普遍知识分子的理想。通常，此人具有学院背景，最好是索邦大学或法兰西公学院。然而，并不是这种学院地位或任何纯粹的学术才华赋予知识分子声望。相反，地位会赋予那些塑造出独特的写作风格和对人类境况的独特视角的人，他们会引来跨越多种学院学科和社会公众群体的兴趣。公共知识分子利用学识，以富于原创、启人深思的方式参与当前的社会发展。成为一名介入社会的知

识分子，这就具有政治性。

学院人士作为公共知识分子的传统对把握战后法国社会思想至关重要。例如，它说明了为什么许多主要的社会思想家，如让-保罗·萨特、西蒙娜·德·波伏娃、阿尔伯特·加缪、路易·阿尔都塞、罗兰·巴特、米歇尔·福柯、朱莉娅·克里斯蒂娃和让-弗朗索瓦·利奥塔，并不是社会学家或社会科学家。反过来，许多主要的当代社会学家，如让·鲍德里亚或皮埃尔·布尔迪厄，很难被描述为美国意义上的社会学家。他们是公共知识分子，他们的思想既是学术性的，又是伦理性和政治性的。

在法国，我们要定位社会思想的重大突破，较少诉诸社会科学中
160 狭隘的学院学科，而是诉诸具有跨学科公共性质的更广泛的思想运动。虽然从涂尔干到现在的法国社会学传统令人钦佩，但战后法国社会思想的独特形态首先是由两股强大的理论运动产生的：结构主义和后结构主义。

结构主义：一种科学主义的人的研究

现代法国思想文化揭示了人文主义世界观和科学主义世界观之间由来已久的分隔。这种文化冲突在20世纪初有关人的研究各学科制度化的关头至关重要。例如，对涂尔干的社会学观照的主要反对者是这样一些学者，对他们来说，社会是个体决定的总和。他们反映了人文主义世界观，反对社会学，因为它对社会力量的强调被认为否认

了个体自由和道德责任。

科学主义的结构社会学传统将孟德斯鸠、孔德和涂尔干联系起来,但它在法国学术界发展得并不顺利。到第二次世界大战结束时,涂尔干式的社会学开始衰落。那些年里,涂尔干学派的许多领军人物年事渐高乃至去世。此外,“二战”中的抵抗运动鼓励了更具个人主义和英雄主义的精神,这种精神在存在主义哲学中得到了强有力的表达。而马克思主义日益重要,也进一步助长了涂尔干式社会学的边缘化。这在一定程度上反映了法国共产党上升到享有政治权力的地位。尽管涂尔干式社会学在战后衰落,但其社会学观照并没有从法国思想文化中消失。到了20世纪50年代,它将社会视为社会关系的自主领域的意象作为结构主义社会分析方案蓬勃发展。

法国结构主义是对人文主义哲学的传统做出的对抗,特别是对抗存在主义。[1]人文主义哲学的核心是将个体视为一种自我指导的创造性力量。人文主义颂扬个体,视之为社会和历史中的创造性力量。相反,结构主义着眼于超越个体的力量来把握社会生活和历史。事实上,个体被说成是非人格化力量的效应。结构主义者主张,这个世界表面看来只有处于看似随机的互动中的个体居住,但在这种表象之下,是结构性的模式。结构主义旨在揭示赋予人类宇宙统合与秩序的深层结构。

正如典型的法国思想文化一样,结构主义与其说是方法上的创新,不如说是一场哲学运动。结构主义认为人类世界是由无意识的、受规则约束的原则来确立秩序的。虽然我们可以将其思想根源追溯到马克思主义、弗洛伊德思想以及孔德和涂尔干的社会学,但结构主义最深层的来源在于语言学中的一些发展。

瑞士语言学家费尔迪南·德·索绪尔(1857—1913)被认为在改变欧洲人思考语言的方式方面发挥了重要作用。[2]当时的传统观点将161 语言视为表征世界的中立媒介。据说语词或能指(signifiers)通过它们在我们脑海中唤起的概念或现实来获得意义。在语词与概念或语词与世界之间被设定存在同一性(identity)关系。例如,“男人”的意义将涉及这个语词、男人的概念和真实男人的存在三者之间的同一性关系。

索绪尔挑战了这一观点,将语言概念化为一个符号系统,其意义在差异关系中形成。索绪尔声称,能指与所指(signified)之间或语词与世界之间的关系是任意的。如果语词和世界之间没有自然的、内在的关联,那么符号如何获得它们的意义?索绪尔提出,符号的意义来源于它们的差异关系。语词和概念以与特定语言系统中的其他语词和概念不同的特定方式来获得其含义。在特定语言中,能指和所指之间的差异关系限定了意义。索绪尔诉诸符号的对立关系或二元关系来理解符号如何获得意义。“男人”这个语词之所以有意义,并不是因为有一种人类实在,具有与能指“男人”相维系的相应属性。相反,“男人”之所以具有意义,是因为它与“女人”这个能指相对立。进而论之,结构语言学家可以将男人/女人的对立与更一般性的人类/非人类动物二元对立联系起来,而后者又可以与动物和非动物生物之间的对立联系起来,如此等等。符号的意义在于它们在特定语言系统中的差异关系,特别是它们的二元对立。

索绪尔放弃了标准的语言观,即将语言作为中立媒介,通过这种媒介，心智可以照原样反映世界。这种观点认为，在语词和概念之间，在概念和世界之间，存在着限定意义的同一性关系。相反，索绪尔主张一种新的语言观，把语言视为一个符号系统，其意义是由它们的差异关系产生的。索绪尔认为语言是一种活跃的、动态的社会力量，它塑造了心智，也塑造了世界。作为一个自足的系统，可以研究语言在当下是如何被组织起来并发挥功能的。

结构语言学被人类学大家克劳德·列维-斯特劳斯转译成一套社会科学研究方案。列维-斯特劳斯1908年出生于比利时，儿时移居法国，最终在久负盛名的法兰西公学院占据席位。他撰写了一系列开创性的作品，《亲属关系的基本结构》《结构人类学》《野性的思维》《生食与熟食》等，引发了一些人所称的“结构主义革命”。[3]

列维-斯特劳斯的目标是以结构语言学为模型来进行社会思考。他认为语言是所有社会现象的原型。因此，指导语言研究的假设和方法可以应用于任何社会事实。列维-斯特劳斯分析了亲属关系、神话、仪式、婚姻、烹饪和图腾系统，视之为由基本单位（类似于语词或音素）组成的系统，其意义源于差异模式，特别是二元对立和二元关联。列维-斯特劳斯不仅将语言作为特定社会制度（例如婚姻、亲属关系或宗教）的模型，而且将其作为领会任何社会秩序的范式。从其文化维度或符号维度来考虑，社会就是一种超级语言。

结构性社会探究考察社会现象的基本单位之间的差异关系和 162
关联关系。它旨在发现主导社会形式发挥功能运作的普遍法则（universal laws）。列维-斯特劳斯认为，这些一般法则（general laws）归根结底是无意识的心智结构。实际上，他认为，在社会生活表面的随机性之下，是创造秩序和社会统合性的普遍结构。社会世界的真正组织力量是这些结构符码，而不是个体。

在20世纪五六十年代，在存在主义的人文主义和马克思主义的社会学主义之外，“结构主义革命”提供了另一种选择。然而，许多同情列维-斯特劳斯的结构主义的知识分子并没有遵循他颇为刻板的方案，以结构语言学为模型来进行人的研究。例如，路易·阿尔都塞希望根据结构主义来重新思考马克思主义，但并没有将社会化约为语言。[4]米歇尔·福柯在其早期著作中，采用了大体上的结构性思路来研究癫狂和人文科学的诞生，但避免了对语言学模型的僵化应用。[5]尽管如此，即使是在阿尔都塞和福柯的早期作品中，我们也可以发现结构主义者更偏好共时(synchronic)关系而非历时(diachronic)关系，更注重内在系统动力而非叙事演替，更强调对当前系统的结构分析而不是对事件的历史分析。在结构主义思路中，偶然的社会事件和历史进入背景，而对基本形式，一般法则和静态结构的分析占了上风。

雅克·德里达

结构主义的流行与在毁灭性战争后重建法国的努力恰逢一时。第二次世界大战是在法国土地上进行的。战争的结束使经济和社会百废待兴。此外，正是这场战争产生了一个分裂的国家。在德国占领期间，法国和德国之间由来已久的相互敌视被大大放大。许多法国人认为，抵抗德国的占领是他们的国族职责。强大的抵抗运动与向德国占领投降的人之间出现了分裂。在戴高乐将军的领导下，战后的法国力图弥合这些分裂并重申其国族尊严。

> 雅克·德里达（Jacques Derrida）1930年出生于阿尔及利亚。他先后在巴黎高师和哈佛大学学习哲学（后来在巴黎高师任教）。德里达还在索邦大学任教，并在耶鲁大学、约翰·霍普金斯大学、纽约大学和加州大学尔湾（Irvine）校区担任客座教授。德里达是后结构主义的主要理论家。这种视角的基础是认为，我们所经历和认识的世界，有赖于语言和话语的不断变化的、脆弱的基础。德里达探索了语言是如何创造意义和塑造社会生活的，包括塑造社会不平等。

在战后最初的岁月里，存在主义风行一时，这种哲学表达了抵抗 163
运动的英雄精神。然而，随着战争记忆的淡去，新的国家秩序和世界秩序开始形成，结构主义取得了胜利。也许结构主义表达了法国对当前世界的特定观点。在这个世界里，人们不会预见会发生什么戏剧性的变化，而且对于许多厌战的法国人来说，也不想要什么戏剧性的变化。戴高乐将军所承诺的既不是改革，也不是革命，而是建立一个稳定的、以增长为导向的社会。此外，美国和苏联崛起为超级大国，使法国成为二流大国。对许多法国人来说，新兴的国家秩序和世界秩序似乎除了在固定的结构框架内进行部署之外，几乎没有提供任何可能性。

20世纪50年代对法国人来说是令人冷静的十年。他们没有变革的愿景，不渴求国族的辉煌，只是背负着平淡无奇的任务，要在法国沦为配角的世界秩序中，重建经济和国族文化。随着存在主义的英雄精神逐渐黯淡，随着对苏联发生的恐怖现象的揭露削弱了法国共产党的意识形态活力，结构主义占据了舞台的中心。结构主义凭借其高傲的唯智主义，对于去政治化的知识分子似乎成了富有魅力的替代选择。即使法国不得不将世界政治主导地位让给美国和苏联，至少它仍然可以凭借其观念的光辉来宣称思想上的主导地位。

战后的社会平静在1968年5月戏剧性地宣告终结。学生起义点燃了一场国家危机。与美国不同，法国学生的不满情绪激进势头明显。学生们的议程不仅仅涉及使国家控制的精英主义大学系统民主化。他们还希望使整个社会走向革命：公民控制、自我管理和彻底的文化变革，成了他们反叛的核心。他们的战斗从大学校园转移到控制法兰西第五共和国的核心社会制度。在巴黎的街头，数以千计的学生与警方爆发冲突。例如，5月10日，大约两万名学生游行，要求释放被监禁的学生和同志；随后爆发与警方的冲突，造成数百名学生受伤。然而，学生们并没有退缩；他们占领了拉丁区*的大部分地区，并在巴黎市中心筑起了街垒。

在美国，学生抗议活动只是作为反战运动才获得大众支持。学

* 拉丁区（Latin Quarter）处于巴黎五区和六区之间，是巴黎著名的学府区。名字来源于中世纪这里以拉丁语作为教学语言。区内遍布索邦大学、巴黎高等师范学院、亨利四世中学、路易大帝高中、圣路易高中、巴黎矿业学院、法国国家高等美术学院、巴黎理工学院旧址等等。60年代尤其是1968年的五月风暴，使得拉丁区也成为著名的学生抵抗运动和抗议游行敏感区。

生运动中的激进派，例如“学生争取民主社会组织”（Students for a Democratic Society, SDS），仍然处于孤立状态。而在法国，学生运动广泛的意识形态议程得到了相当一部分蓝领工人、专业人士和文化精英的呼应。随着一所又一所校园落入学生手中或被关闭，蓝领工人罢工并占领了工厂。工会和教师联合会与学生结盟，号召于5月13日举行总罢工。几天之内，估计有六百万到一千万工人罢工，使法国几乎陷于瘫痪。为了加强日益增长的国家危机意识，一些医生、律师、记者、演员和音乐家加入了学生和工人的行列，接管了电视、广播、电影和出版公司等文化机构。最初的学生骚乱事件逐步升级，演化为基础广泛的对法国资本主义、天主教和消费主义的反抗。

通过对学生和工会做出让步、调用军队和警力、举行反示威、内阁更迭，以及举行议会选举，戴高乐取得了胜利。到5月底，反叛差不多 164
等于已经结束。然而，法国已经不复旧貌。由于不积极支持学生，共产党在左派中信誉大损。戴高乐装模作样的让步和对学生与工人的攻击，几乎没有遏止公众对第五共和国的广泛不满。也许不太明显的是，人们越来越感到法国的核心制度缺乏合法性。不仅如此，反叛还凸显了国家和资本主义之外一些个人和社会生活结构的重要性。激进派将注意力转向那些生产知识、塑造个人欲望和身份、形成我们观念和理想的社会制度/机构（例如大学、研究中心、广告、消费主义和流行文化）。他们发展出批判性的视角，来看待消费主义、日常生活文化、监狱、精神卫生机构、性相、性别和家庭。

1968年5月的反叛不是在社会真空中发生的。当时法国正在发生一些重大的变化。主要人口向巴黎以外城市的转移撼动了这个国家；传统上是法国经济和社会支柱的小型家族企业正在迅速消失，使大部分人口陷入动荡。在大众消费主义和流行文化的冲击下，日常生活的形态发生了巨大的变化。五月风暴既是一些深层分裂和变迁的致因，也是其造成的效应，当法国开始走出重建一个饱受战争蹂躏的国家的任务，正是这些分裂和变迁塑造着它的形貌。

1968年后的法国对结构主义来说并不是一个非常友好的环境。社会行动主义卷土重来，社会生活让人感受到流变不居，这都使得结构主义及其科学形式主义风格显得不合时宜。但法国左翼知识分子也不准备与存在主义再续前缘，后者缺乏一套令人信服的社会理论。尽管阿尔都塞的结构马克思主义仍然吸引着许多左翼人士，但共产党对学生反叛的蔑视却令其他人感到不安。不仅如此，阿尔都塞的马克思主义也忽视了对日常生活中的不适进行认真分析。

随着存在主义、马克思主义和结构主义失去对左翼的吸引力，一种新的思想运动开始形成，即后结构主义。[6]它结合了存在主义的反叛精神，结构主义的高傲严肃性，以及马克思主义的政治介入。将后结构主义描述为五月风暴所表明的对权威的整体反抗在理论上的表达，并不过分夸张。像抗议者和反叛者一样，后结构主义者强调解构而不是社会重建。就像他们在巴黎街垒上的行动分子同伴一样，这些巴黎知识分子除了口号之外，没有提出什么关于一个好社会的建议。然而，不认真对待这一理论发展是错误的。后结构主义标志着后马克思主义批判理论的兴起。

后结构主义与结构主义有着共同的反人文主义倾向：自主自我被话语结构或语言结构所取代，成为社会生活的基本单位。后结构主义

者强调语言在形成个人主体性和社会制度中的作用。语言是意义寄寓的地方；语言意义在组织自我、社会制度和政治景观方面扮演了重
要角色。因此，语言是生产社会现实和政治冲突的主要场所。后结构 165
主义者将语言视为一个系统，其意义源于差异和对比的关系。然而，结构主义者旨在揭示统一的语言模式，而后结构主义者则强调语言秩序和社会秩序固有的不稳定模式。如果说结构主义是一种旨在确定语言秩序和社会秩序的“建构”方案，那么后结构主义则有一个“解构”的目标：证明所有在传统或共同体之外识别或证明社会、知识或道德的秩序的主张都失败了；知识意志的背后是权力意志。

后结构主义的主要人物是雅克·德里达。[7]德里达同意索绪尔的观点，即符号的意义在于它的差异关系。然而，结构主义者错误地认定，一旦确立了这些对立关系，意义就是固定的。而德里达认为，符号的意义是多义的和变化的。例如，男/女二元可能看起来普遍一致，但它根据国族背景和阶级、种族、年龄与性别的考虑，承载着不同的意义。一种视角可能将女性视为母性的、情感的、被动的和性冷淡的；另一种话语则将女性建构为充满情欲和力量的。简言之，符号的意义从来都不是固定的；它们是冲突的焦点，因为意义具有社会和政治方面的意涵。

由此观之，德里达与结构主义的决裂不仅仅是修正其对符号的看法，而是事关语言和知识的政治。结构主义者旨在揭示围绕二元对立组织起来的语言和社会的一般模式，但并未考察这种语言秩序和社会秩序的政治意义。事实上，列维-斯特劳斯认为语言和社会的二元结构化揭示了固定的心理结构，最终寄寓于大脑之中。与此相反，根据

德里达的解释，能指即语词和声音的意义处于流变不居、聚讼不已的状态。他认为，只要说语言秩序和社会秩序是固定的，或者意义被认为是明确和稳定的，就应该将其理解为一种权力行为，或者反映了一个社会群体通过冻结意义而将其意志强加给他人的能力。对从语言、社会和政治等方面进行封闭的种种努力，后结构主义者一概反对。后结构主义是在持久地反叛权威，反叛科学和哲学的权威，也反叛教会和国家的权威。它在语言上和政治上的颠覆策略，就被称为“解构”。

德里达认为，他在西方思想中发现了一个隐藏的逻辑。他称之为“逻各斯中心主义”（logocentrism）。西方文化的逻各斯中心主义就在于它不懈追寻权威性的语言，能够揭示真理、道德正确和美。从柏拉图到伯特兰·罗素，西方思想家赋予哲学一项任务，即建立一种通用语言，以揭示什么是实在的、真切的、正确的和美的。从卢梭到列维-斯特劳斯，众多社会思想家都力求揭示社会的秩序，即社会实际是什么样子，又应当是什么样子。此外，德里达还指出了西方思想中的一系列二元对立，他认为对于建立真理秩序的努力来说，这些对立至关重要。诸如言说/书写、在场/缺席、意义/形式、灵魂/身体、男性特质/女性特质、男人/女人、字面的/隐喻的、自然/文化、肯定的/否定的、超验的/经验的，以及原因/结果，这些二元论一再出现，成为西方文化的核心。不仅如此，这些对立中的两个术语并不代表相等的价值。
166 第一个术语被认为是优越/上位的；第二个术语则是派生的、臣属/下位的。例如，言说优于书写这一假设是西方哲学的基本要义。言说被认为是心智观念的直接而清晰的载体，而书写通过使心智纠缠在语言的修辞和隐喻特性上，而遮蔽了我们的眼光。依靠这种等级性对立关系，西方思想家力求确定一种真理和实在的秩序，并以这种秩序作为权威的基础，来判断真/假、知识/意识形态、现实/幻觉或对/错。

德里达并没有提出自己的真理体系，而是反对试图揭示真理秩序这种想法本身。德里达从他的突破性著作《论文字学》开始，在《书写与差异》与《立场》中详加阐发，试图表明对思想权威的诉求经不起严格的审查。[8]他假设符号的意义是不稳定的、多义的和变动不居的。如果能指（语词）承载的意义是含混的、充满冲突的，如果它们的含义始终带有争议，那么寻求确认某种固定的意义秩序就会受到质疑。德里达尤其施展了相当大的批判能量，去摧毁在西方文化中占据至高地位的那些等级二元性。

颠覆等级话语对立，以质疑其权威，这是解构性批判策略的核心。其目的与其说是反对等级制度或扭转其价值观，不如说是削弱其力量并促进其被取代或边缘化。一个关键的策略是表明，可以把前一个居于上位的符号说成是第二个居于下位的符号的特例。

例如，弗洛伊德的思想中充满了解构的操作。弗洛伊德结合病理范畴来解释“正常”范畴。他颠倒了一系列等级关系，如意识/无意识、理智/非理智、真实/想象和经历/梦。弗洛伊德的思想本身也可以成为解构的对象；例如，男人/女人和男性特质/女性特质是弗洛伊德精神分析中的关键对立。女性主义者提出了一个有说服力的论据，即男性特质在弗洛伊德那里是一种居于上位的符号。例如，弗洛伊德一再使阴茎成为性相的规范。女性的性相被定义为阴茎缺失，因此是不完整的和劣等的。在弗洛伊德的性心理发展理论中，男性特质的上位性体现在男孩的阉割情结和女孩的阴茎嫉妒的核心地位。对于男孩来说，失去阴茎的威胁标志着父亲权力的丧失，而女孩对缺乏阴茎的意识则产生了一种自视低劣的自我界定。弗洛伊德笔下的男性特质/女性特质这一等级关系是不稳定的。为了使女性的性相保持派生性和下位性，弗洛伊德假设女性最初结合了男性特质（阴蒂）和女性特质（阴道）两类特性。据说女性通过放弃其男性特质，偏向以阴道为中心的性相，由此走向成熟。要实现一个健康的女性自我，就得以压抑以阴蒂为中心的性相为代价。然而，由于女性最初是双性同体的，人们可以从弗洛伊德的文本推出这样的结论：她们是性相的一般模型，而男性不过是她的阳具方面特定的派生表达。这就颠倒了等级关系，将女性从派生转换到基础，从边缘转换到中心，从下位转换到上位。

然而，解构的意义并不在于颠倒符号的价值，比如颂扬女性的性
167 相属于上位。这样的策略颇为有限，因为它并未触动等级秩序，并依然可以重新确认其原初形式。解构旨在取代等级秩序，使其在有关主体性和社会的语言组织中不那么权威。颠覆了等级对立，可以让那些居于边缘或遭到排斥的主体生活和社会生活的能指和形式发出公开的声音，获得公开的呈现。

解构不仅被视为一种哲学或文学的批评策略，还涉及一种颠覆政治。它挑战了维持语言、社会和政治上的等级秩序的那些制度和公共权威。语言的意义，无论是关于性别、性相、政治还是国族主义，都不是没有政治意涵的。男性特质/女性特质或西方/东方的建构塑造了西方的政治生活。因此，将女性特质想象为自然的、非关理性的[*]和母

* “nonrational”，不是“非理性”（irrational）。

性的信号，就是将女性定位为社会从属地位，或合乎自然地定位在承担妻子、母亲和照护者的角色。然而，语言意义和话语本身并不生产主体性和社会世界。它们嵌入在制度框架和政治等级秩序中。重要的是要追踪意指(signifying)实践和话语实践如何赋予某些个人、群体和社会生活形式以权力和特权。根据德里达的设想，针对意指等级对立进行解构性颠覆，属于更广泛的批评规划、社会规划和政治规划的组成部分。

不幸的是，德里达从未澄清指导解构性规划的社会愿景和道德愿景。就像五月风暴那些动荡的日子一样，解构性对抗成为一种不懈的反叛，反对权威，反对**一切权威**。德里达似乎只打算停留在一种模糊的希望，即解构批评可以以某种方式开放社会空间，容纳人类生活的更广泛表达。激励着德里达的后结构主义的是这样一种社会愿景，它颂扬不同的个体生活形式和社会生活形式无尽繁生。后结构主义仿佛希望成为所有被压迫的差异(例如女性、少数族群、同性恋)的某种普遍声音。虽然德里达没有详细阐发后结构主义的社会意涵，但他的同事却这么做了。在让-弗朗索瓦·利奥塔和让·鲍德里亚的著作中，后结构主义的批判精神被引向了社会方向。

让-弗朗索瓦·利奥塔

像许多法国知识分子一样，让-弗朗索瓦·利奥塔(1924—1998)参与了左翼政治。利奥塔的行动主义早于他的思想成熟。他积极参与工会运动，激进的马克思主义团体“社会主义或野蛮”（Socialisme ou Barbarie），以及五月风暴。他于1971年获得哲学博士学位。他曾在短时间内接连推出好几本书，《话语，图形》《漂离马克思与弗洛伊德》《力比多经济学》，勾勒了一套“后现代”社会理论。[9]利奥塔拒绝接受现代启蒙运动的关键方面。它对真理的追求据说与社会等级秩序和压迫的确立相配合。利奥塔呼吁进行批判性的后现代考察，旨在拆除基础，破坏等级秩序，并代表被压迫的民众发言。现代知识和后现代知识之间的区别是利奥塔最著名的著作《后现代状况》的核
168 心。[10]利奥塔勾勒出知识特征的一系列广泛变化。在前现代社会，叙事类型的知识盛行。叙事讲述一个故事；它们围绕一个情节，一套线性的事件序列，一组开始和结束，以及旨在塑造社会行为的善恶故事，进行组织。利奥塔认为，在前现代社会中，叙事之所以被认为是知识，不是因为它们符合事实，而是因为它们符合社会规则，这些规则限定了谁有权说话，对谁说话，以及何时说话。只要遵循这些社会惯例，所讲的故事以及讲故事的人就具有权威性。此外，由于叙事既以社会惯例为前提，又强化了社会惯例，据说它们直接促进了社会统合。

让-弗朗索瓦·利奥塔（Jean-François Lyotard 1924—1998）出生于法国凡尔赛。他在巴黎的路易大帝中学（Lycée Louis le Grand）和巴黎大学接受了教育。他曾在巴黎楠泰尔大学（Nanterre）任教，这所大学通常被认为是五月风暴的开始。利奥塔还曾在巴黎大学的多个分校和美国亚特兰大的埃默里大学（Emory University）任教。除了学术工作外，利奥塔还担任

社会主义杂志《社会主义或野蛮》和社会主义报纸《工人力量》(*Pouvoir Ouvrier*)的编委会工作。利奥塔被视为后现代主义者。根据他的说法,我们不能再依赖旨在揭示世界历史深层意义和目的的宏大叙事或故事。无论是马克思主义对共产主义通过革命到来的信仰,还是自由主义启蒙运动关于通过科学理性实现进步的叙事,这类宏大故事在今天都不那么可信了。利奥塔认为历史是偶然的,或者是一系列可能产生意想不到后果的偶然事件,而不是朝着某个乌托邦的进步征程。

现代性的特点是对叙事知识的攻击。启蒙运动将犹太—基督教传统和伟大世界神话中的宏大故事视为无知和迷信。讲故事和制造神话是诗意的,是唤起人的情感的,而现代性将其替换掉,代之以科学,据说科学会产生客观真理。然而,只要故事和讲故事的人符合社会习俗,前现代叙事就是自我合法化的,而科学需要一个外部的合法化源泉。之所以如此,是因为科学与社会统合之间没有直接关联。因此,问题来了:科学的社会和道德意义是什么?

利奥塔认为,现代科学最终必须诉诸叙事才能合法化。这是自相矛盾的,因为科学声称的优越性恰恰在于放弃叙事。然而,科学依赖于一种不同于前现代叙事的叙事类型。利奥塔称它们为“主导叙事”(master)或“元叙事”(metanarratives),因为它们综合了一些故事,为较小的或“地方性/局部性”的故事和实践赋予了统合性与意义。例如,所谓科学知识的发展推动着人类进步,这一启蒙运动故事证明了自然科学和社会科学的实践是正当的。社会科学家为了证明他们的研究是正当的，诉诸科学通过消除无知和偏见来促进人类自由这一观念。利奥塔认为，马克思主义关于社会主义通过阶级冲突和无产阶级革命而到来的故事是一个元叙事。有关经济衰退或工会活动的地方
169 性阐述可以根据马克思主义的宏大叙事来解释。主导叙事也为社会实践和政治实践提供了合法化辩护。例如，性教育政策可能诉诸启蒙叙事（知识使人解放）；工会罢工可能会在马克思主义叙事（阶级冲突）中获得统合性。宏大叙事一直是现代性的基本特征。

后现代状况的决定性特征是宏大叙事的合法化力量的衰减："我将后现代定义为不再轻信元叙事。"[11]所谓元叙事，利奥塔指的是"诉诸某种宏大叙事，例如……解放理性主体或工作主体，或创造财富"。[12]面对依赖叙事来获得其合法性这一悖论，科学逐渐放弃了主导叙事。由于缺乏整合性的故事或基础，科学碎片化为多种相互异质的学科、专业领域和范式。

面对元叙事的合法化力量的衰减，科学有什么价值？利奥塔勾勒出后现代条件下科学可能有的两种意义。首先，科学凭借其社会效用证明其正当性。利奥塔谈到了一个技术专家治理社会的可能形态，它利用科学来加强资本主义科层制国家对于自然力量和社会力量的控制。与这种技术专家治理愿景不一致的是一种不断发展的后现代科学。正如爱因斯坦相对论、量子力学、哥德尔不完备定理和海森堡不确定性原理所证明的那样，后现代科学将宇宙设想为不稳定和不可预测的；知识总是暂时的、不完整的和视角性的。

后现代科学放弃了绝对标准、普遍范畴和宏大理论，转而采用局部的、语境化的和实用性的概念策略。因此，利奥塔没有追求一种诉

诸普遍标准或公理的道德理论（例如功利主义的苦乐计算或康德的绝对命令，它要求我们将人类视为目的本身），而是倾向于局部实用主义的伦理思路。这种思路突出情境的特定性，强调有关各方制定商定的、暂定的、非一般化的社会规范的能力。或者，后现代科学不是以统合知识为目标，而是面向概念创新，破坏统合性的概念图式，并让各种范式、研究方案和概念策略大量繁生。它的价值既不在于生产出使人解放的真理，也不在于生产出对社会有用的知识。后现代科学的价值在于使人们更加意识到差异、含混、不确定性和冲突，也对这些更加宽容。“后现代知识……提高我们对差异的敏感性，并增强我们对不可通约的东西抱持宽容的能力。”[13]后现代科学是反系统的和颠覆性的；它利用的是一种视知识为不断革命的观照。

利奥塔将后现代科学与民主多元的社会理想联系起来。我不妨略加说明。现代科学家认为，科学基础是人类进步的必要条件。在利奥塔看来，这是一个善意但被误导的希望。他主张，要寻求一种一般理论，使我们能够为真理、道德正确和美立法，这不仅是不可能的，而且是不可取的。这之所以不可能，是因为没有一种标准的、共同的语言，或一套概念，可以像人们思考和谈论现实的方式那样，谈论不可化约的异质性。对系统秩序的追求是不可取的，因为一般理论会创造
等级秩序，对社会差异实施边缘化和压制。例如，尽管马克思出于善 170
意，将工人阶级视为人类的希望，但他优先将阶级冲突作为社会变革的关键场所，也就贬低了性别、性相、种族、宗教、族群和国家等维度的冲突。

利奥塔将知识分裂成抗拒统合的异质话语与社会的去中心化相

提并论。后现代社会不再被共同的文化或制度核心（例如经济、宗教、国家、亲属关系）统一起来，就像一个由纵横交错的多种话语组成的极其复杂的迷宫。利奥塔从“语言游戏”（language games）的角度看待社会生活。这是指一组语言实践，每种实践都有其独特的规则、惯例和目标。例如，科学是一种语言游戏，其目标是真理；其规则要求遵循特定的方法论惯例和概念惯例；它的正当性标准集中在证据和逻辑问题上。与此相反，美学涉及不同的目标（对美的判断，而不是真理）和不同的正当性标准（考虑空间形式、颜色和维度，而不是证据或逻辑）。社会被领会成多重语言游戏的聚合；个体在这些零散多样、相互冲突的话语实践回路中充当着管道或接合点。

后现代社会中的社会冲突是分散的和局部的。利奥塔并不否认国家和经济作为政治冲突场所依然延续着重要性。但他挑战了这样一种观点，即这些制度当今仍是冲突的主要场所，当前西方社会中的社会冲突的多样性可以化约为某种统合化的逻辑，例如阶级斗争或反对父权制／男权制（patriarchy）的斗争。教育制度、医院、精神病诊所、监狱和大众传媒都是冲突的主要场所。不仅如此，在这些制度领域发生的斗争还是异质性的。因此，围绕性相、性别、族属、阶级、国籍和文化地位所展开的斗争是不可彼此化约的；它们不能归入某种统合的冲突之下。根据利奥塔的想象，后现代社会展现了各边缘化和被排斥群体对集中化权威的某种一般化反叛。虽然利奥塔不愿意阐明某种社会理想，但他确认要唤醒他归之于后现代状况的那些差异和不断更新的对立。

对文本权威的解构性攻击被利奥塔应用于知识和社会领域。对知识基础、客观性、确定性和普遍真理的追求被放弃了。利奥塔替换掉宏大理论，描述并倡导一种后现代状况，其特征是多种相互冲突的话语的大量繁生。利奥塔发现了从现代知识形式到后现代知识形式的转变，而鲍德里亚则描述了类似的发展，只是以更具全局性的社会和历史角度切入。鲍德里亚勾勒了一个后现代世界的社会轮廓，其措辞往往扣人心弦，并且颇感惊悚。

让·鲍德里亚

鲍德里亚在20世纪60年代达到了思想的成熟，吸收了五月风暴的批判精神。事实上，他在1987年之前一直担任社会学教席的楠泰
尔大学，正是学生反叛的一处核心场所。与利奥塔一样，鲍德里亚在 171
60年代和70年代初的著作旨在思考五月风暴在思想上和政治上的影响。他塑造了一种后马克思主义的批判理论，试图揭示一个新的后现代世界的轮廓。

> 让·鲍德里亚(Jean Baudrillard)1929年出生于法国兰斯(Reims)。*他于1966年在楠泰尔完成社会学学习，后在巴黎大学任教。鲍德里亚属于那类别具一格、非常有趣的学术人物，某种学术名人。但是，他的名人地位不应被视为对他令人敬畏的学术

* 鲍德里亚已于2007年去世。

成就有任何轻慢。从他早期重新思考马克思主义的努力，到他作为阐述我们的超真实流行文化的理论家迸发巨大创造力的岁月，包括一本关于拉斯维加斯的书，鲍德里亚其实是一位格调严肃、促人深思的理论家。

鲍德里亚通过《物体系》《消费社会》和《生产之镜》等一系列强有力的著作，意在对马克思主义加以修正，但最终开始反对它。[14]他认为，尽管马克思的目标是革命性的，但引导他的社会思想的那些前提和概念却是在反映并强化西方自由资本主义社会。马克思主义的核心是一种功利主义的生产主义（productivist）意识形态，它将社会化约为劳动，作为生产力和经济增长的工具。马克思主义在不知不觉中承继了资本主义的功利主义精神，未能把握社会的文化结构化或符号结构化。例如，马克思将商品视为经济分工的一部分，而鲍德里亚则把商品作为一个符号系统来分析，它通过赋予人和物某种社会身份和位置（例如某种性别、阶级或地区身份），来组织社会世界。实际上，鲍德里亚颠倒了马克思主义。鲍德里亚没有将历史想象成由人类的自然需求和劳动驱动，而是主张，社会是通过象征意义或语言意义得以结构化的。

鲍德里亚勾勒了一种后马克思主义的历史视角。马克思主义概述了继替出现的社会经济形态诸阶段，而鲍德里亚则提出了“符号政治经济学”的历史。有关符号的不断变动的结构与社会角色，他给出了一套说明。在前现代社会中，符号具有明确的指称和具有语境特定性的意义。这样的社会是围绕鲍德里亚所谓的“象征交换”（symbolic exchange）组织起来的。在这些交换中，沟通是即时的、直接的、互惠的；由于缺乏市场或大众传媒等中介结构，象征交换不是由其工具性目的定义的。在礼物馈赠、宗教仪式、节日庆典等行为中，交换直接确认了社会地位和社会秩序。

而从早期现代到后现代时期，符号的作用在两个关键方面发生了
变化。首先，符号与指涉或实在之间的关系被扰乱。其次，符号形成
了一套“符码”，将意义和社会反应予以标准化。大约从16世纪到20
世纪中叶，形成了一种现代文化；符号（语词、声音、图像）被认为与实
在的关系多少是明确的。现代文化是围绕着语词与世界、概念与感知
对象*、心智与实在、真理与虚假、本质与表象、现实与幻觉等一系列区
分而组织起来的。到第二次世界大战时，这些二元对立开始瓦解。特 172
别是符号与实在或语词与世界之间的界限变得模糊。而在后现代文
化中，符号、语词和符码创造了自己的意义世界，与物和事件组成的现
实世界没有任何明确的关系。

象征交换这个观念颇有些怀旧意味，也晦涩难懂，但却是鲍德里亚的一种批判性的理想。在1968年的反叛中，他想象着象征交换以其沟通的指向性、自发性和互惠性，重焕生机。五月风暴标志着摆脱高科技资本主义那些令人异化的符码。被剥夺权利的群体之间显现出的象征交换，支撑起政治抵抗和变革的可能性。但随着1968年的希望幻灭，鲍德里亚的思想显然变得愈发悲观和晦涩。当眼前的现实被一个符号体系所吞噬，而这个体系几乎破坏了对秩序、真理和实在

* 此处原文为“precept”（戒律、准则），应系“percept”之误。

的任何摹拟，实际上也破坏了对政治抵抗的任何摹拟时，历史似乎宣告了终结。

鲍德里亚在20世纪80年代写了一系列书，其中最重要的是《摹拟》《在沉默大多数的阴影下》和《致命的策略》。他在书中认为，当代西方社会被过度冗余的意义和文化表征所淹没。[15]在高科技信息系统的推动下，语言符号和意义大量繁生，无尽繁殖到某个地步，乃至于不再可能固定符号的意义，将语词与对象相关联，并区分真理与谬误、现实与幻觉。社会世界变得像一大坨扁平的、单调的大众/团块(mass)，被符号、意义和信息的螺旋递增的重量所夷平。

鲍德里亚说，我们已经进入了"拟像"(simulacrum)的时代。所谓拟像，就是作为真实的物或事件的副本或模型发挥功能的符号。在后现代时代，拟像不再呈现世界的副本，也不再生产现实的复制品。今天，摹拟不再指涉任何现实；它们创造了有关现实的概念，同时声称自己表征了现实。摹拟在自身之外的任何现实中都没有所指或依据。后现代性正是围绕这类摹拟组织起来的。从样板房，到有关城市规划、良好性爱、男性特质、时尚和个体身份的模型，社会现实是由种种符码和模型赋予结构的，这些符码和模型生产出了它们声称不过是予以表征的现实。

在拟像时代，我们进入了一个"超真实"(hyperreal)的空间。对现实的摹拟表征被认为比它们据说指涉的现实更真实。扮演律师、医生或同性恋的演员不是经常被视为真的是律师、医生或同性恋吗？电视观众将演员扮演的形象作为其真实身份。不仅如此，我们假设模型(例如对律师，医生或同性恋的表征)定义了现实。事实上，演员本身也将他们的个体身份与他们的戏剧角色混为一谈。演员如果接管了自己的戏剧角色的人格形象，或者不再能够区分表演和现实，就已经进入了一个超真实的空间。在后现代超真实的状况下，对现实的追求，对明确标示现实的体验的追求，都得到了强化，具有反讽意味的是，这正好标示着我们没有能力区分现实与非现实。

根据鲍德里亚的说法，现代性的特点是新的分隔（例如科学与文 173
学和哲学相分别）、新的分化形式（例如社会学与人类学相分别，在每个学科领域内又进一步分化出各个分支）、新的文化区隔（例如流行文化和高雅文化之间的区别）的外爆（explosion）。与此相反，后现代性的特点是某种“内爆”（implosion）进程。各类界限纷纷崩塌。区分新闻和娱乐，或者区分政治和科学或政治和商业，还有意义吗？跨学科研究大量繁生，例如性别研究、城市研究、同性恋研究和非洲研究，意味着学科界限的内爆。制度边界趋于模糊。将大众文化与高雅文化相分离还有意义吗？“社会”领域与“文化”领域还能分开吗？随着传媒图像、广告表征和信息流充盈了社会空间，随着中立化的符号流和意义流吞没了经验，现代时期的那些基本区分失去了可信度。

随着晚期资本主义技术专家治理迎来拟像时代，属于压迫和反抗的现代政治让位于属于诱引（seduction）和臣服的后现代政治。在现代，权力寄寓于某个特定阶级，或资本主义和国家的制度/机构中。而在后现代世界中，权力与符号和意义的流通是同态的。因此，今天的权力是弥散的，并充盈着社会领域。社会支配不是通过强制或合理化的权力来运作，而是通过大众传媒的意象和意义对个人产生的诱引。事实上，鲍德里亚半带挖苦地指出，社会领域已经被夷平为一大团大众。他大而化之地谈到了“社会的终结”。他的意思是说，把社会看作由社会阶级、族属、性别或种族等维度的身份以及相互关联的制度组成，这样的观点在今天已经不得要领。代替“社会”的是“大众”，这是拟像时代被操纵的副产品。鲍德里亚提倡“致命理论”（fatal theory），以代替现代社会理论。现代反抗政治在社会支配系统面前是软弱无力的，这种支配系统通过符号、传媒图像和摹拟的诱引性、安抚性能力展开运作。鲍德里亚说，今天，抵抗必须采取刻意被动的形式，拒绝被吸纳到符号和意义的内爆世界中。鲍德里亚似乎相信，我们对“物”的臣服，或者我们对控制论信息社会发出的符号和意义的持续爆发漠不关心，将以某种方式导致系统在其自身死亡的象征性放电下崩塌。

利奥塔和鲍德里亚在社会理论的方向上推进了后结构主义。解构文本秩序的目的是针对社会领域。因此，利奥塔勾勒了有关知识和权威的后现代文化合法化的兴起。鲍德里亚全面描绘了一个西方现代性时代的消逝。然而，无论是利奥塔，还是鲍德里亚，都没有将他们的社会思想落实于制度分析；他们也没有以详细的历史学或社会学方式框定自己的思想。他们的研究线条粗略，格局宏阔，自成一体，不容分辩，但他们又驳斥现代对一般化宏大理论的渴求，这在一定程度上有些自相矛盾。将后结构主义框定为一种人的研究的形式，最令人印象深刻的努力还要算是米歇尔·福柯的工作。

174 **推荐书目**

Andrew Benjamin, ed., *The Lyotard Reader* (Oxford: Blackwell Publishers,

1989).

Steven Best and Douglas Kellner, *Postmodern Theory* (New York: Guilford Press, 1991).（斯蒂文·贝斯特、道格拉斯·凯尔纳，《后现代理论：批判性的质疑》，张志斌译，中央编译出版社，2011）

Jonathan Culler, *On Deconstruction* (Ithaca, NY: Cornell University Press, 1982).（乔纳森·卡勒，《论解构：结构主义之后的理论与批评》，陆扬译，中国人民大学出版社，2018）

Mike Gane, *Baudrillard Live: Selected Interviews* (London: Routledge, 1993).

Charles Lemert, *Sociology and the Twilight of Man* (Carbondale: Southern Illinois University Press, 1979).

参考文献

1. Edith Kurzweil, *Age of Structuralism* (New York: Columbia University Press, 1980)是对法国结构主义的一份精彩概述，强调了它的社会学面向。又见Jean Marie Benoist, *Structural Revolution* (New York: St. Martin's Press, 1978)。
2. Ferdinand de Saussure, *Course in General Linguistics* (New York: McGraw-Hill, 1966).
3. Claude Lévi-Strauss, *The Elementary Structures of Kinship* (Boston, MA: Beacon Press, 1969); *Structural Anthropology*, vol. 1 (Garden City, NY: Anchor, 1967); *The Savage Mind* (Chicago: University of Chicago Press, 1970); *The Raw and the Cooked* (New York: Harper & Row, 1969).
4. Louis Althusser, *For Marx* (New York: Pantheon Books, 1969) and (with Etienne Balibar), *Reading Capital* (New York: Pantheon, 1970).
5. Michel Foucault, *Madness and Civilization: A History of Insanity in the Age of Reason* (New York: Vintage, 1965).
6. 有关后结构主义的有益概述，参看Jonathan Culler, *On Deconstruction*

(Ithaca, NY: Cornell University Press, 1982)。

7. Jacques Derrida, *Of Grammatology* (Baltimore, MD: Johns Hopkins University Press, 1976).
8. Jacques Derrida, *Writing and Difference* (Chicago: University of Chicago Press, 1978) and *Positions* (Chicago: University of Chicago Press, 1981).
9. Jean-François Lyotard, *Discours, Figure* (Paris: Klincksieck, 1971); *The Libidinal Economy* (Bloomington: Indiana University Press, 1993); *Dérive à partir de Marx et Freud* (Paris: Union générale éditions, 1973).
10. Jean-François Lyotard, *The Postmodern Condition: A Report on Knowledge* (Minneapolis: University of Minnesota Press, 1984).
11. Lyotard, *The Postmodern Condition*, p. xxiv.
12. Lyotard, *The Postmodern Condition*, p. xxiii.
13. Lyotard, *The Postmodern Condition*, p. xxv.
14. Jean Baudrillard, *Le Système des objets* (Paris: Denoël-Gonthier, 1968); *La Société de consummation* (Paris: Gallimard, 1970); *For a Critique of the Political Economy of the Sign* (St. Louis: Telos Press, 1981); *The Mirror of Production* (St. Louis: Telos Press, 1975).
15. Jean Baudrillard, Simulations (New York: Semiotext(e), 1983); *In the Shadow of the Silent Majorities* (New York: Semiotext(e), 1983); *The Fatal Strategies* (New York: Semiotext(e), 1990).

第十二章 175

米歇尔·福柯论规训社会

如果说让-保罗·萨特是从20世纪40年代到50年代初法国占主导地位的思想力量，继而是克劳德·列维-斯特劳斯的短暂主宰，那么米歇尔·福柯就在70年代初获得了这一崇高的地位。乍看上去，福柯不太像是哲学王的继承人。在整个60年代，福柯基本上不关心政治。作为一名外科医生的儿子，他毕业于精英学校巴黎高等师范学院，早期的兴趣偏向心理学和哲学。在60年代，福柯通过一系列著作《癫狂与文明》《临床医学的诞生》和《事物的秩序》，开始展露自己的思想锋芒。[1]这些书并没有明显偏离结构主义的方案，即勾绘主导社会现象的内部规则和系统秩序。在整个60年代，福柯讲的是结构主义的语言，尽管他将其扩展到更具历史性和政治性的方向。

虽然福柯对1968年的反叛的介入可谓微不足道，但他认为，五月风暴是法国政治文化和思想文化的转折点。他自己的工作和生活似乎被当时的社会动荡极大地改变了。随后，福柯的著作发生了政治转向；权力问题成为他思想的中心。不仅如此，从70年代初到1984年去世，福柯成为一位货真价实的政治人物，参加大规模示威和抗议活动，撰写请愿书和游说报告，发表政治声明，并在全国和世界各地奔走，利用自己的名声助力各种社会正义事业。

1968年的反叛并未带来持久的制度变革。不过，福柯认为，五月风暴标志着法国左派的一个重要转变。在1968年之前，共产党是法国国民生活中的一支主要政治力量。1968年的反叛挑战了马克思主义和共产党控制的法国左翼的支配地位。政治反对派的运动不再围绕阶级政治而组织。各式各样的反叛围绕性相、性别和教育而浮现，在大学、家庭、文化机构和监狱中展开，由囚犯、学生、同性恋、女性、专业人士和劳工发起。

176 米歇尔·福柯（Michel Foucault，1926—1984）出生于法国普瓦捷（Poitiers）。他曾在巴黎高等师范学院学习哲学。1970年，福柯获选法国最高级别的学术机构法兰西公学院的思想系统史（History of Systems of Thought）席位。福柯是一位后结构主义者，专注于知识和权力通过哪些方式相互构成。求知既是获取真理，也是确认权力；真理既关乎求知意志，也关乎投射权力。福柯发人深省地指出，正是有关性相（sexuality）的观念使有关性（sex）的现实成为可能。现在，您必须弄清楚这到底意味着什么！

根据福柯的解释，这些互不相连的斗争标志着后马克思主义文化的出现。左翼政治不能再化约为经济冲突和阶级冲突；工人阶级不再被认定为社会变革的**唯一**行动方；共产党不再能声称自己是政治对抗的**唯一**合法载体；马克思主义不再能自称是左派的**唯一**意识形态，提供对历史和现代性的**唯一**理解。

社会反叛的性质正在发生变化。知识分子被迫重新思考自己的角色。如果政治对抗分散在整个政体中，那么社会批判应该采取什么形式？总之，这种新型政治文化将如何改变批判性知识的作用？

西方启蒙运动传统的核心思想是科学理性可以促进人类自由。通过揭示社会的基本动力机制，社会理论可以提出一个合理的政治议程。这种批判精神引领了自由主义文化和左翼文化。在这方面，马克思主义仍然是启蒙传统的继承者。马克思主义渴望揭示历史和社会的法则，揭示变革的主要场所（经济），社会冲突的主要戏剧情节（阶级冲突），变革的行动方（工人阶级），以及人类的未来（共产主义）。

福柯放弃了启蒙运动的大部分历史愿景：通过揭示社会秩序和变革的法则来寻求解放人类，并诉诸理论提供立场，以制定社会改革方案。与哈贝马斯等试图根据战后社会发展重建马克思主义的理论家不同，福柯质疑马克思主义的启蒙前提。他反对认为社会理论的最终目的是把握历史的本质结构和演进。他也质疑所谓理论是综合的和规定性的这种观点。福柯并没有低估马克思主义等一般理论作为批判性视角的效用。然而，他批评这些概念策略想要成为统合性理论的愿望。他的反对意见既是思想上的，也是实践性的：总体化的理论既是化约主义的，也是排他性的。这类理论武断地推崇特定的社会动力机制和政治行动议程，同时排斥或边缘化其他社会动力机制和政治行动议程。例如，马克思主义坚持认为政治经济学和阶级是所有社会背

后的组织原则，使性别的、性的、种族的或国族主义等维度的冲突即便
177 不被完全边缘化，也成为次要的。一般理论一心要揭示社会存在中的秩序，指导政治，就此创造出一种虚假的、压抑的封闭感。福柯对一般理论的批判让人想起德里达对逻各斯中心主义的批判和利奥塔对宏大叙事的批判：对知识基础和概念封闭的渴望是以社会压抑为代价换来的；求真意志与权力意志纠缠在一起。

在五月风暴的反叛中，福柯看到浮现出纷繁多样的对抗性社会群体。无论是监狱改革运动，对精神病学控制自我的反抗，女性解放或同性恋解放，这些反叛都表现出多样化的社会特征和政治特征。它们不能归入一个统合性的概念，如反资本主义或反自由主义。它们不能被描述为源于同一个社会来源，例如资本主义危机或父权制/男权制的危机。在这些反叛中，支配与抵抗的动力机制差异很大。虽然分析这些社会运动之间的相互关系或许是可取的，但福柯反对以马克思主义之类的一般理论作为立场，来说明这些多样化的社会反叛。这些社会冲突需要从其独特的社会模式和历史来理解。他认为，如果社会理论希望在20世纪60年代之后的左翼政治中发挥关键作用，就必须放弃其统合化和总体化的策略，转而支持局部的、灵活的和临时的批判性理解，这些理解的价值由其政治介入得到证明。“在我看来，今天理论的作用无非就是：不是去制定把一切都安排就位的全局性系统化理论，而是分析权力机制的特定性，定位各种关联与延伸，一点一点地建立策略性知识。”[2]福柯把他对人的研究的科学型观照的替代方案称为“谱系学”(genealogy)。

福柯曾将谱系学称为“反科学”。[3]谱系学放弃探寻确凿的知识

基础、本质、深层统合模式和宏大理论，这些理论试图把握历史的起源和终点。谱系学并不声称要促进科学或人类的进步。事实上，与启蒙运动的科学主义文化相反，谱系学并没有提供一套积极的社会重建议程；它缺乏乌托邦式的愿景。谱系学秉承后结构主义的精神，旨在扰乱社会惯例和规范。它的价值在于将人类世界想象成彻底社会性的，容易出现巨大的社会变异和变革。

与启蒙运动的科学型愿景相比，谱系学的社会希望姿态谦卑。它旨在表明，将社会世界定义为自然的那些支配性话语隐藏了社会利益和权力关系。尽管谱系学假定制度和话语之间存在密切联系，但其目的主要是扰乱支配性话语的"正常化/规范化"(normalizing)作用。它揭示了支配性知识如何将社会身份与规范的建构予以自然化和正常化，并以此来塑造人类生活。承载公共权威的话语塑造了身份并调控着身体、欲望、自我和人口。不仅如此，谱系学旨在表明这些知识与社会冲突的历史纠缠在一起。在这段历史的核心，是对给予被压迫群体发言权的那些话语的排斥或边缘化。福柯打算用谱系学来恢复那些被淹没、被诋毁的知识及其创造者的生活，以求有助于它们在政治上重焕生机。

福柯的研究聚焦于一种特殊的话语类型，即人的科学(human 178
sciences)。福柯把他70年代前的著作用"考古学"一词来指称，甚至在那时，福柯关注的也是精神病学和人的科学。例如，在《词与物：人文科学考古学》一书中，他挑战了启蒙运动的观点，即社会科学发现了人类的统一性，并详细描述了人类随着社会进步而渐次展开的过程。相反，福柯提出，人的科学将人类的概念建构为一种本质上统一的、共同的本质。把“人”看作是某种基础，是生产知识、社会和历史的积极力量，这样的观念是人的科学的创造。作为人的科学的理论对象，“人”已经成为科学的主体（原初源泉和积极力量）。福柯认为，知识和历史的动因其实就是语言和话语。福柯早期的考古学考察很重要，因为它们推进了对于知识的社会性、历史性理解。然而，它们并没有大幅超越对语言秩序或话语秩序的结构主义分析。对于话语的制度背景——即知识和权力的相互联系——的关注付之阙如。

当福柯在谱系学分析中将注意力转向制度与话语之间的相互作用时，他的重点仍然是人的科学。福柯的主要研究，《癫狂与文明》《知识考古学》《规训与惩罚》以及《性史》，研究了人的科学或社会科学，例如精神病学、犯罪学、刑罚学（penology）、人口学、性学、经济学和社会学。[4]然而，他的目的并不是要确定这些学科是否真实成立，或是发现科学进步的道路。相反，福柯研究了这些知识的社会效应。他断言，旨在揭示异常人格、人类性相或罪犯等方面真相的话语，恰恰有助于创造并控制它们声称要去认知的那些对象本身。科学知识作为一种重要的社会力量而发挥功能：通过国家、家庭、医院和治疗机构，各门科学的学科塑造了关于我们是谁、可以说什么以及由谁说的主导观念。正是这种被启蒙运动的科学型愿景所掩盖的权力/知识型构（configuration），才是谱系学的焦点所在。

福柯的天才之处在于他践行了自己的提议。他的主要作品在于批判性的历史研究。毫无疑问，他的代表作是他的多卷本《性史》，在他英年早逝时尚未完成。我将通过概述这项研究规划的社会背景、目的、逻辑和政治意涵，来具体展示福柯的谱系学社会分析思想。

重审性解放：福柯的性相谱系学

福柯将他最大的努力投入到性相的研究上并非偶然。年轻的时候，福柯对他的同性恋取向深感困扰。法国社会容忍同性恋，只要它保持私密。即使是开明的法国公民也抵制将同性恋作为个人身份的基础。同性恋从未像在美国那样成为战后法国社群和政治的基础。当福柯在20世纪70年代前往美国大学游历时，他遇到了一种截然 179
不同的性文化。同性恋被塑造成一种身份；基于共同的性身份的观念，女同性恋和男同性恋社群蓬勃发展；一场解放运动受到扶持性的（affirmative）同性恋身份的启发（"同性恋是美好的"成为它的战歌），并要求同性恋正常化。

福柯对这种美国文化的态度可谓纠结。他珍视美国同性恋生活的性自由和性创意，尤其赞赏创造体验身体作为快乐中介的新方式，以及创造新的群体生活形式。然而，福柯对这种文化锚定在性身份和社会身份的观念中感到困扰。对男女同性恋身份的扶持难道没有强化一种赋予个人相互排斥的性身份的文化吗？这样的身份的功能运作不是控制我们的行为吗？福柯对奉行本真性（authenticity）和自我实现这套修辞的性解放运动持怀疑态度。同性恋身份正常化是否等于性解放，还是说反而巩固了一种通过赋予个人某种性身份来监管个人的社会秩序？他对同性恋运动感到不安，该运动似乎决心成为某种族裔社群。福柯想象，这样一个社群会以温和的同化主义社会理想的名义，将性控制的体制制度化。

福柯对同性恋运动的方向颇感担忧，这促使他去探究他认为现代西方有关性相的文化的根本假设。现代社会是如何发展出人类性本质的概念的？为什么性相被理解为揭示人类的真相？是什么社会力量导致人们将性欲望视为自我身份的标识？是什么让自我的性化在我们的生活中具有力量？

尽管性解放主义者、性学家、精神病学家、社会科学家各路齐声呼应，宣称人类的性相，以及将其组织成正常和病态的欲望、行为和身份的秩序，都是合乎自然的。但福柯持不同意见。他依靠两种论证策略。首先，他希望让我们意识到现代的性文化的历史独特性。其次，他另辟视角来探讨性相的历史。他提议对现代的性相文化的起源和意义进行彻底的重新思考，最终目的是超越“性相”来想象各类身体和快乐之间的秩序。

福柯认为，并非所有社会都认为人类具有某种性的本质，可以对各种性欲望进行隔离并赋予其正常或不正常的地位，异性恋欲望和同性恋欲望标志着两种互斥的自我身份。在他的《性史》中，福柯意在推翻有关现代性相系统的普遍性这一假设。

也许是因为希腊城邦经常被当作西方文明的摇篮，也许是因为福柯希望挑战有关西方人类线性演进的故事，这成了他历史勾绘的起点。他认为，组织起古希腊的亲密文化的核心，**并不是**一套分离各类性欲望和性行为的体制，其中一些被视为危险的或不自然的，遭到禁止。性别偏好不是异性恋身份或同性恋身份这一二分对立的基础。
180 希腊城邦代表了与欧美现在不同的性意义世界。

希腊文化不是围绕“性相”（即分散的各种欲望、行为和身份）组织起来的文化，而是以“快乐”和一种自我主宰伦理为中心。快乐不以性为唯一内容或主要内容，还包括饮食、修炼和婚姻。此外，道德判断不是赋予具体的性行为，而是赋予生命的整体形态，特别是个体修炼自我主宰的能力。这并不涉及自我否定，而是涉及适度地享受快乐，并承担适合个人社会地位的某种“主动”或“被动”的角色。例如，成年自由男性被期望主动参与性交流，而女性、奴隶和男孩的从属社会地位要求他们在性方面是被动的。不赞成不是针对特定的性行为或特定的性别偏好，而是针对那些在快乐中不节制或放弃其适当角色的个人。“对于一个[自由的成年]男人来说，过度和被动是春药(aphrodisia)[快乐]实践中的两种主要不道德形式。”[5]

希腊文化与现代文化之间的差异最明显莫过于同性恋的含义。对于希腊成年男性和男孩之间的爱恋实践，一些学者、同性恋运动分子和性解放主义者将其解释为有关宽容和被解放的性相的道德课程。然而，福柯坚持认为，在希腊文化中，年长和年轻男子之间的爱恋与现代同性恋之间就算有所相似，也是少之又少。希腊人并不认为性的欲望是在异性恋和同性恋之间自然分隔的。成年自由男性应该有年轻的男性情人但同时结婚。年长/年轻的男性之爱并不是婚姻之外的终身替代品；同性恋者并没有任何自成一体、偏离规范的文化，同性之爱也没有被赋予任何污名。这不是因为希腊人受过启蒙，而是因为性别偏好并非性分类和社会分类的范畴。对希腊人来说，更关键的是个人是适当的主动还是被动，以及他们的行动是否节制有度。成年自由男性和男孩之间的爱恋只是快乐的一块领域，在道德方面与饮食、修炼或婚姻没有什么不同。它受到同样程度的监管；只有自由的成年男性才能与年轻男性结为情人。随着年轻男性成为自由的成年人，这些关系也就到了时限，对他们来说，再承担被动的性角色就不合适了。男性恋人之间的关系必须表现出适当形式的节制、角色扮演（即主动/被动）和自我主宰，以保持合法性。

在希腊城邦进入罗马帝国时代的过渡期，性的意义发生了重大转变。异性恋的亲密关系和爱恋在西方文化中占据了中心位置。在古希腊，婚姻是围绕一系列社会义务组织起来的，例如维持一个有序和繁荣的家户。理想的爱恋仅限于自由的成年男性对年轻男子的爱。在希腊化时期的罗马，婚姻取代了同性之爱，成为真爱的领域。福柯谈到了一种关于平等、亲密和两性夫妻纽带的新理想的兴起。这种亲密文化的窄化属于一场更广泛的变迁，趋向专注于“自我照看”（the
181 care of the self）或塑造主体性的文化。[6]福柯将公元后头两个世纪趋向个人生活和婚姻纽带为中心的过程与罗马帝国的官僚化联系在一起。

根据福柯的解释，这场向以自我和婚姻为中心的文化的转变，正是西方社会演变的一个转折点。性逐渐成为一个特别的领域，围绕它形成各种禁令和正式规则。尤值一提的是，非婚性行为正在成为明确禁止的目标。

基督教标志着西方文明中的一次断裂。在基督教时代，我们可以观察到现代的性文化的开端，它关注性的各种欲望和行为，确立有关贞洁和婚姻的理想，对非婚性行为严加禁止，并塑造一套普遍主义的正式准则来监管性行为。基督教所启动的最深远的变化，或许要算是真理和性的结合。在基督教的忏悔实践中，鼓励个体披露自己性方面的所思所行，作为一种净化行为。在这种忏悔实践中，福柯发现了现代强迫将性想象为有关自我的隐藏真理的起源。在忏悔实践中，性被框定为包含各种分散的欲望和行为的领域，蕴含力量犯下原罪，需要保持警觉进行监管。福柯认为，基督教的忏悔话语直接关联着各种现代话语，例如性学、精神病学和精神分析，这些现代话语将性视为一种自主的心理力量和社会力量。福柯的死使他无法写完将基督教与现代性联系起来的后几卷。不过，在《性史》的导言中，他确实概述了一个有关"性相"的现代建构的故事。[7]

在中世纪，忏悔的实践仅限于天主教修道院。到了17世纪，忏悔实践扩展到所有基督徒。此外，基督徒被要求坦率而详细地谈论性方面各类越界了的欲望与行为所产生的深远影响。18、19世纪欧洲社会的世俗化并没有让这场使性成为认知自我的场所的过程宣告终结。忏悔被医生、精神病学家、性学家和科学家进行的各种"检查"实践所取代；有关原罪和救赎的宗教语言让位于世俗的医疗—科学语言以及有关正常和病态的一套词汇。

正是在维多利亚时期，将性变成真理领域成为主流。与19世纪作为性压抑时代的刻板印象相反，福柯强调指出，这一时期公众对性的谈论激增。一连串的性建议手册，以及关于性的精神病学、医学、科学、人口学和法律文本，爆发式地涌入公共领域。维多利亚时代的这种话语繁生是否起到了在性周边围上沉默和羞耻的帷幕的效果？恰恰相反，福柯提出，维多利亚时代的话语创造了一种合乎自然的性相的概念，一种相关各类欲望与行为的秩序，它内置于身体，并遵循其自然和正常发展的逻辑。福柯颠覆了常识之见。他没有将性视为科学发现的一种自然事实，而是认为医学—科学话语生产出一种观念，把性相看作一种自然本能，有其独特的发展法则。性相的观念有助于生产出“性”，即有关性的一系列思想、欲望、行为和关系。

性相不是一桩自然的事实；它不是被内置于我们身体的遗传结构
182 或生理结构。可以说，它是一种观念，一种关于我们是谁的观念，它有力地塑造了我们对身体、欲望和身体的体验。性相的力量不仅仅在于科学授权的真理话语的纯粹力量。福柯坚持认为，医学—科学话语的社会力量与它们是医院、诊所、学校和国家等社会制度／机构的一部分这一事实有关。通过医学实践和治疗实践，以及法律法规的执行，有关性相的观念在我们的生活中被赋予了物质现实。

在揭示有关人类的真相这一启蒙运动愿景的激励下，一大批性学家、医生、精神病学家、精神分析学家和人口学家致力于揭示一种隐藏的、经常被伪装的性相秩序。为了探寻人类的性本质，科学在不知不觉中帮助创造了一群新型性自我人口。在现代性相文化中，所有人都获得了一种性身份；身体欲望和生殖器欲望将我们打上了某一性类型的烙印。例如，在19世纪中叶之前，“同性恋”行为可能会遭到反对，但受到惩罚的是行为，而不是人。由于缺乏同性行为揭示了独特的性身份这一观念，这种行为所遇到的处置方式与处理任何刑事犯罪的方式相同。通过将同性欲望解释为个人身份的体现，医学—科学话语催生了一种新的人类类型，即“同性恋”。从此以后，同性恋行为不仅违反了社会规范或法律，而且标志着一种偏常的人类类型。社会控制旨在惩罚个人，压制同性恋。有关性相的体制创造了一个新世界，包含多种偏常与正常的性身份和社会身份，如同性恋、异性恋、恋物癖、恋童癖、受虐狂和虐待狂。现代自我是一种性自我。

性解放主义者可能会欢庆性身份的形成，将其作为载体，解放欲望，创造一个性方面自由开放的社会。福柯的态度则显纠结。现代的性相体制创造了性主体（subjects），同时又使他们臣属于（subjects them to）某些形式的社会控制。然而，福柯提出，社会控制在有关禁止和审查的法律—行政—社会系统下运作得不太有效。他强调的那种社会控制模式，已经融入了性相体制，融入它包括各种正常/异常身份的系统，以及有关健康、充实的性生活的规范。

个体在多大程度上被定义为性主体，人们就在多大程度上被置入一个社会秩序，它限定我们与自己的身体和欲望的关系，还监管着我们的行为。例如，如果我们认为我们对同性成员的性偏好使我们成为同性恋，而无论我们对自己的同性恋身份是喜是悲，这种自我身份都会监管我们的欲望、行为和社会关系。性相并不真的是个人选择。性相系统被纳入我们的制度/机构（例如国家、法律、医疗诊所、医院和家庭）的框架，文化体系（例如大众传媒、广告、教育系统和教会）的框架，并融入日常生活的肌理（例如习俗、规范、语言和生活方式理想）。因此，性偏好是同性成员的那些个人并不是自己选择他们是否希望被认定为同性恋者的。如果从相互排斥的性别偏好身份体系这个角度出发，从社会维度来框定欲望，如果性相体制是由社会中居于支配地位的实践推行的，那么个人将被贴上异性恋或同性恋者的标签，无论他们是否希望这种情况发生。

福柯描述了一种社会控制系统，它的运作较少通过压制，而更多 183

依赖于它生产出的文化意义和自我身份。性相体制对我们施加了一种普遍渗透但又无影无形的力量，以至于我们被置入其中，并吸收了它的文化定义、社会规范和自我形象。每当我们寻求用我们的性相来定义自己，向专家咨询，以发现我们真正的性相，渴望解放我们的性相，通过性高潮满足或真正的同性恋之爱来寻求自我实现时，我们都将自己置于"性相"的控制之下。我们不是在解放我们的性相，而是将自己置于性相体制的控制之下。我们正在加强这一体制：由各种文化定义、专家和制度实践组成的体系。因此，在福柯看来，对同性恋身份的扶持，以同性恋文化的形式庆祝和阐发，并不标志着性相的解放；相反，它强化了一种体制，该体制已经生产出了这样一种观念，即我们具有某种性相，性相是我们的本质，而性别偏好定义了我们的性身份。

福柯是否认为现代的性文化只是一种社会支配形式？性解放运动只是在强化支配系统吗？有时，福柯似乎认为情况确实如此。然而，他从未放弃社会希望。他关注现代的性文化的反讽之处，关注其带来自由的可能性。例如，福柯观察到，将同性恋者建构为一个不正常的、危险的个体，会令人感到讽刺地催生出扶持性的女同性恋身份和男同性恋身份，要求合法化，而其理由正是最初被丑化的理由，即声称是自然的和正常的。同样，尽管医学—科学话语表面上的目的是遏制同性恋欲望，但其结果却是使同性情爱更加丰富多样。同性恋者别无选择，只能关注那些自我定义的欲望。如果说同性恋者（the homosexual）是被迫关注同性欲望，那么女同性恋者（the lesbian）或男同性恋者（the gay man）则是有意围绕这些欲望来塑造生活，从而产生浓郁的同性情爱文化。在发展新形式的情爱和将性欲望阐发为新的社会关系的过程中，福柯看到了现代的性文化的丰富价值。

不管怎么说，对于性相体制，福柯始终持批评立场。虽然他没有轻视颠覆社会污名或打造性的扶持运动的重要性，但据说这些发展也强化了性相体制。福柯反对该体制的理由是，它将性相简化为狭隘的性快乐，严格迫使个人进入限制性、互斥性的身份，创造了污名化、偏常化的人口，并促进了一种富有效率的社会控制系统。不幸的是，福柯从未阐明他对可供替代的亲密文化的看法。然而，很明显，他赞成用一种承认以"性"为基础追求享乐以及各类文化和社会创新的文化，来取代根据身份和本真性来定义性的体制。他之所以被古希腊所吸引，无疑是因为它摈斥了性相体制，转而支持某种享乐体制和日常生活伦理，能使个体享有广泛的自我监管自由。福柯总是站在法国文化的无政府主义立场一边，像他的后结构主义同伴一样，倡导一种允许尽可能广泛的自我表达和文化创新的社会。不幸的是，规范监管和制度监管在一个更自由的文化中会是什么样子，对于这个问题，他却从未论及。

规训秩序的观念 184

在上文的概述中，有些问题仍未讨论：是哪些社会力量产生了性相体制？合乎自然的性相的建构服务于哪些社会目的？什么样的社会使个人成为性主体和社会控制的客体？简而言之，福柯眼中现代性的意象是什么？

福柯看待现代社会的视角可以通过将其与自由主义和马克思主义的观点进行对比来凸显。自由主义的核心是相信人类进步是由人类理性的进步驱动的。用着眼于改造的监禁，取代对刑事罪犯的酷刑，难道不是出于启蒙了的理性吗？精神病学这门科学不是通过替之以人道的治疗，结束了对疯人的囚禁吗？虽然马克思主义者批评自由主义和将进步与市场社会联系起来的意识形态，但马克思主义完全属于启蒙运动的传统。此外，自由主义和马克思主义还共享着基本的社会学理解。现代社会被视为三重层次的秩序：国家、市民社会（经济、教育、宗教等制度）和家庭。不仅如此，据说社会的主要推动力是市民社会的动力，特别是经济领域。自由主义者和马克思主义者之间的分歧集中在他们各自的道德和政治价值观上。自由主义者坚持认为，现代资本主义是社会进化的顶峰；社会进步所面临的主要危险在于国家对市民社会和家庭的过度干预。而马克思主义者批评资本主义的阶级性质，认为后者抑制了现代性的进步潜力；他们期待随着社会阶级的终结，迎来一个更加美好的社会。

两次世界大战，世界范围的大萧条，以及接踵而来的纳粹主义、法西斯主义和广岛核爆，福柯写作之时，正处上述种种的余波之中，启蒙运动的社会进步故事对他来说缺乏可信度。他在考察性相、监狱、癫狂和精神病学时，更进一步，对启蒙运动的多个方面进行了抨击。例如，与启蒙运动有关性从压抑的禁锢中解放出来的故事相反，福柯讲述了一个关于性主体的形成的故事，而性主体也是社会控制的对象/客体；那些本应解放我们的自然性相的医学—科学话语，实际上创造出并监管着作为性自我的个体。与此类似，福柯也不同意启蒙运动对刑事司法改革的阐述。这种观点描述了人道主义精神的进步如何扫除了野蛮的酷刑做法，转而支持人道主义的改造计划。但在《规训与惩罚》一书中，福柯将监狱改革运动解释为建立一套更为有效的新型控制体系。[8]它的意识形态说的是改造，但与此相反，它的主要目的是通过监控和心理管理的体系，对不满社会的人群进行监禁和监管，从而使他们去政治化。至于说精神病学标志着对癫狂者进行人道治疗的开始，对于这个观点，福柯的抨击力度毫不见弱。有关心智的新型科学用处置和治疗代替放逐或监禁，据说是启蒙运动人道主义精神的缩影。相反，福柯强调了精神健康专家的权威性日益增强，他们的治疗话语和实践创造了新的心理学主体，例如神经质、自恋者、歇斯底里 185
者、精神分裂症、肛门强迫症*、冷酷型人格等，他们都是精神病学控制和国家社会控制的对象。

福柯不再接受自由主义和马克思主义关于现代社会的意象，即现代社会是一个社会系统，具有一个中心，一种统合动力，例如资本主义或关于进步的理念。在他的想象中，现代社会支离破碎，缺乏统合感。国家和经济都不是现代社会的核心；没有一场关于社会冲突的戏剧，决定社会生活和变迁的不是阶级冲突，也不是性别、性、族属或宗教方面的冲突。没有哪一个社会群体或哪一种意识形态统治着社会，社会也不是围绕资本主义、父权制/男权制、科层制、世俗化、后工业化或民主化的逻辑组织起来的。简而言之，福柯拒绝将社会视为一个有机体或系统的意象，而这种形象业已得到了自由主义传统和马克思主义

* “anal-compulsive”，日常用语即“完美主义者”“吹毛求疵者”等。

传统的共同认可。福柯认为，社会领域是由多种异质性的力量、制度秩序、过程和冲突组成的。

自由主义和马克思主义的社会思想家专注于经济和国家，旨在描绘全局性进程，如资本主义（马克思）、科层化（韦伯）、社会分化（涂尔干和帕森斯）或民主化（托克维尔）。福柯强调了较小的、分散的社会单元的重要性，如医院、精神病院、学校、军队、监狱和大学。他的意图与其说是将这些社会单元纳入某种统合化的全局性进程（例如资本主义或科层化），不如说是分析它们特定的社会逻辑和后果。福柯并没有放弃描述一般社会过程的所有努力。然而，他确实放弃了从全局性进程（如资本主义、科层化或社会分化）推断局部性社会进程（例如性主体的形成或监狱动力机制）的努力。他之所以将我们的注意力转移到异质性的局部性社会动态上，正是因为它们是当今社会冲突的重要场所；我们的总体化理论（例如自由主义和马克思主义）未能理解它们的特殊性，因为这些理论将它们简化为全局性的社会逻辑。

福柯认为当代社会是由异质性的社会动力机制组成的，不能说有一个核心性的组织原则。尽管福柯没有以帕森斯或哈贝马斯的模式提出有关现代性的一般理论，但透过他对性相、监狱、癫狂和人的科学的各种社会勾绘，也浮现出我们可以称之为社会规训秩序（disciplinary social order）的轮廓。

以规训为基础的社会与现代早期社会形成鲜明对比，现代早期社会是围绕主权统治者的权威集中化而组织起来的。在这些社会中，社会秩序是由主权者生杀予夺并要求服从的权力来维持的；权力是围绕压制——令人沉默、进行审查或予以否认的能力——组织起来的。

例如，在现代早期的欧洲，法律被视为主权统治的表达。违反了它就是对君主的挑战和冒犯。罪犯受到酷刑的惩罚，以展示主权者是无所不能的。折磨罪犯的身体是公开展示主权者压制性绝对权力的一种方式。

在一个规训社会里，秩序的维持靠的是一些控制技术，比如空间隔离、时间管理、禁闭、监控，以及对个体进行分类和排名的考试体系。如果说以主权者为基础的社会的典范制度/机构是国王，那么规训社会中的典范制度/机构就是军队、工厂、医院和监狱。秩序与其说是 186
通过统治者和被统治者的等级结构来维持的，不如说是通过由各种规训技术和话语组成的体系来维持的。规训秩序中的权力与其说体现为压制的形式，不如说体现为作为社会控制对象的主体或社会自我的生产。例如，在现代犯罪学实践中，目的不是通过酷刑惩罚身体。相反，身体由庞大的监控体系（例如警卫、电视监视器、监狱时间表和精细管制的活动）进行观察和管理。不仅如此，罪犯的心理才是社会控制的真正对象。福柯谈到犯罪学话语和实践生产出一种“犯罪主体”，一种个人身份，其基本的心理和社会属性被驱使去犯罪。犯罪主体的建构证明有必要创建一系列控制技术（例如囚禁、监控和改造策略）和专家（法官、看守、社会工作者、假释官员和精神科医生），其目的是控制罪犯的行为。

福柯并不否认国家或社会统治阶层（例如经济精英或男人的权力）的压制性权力的社会重要性。然而，他坚持认为，在监狱、医院、工厂、军队和学校中，以规训为基础进行的社会秩序生产，才是当代西方社会的核心。不是强制服从的权力使这些社会结构成为可能；相反，社会秩序是由从禁闭到考试体系的一系列规训策略生产出来的，其目的是通过强加正常、健康、才智和健身的规范来监管行为。

福柯从社会历史的角度，对后结构主义进行了极为精细的阐发。虽然利奥塔和鲍德里亚有关社会知识和社会的陈述基本上只是粗笔勾绘，但福柯提供的社会分析，却有着丰富的历史呈现和厚实的经验细节。他对性相、监狱、癫狂、精神病学和人的科学的一系列研究，为人的研究中占支配地位的自由主义和马克思主义这两种思路提供了一种不容小觑的替代方案。

与许多启蒙运动的理论传统相反，福柯放弃了将社会视为总体、系统或有机整体的意象，转而支持一种去中心化的、彻底多元化的社会过程概念。福柯摒弃了启蒙运动中旨在追溯人类持续进步的发展历程的宏大进化论，而是分析了多重人类主体的形成，并强调了历史的连续性和不连续性，秩序和冲突的过程，而不是将它们简化为进步或倒退的故事。自由主义和马克思主义旨在揭示资本主义、科层化、社会分化、民主化或个体主义等全局性社会逻辑。福柯放弃了对统合性社会逻辑的探求，转而研究异质性的社会动力机制。然而，透过性相、监狱体系、人的科学、精神病院和负责个人改造的精神病学体制的兴起，福柯感受到了一种新的以规训为基础的社会秩序的轮廓。社会控制的运作与其说是通过法律、国家或经济压制系统，不如说是通过应用从军队到监狱、工厂、学校、医院、精神病院和几乎所有组织的规
187 训技术。这些控制技术与医学—科学话语交织在一起；后者促进各种身体运动、欲望、身份和行为的形成，并强加给它们正常化/规范化(normalizing)的规则或规范，由此实现对这些方面的控制。

如果权力普遍渗透到社会领域，如果它被编织到日常生活的肌理之中，那么社会冲突和抵抗就无法集中化。政治对立的各种运动不能被归拢到反国家主义、反资本主义或反父权制/反男权制的旗帜下。社会抵抗必须是异质性的；对立实践必须是局部的、分散的，并且专属于其所在特定社会领域(例如监狱、学校、性相)的社会逻辑。与自由主义和马克思主义所特有的解放政治形成进一步对比的是，以规训为基础的社会中的抵抗政治放弃了对一个没有支配和控制的社会的虚幻梦想。个人和社会的存在永远不可能摆脱约束和监管；每个社会都会生产出自有的由各种身体、快乐、身份和社会规范组成的型构。对抗性政治与规训/学科[disciplines](包括人的科学和控制技术)作斗争，目的是扩大个人主义和社会关系的可能性，并产生公正、民主的生活形式。不幸的是，福柯对政治抵抗的社会希望几无论及，只是明确表示他反对规训秩序大行其道。然而，他很清楚，在规训秩序的政治中，知识分子的作用已经从用普遍真理抗衡现实，转变为详细分析性相、监狱和精神病学等特定社会领域的社会形态。福柯认为，谱系学是人的研究可以作为反规训政治一部分的一种可能形式。

推荐书目

David Couzens Hoy, ed. *Foucault* (Oxford: Blackwell Publishers, 1986).

Michel Foucault, *Politics, Philosophy, Culture: Interviews and Other Writings, 1977–1984*, ed. Lawrence Kritzman (New York: Routledge, 1988).

David Macey, *Michel Foucault* (New York: Pantheon, 1993).(戴维·梅西，《福柯》，徐德林译，北京大学出版社，2019)

Mark Poster, *Foucault, Marxism and History* (Cambridge: Polity Press, 1984).（马克·波斯特，《福柯、马克思主义与历史：生产方式与信息方式》，张金鹏译，南京大学出版社，2015）

参考文献

1. Michel Foucault, *Madness and Civilization: The Archaeology of Knowledge and the Discourse on Language* (New York: Harper Colophon, 1969); *The Birth of the Clinic: An Archaeology of Medical Perception* (New York: Vintage, 1975); *The Order of Things: An Archaeology of the Human Sciences* (New York: Vintage, 1966).
2. Michel Foucault, "Two Lectures," *Power/Knowledge: Selected Writings and Other Interviews* (New York: Pantheon, 1980), p. 83.
3. Michel Foucault, "Power and Strategies," in *Power/Knowledge*, p. 145.
4. Michel Foucault, *Discipline and Punish: The Birth of the Prison* (New York: Vintage, 1979); *The History of Sexuality*, vol. 1: *An Introduction* (New York: Vintage, 1980).
5. Foucault, *The History of Sexuality*, vol. 2: *The Use of Pleasure* (New York: Vintage, 1985), p. 47.
6. Foucault, *The History of Sexuality*, vol. 3: *The Care of the Self* (New York: Vintage, 1986).
7. Foucault, *The History of Sexuality*, vol. 1: *An Introduction*.
8. Foucault, *Discipline and Punish*.

188

第十三章

齐格蒙特·鲍曼的后现代性社会学

齐格蒙特·鲍曼(生于1925年)成长于波兰。这个国家先因纳粹主义而失去独立,后又归于共产阵营。鲍曼于1955年移居英国,最终成为利兹大学(University of Leeds)的社会学教授。鲍曼的社会思想完全是欧洲风格的,他在很大程度上借鉴了法国后结构主义和法兰克福学派的批判理论,发展了一套关于后现代性的社会学。

鲍曼与生俱来的犹太人资格,以及他在共产体制下的成长,对塑造他的社会观念至关重要。由于德国的入侵,波兰于 1939 年失去了独立。波兰随后从德国的统治下解放出来,却只是转而屈从于苏联的主宰。虽然受制于苏联的军事威胁,但波兰并不是像匈牙利或罗马尼亚那样的斯大林主义国家。例如,独立的马克思主义传统在学院知识分子中蓬勃发展。然而,鲍曼先后经历了纳粹主义、反犹主义和共产主义,这使他不信任理性塑造社会秩序或按照其形象重塑人类这类主张。事实上,我们将要看到,鲍曼开始拒绝将纳粹主义和共产主义视为现代历史的意外的传统观点。相反,他认为,这些旨在设计完美可控的秩序的努力，恰恰揭示了现代性的真正精神。纳粹主义的失败和随后共产阵营的消失，标志着现代性及其塑造理想世界秩序的宏伟愿望的失败。

与许多为了逃避纳粹主义或共产体制而移民欧洲或美国的欧洲知识分子不同，鲍曼并没有放弃左翼批判视角。也许在共产体制下的波兰，独立马克思主义传统继续存在，使鲍曼得以保留受社会主义激发的批判理论。话说回来，马克思主义被抛弃了，理由是其理性主义的乌托邦冲动是现代性日益破碎的梦想的象征。鲍曼舍弃了马克思主义，大量借鉴了后结构主义和批判理论，努力将社会学重塑为一种新型批判工具，敏于应对全球转型的各种思潮。

189 齐格蒙特·鲍曼（Zygmunt Bauman）1925年出生于波兰。他在华沙大学接受教育，但于1955年移民到英国。[*]鲍曼曾在华沙大学、特拉维夫大学（University of Tel-Aviv）任教，从1972年到1990年退休，他一直在英国利兹大学任教。鲍曼是一位社会理论家，他从文化规范、国家和知识分子之间的关系入手，来叙述前现代性、现代性和后现代性的历史。鲍曼将前现代性的特点概括为地方传统的多元性和去中心化的权威。现代性的特点是集权化国家的出现，它依靠知识分子来使其权威合法化，并将标准的文化规范强加于地方性文化。在后现代性中，国家不再需要知识

* 此处作者有误。虽然鲍曼在战后不久已因犹太人身份遭到排斥，但其军人、党员、教员、公民等身份是逐步失去的，直到1968年他才失去华沙大学教员身份，离开波兰后经以色列过渡，最终入职英国利兹大学。另外，鲍曼已于2017年去世。

分子提供合法化或规定共同的文化，因为这些功能都被市场接管了。知识分子在后现代性中的角色从强加共同文化转变为一个更谦和但崇高的目标：促进不同共同体之间的沟通。

从现代性到后现代性

鲍曼勾绘了一部西方历史的统揽叙事。他摆脱了关于理性和自由的进步的启蒙运动故事，讲述了一则关于社会控制和作为支配的理性不断推进的故事。此外，经典和当代社会学理论家断言，资本主义和社会主义之间的分隔是社会冲突与希望的主要场所，而鲍曼则替之以现代性与后现代性之间的分隔。由此观之，资本主义和社会主义代表了现代性动力机制中的社会差异。尽管鲍曼希望摆脱许多相沿成习的社会学，但他的社会叙事仍带有明显的启蒙运动痕迹：这是一个人类为自由而斗争的故事，而理性可以有所作为这一希望依然挥之不去。

鲍曼概述了前现代、现代和后现代社会的类型学。他的视角始于前现代性。他以极为简略的笔致勾绘，将前现代性的特征概括为一种去中心化的、碎片化的社会类型。前现代社会由多个自给自足的共同体组成，每个共同体都有自己的传统和生活方式。这些社会是高度分层的，并凭借占支配地位的宗教文化和地位牢固的社会等级秩序保持稳定。尽管存在社会不平等，鲍曼仍强调前现代世界尊重地方性传统和社会多样性。

在17世纪前现代性走向崩溃、现代性趋于巩固之间，有一段短暂的社会自由时期。欧洲社会容忍社会差异，最重要的是，接受存在的不确定性和偶然性。社会生活的演化并没有上帝或世俗君主的权威来强加秩序、确定性和目的。“正是在那短暂的插曲中……这种
190 多样性被……亲切地拥抱和誉为真正人性的标志和条件。开放，乐于克制谴责他人和……满足于可信而不是追求绝对——这些都是人文主义文化的显著标志。”[1]不幸的是，人文主义对保持差异和纠结（ambivalence）的颂扬并没有持续下去。

面对越来越多的流浪者、穷人、疯子和心怀不满者，西方社会以一些新式社会控制作为回应。前现代的地方共同体无法有效应对当时日益严重的社会混乱和不断升级的行政管理要求。海量的资源，有人力的，有非人力的，都必须加以管理：在新兴的工业殖民主义时代，国族要获得成长和维持生存，需要关于劳动力、健康、生育率以及国家和国际发展趋势的详细而专门化的信息，而随着商贸的拓展，也迫切需要跨越广袤地域的运输和通信系统。简而言之，一种新的现代社会秩序应运而生，以应对前现代社会控制的失败。

现代性的特点是多层次的控制体系，包括法律、规训策略和意识形态控制。现代性的中心是国家。鲍曼认为，集权化的科层制国家，其资源的集中化，对暴力使用的垄断，以及公务员、警察和军事力量的庞大队伍，是现代性的基础。国家以控制社会环境和自然环境为使命，表达了现代性的基本精神。

现代国家的演变并不单纯是为了响应对新形式的社会控制的功能需求。它以牺牲地方性权威、传统和生活方式为代价来巩固权力。

政府权威的现代化涉及将权力从地方机构和共同体转移到国家。实际上，国家权威的集中化涉及对地方共同体的战争，并试图从它们手中夺取权力。这同时伴随着一场文化战争。为了使国家以有序和有效的方式管理社会，它试图强加某种文化一致性。国家对地方性的、多样化的文化传统发动了一场文化战争。在进步、世俗主义、科学、民主、自由、个体主义和公共卫生的名义下，现代国家将地方性文化连根铲除，摧毁了特定的传统，破坏了区域、族属和文化角度上各具特色的共同体。现代性的诞生是通过对地方性传统、社会多元化、含混性和不确定性的不懈攻击来完成的。正是这种对秩序的需求，以及对一切进行分类和控制的欲望，才是现代性的核心。

现代国家代表了一种新的治理概念。这不仅仅是因为以前分散的权力现在集中了；而且，现代国家的特点本身在历史上就是独一无二的。它源于创造并维持秩序的愿望；它的使命是塑造社会及其公民，以反映理性的社会设计。现代国家不仅致力于维持秩序；它旨在塑造人类以完美反映一种理想。鲍曼将现代国家描述为“园艺国家”(gardening state)。它不仅渴望统治、保护其公民或确保繁荣，而且渴望驯服和驯化人类生存的混乱失序。

没有知识分子，现代国家是不可想象的。要运行各项现代制度的科层体系，需要有关人口、制度/机构和整个社会的动态的信息。学校、工厂、福利机构、监狱、医院以及地方和国家政府的管理都需要专业知识。此外，现代国家还需要合法化；它对地方性传统、权威和共 191
同体的战争，它集中权力的欲望，以及它的社会目标，都必须得到正当性辩护。现代国家和启蒙运动式的社会科学同时出现，并表现出兴趣/利益和精神上的彼此亲和。

鲍曼对启蒙运动的传统观点提出异议。这种看法认定，现代化标志着迈向自由、宽容和社会进步的一大步。诞生于启蒙时代的社会科学据说是一支人道主义力量，与偏执、狂热以及教会和国家过度权力的邪恶作斗争。鲍曼认为，启蒙运动的真正精神的核心，就是对控制和确定性的追求。启蒙运动的胜利意味着他所称的“立法理性”（legislative reason）的胜利。这种理性敌视真正的个性和多元主义形式，不能容忍含混暧昧和不确定性。立法理性努力按照一般原则、法则、规则或规范来塑造世界。启蒙运动原则上可以颂扬个人主义和多样性；但在实践中，它却是压制性的。例如，有关社会进步的意识形态被用来为破坏地方性传统和共同体作辩护，或对被定义为落后或原始的非西方民众进行殖民。科学对客观真理的宣称使非科学知识及其所表达的共同体归于沉默。简而言之，启蒙运动的主要思想，人的可塑性，社会进步的学说，人类的一体性，科学的真理，都被视为有助于一种社会类型，该社会旨在为秩序立法，控制不守规矩的人，并给那些偏离健康、健身、美和德性的传统规范的人贴上越轨的标签。

鲍曼对现代性毫无热爱。常识之见认为，现代性标志着全人类向更自由、更理性的社会的突破，而他颠覆了常识之见，认为现代文化是为了清除混乱、含混、暧昧、差异和不确定性。“典型的现代实践，现代政治、现代才智、现代生活的实质，就是努力消除纠结的态度：努力精确定义，压制或消除一切不能或不会被精确定义的东西。”[2]现代国家、社会制度与社会科学的特征，就是这种控制和不宽容的精神。人们对摆脱含混暧昧、纠结的生活抱持幻觉，这种幻觉激发着社会控制逐步推进，就是这样的历史框定了西方历史。

现代时期并没有戛然而止。尽管如此，鲍曼认为，在纳粹主义的晚近历史、共产阵营的瓦解以及启蒙文化在西方遭遇日益严重的危机中，都能明显看出现代的失败。此外，现代性的终结还体现在知识分子不断变化的社会角色上。事实上，有关后现代性的理论就是知识分子社会位置变化的产物。我们不妨来看看鲍曼对后现代性与知识分子之间的关联都说了些什么。

鲍曼坚持认为，知识分子塑造的意识形态为国家的政策和目标做辩护。在后现代状况下，国家不再需要知识分子来提供合法化。为什么？后现代性下的社会控制与其说依赖于压制性的国家措施或共同的文化价值观，不如说依赖于“诱引”。在现代时期，个体对社会制度 192
和政府机构有多么忠诚，有赖于惩罚与震慑的策略，有关正常化/规范化的规训策略，以及诉诸共同信仰和价值观，例如个体主义、进步和政治民主。而在后现代时期，公民在社会角度上整合一体，他们的制度/机构忠诚度通过市场的力量得到保障。个体需求、身份和生活方式都与消费息息相关。后现代自我通过消费模式来塑造身份和社会生活。他们被商品旨在唤起的幻想和生活方式梦想所诱引，进入社会遵从。有关社会控制的各种规训策略，从监控到社会行为的医学化，都已经将其焦点从主流人群转移到市场无法触及的那些边缘化群体，例如穷人和越轨者。

后现代性下的知识分子在政治上被剥夺了。国家对专家知识和话语合法化的需求减少。不仅如此，他们作为文化仲裁者的角色也被大大削弱。随着文化领域日益商业化，并与娱乐和大众消费世界相融合，画廊老板、大众传媒管理者、出版商和大众文化企业家组成的新文化精英已经排挤了知识分子。由于缺乏政治权威或文化权威，知识分子开始重新思考知识和权力。知识分子不再被要求为真、善、美的标准立法，现在他们开始强调文化标准的多元性及其在特定传统或共同体中的扎根性。随着知识分子在立法角色中失去社会权威，他们承担起"阐释性"的角色。他们的目的与其说是规定标准或法则，不如说是促进不同传统和共同体之间的沟通。这种阐释性角色赋予知识分子一种新的社会价值；他们对后现代性的倡导与他们自己对社会权力的渴望息息相关。

后现代性并不标志着与现代性的彻底决裂。鲍曼认为前者是现代性那些被遮蔽或边缘化的特性的发展。选择、多样性、批判性、反身性和能动性等价值观也是现代的，并保留在后现代性中。然而，现代性与后现代性之间也存在着深切的对立。现代性的指导精神围绕着创造秩序、边界、分类，渴望确定性和透明度；这是一个提倡形式理性、法则、类型学、分类、严守边界、一致性和普遍性的时代。而后现代性据说倡导多元性、含混性、纠结、不确定性以及偶然和短暂；它是破坏性的、不懈批判的、对抗性的。

最重要的是，后现代与以下现代理想背道而驰，即由归根结底被视为分享共同人性的个体组成的一致化、标准化的文化。正是对共享人性的假设，使得推导出普遍的人类利益、真理或价值标准的观念变得貌似有理。与此相反，后现代性颂扬了人类和文化所具有的不可化约的多元化特征。人类创造出丰富多样的传统、共同体和文化。后现代时代摒弃了有关人类同一性（identity）的现代观念，并代之以不可化约的人类差异的观念。人类展现出巨大的社会变异；有关人类一体性和同一性的观念被视为一种压制性的规范性主张。

后现代性的核心就是不再认为，对于确定性或真、善和美的普遍 193
标准的诉求，能够有任何确凿的基础：

> 因此，赋予“后现代性”的主要特征，就是各种文化、共同体传统、意识形态的持久而不可化约的多元化。……在后现代世界中，复数的事物不能按进化顺序排列，也不能被视为彼此的低级或高级阶段；它们也不能被归类为对共同问题的“正确”或“错误”解决方案。任何知识都不能脱离文化、传统、语言游戏等背景予以评估，正是这些背景使知识成为可能并赋予它意义。因此，没有任何可用的验证标准本身可以“脱离背景”地获得正当性辩护。没有普遍标准，后现代世界的问题不是如何将优越的文化全球化/全局化，而是如何确保不同文化之间的沟通与相互理解。[3]

正如鲍曼所说，在后现代世界中，没有任何权威的立场来认识世界。人类的知识总是情境性的；我们从特定的立场、传统或文化共同体出发来进行认知。知识总是多元的，价值观、社会规范和审美风格也是如此。对真理的宣称必须结合特定的传统或视角才具有价值或可信度。知识、道德和美学领域是社会冲突和论争的主要场所。面对普遍存在的冲突和多元化，后现代个体怀疑诉诸中立的阿基米德立场来解决文化冲突的可信性。相反，后现代立场提出了一种具体个案具体分析的局部化商谈策略，其目的并不是消除含混暧昧、纠结和不确定性。后现代性肯定了一种去中心化的、碎片化的社会秩序，理想情况下，这种秩序面对普遍存在的社会政治冲突，为持续的话语、论争和商谈创造了制度空间。

后现代性与社会学

鲍曼认为，社会学的本质与知识分子的社会角色密切相关。在现代时期，国家和知识分子之间存在着联盟。因此，社会学承担了“立法性角色”，即其目的是发现社会组织和进化的原理。尽管现代社会学声称其合法性是基于其对真理和一般社会效用的确认，但它被纳入了现代国家创造和管理一个理性社会的宏伟目标。现代社会学执着探求社会组织和“社会问题”的原理，正体现了现代性的“立法”精神。

向后现代性的社会转型改变了国家与知识分子之间的关系。如前所见，国家对知识分子的需求减少；随着市场取代国家成为整合性的社会力量，知识分子的合法化角色逐渐减弱。知识分子被剥夺权力，使他们的立法性角色趋于过时。如果社会学家不再被要求为社会秩序和文化规范立法，那他们的社会角色是什么？

194 鲍曼说，不幸的是，一些社会学家会否认向后现代性的转变。这是一个严重的错误。由于国家对社会学的需求减少，社会学作为文化仲裁者的角色衰微，如果它不重塑其前提和目标，它就会过时。在后现代文化中，以知识本身为目的而诉诸知识来证明科学型社会学的正当性，这样做越来越被认为是站不住脚的。社会学忽视后现代性的状况,就有失去自身的社会针对性的风险。

鲍曼指出,许多社会学家将后现代主义的兴起理解为标示了现代性出现危机。后现代思想家聚焦于身份和文化的去中心化,聚焦于不稳定、碎片化和变化,这被解释为现代性文化危机的症候。后现代倡导激进多元主义和去中心化的身份,这种立场遭到抨击,被指为西方现代性中那些去整合化的、病理性的潮流推波助澜。换句话说,后现代主义被解释为社会病症的症候。鲍曼对这种观点提出了尖锐的批评:"我认为……统称为'后现代性'的现象不是系统性缺陷或疾病的症状;它们也不是暂时的畸变,其寿命受到重建文化权威结构所需时间的限制。相反,我认为后现代性……是一个充分发育、生机可续的社会系统的特点之一,这个社会系统已经取代了'古典的'现代资本主义社会,因此需要根据自己的逻辑进行理论阐述。"[4]

鲍曼对后现代性的看法表明,社会学从立法性角色到阐释性角色,出现了重大的重新定位。社会学放弃了对基础、普遍法则或封闭的思想体系的追求,应当承担起促进不同共同体之间相互理解的任务。社会学家重视文化传统、亚文化和共同体的多样性,将自己的目标定义为使这些社会差异统贯一致且可理解。"作为一名后现代社会学家,就是牢牢植根于自己的'本土'传统,同时深入所考察的相对异在的传统持有的连续多个层面的意义……在社会学家身上,两个或多个传统被带入沟通交流……这位后现代社会学家的目标是为多种文化'发声',如果没有他的帮助,那些文化将保持麻木或无法让沟通伙伴听见。"[5]后现代社会学的价值在于使社会差异的威胁性降低,促进对多样性的容忍,使不熟悉的事物变得熟悉,并为被淹没或边缘化的体验和共同体发声。在后现代世界中，多种多样的共同体发生冲突，阐释性的社会学家可以发挥作用，促进相互理解，提出具体个案具体分析的局部性策略以解决冲突。后现代文化也强调了向带有解释性质和民族志性质的社会学类型的类似转变。

鲍曼赞同批判性的后现代社会学（postmodern sociology）。作为社会批判的社会学一向是社会学历史中的关键组成部分。然而，从马克思到哈贝马斯的社会批判通常诉诸普遍的立场和基础，诉诸科学的强纲领，以将其包裹在合法性的光环中。而后现代社会批判将保留现代的解放希望，但没有确定性的锚点。后现代批评家会认识到，奠定了社会批判的那些利益和价值观，其基础是情境性的、偶然性的，也就是历史性的。例如，现代批判的理性主义语言诉诸客观基础和社会法
195 则，这将让位于一种更具历史性和情境性的有关利益、目的和希望的语言。此外，后现代社会批判者还放弃了带有危险的救赎意味的社会变革愿景，这种愿景已被证明极具诱引性和破坏性。“坚信有某种历史行动者随时准备好借力于政治国家，接过并完成现代性的承诺……这种信念业已消失殆尽。”[6]在后现代批判者的想象中，变革不那么具有戏剧性和乌托邦色彩；他们不太把国家看作变革的代理机构。鲍曼设想了一种后现代批判，其目的是启发公民，提醒他们注意有致使自由和民主削弱的威胁的社会力量（例如国家、市场和消费主义）。

今天的社会学还有最后一种可能性。鲍曼提出了一种后现代性社会学（sociology of postmodernity）。社会学家将努力理解后现代性的起源和社会组织，其方式类似于经典时期和当代打造现代化社会学（sociology of modernization）的努力。然而，正如现代性社会

学(sociology of modernity)要求社会学家采用反映现代西方社会的假设和观念一样,后现代性社会学也将迫使社会学家采取后现代的前提、概念、模型和说明图式,取代现代的这些东西。

社会学的后现代概念重新定向会是什么样子?社会学将放弃引领过经典和当代理论的许多核心观念,例如,将社会视为一个系统、有机体或机制的观点,将个体视为行动的自然行动方的观念,以劳动、生产、劳动分工、价值观和意识形态等范畴为中心,聚焦于民族国家作为分析单位,以及有关连续、线性的发展和进步的假设。后现代社会学将舍弃这些前提,替之以强调社会现实的流动性、多重性,社会制度的局部性或情境生产性,个人在塑造社会现实中的解释性努力,以及个人作为社会生产出来的身份。社会学的轴心范畴将转而聚焦于消费主义,市场,与身体、自我和身份形成有关的规训技术;自觉采取国际性的视野和思路来看待社会变迁,以应对不连续的、不可预测的和相互矛盾的多种社会趋势。

社会学家一直迟迟不承认也不情愿承认,战后的欧洲和美国已经发生了从现代到后现代的巨大转型。只要社会学家仍然坚持现代的前提和思路,他们就将延续目前逐渐陷入社会孤立的趋势。鲍曼提供了更新的可能性。社会学必须转向后现代轴心。它应该放弃其立法性角色(例如提供各种基础、一般原理、法则、统揽全局的理论,以及社会学体系),转而偏向批判性、解释性的角色。社会学家的目标是增进不同共同体之间的相互理解,或针对方兴未艾的后现代时代做出阐明和批判。鲍曼坚持认为,世界已经发生了变化,社会学也必须重塑自己,以维护其社会角色。我们必须放弃有关知识和社会的启蒙运动范式；只有社会学文化中出现向有关知识与社会的后启蒙范式的转变，才能使其免于日益过时。

196 推荐书目

Peter Beilharz, *Zygmunt Bauman* (London: Sage, 2000).

David Smith, *Zygmunt Bauman* (Cambridge: Polity Press, 2000).（丹尼斯·史密斯，《齐格蒙特·鲍曼：后现代性的预言家》，佘江涛译，江苏人民出版社，2013）

I. Varcoe and R. Kilminster, eds. *Culture, Modernity and Revolution* (London: Routledge, 1996).

参考文献

1. Zygmunt Bauman, *Intimations of Postmodernity* (New York: Routledge, 1992), p. xiii.
2. Zygmunt Bauman, *Modernity and Ambivalence* (Ithaca, NY: Cornell University Press, 1991), pp. 7–8; *Modernity and the Holocaust* (Ithaca, NY: Cornell University Press, 1989); and *Legislators and Interpreters: On Modernity, Post-Modernity and Intellectuals* (Ithaca, NY: Cornell University Press, 1987).
3. Bauman, *Intimations of Postmodernity*, p. 102.
4. Bauman, *Intimations of Postmodernity*, p. 52.
5. Bauman, *Intimations of Postmodernity*, p. 42.
6. Bauman, *Intimations of Postmodernity*, p. 109.

第四编　结语 197

启蒙运动的核心观念，比如科学的客观性，科学进步与社会进步的携手并进，人类的一体性和根本上的相同性，人类从东方到西方、从压迫状态到自由状态的演进，都不仅仅是知识分子的信仰。它们都融入了所谓现代西方的政治和文化方面的肌理与历史之中。这些观念是世俗信条的根源，后者即对个体、理性、自由和进步等终极价值的信仰。

后现代视角并不排斥启蒙运动的价值观，如自由、宽容、民主、批判性思维和社会正义。后现代观念并不是反现代的；后现代主义者并不反对自由、法治或理性论辩。后现代思想家只是认为，对于这些启蒙价值观作为社会和政治理论表达或付诸实践的方式，需要重新审视，有时甚至需要提出质疑。

尤值一提的是，启蒙运动的社会思想传统无意中有助于加强西方对东方的支配，中产阶级对劳工的支配，欧洲文化对非白人文化的支配，专家社会对大众的支配，以及男性对女性的支配。想想自由的伟大倡导者之一，马克思。他抨击资本主义，因为它创造了一个阶级分裂的社会，使绝大多数人贫穷，文化上愚昧落后，政治上被剥夺权力；简而言之，不自由。但马克思和大多数马克思主义者从不怀疑欧洲是人类的温床和未来；他们很少承认，正是这些社会灌输了男性支配、白人至上、异性恋规范性／正常性（heteronormativity）、有关人类“健全”的狭隘规范等体制。对于围绕性别、种族或性相爆发的种种社会冲突和政治冲突，马克思主义的阶级社会观充其量视之为阶级冲突的附属物或派生物。尽管马克思主义倡导人类自由，但它经常强化狭隘的欧洲中心主义和男性支配的社会秩序。这很难说是马克思所独有。稍微看看涂尔干、韦伯、帕森斯和哈贝马斯的社会学，就会发现类似的未经检验的观点。

198 对于我们许多西方人来说，让这种启蒙运动的文化接受审查，其实是一种极大的宽慰。我们不是拒绝其价值观或社会希望，而是质疑其社会观照和历史观照。而且，重新审视启蒙运动的文化遗产的并不仅仅是知识分子。例如，在战后一代人成长的时代，科学所拥有的真理和进步光环似乎已经丧失大半。随着科学被整合到商业和军事中，被用来兜售牙膏和制造炸弹，启蒙运动的科学观，即视之为纯粹的知识，社会善好的无限制条件的力量，今天看来似乎幼稚天真。战后一代人意识到科学的阴暗面：纳粹主义、广岛核爆、科学酷刑、种族灭绝、精神病院、医学非人化，以及科学在将同性恋者、黑人和女性病态化中的作用。科学和更广泛的启蒙运动文化已经丧失了纯真。

如果后现代视角只是反对启蒙运动，就不值得认真关注。后现代思想家其实是启蒙运动的继承人，但也是批判性的继承人。他们的目标是维护启蒙运动的核心伦理信念或价值观，及其对更美好世界的希望，但要提供对知识、自我、社会生活、政治和历史的不同理解。例如，利奥塔和福柯拒绝社会科学这个观念所附带的宏大理论和解放主义的希望；但不管怎么说，他们并不反对经验知识或严谨的思维。相反，他们同时基于认识论上和政治上的理据，质疑科学作为真理的绝对特权。例如，他们认为，绝对主义的科学观对所有非科学思维，以及支持这类思维的共同体，都贬低其价值，并在社会角度上予以边缘化。如果只有科学产生真理，那么在理解人类生活时，非科学的观念（例如宗教、文学、艺术和民间知识）就缺乏可信度。科学创造了一套思想和社会维度的等级结构，而科学制度/机构和科学家处于顶端。利奥塔和福柯希望坚持科学在经验上和理论上的严谨性，但放弃其统御全局的主张。两位思想家，以及许多我们可能视之为后现代的人，都赞成一种多元主义的思路，承认和重视多种形式的知识。这是相对主义吗？不完全是，因为后现代主义者在对知识做出评判时，的确还是诉诸经验分析标准。然而，后现代主义者通常会认识到这些标准有待争辩，并且永远不会摆脱它们可能掩盖权力动力机制的怀疑。

随着启蒙思想家的一些社会和历史信仰失去共鸣，随着我们越来越难以将历史视为进步的运动，将西方视为领头的社会，随着全球化、多元文化主义和流散社群（diasporic communities）的兴起等过程重新设计了我们的社会景观，一些思想家提出了新的社会视角和历史视角。例如，与许多聚焦于经济、国家、组织动力机制和文化价值观的经典和当代思想不同，一些后现代视角强调了与身体、性相、身份、消费主义、大众传媒、医学—科学话语、社会科学的社会作用、控制的规训技术等等相关的过程的重要性。鲍德里亚分析了摹拟、超真实和内爆等文化过程；福柯概述了创造新身份并强加规范化/正常化控制（从
199 监控到治疗）的规训秩序的兴起，这些都要求我们改变我们的概念策略，其戏剧性不亚于与经典社会学相关的社会思想的“革命”。

虽然后现代的视角有时带着悲观主义色彩，但也呈现出一种持守的社会希望。利奥塔、福柯和鲍曼等思想家在他们最充满希望的时刻似乎在说，如果我们希望继续梦想自由和集体福祉，就需要以新的方式看待知识、社会、历史乃至自由这个概念本身。对于许多这样的思想家来说，后现代观照有许多设定：社会生产出的自我，其身份是多重的和不稳定的；对权力和知识相互关联的意识；知识生产被赋予新型道德责任；社会的意象是破碎的秩序，深刻分裂，多元文化，并围绕纷繁多样的特定斗争组织起来。人们敏锐地意识到，权力的运作既通过压制（例如法律、国家、阶级统治），也通过各类身体、人口和身份（性身份、性别身份、族群身份）的生产和规范化/正常化。为获得快乐、选择、自我表达、社会纽带和正义而进行的持久斗争，取代了彻底终结不自由的旧式梦想。

第五编

修正与反叛：身份政治与理论

第五编　引言 203

1968年的五月风暴在法国引发了一场国族危机。学生、劳工、专业人士和文化工作者（如编辑、演员、作家）联合起来改变法国。他们反对社会的科层化、法团资本主义、天主教会的权力、国家对私人生活的过度控制、大众消费主义，以及民族文化的商业化。1968年的反叛意在社会革命。

美国没有五月风暴，但也有学生反叛。然而，学生、蓝领工人和专业人士之间的联盟从未实现。不仅如此，只有在涉及大学改革或与反对美国卷入越战的抗议活动保持一致时，学生抗议活动才赢得广泛的公众支持。随着学生追求激进的政治议程，他们失去了大部分主流支持。事实上，美国从越南撤军也敲响了学生运动的丧钟。

战后美国的社会冲突也围绕种族、性别和性相问题显露峥嵘。这些冲突产生了两种类型的社会运动：民权运动和解放运动。民权运动是由黑人反对南方种族隔离的运动引发的。静坐、抵制、非暴力抗议和争取种族平权的政治游说，成为女性和同性恋者进行斗争时仿效的模板。这些民权运动在美国的私人层面和公共层面都造成不和；它们扰乱了种族、性别和性等维度上相沿成习的不平等。然而，他们的目的与其说是挑战自由制度的合法性，不如说是要求美国实现其所有人享有平等权利和机会的理想。

与民权运动携手并行的是解放主义的社会运动。在北方，一场黑人权力运动以黑人民族主义的意识形态为核心凝聚一体。自由派女性主义者受到激进派女性主义者的挑战，对她们来说，改变法律只是拆解男性支配这一更广泛议程的一部分。到了20世纪70年代早期，男女同性恋者争取民权的斗争被要求终结性角色和性别角色的好战
204 分子所盖过。在参与式民主、性自由与性别自由，以及族群民族主义等观念的激励下，解放主义运动挑战了自由主义美国的合法性。尽管到了70年代中期，解放运动的鼎盛时期已经过去，但仍继续影响着美国政治和思想文化的形貌。

尽管20世纪60年代法国和美国的社会反叛颇有相似之处，但它们的政治文化却存在显著差异。法国的反叛者多少会团结一致反对社会现状，而美国的激进分子则缺乏统一的目标。美国的反叛分裂成复杂多样的运动，每股运动都围绕着一个想象的共有身份组织起来。这些基于身份的运动创造了自己的文化、组织、政治策略和社会观照。例如，将黑人解放运动统合起来的是这样一种预设：基于种族歧视和抵抗的共同经历，生成共有的黑人身份；黑人解放运动为全体黑人代言，也只为全体黑人代言。

战后美国出现了一种新型政治：身份政治。所谓同一受压迫群体的所有成员都分享某种共有的身份，诉诸这样的观念，黑人、女性和同

性恋者组织成类似族群的政治共同体和运动。

这些社会运动创造了新的知识主体（非裔美国人、女性、女同性恋者和男同性恋者）和新的知识。黑人、男同性恋者、女性、女同性恋者和拉丁裔在社会上被定位为受压迫者，他们都提出了看待知识、社会和政治的新的视角。美国公共文化中居于支配地位的知识被批评为狭隘地表达了欧洲白人、男性和异性恋者的立场与旨趣。黑人民族主义者、女性主义者、同性恋解放主义者和女同性恋女性主义者都提出了新的社会视角：非洲中心论、女性主义、男女同性恋或酷儿理论。这些新知识呈现出与启蒙运动社会思想传统之间的纠结的关系。例如，当女性主义者分析科学在创造并延续压迫性文化刻板印象方面的作用时，她们抨击了科学知识和价值观严格分离的想法；科学被视为与政治纠缠在一起。

这些新兴社会运动所催生出的社会知识，对社会理论和社会科学的形貌产生的影响颇为可观。第五编考察这些批判性知识，着眼于它们如何挑战和修正我们有关社会思想和分析的观念。

205

第十四章

女性主义理论/男性特质研究

当代女性运动是为了应对战后美国的矛盾而发展起来的。一方面，女性开始攻读大学学位、追求职业生涯；她们不再自动将自我实现与成为妻子和母亲联系起来。另一方面，人们仍然期望女性承担养儿育女、料理家务的大部分职责，为了丈夫而牺牲个人和职业兴趣。她们还会受到性骚扰，有时还遭受暴力。受到黑人民权运动和解放主义运动的激励，并受到与肯尼迪和约翰逊政府相关的理想主义社会氛围的鼓舞，20世纪后期的女性运动诞生了。

如果说女性运动是女性寻求社会正义的政治载体，那么女性主义就是它的意识形态。女性主义将女性的个人困扰解释为源于社会性和政治性的因素。如果女性在婚姻中不幸福，也许这反映了社会强加的妻子和母亲角色，或者是与真实自我不一致的异性恋规范。如果女性对自己的外表感到不满意，那么需要改变的是男性强加的有关女性美的理想，而不是她们自己。女性的不满被解释为源于社会性因素，需要政治行动，而不是需要治疗或婚姻的个人问题。女性主义者认为,女性应该在社会和政治维度上与男性平起平坐,但这还不是现实。

女性主义是指主要由女性提出的旨在改变其自我意识并改变社会的观念。女性主义者从将女性视为社会弱势群体的立场出发,提供了看待社会生活的视角。她们设定男人和女人都是**社会性地形成的**,可以给出为什么男人占支配地位的**社会说明**。女性主义者断言,男女两性在工作、政治、家庭和性等领域的关系都表现出性别不平等的模式。

从女性主义的视角来看,社会世界是性别分化的:感觉、欲望、行为、社会角色、职业和整个制度都被定义为男性特质的或女性特质的,
或者适合男性或女性。例如,我猜即使在2012年,*绝大多数美国人也 206
会将养育、照看和富于同情心定义为女性特质,并将护理、文秘或育儿工作视为女性的工作。我如果设定大多数美国人认为军队和公职是适合男性特质的,会很离谱吗?如果期望女性承担照看性的角色(例如妻子、母亲、护士、文秘),而男性则被期待渴望担任领导角色(例如军官、市长、企业高管),那么女性主义者会说,这不是自然的结果,而是社会因素所导致的。

男女之间的性别差异是社会性地产生的,原因就在于:为了维持男性的支配。性别秩序是一种等级秩序。男人处于支配地位。如果期望女性成为妻子和母亲,她们是否有时间发展成为公司高管和政治领导人的技能?如果女性被社会化为善于养育,敏于回应他人的需求,她们是否具有承担领导角色的心理能力(例如咄咄逼人或果敢决

* 本版上一版即第五版的出版时间为2013年,这应是作者修订那一版时的写作时间。

断)？如果期望女性寻求男性的认可，她们是否能够在亲密生活中要求平等的满足？简而言之，性别差异维持了男性的支配地位。

即使不说是全部社会，在大多数社会中，男性对女性都拥有权力。通常男性的支配地位是显而易见的。例如，在美国，男性在经济、政治、军事、教育和文化制度/机构中占据最高权力地位。男人是公司高管；男人是州长和参议员；男人控制着传媒帝国、军队和警力。在我们的亲密生活中，也体现出男性的支配地位，只是更为微妙。例如，男性被期望发起并多少控制着性行为。男性的支配地位在价值数十亿美元的化妆品行业中得到了证明，该行业提倡一种身材苗条、宛如少女的性感美的理想，女性渴望这种美丽，以感到有吸引力；男性的支配地位还表现在高得骇人听闻的强奸和家暴发生率，体现在单身女性户主的家庭激增，她们抚养子女时很少或根本没有来自亲生父亲的经济或社会支持。

像任何从掌权中受益的群体一样，维持自己的支配地位也是男性的利益所在。正如强奸和殴打女性的现实所表明的那样，男人在必要时会使用暴力来保持权力。他们抵制女性进入制度/机构权位。男性支配还有一种更微妙并或许更有效的策略，就是控制有关性别的公共意象。如果居于支配地位的文化观念将"正常女人"定义为天生注定要做妻子和母亲，那么男人就不需要用强迫来让女人居于臣属地位。男性利用科学、医学和流行文化来延续一种幻觉：是自然决定了性别差异和性别等级；从妻子和母亲的角色来界定女性的自我实现，加强了男性的社会支配地位。女性主义的核心是对常识之见的颠覆。女性主义者认为所谓自然性别差异的观念是一种意识形态，旨在掩盖创造出不平等的男性支配秩序的那些社会力量和政治力量。

女性主义将男人和女人的世界描述为具有深切的政治性。个体学习成为男人和女人。不仅如此，女性接受社会化并被迫担任臣属角色。话说回来，她们在历史上一直反抗男性的控制。然而，有关自然差异的意识形态和社会规范迫使女性遵从照看性的角色，再加上男性优越的政治、经济和文化资源，都延续了男性的支配地位。尽管女性 207
主义者都同意说，性别是一种社会和政治现象，但对于性别的本质，男性支配的动力机制，以及女性运动的目标，她们内部却存在分歧。在本章中，我们考察了女性主义理论的三种思路：女性中心论的女性主义、差异女性主义和后现代女性主义。最后，我们将简单谈谈男性特质研究这一令人兴奋的领域。

女性中心论的女性主义：多萝西·史密斯

从20世纪60年代晚期第二波女性主义的早期到现在，许多女性主义者在一个关键方面同意反女性主义者的观点：男性和女性在基本方面被认为是不同的。据说男人和女人思考、感受和想要的东西不同，并以本质上不同的甚至相反的方式，与他人和社会世界建立联系。而且，尽管男性内部和女性内部都存在差异，但两者内部也存在着本质上的相同性或同一性。就此而言，一些女性主义者提出，女性，所有女性，分享一个共同的生物、心理或社会现实。或者，她们认为，女性共享相似的价值观和利益，因为都受到男性的压迫，都希望摆脱这种支配。如此诉诸女性根本上的共同身份和臣属地位，是后来被称为女性中心论的女性主义（gynocentric feminism）的根源。它的理论家之一是社会学家多萝西·史密斯。

史密斯旨在从女性经验的立场出发，来构建一套社会理论。女性主义社会学旨在增进女性对塑造她们生活的那些社会力量的理解，这些力量既压迫她们，又使社会变革成为可能。

多萝西·史密斯（Dorothy Smith）1926年出生于英国。*她在伦敦大学完成本科学习，后来移民到美国，并于20世纪60年代初在加州大学伯克利校区获得社会学博士学位。她在多伦多大学任教多年。史密斯以其女性主义理论著称，该理论将女性的位置作为知识发展的起点。她认为，大多数社会学概念都反映并强化了一种男性特质的位置和世界观。作为一名女性，也作为一名社会学家，史密斯声称经历了一种分岔的意识；也就是说，作为一名社会学家，她熟悉抽象的社会学概念。然而，这些概念并没有充分应对史密斯作为一名女性所占据的具体的局部性社会世界。因此，她提倡一种从女性的立场出发探讨社会知识的思路，对许多女性来说，这个立场就是属于亲密关系、身体和家庭的世界。

史密斯将性别作为社会分析的主导范畴。性别赋予了自我、制度、文化和一个社会中的政治以结构。在当代西方社会，人类的感情、

* 多萝西·史密斯已于2022年6月去世。

欲望、身份、行为、职业、制度和观念都被性别化为男性特质的或女性特质的。自我和社会的性别化特征延伸到知识，包括科学。确认知识的性别化印记，意味着没有任何普遍性的阿基米德式立场来认识社会 208
世界。“没有任何理论，任何方法，任何知识……不是由男人和女人制造的，并且是从社会中某个确定的立场出发，基于那些制造者的利益，制造出来的。”[1]

在当代西方社会，男性和女性的社会位置不同且不平等。史密斯意识到，无论男性还是女性，都会在阶级、种族和许多其他方面有所差异。这些差异意味着女性的知识也会存在变异。然而，尽管存在这样的社会变异，史密斯还是主张，女性分享着共同的性别体验。女性继续主要负责家务，照看社会的生理状况和物质状况，例如做饭、打扫卫生、照看儿童和男子的身体，以及对患病自我和健康自我的日常物质照看。因此，女性的生活一直以家务和护理任务为中心。

由于女性的生活聚焦于家庭和家庭照看，她们的生活就锚定于特定的地方和社会关系，例如，锚定于她们的家庭、邻里以及与儿童和其他女性的关系中。此外，史密斯还认为，女性的价值观和世界观表达了她们独特的社会体验。换句话说，女性有自己独特的认知方式。当女性思考社会生活时，她们强调时间、地点和社会关系的具体特殊性。例如，女性可能不谈论一般的人类行为，而是谈论特定个人或群体的行为；女性不会谈论一般意义上的社会，而是谈论实际的人在特定地点和时间所过的社会生活。

史密斯认为，直到最近，在居于支配地位的知识中，女性的体验、价值观和思维方式都还是明显缺失的。例如，社会学可能渴望成为有关社会的科学，但它并不是有关每个人的科学。“它的方法、概念图式和理论乃是基于男性社会世界，并在男性社会世界中发展充实。”[2]社会学是由男性生产的，也是为男性而生产的。从经典社会学到当代社会学，男性都被视为社会生活的主要行动者、推动者和撼动者。女性在很大程度上被排除在社会学的核心视角之外。女性对社会形成的贡献被忽视了。社会学的主要论题反映了男性的价值观和经验，即由有偿劳动、政治和正式组织构成的世界。由家庭、子女、性的再生产、情感纽带和志愿工作等组成的女性世界要么被忽视，要么被边缘化。社会学将男性的经验和世界观变成社会经验和知识的本质，也由此为抹杀或贬低女性的独特经验推波助澜。通过将男性特质的社会学变成一般社会学，社会学这门学科也许在无意之中充当了使女性与自己生活相异化的载体。

史密斯认为，社会学反映了这样一个事实，即男性的生活一直以工作和政治组成的公共世界为中心。尽管男性越来越多地参与家务劳动，但在当代西方社会，他们生活的中心是大企业、政府、体育和军队组成的公共世界。男性在社会的关键制度/机构中，或者史密斯所说的“统治关系”中，占据享有权力和特权的位置。

209 因此，男性的价值观和社会视角会受到其公共生活的塑造。至少在西方社会，公共世界是围绕着与医学、精神病学、人口学或刑罚科学相关的“客观化知识”的重要性组织起来的。对人类行为的日常理解谈论的是特定情境中的实际个体，与此相反，从精神病学到人口普查和验尸官的报告，客观化知识从真实生活个体的特定细节中抽象出来，以建构个体和群体的一般身份和分类（例如按照年龄、收入、种族和性别)。男性已经接管了这种抽象的、非人格化的思考世界的方式；不仅如此,他们还设定,这种抽象的、非人格化的推理方式就是理性的本质。

由于男性支配了社会学和社会科学,他们在概念方面的价值观——抽象观念、一般化、客观性、非人格性——也已占据了支配地位。尽管其实有许多社会学家自视为改革者,但社会学一直是统治秩序的一部分,有利于有产阶级和欧洲白人,也有利于男性。像所有统治意识形态一样,社会学看不到自己的意识形态作用。它幻想自己的观念是理性的。它认为它偏好的论题、问题和概念策略纯属客观,反映了社会世界的结构。社会学抽象地谈论人性、个体、社会和道德能动性,而不是谈论性别化的自我、行为和经验,由此掩盖其性别特征。承认社会生活的组织过程带有深切的性别属性,将揭示社会学的男权制特征。

史密斯希望揭露社会学是一项政治事业。她想要一种造福于女性的批判性社会学。她的女性主义社会学旨在将女性从男性支配的社会秩序中解放出来。

由女性生产并为女性生产的社会学会是什么样子？与渴望勾绘抽象过程的以男性为中心的社会学相反,女性主义社会学将从女性在实际生活中发现自己开始。女性所处特定的局部环境、社会关系和日常活动将是社会知识的出发点。史密斯设想了一种以马克思的社会实在论为样板的女性主义社会学。马克思主义的出发点就是真实的个体,他们有实际的需要,定位于特定的时间和地点,涉入特定的社会关系。社会意识是结合实际的社会关系而产生的。对于史密斯和马克思来说，意识形态都描述了一种思维方式，在这种思维方式中，观念与它们在真实个体的行动中的社会起源相分离。具有意识形态色彩的社会观使自由、价值、理性、心智和态度等抽象概念成为社会和历史的驱动力，而真实的个人则消失了。一场人类戏剧就这样演出，这些抽象的虚构实体（例如理性、自由、价值观）的运动在戏中取代了实际生活的个体日常、局部、特定的斗争。

受马克思的历史实在论的启发，史密斯的出发点是女性的实际生活：

> 探究的起点是有实际定位的认知者；她积极活跃；她在工作；她以各种方式与特定的其他人产生关联；她思考、欢笑、渴欲、悲伤、歌唱、诅咒、爱恋，并且就在这里；她在这里阅读；她看电视。各种活动、感觉、经历，将她勾连到扩展的社会关系中，将她的活动与其他人的活动联系起来，并以超出她知晓的方式……
> 210 女性的立场永远不会脱离现实。认知主体总是位于特定的时空场所，是日夜相继循环往复的日常世界的特定配置。探究旨在探索和阐明她不知道的东西，即弥漫在她的世界里但在其中看不见的那些社会关系和组织。[3]

女性主义社会学旨在恢复女性生活的完整性，并赋予她们批判的声音。

史密斯拒绝认为女性主义理论或社会学仅仅是政治党派之见。事实上，所有知识，包括女性主义社会学，都有着社会性的定位，但这并不意味着有效的知识是不可能的。史密斯希望在客观主义和相对主义之间驾驭一条中间路线。她拒绝认为，存在一种真实的、全面的语言来表述社会实在。但如果设定存在近乎无限数量的可能的理论，对于这样的立场，她也同样持批评态度。史密斯断言，知识既是情境性的，也是客观的。我们之所以可以认知社会，是因为我们已经创造出了它。社会学始终是一种“局内人”(insider)的社会学。我们的知识范畴表达了我们生活中的实际社会组织。即使社会学不能产生一套全面的理论，它至少可以产生关于“事情如何运作”的可靠知识，这可能证明有助于女性理解塑造和限制她们生活的那些社会条件。

史密斯的计划很明确：以女性为中心的女性主义社会学。她的目的是分析权力型构(configurations)如何塑造女性，以促进批判性的政治自觉和实践。史密斯设想了一种女性主义社会学，它有助于将女性转变为有目的地创造自己生活的社会行动者。

女性主义社会学强调了性别不平等和女性受压迫在社会中的中心地位。其他女性主义理论家认为，女性受压迫的根源是两性角色体系、家庭、异性恋规范或父权制/男权制国家。而史密斯与她们不同，强调了一种被忽视但发挥核心作用的社会支配机制：客观化的知识和话语。

史密斯非常广泛地谈论了统治关系，包括政府、大企业、专业、科学、医学和大众传媒等领域的话语，以及参与管理这些制度/机构的人员。统治关系展示了男性支配、种族主义和资本主义的交叉性。史密斯的目的并不是对种族主义、性别歧视和资本主义等方面相互关联的动力机制进行制度分析。相反，她关注的是当代西方资本主义社会统治关系的一个根本的、共同的和核心的特征：知识作为一种支配的社会力量的作用。

在现代西方社会，社会支配通过文本运作，例如医学记录、人口普查报告、医院记录、精神病案例研究、婚姻记录和就业档案。这些文本方便了社会控制。它们创造出来的世界，是由各种可以操纵和控制的个人类型、社会类型以及非人格化过程组成的。个人表现为群体或社会类型（例如病人、精神病患者、失业者、已婚者、白人、罪犯或残障人士）的例证；社会现实被框定为受非人格化过程的主导（例如作为“价值观”“态度”“疾病”或“贫困”的表达）。有关统治的文本的特点，
211 就是它们把实际行为的个体从其所处特定社会环境中抽象出来。客观化的知识将现实生活中的经验转译为一种匿名的、非人格化的、一般的和客观化的语言。

通过具体描绘“虚拟现实”对实际现实的替代，以及客观化知识与支配之间的联系，史密斯提到了关于“精神疾病”的精神病学话语。精神病学话语部署（deploy）了精神疾病的医学模式。该模式断言，由于自然或环境的原因，有些人会患上精神病。疾病表现为阻碍“正常”功能运作的心理或行为症状（例如抑郁、悲伤、恐惧症）。“精神病患者”设法问诊于心理健康医生并获得诊断。这意味着从症状（例如紧张、焦虑、阳痿、工作挫败或恋爱无能）推断出潜在的精神障碍并开出治疗处方。在医学模式中，精神疾病由专家发现，并给予适当的标记和治疗。史密斯指出，社会学家分析按性别、种族或阶级划分的精神疾病变异时，许多都依赖于这个模式。社会学家如果依赖心理健康医生提供的数据，通常假设精神疾病的精神病学分类与现实之间存在

符应关系。

但史密斯对这种模式表示严重怀疑。例如，她观察到有一种偏见，倾向于将精神疾病与女性联系起来。许多在男性中颇为常见的“情绪困扰”类别被排除在精神疾病类别之外，例如酗酒或吸毒。这会产生社会和政治效应，认为女性比男性更不稳定，更容易患上精神疾病，更需要医疗和社会监管。因此，人们还认为女性不太有能力履行涉及权力、压力和社会责任的社会角色。总之，精神病学话语将女性定位为心理和社会维度上都劣于男性。

史密斯对医学模式的科学地位提出了质疑。精神病学的干预不仅仅是发现并治疗预先存在的精神疾病；它们将其作为一种社会身份，并将个人置于制度/机构控制之下。史密斯并不否认有些人患有情绪困扰；她只是质疑将痛苦医学化的有效性，并批评其社会后果。史密斯强调了它赋予人污名、剥夺人权力的效应。精神病学剥夺了个人的道德能动性和责任，并将精神病学属性的自我转变为控制对象。我不妨略作说明。

一个陷入困扰的人会以特定的方式经历痛苦。个人痛苦可能与特定的情境和人有关，并且总是在个人实际历史的背景下经历的。个人的痛苦并不一定定义了个人与世界之间的主要关系。然而，将一个人定义为精神病患者，可能会改变一个人对自我和世界的体验。个体的实际生活，其社会纽带和历史，在精神病学话语和实践中都被边缘化。只有个体的症状行为被认为是重要的，并结合有关正常和异常的非人格化图式来做出解释。个体的行动被视为心理异常或疾病的症状；这个人丧失了自己作为一个负责任、能认知的社会行动者的体验。

精神病学秩序将个体的实际历史和复杂的社会生活都边缘化了；212 个体成为病史，心理类型，症候群（a cluster of symptoms），以及各种治疗策略的对象。换句话说，个体被抽离其生活的实际背景和意义，抹去能动性、局部性、特殊性和历史。这个人被置于一套不同的社会关系中，一个由病人、病史、诊断、护士、精神科医生、保险公司和国家组成的世界。史密斯将精神病学解释为一种社会控制中介（agency），旨在定义和管理其他控制中介（例如监狱、医院、学校和家庭）无法管理的社会角度不当的行为。

在某种程度上，社会学依赖于涉及统治关系的文本（例如精神病学话语、人口普查记录和犯罪统计）来获取其社会知识，它是这种霸权秩序的组成部分。它的研究主题和讨论话题，正是统治集团的主题和话题。“精神疾病、犯罪、骚乱、暴力、工作满意度、邻居和邻里、动机，如此等等，都是治理实践的建构。”[4]社会学讲的是统治的语言。它的概念和图式是超局部的、一般的和非人格化的；它的指导概念用抽象的实体和过程（例如心智、价值观、态度、角色和利益）代替了生活经验的实在性。社会学知识的形成与其说来自真实个人在实际社会关系中的关注和困境，不如说来自控制福利国家、专业协会和科层机构的那些利益。

史密斯设想了一种可供替代的社会学，其目的是挑战统治关系。尤其是她设想了一种可以改变社会的女性主义社会学。她的社会学愿景是，社会学是对支配的日常条件的道德探究或批判性探究，目的是改变它们。

差异女性主义：性别、种族、性相与阶级的交叉性

从20世纪70年代中期的角度来看，美国女性主义者有充分的理由满怀信心。1972年至1974年间，国会通过了平权修正案以及妇女权利立法，涵盖就业、教育、财产和婚姻权利。1973年的罗伊诉韦德案（*Roe v. Wade*）最高法院的裁决保障了女性的生育权利。随着主流女性主义吸收了激进女性主义者对性相、医疗保健和对女性的暴力等议题的关注，女性运动呈现出一种意识形态上的统一，但自那以后就不复此景。

到70年代后期，反女性主义的反弹已经全面爆发。新右翼发起了一场反对堕胎权的运动，并转化为立法方面的接连成功。例如，海德（Hyde）修正案于1977年通过，该修正案裁撤了用于堕胎的医疗补助资金。平权修正案未能获得通过所需的38个州的批准。女性主义议程的关键部分，例如国家儿童保育、医疗改革和同工同酬，招致新右翼和里根政府的保守主义性别政治的阻遏。

更糟糕的是，面对组织良好的反女性主义运动，姐妹情谊的纽带
从内部变得紧张。在女同性恋和种族等议题上的内部分裂，对与同性
恋运动还是新左派结盟的意见分歧，以及围绕政治策略和目标的冲 213
突，都可能瓦解女性主义脆弱的团结纽带。

随着女性运动受到内部不和与甚嚣尘上的社会反弹浪潮的威胁，女性主义思想在70年代后期发生了转变，这是一种女性中心论的女性主义的强硬化。许多女性主义者团结在一种理论和政治周围，强调

女性的相同和善好，强调与男性特质相关的危险。女性主义视角强调了女性因色情、性、强奸和身体暴力而遭受的伤害。男性，而不是性别角色，被视为女性受压迫的根源。在苏珊·格里芬的《强奸》、安德里亚·德沃金的《我们的血》和苏珊·布朗米勒的《违背我们的意愿》中，女性被视为充满暴力而无法控制的男性支配女性这一欲望的受害者。[5]一些女性主义者鼓励女性建立自己的共同体，以保护和滋养以女性为中心的文化，对抗男性价值观和暴力。

这种意识形态颂扬女性的共性和善好，以及男性的道德品质颇为可疑，这些在女性主义理论中都得到了表达。20世纪70年代晚期到80年代早期，最重要的女性主义阐述可见如下两例：南希·乔多罗的《母职的再生产》和卡罗尔·吉利根的《不同的声音》。[6]她们强调了男女两性之间在心理上和道德上的差异。此外，乔多罗和吉利根明确倡导女性富于同情、养育性和关爱性的关系方式，而不是男性据说更具非人格化、工具性和控制性的模式。

到70年代末，女性主义理论越来越强调性别差异和女性受害。对女性身份的诉求不再意味着唤起受压迫和抵抗的共同状态。女性身份现在指的是共同的心理倾向、社会价值观以及思维方式和存在方式。

这种女性中心论的女性主义的强硬化最终得到了批判性的回应。随着对共同统一的女性身份的主张越来越响亮，强调女性内部差异的批评者的声音也越来越响亮。到80年代初，来自工人阶级女性、犹太女性、后殖民女性和另类健全女性*等群体的异见之声都可以被听到。

* 原文为“differently abled”，是对“disabled”（残障）的一种具有政治正确意识的婉称。

也许对女性中心论最具说服力的批评来自非白人女性和性反叛者。

自60年代后期以来，女性运动的领导权一直掌握在白人、中产阶级并且往往受过大学教育的女性手中。种族和阶级问题在整个70年代一直困扰着女性主义者。然而，直到80年代初，有色人种女性才汇聚成一股有组织的力量，用无法再被沉默的公众声音说话。

一种新的“激进派有色人种女性”视角进入了女性主义公共文化。这些女性批评女性运动反映的是白人中产阶级女性的经验、价值观和旨趣。[7]女性中心论的女性主义因为不谈论有色人种女性的生活而受到抨击。例如，据说对黑人女性的性别压迫与种族压迫和阶级压迫密不可分。这些相互交织的身份和压迫体系是无法分开的。正如“孔巴希河团体”所言：“我们……发现很难将种族压迫、阶级压迫与性压迫区分开来，因为在我们的生活中，它们通常是同时经历的。”[8]

有色人种女性坚持认为，性别不能与种族身份或阶级身份隔离开 214
来。女性总是属于特定的种族和阶级。有色人种女性的社会定位与白人中产阶级女性的社会定位之间，在一些重要的方面存在差异。例如，只有享有种族地位（白人）特权和阶级地位（中产）特权的女性主义者，才能在经济上和政治上追求男女分离主义议程。有色人种女性不仅体验着性别，还要体验种族压迫，并常常体验到阶级压迫；她们需要与男性建立团结的纽带，以抗击种族歧视和阶级歧视。

女性中心论的女性主义排斥非白人女性或非中产阶级女性的生活，或者说将其边缘化。在女性运动中占支配地位的有关女性的意象和有关女性解放的愿景中，有色人种女性发现自己的体验都没有得到反映。有色人种女性发现自己被声称促进她们解放的运动本身所压迫！正如黑人女性主义的领军之声奥黛丽·洛德所观察到的那样："当白人女性忽视她们固有的白人特权，仅仅根据自己的体验重新定义女性时，有色人种女性就变成了'他者'，变成了体验和传统太过'异己'而无法理解的局外人。"[9]有色人种女性主义者旨在通过将性别、种族和阶级视为相互关联的维度，扩大女性的范畴，以便将她们包括在内。

女性中心论的女性主义受到的第二个重大挑战来自性激进分子。20世纪80年代见证了一些女性主义者所说的"性战争"。女同性恋长期以来一直是女性主义争论的议题。女性运动经常因其被认定隐含女同性恋议程而受到攻击。许多女性主义者对女同性恋感到不适。女性主义者在女性运动是否是性解放运动这个问题上出现分裂。

70年代后期的女性中心论的女性主义假定女性体验本质上是相同的，以证明女性性相这个特定概念是正当的。女性中心论的女性主义者断言，男性和女性的性相本质上是不同的。人们以多种方式诉诸自然、社会化、女性受压迫或独特的文化，将女性性相描绘成以人为中心、弥散的情欲、长于养育、富于爱恋和一夫一妻制。而男性性相被描述为以身体乃至生殖器为中心，由快乐和权力驱动，以实操为导向，以及滥交。女性中心论的女性主义者提出这种性理论，可能是要解释她们认为的针对女性的暴力何以盛行，并由此给女性运动打气，以抗衡内部分裂和外部反弹。然而，这种性理论通过确立所谓正确的性价值观和规范来管控女性。如果认为性是以身体和快乐为中心，或涉及角色扮演，或是情色甚或多个伴侣，这样的女性就会被污名化为越轨或男性认同，并被视为与其真正的女性本性相疏离。

女性中心论的女性主义性伦理和政治遭到了强烈的反对。对于许多女性主义者来说，女性运动代表着性选择、多样性和对身体作为快乐场所的肯定。女性中心论的女性主义者被指责将迂腐守旧的性伦理强加给女性。如果性欲望、价值观和行为与其不符，这样的女性就会被污名化。到80年代初，女性中心论的女性主义者处于守势。《欲望的力量》《快乐与危险》和《女性反对审查制度》等书为性爱选择和多样化辩护。[10]这些女性主义者的目的，就是将性选择和多样性完全置于女性主义的保护伞下。

有色人种女性无意破坏女性这一范畴的基础地位。她们只是希 215
望扩大女性可以要求的合法身份的范围。她们坚持认为，一种共同的女性身份也会沿循种族之轴和阶级之轴而各见其异。因此，会出现多种多样的女性主义立场(例如黑人女性主义或拉丁裔女性主义)，每种立场都反映了女性某种独特的种族定位和阶级定位。虽然许多有色人种女性的意图是增加女性身份和政治的可能表达，但这一策略引起了人们对共同女性身份这一观念本身的怀疑。如果女性因阶级或种族而异，那么即使有意义，在什么意义上，我们可以谈论女性的统一性呢？同样，性激进分子打算扩大女性合法的性表达范围。然而，如果女性的性体验和价值观差异很大，那么谈论一种共同的女性性相还有意义吗？

后现代女性主义：朱迪斯·巴特勒

到20世纪80年代中期，女性主义变得非常纷乱。女性中心论的女性主义者主张共同的女性身份和政治，仍然是一股强有力的存在。但是，新的女性主义身份已经凸显：有色人种女性、工人阶级女性、施虐受虐女同性恋者（sadomasochistic lesbians）和后殖民女性。她们抨击女性中心论的女性主义者，指其秉持的是一种欧洲中心论的、中产阶级的、异性恋的白人的观点。到90年代初，世人听到了一种新的思想之声：后现代女性主义。

后现代女权主义者对女性运动的核心前提提出了广泛的挑战，即所谓"女性"指的是构成女性主义知识和政治必要基础的某种共同本质或共同身份。她们对诉诸"女性"作为女性运动的基础提出了质疑，理由是这一概念并非统合连贯，排斥了某些女性，并创造了有关好女人的规范。

朱迪斯·巴特勒（Judith Butler）1957年出生于俄亥俄州克利夫兰。她于1984年获得耶鲁大学哲学博士学位。巴特勒曾在卫斯理大学（Wesleyan）和约翰·霍普金斯大学任教。她目前在加州大学伯克利校区担任马克辛·艾略特（Maxine Eliot）比较文学与修辞学讲席教授。巴特勒的核心观念是，我们不是天生的男人或女人（或男性或女性）。这也不仅仅是学习成为男人或女人的问题。相反，我们学习如何行事，表现得好像我们是男人或女人。性别认同是被展演出来的。

后现代女性主义者断言，性别身份并非限定不变，无论是被自然所限定还是被社会所限定。并不存在什么基于共同的心理倾向、文化价值观或社会定位的核心性别身份,能干净利落地区分女性与男性。性别总是具有多重的意义,彼此冲突,变动不居;它是一个爆发持续不断的社会冲突的场所。后现代女性主义者没有诉诸有关女性或女性性别认同之类的纯粹观念来组织知识和政治,而是倾向于使用多重认同范畴,例如白人、中产阶级、异性恋、21世纪女性;归根结底,是实践的、智识的或政治的原因,决定了哪些范畴的认同将被包括在内和 216
排除在外。因此,后现代女性主义者认为,女性主义知识和政治的多重性和不稳定性是无法避免的。

后现代女性主义经常借鉴后结构主义思路,将语言作为一种符号系统,其统合性取决于内部差异关系。由此观之,“女性”只有在某个特定语言系统中,在与“男性”的对比关系中,才能获得意义。符号的意义,包括女性和男性的意义,是不稳定的、多声部的,并且存在争议。由于个体在社会等级秩序的多个轴线(性别、阶级、种族、性相)上有不同的定位,性别的意义会各见其异,而符号也会表现出意义的冗余。此外,女性和男性的符号都将充当爆发社会冲突的场所,以至于性别成为社会分层的轴线之一。例如,将女性定义为富于直觉、长于养育和充满母性,而男性则被描述为讲求理性、自我导向和目标导向,就会将女性定位于社会从属角色,例如看护、支持和服务职能。从后结构主义的立场来看,性别身份作为意义和论争的场所,不稳定,多变化。想要一劳永逸地限定性别身份的努力,被视为具有政治性。

后现代女性主义者并不声称性别是一种幻觉。相反,与福柯对性相与性之间关系的逆转类似,一些后现代女性主义者断言,性别是有关二分性别身份的话语所产生的某种效应。将人类想象成彼此对立的性别类型，即女性或男性，这样的话语（例如科学和流行文化）和社会实践（例如法律、暴力行为和异性恋制度）并不反映某种客观实在，也没有创造出相互排斥的男性特质的自我与女性特质的自我。然而，它们的确生产出了承载公共权威的文化符码和社会规范。只要这些性别规范在家庭、教会、大众传媒和社会科学中得到推行，它们就塑造了我们的生活。我们在它们给出的意象中想象自己；即使它们并未充当我们自己的镜子，它们也会作为指导我们行为的模板发挥功能。我们通过自己的行动，投射我们的性别身份，从而强化习惯上的性别规范。

后现代转向之所以会发生，并不只是因为它在思想上具有说服力。20世纪90年代的女性主义政治似乎陷入了僵局。女性中心论的女性主义或许的确促进了内部团结，但代价是打压差异并制造分裂。凭借其多重复合身份的观念，后现代女性主义者希望鼓励女性之间的联盟，以及女性主义者与其他运动之间的联盟。她们希望打破基于身份的共同体的孤立性，以便促进建立基础广泛、富有政治效力的联盟。

后现代女性主义最具原创性和说服力的阐述来自朱迪斯·巴特勒。在《性别麻烦》一书中，巴特勒打算破坏诉诸女人作为女性主义理论和政治的可靠基础的可信度。[11]她坚持认为，所谓女人分享一种共同的性别身份，这样的想法可能为女权主义赋了能，但也错误表征了女人的生活，限制了性别政治的可能性。事实上，巴特勒呼吁人们注意，女性主义是如何在无意中强化了它经常批评的二元性别秩序。她设想了一种"有关性别的批判谱系学"（critical genealogy of gender），旨在分析性别的社会生产及其如何卷入男性支配和异性恋的系统。她并以此替代女性主义打造一套有关女性受压迫和解放的一般理论的规划。她希望挑战统一性别身份的想法,以便为性政治和 217
性别政治开辟新的可能性。

尽管女性的生活各不相同,但女性主义者设定存在一种统合性的性别身份。不仅如此,要想促进女性在政治上的赋权(empowerment),也似乎有必要将女性作为历史和知识的主体。巴特勒并不否认,基于女性被不可见和被剥夺权力的历史,部署女性这一范畴,自有其政治价值。女性主义似乎陷入了两难境地。一方面,显然有必要诉诸女性这一范畴来抵制男性的支配。但另一方面,每次诉诸"女性",每次尝试具体说明女性性别身份的意义,都会产生排斥某些女性并剥夺其权力的效应。

女性主义者对这一两难困境的反应是,敦促采取多种策略,比如增多性别身份,但设定存在某种统摄全局的共性;或者承认女性这一范畴是虚构的,但出于政治原因要部署它。巴特勒敦促女性主义放弃其强硬主张,即将性别身份作为女性主义理论和政治的基础。许多女性主义者已经得出结论,如果不排斥某些女性并将其污名化,就没有办法阐述女性是什么。巴特勒问道:如果诉诸女性作为女性主义的基础,就否认了哪些政治可能性?如果女性主义放弃了女性的基础地位,但不放弃女性这一范畴,女性主义会是什么样子?

核心性别身份的观念是现代西方社会的基础。这不仅是女性主义者的设定,而且是捍卫女性特质身份和男性特质身份这种二元对立观念的男性和女性的设定。将男人和女人视为两种独立的、对立的人类类型,这种观点被习俗和法律如此强有力地推行,以至于这种信念意味着一种无意识的政治力量在起作用。是否有某种社会力量在运作，似乎在我们背后，迫使我们从限定的、对立的性别身份架构的角度，来思考我们的身体和行为？根据巴特勒的解释，这种强制生产二元性别秩序的无意识迫力，就是强制性异性恋系统。它将人类变成两种互为对立的性别类型，每种类型都有其独特的身体、心理和社会本质，并且每一类型都被想象为没有对方，自身也不完整，从而使异性恋系统自然化、规范化/正常化。我们都感到一种迫力，要展现出异性恋欲望，以证明具备某种正常的性别认同。这样的迫力就意味着，在对同性恋的禁忌驱动下，人们面临声称统一性别认同的压力。将二元性别秩序与男性支配的异性恋体制联系起来，为巴特勒提供了一种针对性别政治和性政治的批判立场。

异性恋系统可能支撑了二元性别身份的形成，但它并不能说明性别的日常动力机制。对此，巴特勒提出了一套性别的展演理论。我将结合女性主义有关性别的讨论这一更广泛的背景，评述这一理论。

巴特勒提出了关于性别作为社会事实的整体主张。当然，几乎所有的女性主义者都认为，性别是社会性的，而不是自然的。然而，大多数女性主义者对性别提出的社会说明都相当有限。她们假设人类天生就是生理意义上的女人或男人，这也是许多非女性主义者的共同假设。通过某种社会进程，生理意义上的女人和男人成为了女性和男
218 性[*]。女性主义者与非女性主义者不同，首先，它声称社会而不是自然

* 前一对女人和男人（female/male）是自然、生理意义上的，后一对女性和男性（woman/man）是社会、文化意义上的。见本段下文的性化和性别化的说明。

可以说明女性和男性生活的面貌。其次，女性主义者声称，性别身份的形成方式非法赋予男性凌驾于女性之上的权力。然而，至少有一些女性主义者并没有质疑西方文化中司空见惯的假设，即存在两种对立的性化(sexed)自我(女人和男人)和性别化(gendered)自我(女性和男性)。这些女性主义者并没有挑战下述观念：性别身份是定义自我的基本核心，可以用来说明行为，包括男性的支配与女性的抵抗。

女性主义者和非女性主义者都可能对社会力量和自然力量在生产性别方面的相对重要性提出异议，并在性别等级秩序的合法性方面存在分歧，但对于人性分为两种互为对立的人类类型，即女人和男人这一信念，直到最近，几乎没有分歧。女性主义者力图说明女人和男人如何以一种延续男性支配的方式成为女性和男性。尽管女性主义奉行批判性政治，但它却卷入了对它原本希望改变或废除的二元性别秩序本身的维护。

巴特勒认为，女性主义必须放弃核心性别身份这一观念。诉诸女性统一身份，不仅有失统合连贯，而且无意中助长了二元性别秩序和强制性异性恋制度的再生产。巴特勒没有去勾绘作为统一性别化自我的“女性”和“男性”的社会生产过程，而是提出，我们将性别想象成一种容易遭到颠覆和破坏的展演(performance)。我不妨略作说明。

女性主义者将性别视为一种社会成就。个体生来就是女人和男人，但后来变成了女性和男性。成为女性意味着采纳核心女性身份，这反过来又构成了女性行动的基础。例如，女性主义者可能会诉诸女性独特的心理特征或社会地位，来说明她们看待性和爱的特定思路。

有一种女性主义角度的行为阐述诉诸性别身份，颇具影响力，就是南希·乔多罗的《母职的再生产》。乔多罗希望说明母职是如何在世代之间再生产出来的。她认为，成为母亲的决定不能完全用社会习得或强迫来说明。她给出的说明是，女人获得了一种女性的性别身份，这是一种心理力量，驱动她们成为母亲。乔多罗使用客体关系（object relations）精神分析模型。女孩认同她们的母亲；她们将母亲内化为自己想成为的人的理想。女孩之所以成为母亲，是因为从某种意义上说，她们的母亲寄寓在她们的心灵中。成为母亲是她们作为女性自我的一部分。换句话说，母职行为被视为从社会获得的女性性别身份的一种表达。

从巴特勒的展演理论的立场出发来批评乔多罗，颇具教益。巴特勒挑战了乔多罗有关性别身份的讲法。她考虑了认同和内化的意义。就此而言，巴特勒提出，儿童不是认同真实的人，而是认同他们的幻想或理想化。此外，儿童的认同是多重的，往往相互冲突。女孩可能会认同她们的母亲，但也认同她们的姐姐、阿姨或密友。孩子们同时认同男性和女性，并以相互矛盾的多种方式吸收这些理想化的性
219 别形象。不仅如此，巴特勒对内化的想法也持怀疑态度。我们是否真的内化了我们对他人的理想化意象，就好像这些显著他人（significant others）寄寓于我们内心深处的某个心灵空间？巴特勒认为，即使我们理想化的性别意象被“吸收”，那也就在我们身体的表面，而不是一些想象出来的内在心灵领域，前者才是性别扮演的舞台。巴特勒没有将性别描述为驱动行为的自我的内在核心，而是颠倒了这种意象：性别是一种习得的情境性展演，其戏剧效应是有关某种内在性别化自我

的幻觉。

巴特勒提出了一套性别展演理论。自然和社会都不会生产出核心性别化自我，如果我们指的是女性和男性生活的有组织的心理核心。将女性和男性视为相互对立的统一自我的想法，是我们重复的性别展演造成的幻觉。就像我们学会结合情境使用语言一样，我们也学会了如何以女性或男性自居来“行动”。通过模仿，奖惩体系，以及我们对文化惯例和语言惯例的掌握，我们学会了对我们的身体和姿势、着装、走路和说话进行风格化处理，并使用修饰和语法将自己投射为女性或男性。如果我们的身体表面表现出男性特质和女性特质的刻板印象化特征，我们的行为就被视为表达出我们本真的性别化自我。然而，并没有什么真实的自我来指导我们的行为。我们的性别展演效仿的模板，就是有关作为女性或男性意味着什么的理想化或幻想，而它们就体现在居于支配地位的文化表征中。换句话说，性别属于符号和权力的领域。有关性别身份的表征可能是虚构的，但它们在社会和政治维度上并不无辜。对核心女性性别身份和核心男性性别身份的幻觉，掩盖了将人类塑造成性化、性别化和性相化（sexualized）自我的那些社会力量和政治力量；它掩盖了性别身份在调控我们的性相中的作用，特别是在延续生殖异性恋制度方面的作用。

将性别视为一种展演，对女性主义理论和政治产生了深远的影响。巴特勒将自己的“批判谱系学”规划与女性中心论的规划区分开来。后者旨在发展有关性别身份、性别歧视和男性支配的形成的理论。而批判谱系学力求揭示性别作为自我的内在真理这一幻觉，并识别出生产这种幻觉的社会力量。后现代女性主义在分析话语和社会实践时，旨在展示它们如何生产出有关身体、性、性别身份和性相的自然主义意象，这些意象掩盖了性别与男性支配的生殖异性恋体制之间的关联。颠覆性别身份的建构成为女性主义批判谱系学的任务。巴特勒将戏仿（parody）视为性别颠覆的关键策略。她将“变装”（drag）称为其颠覆潜力的典范，因为易装（cross-dressing）突出了解剖意义上的性与性别身份之间的脱节，巴特勒认为，这揭示了性别的社会性和模仿性。性别颠覆旨在使身体、性、性别和性相去自然化，以揭示其社会建构和政治建构。后结构主义颂扬游戏和抵抗，视之为颠覆，巴特勒同声呼应，根据她的想象，性别颠覆创造出了可供替代的方式，来进行具身化、性化、性别化和性相化。

巴特勒并不打算用意在颠覆身份的政治来取代争取社会平等的女性主义政治。她的性别展演理论旨在替换到作为女性主义政治的
220 基础的“女性”。如果自我是在行事本身中产生的，如果没有“行事背后的行事者”，女性主义就不能主张一个统一的身份，即“女性”，并以这种身份的名义言说和行事。对作为一种身份范畴的女性进行解构，并不意味着废除“女性”，而是使这一范畴持续开放以供论争，开放给新的社会部署和政治部署：

> 我会主张……“身份”作为出发点，永远不能成为女性主义政治运动的坚实基础。身份范畴……始终是规范性的，因此是排他性的。这并不是说不应该使用“女性”这个词……相反，如果女性主义预先设定，“女性”指称着一个无法指称的差异领域，一个不可能……用一个描述性的身份范畴来概括的领域，那么这个

> 词就变成了一个持续开放的场所……因此，解构女性主义的研究对象，并不是抨击它的使用，相反，是要将这个词释放到具有多重意指（significations）的未来，……让它成为一处可能产生意想不到的意义的场所。[12]

使女性成为意义相互冲突的场所，为政治创造了新的可能性。例如，巴特勒自己拆分了性和性别，又架通了性相与性别，这种惹人争议的做法创造了潜在的新的社会联盟，比如在女性主义者、女同性恋者和男同性恋者之间，在女性主义者和围绕身体规范奋争的性激进分子或性少数群体之间。

后现代主义对性别身份的颠覆一直困扰着许多女性主义者。如果女性主义者放弃了所谓女性身份共同纽带的想法，那么性别政治还能有什么样的基础？女性主义不需要一种关于女性的统一意象来创造团结吗？难道女性不需要扶持性的甚至是颂扬的自我意象，来抵消她们在男性支配的文化主流中被贬低的处境吗？还有什么样的关于解放的社会愿景能动员女性进行社会变革？诚然，后现代主义者可能会谈论利益的亲和或结成联盟的主体，但这种谈法极其含混抽象，令人抓狂，批评后现代女性主义者的人们如是说。不仅如此，当女性找到公开和赋权的声音的那一刻，她们却再次被否认了自己的身份，这难道不令人怀疑吗？将女性视为一种虚构，一种规范性的政治范畴，这样的观念难道不正是批评女性主义的那些人的主张吗？

许多女性主义者不愿意放弃基于身份的政治。近三十年来，诉诸“女性”的功能一直是充当塑造扶持性身份、共同体和政治的基石。许多女性主义者围绕女性共同体和姐妹情谊的象征意义来打造自己的生活。女性主义者并不是唯一抵制后现代转向的人。非裔美国知识分子一直拒绝放弃种族身份作为知识和政治的基础。在这方面，值得注意的是，许多非裔美国女性主义者明确漠视后现代主义，至少明确排斥放弃身份范畴作为其理论阐述和政治活动的基础。非裔美国知识分子基本上拒绝了后现代主义对身份的颠覆，转而支持各种非洲中心论的社会视角。然而，“非裔美国人”这一范畴本身是不稳定的，这也孕育出了一种趋向后现代立场的非裔美国人理论。

221 有关男性特质的理论阐述

男性不是外在于女性主义进行理论阐述的焦点。正如女性主义者所言，他们可能是大多数社会的统治者；说他们被写成历史和社会之戏剧的主要演员，也可能确然如此；而且，正如女性主义者所声称的那样，我们中的许多人也可能的确是从男性特质的视角来理解人类行为和社会生活的。尽管如此，直到20世纪60年代及之后的第二波女性主义浪潮之前，并没有人刻意要对男性和男性特质进行理论阐述。关于个体如何成为男性，男性如何成为统治者，以及有关男性特质的规范如何被创造和执行，这些研究在现代社会思想中是缺失的。如果你读过从经典到60年代的欧美社会学史，除了少数女性主义者，就没有任何有关男性特质的社会学；事实上，几乎没有什么性别社会学。

随着女性主义的兴起及其对当代社会思想的影响，这种情况发生了变化。女性主义不仅有一套理论来说明女性，而且女性主义者还提供了一套关于男性之形成的社会阐释。女性主义开启了对男性和男性特质的社会研究。

女性主义者究竟对男性有什么看法？从广义上讲，女性主义者提出了几点关键主张。

男性不是天生的，而是社会创造的。个体可能生来就是男人，但他们学习去承担具有男性特质的自我身份，面临压力如此，有时是被强迫如此。男人学习哪些行为和社会角色适合男性。男孩会被教授性别适宜的行为并为此受到奖励，并因性别越轨行为而受到批评，由此学习成为男性。

澳大利亚社会学家雷温·康奈尔(Raewyn Connell)出生于1944年，曾就读于墨尔本大学和悉尼大学，并在悉尼大学获得博士学位。她曾在澳大利亚和美国的多所大学任教，目前执教于澳大利亚悉尼大学。*康奈尔受女性主义性别理论的影响，聚焦于男性特质。她提出，关于什么构成男性特质的观念具有文化上的特定性。男性特质总是要结合有关女性特质的观念来理解。如果女性被视为软弱、消极被动和富于情感，那么男性就应该是坚强、积极进取和讲求理性。不仅如此，关于男性特质的想法与社会身

* 雷温·康奈尔于2004年被任命为悉尼大学的大学教授(University Professor)，2014年7月退休。其生理性别为男性，后来通过变性成为女性。她早期几乎所有作品都以不分性别的名字“R. W. Connell”出版，直到2005年第二版《男性特质》。此后她的所有作品都以“Raewyn Connell”署名。

> 份的其他重要标示如种族、阶级和性相也会相互作用，生产出不同的男性特质。有些男性特质比其他男性特质享有特权，因此即使在男性内部也存在性别等级秩序。

学会成为一名男性意味着学会行使权力。男性被社会化，以采纳激励他们并使他们能够承担权力的人格特质、价值观和行为；男孩在成长过程中有一种获得授权的感觉，渴望扮演权威的角色。男孩们学
222 习到，男性必须坚决果断、掌控局面、目标导向、积极进取并获得成功，而成功是用财富和社会权力来定义的。在男孩成年之后，这种认识还会反复得到强调。简而言之，男性在心理上被塑造成统治者。

但同样重要的是，男性之所以成为统治者，是因为涉及权力的社会角色都与男性特质有关。女性主义者主张，性别这个观念不仅有助于我们理解个人生活的样子，还有助于我们理解社会角色和组织。某些职业和社会位置被定义为男性特质的或女性特质的，或者说适合男性或女性。而且，男性特质的角色也被赋予相当大的权威和声望。例如，想想那些具有社会权威的角色：总统、参议员、首席执行官、将军、传媒高管或外科医生。虽然可能有一些女性高管或首席执行官（根据研究，数量并不多），但这些角色绝对与男性特质（坚决果断、掌控局面、积极进取、坚忍不拔、注重实干或目标导向）有关。人们期望男性担任这些职位，绝大多数职位也确实如此。享有权力和声望的角色被男性性别化，在一定程度上解释了为什么男性在社会上占主导地位。

男人实施统治，并且像一切强力团体一样，诉诸各种策略来维持权力。他们使用强迫、暴力和骚扰，强奸和暴力的现实令人悲哀地揭

示了这一点。男性会试图通过将男性特质的行为和角色限制在男性内部，来保持男女之间的严格界限。女性被迫采取女性特质的行为和角色；男性也承受着不小的压力，避免女性特质的社会角色和行为。个体如果违反了这些性别规范和界限，就将遭受不赞成，甚至更糟。例如，女性如果较具男性特质，过于注重职业生涯，或者在社会层面上积极进取，男性如果较具女性特质，或承担女性类型的角色，都有可能被贴上同性恋的标签。恐同症（Homophobia）是男性保持男性特质的特权的主要方式。然而，女性主义者指出，男性也为此付出代价。男性特质可能会在谋求公共成功的竞争中给男性带来明显的优势，但这往往是以疏离于情感丰富的亲密关系为代价的，而后者正是个人幸福的原料。

女性主义使对男性和男性特质的社会说明成为研究的焦点。在20世纪七八十年代，社会科学家、历史学家和社会理论家也纷纷转向对男性的分析。这些学者承继了女性主义观点的关键特征，特别是对男性角色的社会说明，这种思路强调男性特质既是个人身份，又是社会组织（例如国家、科层机构、工作场所、学校）的特征，并强调男性的社会支配地位。然而，新的男性特质研究并不赞成女性主义者看待男性的观点，指责这种观点是非历史的，本质主义的（认为男性的本性多少属于限定不变），带有刻板印象。

我不妨尝试总结一下最近对男性和男性特质的看法的一些关键观点。

首先，女性主义者被批评是非历史性的。例如，一些女性主义者认为，回顾整个历史，男性和男性特质的含义本质上是相同的。因此，女性主义者通常将男性理解为性欲过度、只想着追求快乐，或者从根本上有动机驱动对女性行使权力。相比之下，新的男性特质研究指出了男性性格和社会角色方面的变化。例如，19世纪农业国时代美国中产阶级的男性风格，与21世纪城市工业生活中的男性风格，其间存在很大差异。在前者中，通过辛劳和节俭获得成功的白手起家的男人充
223 当了男性特质的某种偶像。在后者中，工业大亨成了有关男人中的男人这一理想的典型体现。大亨是这样一种男人，他依靠金融交易大获成功，并通过炫耀性消费来炫示他的成功。或者，考虑男性社会角色的变化。根据学者们的文献爬梳，男性作为挣钱养家者这一角色，直到19世纪中后期才成为美国文化的一部分。在此之前，女性往往在家庭内外发挥关键的经济作用。我们现在不是正在见证男性这种作用在美国或英国趋于减弱吗？男性仍然以职业生涯为导向，但女性也被期待成为挣薪水的人，女性成为家庭中收入较高的人，也已绝非罕见。

其次，女性主义者被指责说谈起男性来，好像他们都有基本相同的心态和动机。与此相反，新进学者强调了男性内部的多样性。并不只有一种关于做男人的规范，也不只有一种关于男性特质的理想。有关男性特质的观念会因社会阶级、种族、族属、性身份、宗教等而各见其异。例如，高收入白领男性可能会强调教育证书、脑力劳动和参与高雅文化作为男性特质的标示。与此相反，低收入的蓝领男性则倾向于体力和劳作或其挣钱养家的角色，以表明他们的男子气概(manhood)。对于这些男性来说，以脑力工作或社交工作为主的管理岗位或专业岗位上的那些男性，在男性特质的量表上排名偏低。或者，再举一例，对于子女养育在其男子气概概念中占有何等位置，今天

的美国男性内部存在分歧。在很长一段时间里，在欧美，照看和养育的角色完全是女性的工作。但今天，一些男性宣称子女养育也是做男人的核心内容之一。如果子女养育也变成使男性成其为男性的一种性别实践，那将是一个巨大的变化，因为照看性的子女养育形式涉及培育、耐心、情感游戏和同情理解等特征，而这些特征一向被认为只适合女性。

第三，女性主义者精心设计了将男性与女性对立的社会视角，作为有权势者与无权势者之间的冲突。然而，晚近的学者强调了男性内部的分裂和冲突。正如雷温·康奈尔这位顶尖性别理论家所称："仅仅认识到男性特质的多样性是不够的。我们还必须认识到不同种类的男性特质之间的关系：联盟关系、支配关系和臣属关系……这是男性特质内部的一种性别政治。"[13]

康奈尔进而指出，每个社会都有一种占支配地位或"霸权"类型的男性特质。这些男性及其男性风格都维系着权力实施社会支配的角色。也就是说，占据权位并拥有巨大财富和声望的男性在扮演支配性角色时，都既涉及女性，也涉及其他男性。此外，与这些当权者相关的男性特征或行为也具有霸权性。例如，某种外表，或谈话、着装和消费的风格，都可能被认为是最有价值或最受尊敬的男性特质形式。表现出这些特征或风格的男性，即使他们自己不占据权位，也会获得作为男性的尊重和权威，相对于女性，也相对于其他男性。这些男性风格，也许是某种类型的西装或装束风格或文化品味，在传媒中被理想化，而这些把持权位的男性也被拥戴为大众偶像或英雄。

在第二次世界大战和随后的50年代冷战的背景下，美国将目光投 224

向了表现出尚武特质的人。那些坚强果断、行动导向、绝对忠诚、可以依赖的男人，以及他们的某些信仰和价值观，凸显为英雄的形象。想想艾森豪威尔总统、巴顿将军或约翰·韦恩*的偶像地位。

第四，霸权式男性特质（hegemonic masculinity）的观念假定男性内部存在等级秩序。做男人并不会自动使人成为社会统治者。诚然，男性，所有男性，都可能由于男性特质所附带的更高的社会声望和权威，处在相对于女性而言的支配地位，但即使在这里，低收入男性，或其具有的男性风格被贬低的男性，也不一定处于相对所有女性而言的支配地位。想想一个女性化的男同性恋者相对于一名作为专业人士、性别因循传统的女性的地位。谁拥有更大的权力或声望？而且，男性如果不占据享有权力和威望的地位，或不表现出霸权式男性特质的行为或风格，就会受到符合上述条件的男性的支配。例如，一个男人可能是蓝领低收入者，但如果他表现出符合刻板印象的霸权式男性特质的行为，他仍然可以要求得到霸权式男性应得的尊重和地位。也就是说，他可能会赢得男性内部的尊重，并对女性和未表现出霸权式男性风格的男性行使权威。在男性等级秩序的低端，是从事低收入工作、扮演地位低下的角色、身有残障或是女性化的男性。根据刻板印象，男同性恋者代表着一种低劣的男性地位。据说它们偏离了异性恋的男性规范，并且依照刻板印象与女性特质联系在一起。尽管这些刻板印象在美国和其他地方都已大大削弱，但霸权形式的男性特质仍然与

* 约翰·韦恩（John Wayne，1907—1979），以西部片和战争片中的硬汉形象著称，《关山飞渡》《血战硫磺岛》等片不仅为他赢得影坛卓誉，而且使其成为美国文化偶像。

异性恋密切相关。稍微想想政治、军事或企业领导人。他们中有多少人是公开的同性恋?

最后,研究男性特质的新进学者在对性别进行理论阐述时,无论女性特质还是男性特质,都把性别作为一种社会实践。不是将性别视为一种限定的地位或条件,或者是一个人之所是[something one is](例如一个人在成长过程中内化的身份),而是从更具过程性、展演性的角度来看待它,视之为一个人之所为[something one does]。康奈尔写道:"性别不是在社会互动之前确定的,而是在互动中构建的……新的研究没有处理这些在互动中被动内化的预先存在的[性别]规范,而是探索了社会实践本身中[性别]惯例的塑造和重塑。"[14]将性别视为一种社会实践,意味着将性别意义、规范和身份视为在一定程度上不稳定的,或是开放和流动的;固定性、稳定性和统贯性是在行动、社会反应,有时甚至是冲突的背景下实现的。例如,当男孩开始打棒球时,他们必须学习打棒球的规则和技能。他们还要学习哪些行为风格(语言、着装、姿势、面部表情)会赢得他们作为男孩应得的尊重。男孩的男性风格是通过观察他人,通过观察哪些男孩受欢迎或成为领导者,以及其他人对自己的行为所做出的反应来塑造的。就这样,男性研究与当前强调性别展演特征的女性主义理论之间出现了会通。

推荐书目 225

Estelle Freedman, *No Turning Back* (New York: Ballantine, 2002).

Beverly Guy-Sheftall, ed., *Words of Fire: An Anthology of African-American Feminist Thought* (New York: New Press, 1995).

bell hooks, *Feminist Theory* (Boston, MA: South End Press, 2000).（贝尔·胡克斯,《女权主义理论：从边缘到中心》,晓征、平林译,江苏人民出版社,2001）

Rosemarie Tong, *Feminist Thought* (Boulder, CO: Westview, 1998).（罗斯玛丽·帕特南·童,《女性主义思潮导论》,艾晓明译,华中师范大学出版社,2002）

参考文献

1. Dorothy Smith, *The Conceptual Practices of Power: A Feminist Sociology of Knowledge* (Boston, MA: Northeastern University Press, 1990), p. 32. 亦参Dorothy Smith, *The Everyday World as Problematic: A Feminist Sociology* (Boston, MA: Northeastern University Press, 1987), and Dorothy Smith, *Texts, Facts, and Femininity: Exploring the Relations of Ruling* (New York: Routledge, 1990)。
2. Smith, *The Conceptual Practices of Power*, p. 23.
3. Dorothy Smith, "Sociology from Women's Experience: a Reaffirmation," *Sociological Theory* 10 (Spring 1992), p. 91.
4. Smith, *The Conceptual Practices of Power*, p. 15.
5. Susan Griffin, *Rape* (New York: Harper & Row, 1979); Andrea Dworkin, *Our Blood* (New York: Harper & Row, 1976); Susan Brownmiller, *Against Our Will* (New York: Bantam, 1976).
6. Nancy Chodorow, *The Reproduction of Mothering* (Berkeley, CA: University of California Press 1987); Carol Gilligan, *In a Different Voice* (Cambridge, MA: Harvard University Press, 1982).
7. 参看 Audre Lorde, *Sister Outsider*, (Freedom CA: Crossing Press, 1984); Angela Davis, *Women, Race, and Class* (New York: Random House, 1981); Cherrie Moraga, *Loving in the War Years* (Boston, MA: South End

Press, 1983); Gloria Anzaldua and Cherrie Moraga, eds., *This Bridge Called My Back* (New York: Kitchen Table Press, 1981)。

8. Combahee River Collective, "A Black Feminist Statement," in Zillah Eisenstein, ed., *Capitalist Patriarchy and the Case for Socialist Feminism* (New York: Monthly Review Press, 1978).
9. Lorde, *Sister Outsider*.
10. Ann Snitow, Christine Stansell, and Sharon Thompson, eds., *Powers of Desire* (New York: Monthly Review Press, 1983); Carole Vance, ed., *Pleasure and Danger* (Boston, MA: Routledge & Kegan Paul, 1984); Varda Burstyn, ed., *Women Against Censorship* (Toronto: Douglas & McIntyre, 1985); Feminist Anti-Censorship Task Force, *Caught Looking* (Seattle, WA: The Real Comet Press, 1986).
11. Judith Butler, *Gender Trouble: Feminism and the Subversion of Identity* (New York: Routledge, 1989).
12. Judith Butler, "Contingent Foundations: Feminism and the Question of Postmodernism," in *Feminists Theorize the Political*, ed. Judith Butler and Joan Scott (New York: Routledge, 1992), pp. 15–16.
13. Raewyn Connell, *Masculinities* (Berkeley: University of California Press, 1995), p. 37.
14. Connell, *Masculinities*, p. 35.

226 # 第十五章

批判性种族理论/白人研究

非裔美国人社会思想：非洲中心论与后现代主义之间

战后的黑人政治，类似于女性运动，是对战后美国黑人自治和平等承诺未能兑现的回应。对美好生活和社会正义的期望日益高涨，但种族歧视和性别歧视的现实削弱了这一愿望。然而，这两个运动之间存在重大差异。女性运动主要由白人中产阶级女性推动，所回应的是她们不断增长的社会、教育和经济机会与她们持续的政治从属地位和文化低劣定位之间的矛盾。而黑人运动是穷人、工人阶级和满怀抱负但仍居于边缘的受过教育的黑人阶层的运动，他们受到承诺和希望的激励，却几乎没有社会进步的现实。

黑人运动内部也有分裂。在南方，这场运动采取了推翻国家强制执行的、基于种族的种姓制度的斗争形式。黑人与维持种族隔离并剥夺他们平等权利和机会的那些法律及社会习俗作斗争，奋力争取公民权利和社会平等。北方倒是没有严格的种族种姓制度。然而，黑人遇到了由种族主义和政治经济上的无权无势所确保实施的隔离制度。伴随着他们移居到北方，以及他们在美国城市里的“贫民窟化”，他们面临着黑人制度和传统的破坏。北方黑人产生了一种独特的运动：黑人权力（Black power）。民权运动强调平等权利、机会和融合，而黑人权力运动则是民族主义和激进主义的。休伊·牛顿（Huey Newton）、埃尔德里奇·克利弗（Eldridge Cleaver）、伊玛姆·埃米尔·巴拉卡（Imamu Amiri Baraka）、安吉拉·戴维斯（Angela Davis）和斯托基·卡迈克尔（Stokey Carmichael）等领导人强调种族自豪感和一体性；他们认为，种族主义是制度化的，而不仅仅关乎态度或法律，他们 227
诉诸种族主义的历史，诉诸共同的非裔美国人传统，来确认其种族一体性。确认一种肯定性的非裔美国人身份，将构成族群民族主义共同体和政治的基础。

女性主义和黑人权力运动尽管存在差异，但都是基于身份的政治运动。他们援引共同的社会身份作为共同体和政治的基础。然而，它们作为身份政治运动的命运各不相同。女性中心论的女性主义因其排他性政治而受到严厉批评；当代女性主义将女性内部的差异问题置于其理论和政治的中心。而在非裔美国人运动中，对统一种族基础的不满明显减少。事实上，到20世纪80年代中期，黑人权力运动的族群民族主义（ethnic nationalism）已经转变为一种非洲中心论哲学，倡导共同的非裔美国人身份。然而，非洲中心论（Afrocentrism）也类似于女性中心论，在种族理论家内部造成了撕裂和分歧。而且，正如女性主义的差异政治也在后现代主义中有所展现一样，人们一直在努力将后现代主题带入非洲中心论范式。我认为莫勒菲·阿桑蒂代表了非洲中心论的立场，这种立场对启蒙运动传统中的欧洲中心论持批评态度，但在其他方面仍信奉该传统。我把帕特丽夏·希尔·柯林斯解释为一种特别的非洲中心论，吸收了差异政治而不放弃身份作为基础。在贝尔·胡克斯、康奈尔·威斯特和奎迈·安东尼·阿皮亚最近的工作中，我看到了趋向后现代种族理论的运动。[1]在结论部分，我将介绍种族理论的一个新焦点的兴起：白人研究。

非洲中心论：莫勒菲·凯特·阿桑蒂

到20世纪70年代后期，非裔美国人争取社会正义的斗争势头受阻。事实上，从扶持性行动计划到“抢先计划”*和少数族群奖学金，前二十年的这些推进都受到了攻击。许多黑人认为，在全国各地的城市和校园中，公开的种族歧视重新抬头。随着新右翼和新保守主义的公共权威日益增强，黑人再次被指责说受压迫是他们自己造成的，家庭不稳定、吸毒和福利依赖被说成是造成他们困境的主要原因。随着白人和黑人中产阶级逃离内城，政府和私人援助也随之而去，许多黑人社区遭到毁弃。罗纳德·里根的当选也让人们愈发觉得，这一时期对于美国黑人来说实属倒退，他的政府对民权立法明确表露了敌意。

---

* “Head Start”，系美国政府制定的黑人儿童学前教育项目，旨在减少教育不公平，换言之，“不输在起跑线上”。

在这种反黑人逆流的社会背景下，一些非裔美国人呼吁自力更生和个体主义的伦理；另一些人在政治上加倍努力，公开黑人沦为种族主义受害者的遭遇；还有一些人力求强调创造一种族群民族主义自豪感和共同体/社区建设的文化。最后这种反应是由黑人中产阶级倡导的，他们获得了一定程度的社会经济保障，但没有获得与之相称的文化地位。美国中产阶级黑人尽管具备了阶级上的地位，但在文化上继续被贬低。黑人族群自豪感的声音在贫穷的黑人社区也大有市场，这些社区饱受毒品、失业、暴力和绝望感的摧残。出现了一股流行思 228
潮，要将黑人重新定义为非裔美国人，一个具有自身的历史和文化的人群。与这股思潮并行的是，一些学者也在推进一种以非洲为中心的哲学。不妨把非洲中心论理解为属于一股更广泛的思潮，后者旨在确认种族性和族群性的民族自豪感，以此对抗所谓黑人劣等性的认知。

莫勒菲·凯特·阿桑蒂（Molefi Kete Asante）于1942年出生于佐治亚州的瓦尔多萨（Valdosa）。他曾求学于佩珀代因大学（Pepperdine University）和加州大学洛杉矶校区，并于1968年在后者获得博士学位。他曾在纽约州立大学布法罗分校和天普大学（Temple University）任教。阿桑蒂也许是非洲中心论首屈一指的理论家。这种视角主张，非洲的经验产生了自身独特的价值观和社会视角。欧洲中心论和非洲中心论被认为是两种各具特色、对比鲜明但同样有效的世界观。但是，有人质疑说“非洲”或“欧洲”是否合法，好像它们代表某种统合一体的观念。法国和德国可能是欧洲大陆的一部分，但在什么意义上应该将它们理解为同一文明的表现形式？

莫勒菲·凯特·阿桑蒂一直是塑造非洲中心论社会理论的关键人物。在《非洲中心论》一书中，他将非洲中心论勾勒为有关共同体建设和行动主义的一种宽泛的哲学和纲领。[2]而《非洲中心论的观念》则探索了非洲中心论如何作为对社会科学的批判，也作为社会知识的替代范式。[3]

非洲中心论从非洲传统的立场出发来处理知识。在西方的流行文化和学术文化中，表达非洲价值观的社会视角一向遭到排斥或被边缘化。在欧美社会的科学学科中，"欧洲中心论"的知识范式占支配地位，并且经常被强加为普遍的。欧洲中心论弥漫在西方的流行文化中，这进一步导致以非洲为中心的观念和经验在公共领域的不可见和遭贬抑。阿桑蒂将美国文化里的欧洲中心论描述为对非裔美国人的某种形式的文化殖民。事实上，"符号性的帝国主义，而不是制度性的种族主义，据说是多元文化社会所面临的主要社会问题"。[4]符号性帝国主义使非裔美国人与他们自己的共同体相疏离；它将非裔美国人同化到欧洲白人文化中，旨在尽可能减少他们的社会不满。而非洲中心论为非裔提供了自我赋权的视角和传统，因为它们反映了他们真正的文化遗产。

阿桑蒂将欧洲中心论与非洲中心论视为各具特色但同样有效的文化传统。据说欧洲中心论表达的是一种英欧（Anglo-European）文明。在从古希腊思想到现代科学时代的西方知识里，欧洲中心论都是核心要义。欧洲中心论的特点是二元的（例如身/心，理性/情感，文化/自然),线性的(例如进化论),以及物质论的。与此相反,非洲中心论植根于早期非洲文明。非洲中心论将非洲经验置于其世界观的中心。阿桑蒂认为,尽管非洲文化多种多样,但的确存在一种核心的非洲身份。这在非洲和流散海外的非洲人群中很明显。非洲中心论强调以整体论思路看待知识和社会;它重视和谐、统一和灵性论。

阿桑蒂并不否认欧洲中心论在西方语境中的价值。但他反对其 229
声称在所有社会中都有效,反对将基于欧洲的价值观和视角强加于非西方民众。有时,西方文化的族群中心主义是显而易见的,例如伴随着经济或军事强力,欧洲社会将其文化也一并移植到异国他乡。更多时候,欧洲中心论立场的文化殖民更加微妙。例如,在某种程度上,在西方占支配地位的知识范式(例如社会科学、哲学或文学理论)假定西方文化和制度是优越的,而非西方的认知方式就遭忽视,或被解释为社会角度上属于落后或“原始”。欧洲中心论立场的傲慢抹杀了非洲传统或使它们显得低劣。随着欧洲中心论普遍渗透到各门社会科学,它们不知不觉地延续了对非西方民众的压迫。而非洲中心论的视角挑战了西方的符号性帝国主义,旨在为非洲民众发出批判的声音。

阿桑蒂的非洲中心论诉诸统一的非洲身份作为其基础。虽然他承认非洲传统多种多样,但他认为,有一套核心的价值观和传统支撑着某种非洲身份。阿桑蒂否定以种族作为非洲身份基础的生物学观念,强调文化历史角度的非洲身份概念。他确认有一种独具特色的非洲现实观。“非洲社会本质上是一个和谐的社会,因为传统非洲哲学究其根基,就是各类人、事物和感觉形式之间的统合性或兼容性。”[5]例如,西方法律试图确立罪责以施加惩罚,而非洲法律旨在恢复“社区平衡，从而恢复和平”。或者，在非洲文化中，公开发言不像西方演讲所特有的那种发言者与公众之间相互分离，而是被视为一种集体体验，发言者和听众被期望共同参与，即兴发挥色彩凸显，发言者与公众之间唱和应答，就体现了这一点。

阿桑蒂将以和谐与精神统合为中心的非洲文化联系到作为一种能够生成现实和社群的动态表现力的“语词”。他观察非裔美国人当中沟通和公共话语的独特文化，提出了一系列促人深思、富于挑战的看法，就此为非洲中心论做出了令人信服的具体论证。例如，他提到了“节奏”和“营造风格”在非裔美国人沟通中的重要性。这涉及通过使用抑扬顿挫以及可见手势，来调节语词的流动。他写道：

> 在某大学的一次教育会议上，一位年轻的[黑人]发言者发表了他对教育的看法，他首先说教育是为“C-O-M-M-U-N-I-T-Y”。我的意思是“com-mu-ni-ty”。他正在营造风格，每个熟悉“传统”的人都知道，发言者抓住了这种营造风格的手段来产生效果。发言者和听众之间是一种由说出的语词打造而成的真诚的纽带。[6]

在节奏和风格上，就像对于即兴发挥、抒情、唱和应答的强调一样，阿桑蒂观察到非洲传统上对语词的生成性、超验性力量的崇敬。他通过一系列巧妙的分析，突出了非洲中心论文化和欧洲中心论文化
230 在沟通和公共言说方面的差异，试图使自己的信念更可信服：非洲身份存在某种一体性或独特的本质。

帕特丽夏·希尔·柯林斯：多重立场

阿桑蒂希望挑战欧洲中心论的帝国主义立场；他还想证明以下观念的合法性：非洲文化需要自己的基于非洲的知识形式。然而，阿桑蒂为了对西方知识的欧洲中心论偏见提出看似合理的反驳，过分夸大了欧洲和非洲之间、欧洲中心论和非洲中心论之间的二元对立。问题在于，这种概念上的分隔抹杀了“欧洲”传统内部和“非洲”经验内部的差异。例如，启蒙运动的知识观往往是二元论的（心灵/身体，科学/哲学），但与德国思想或华兹华斯或惠特曼的诗歌相关的英欧浪漫主义传统则倾向于有机隐喻，看起来很像阿桑蒂所描述的非洲中心论。此外，阶级和性别及其他因素难道不是也塑造了欧洲和非洲的经验和身份吗？例如，非裔内部难道不存在塑造知识和文化的性别差异吗？事实上，正如女性主义者所指出的那样，性别是身份和政治的场所，有时涉及非洲女性与欧洲女性结盟，反对非洲和欧洲男性。在这方面，帕特丽夏·希尔·柯林斯基于这种批评，提出了重新思考非洲中心论的一种尝试。

在《黑人女性主义思想》中，柯林斯回应了非洲中心论中对性别的无视，以及女性主义中种族问题的边缘化。[7]她提出了一种“非洲中心论的女性主义”社会理论，其根源在于由贝尔·胡克斯、奥黛丽·洛德和艾丽斯·沃克等黑人女性锻造的独特思想传统。柯林斯认为，归根结底，非洲中心论的女性主义植根于普通非裔美国女性的独特经历和斗争。[8]

黑人女性主义表现出自相矛盾的张力，反映了黑人女性在阶级、性相、国籍等轴线上的不同社会定位。柯林斯将黑人思想比作“相互竞争的多种观念和利益的变动不居的镶嵌画”。[9]然而，非裔美国女性分享着种族歧视和性别歧视的共同历史，而这种历史又往往与阶级压迫交织在一起，标示出独特的社会立场。即使这种共同历史没有表现为统合一致的世界观，黑人女性的社会思想也的确展现出一些基本的共同主题。例如，柯林斯强调指出，黑人女性主义注重性别、种族、阶级和性相相互交织，作为身份、社会形成和政治的场所。黑人女性主义的一个关键主题就是压制包括大学在内的社会主流中的黑人批判性思考，作为维持白人、男性、中产阶级社会支配地位的一种策略。黑人女性的声音在公共生活中遭到排斥或被边缘化。因此，黑人女性主义在知识和文化生产的主导机构之外找到了其主要的社会位置，例如教堂、家庭和政治网络，或者诗人、作家和乐人。

柯林斯认为，美国的黑人思想植根于非洲文化。当非洲人沦为奴隶时，他们的非洲中心论价值观和世界观在美国的土地上得到了滋
231 养。柯林斯借鉴非洲中心论的理论家，将非洲中心论视为一种独特的知识范式。然而，黑人女性不仅被自身作为非裔的历史所定位，而且与白人女性分享性别歧视的历史，分享与女性生物特征、性相、母职以及家庭和职场角色相关的某些核心经验。柯林斯没有强调非洲中心论和女性主义之间源于其不同社会经验而可能出现的差异和冲突，而是强调了它们的相似之处。

帕特丽夏·希尔·柯林斯（Patricia Hill Collins）出生于1948

年。她于1984年在布兰代斯(Brandeis)大学获得博士学位，目前是马里兰大学的社会学教授。在她的《黑人女性主义思想》一书中，柯林斯发展了一种非洲中心论的女性主义社会理论。她认为，性别不能也不应该被视为与种族相分离。男人和女人总是属于特定种族、阶级、性相和国籍的男人和女人。差异是社会身份的核心。但是，批评者也问道，哪些差异很重要？而且，如果差异无限增加，我们是否会放弃一种统合性的身份观念？

柯林斯描述了一种独特的非洲中心论的女性主义社会知识类型。与在社会科学和主流女性主义中占支配地位的启蒙知识范式相反，非洲中心论的女性主义主张，知识在社会角度上植根于特定群体的经验；知识行动者的多重社会立场(例如黑人女性、拉丁裔男性、白人中产阶级女同性恋者、工人阶级女性)产生了多种认知方式，而每种方式都被视为片面的。此外，与西方科学传统相反，社会知识涉及其生产者的感情、个人价值观和旨趣，因此具有广泛的社会和政治含义。例如，柯林斯强调了具体的个人经验和感情作为评估知识主张的标准的作用。黑人女性受到多重压迫，不信任占支配地位的知识范式，依靠自己的经验维持生存，并确定什么是实在的、真实的。

奎迈·安东尼·阿皮亚：解构非洲认同

尽管黑人女性在美国的经历多种多样，但柯林斯主张有一种共同的经历和身份。然而，她拒绝努力为非洲中心论的女性主义提供一种生物性的基础。她认为非洲中心论是一种社会性和历史性的现实。它反映了抵抗种族主义的历史，反映了共享的非洲价值观和信仰。无论是柯林斯还是阿桑蒂，他们的著述究其根本，都有一种基础性预设，即社会性生产出来的核心非洲身份，但奎迈·安东尼·阿皮亚对此提出了质疑。

阿皮亚质疑了统一的非裔身份或黑人身份的观念，质疑其在生物、社会或历史各维度的现实中的基础。[10]他对杰出的非裔美国社会
232 理论家和领袖杜波依斯的评论颇具启发。杜波依斯接受了种族这个概念，并赋予黑人种族在历史上扮演独特的社会角色和道德角色。然而，他希望通过将种族与共同的遗产和历史联系起来，以避免种族的生物学概念。阿皮亚对杜波依斯是否成功地将种族与生物学脱钩提出了质疑。他注意到，杜波依斯本人虽然是黑人，但却是荷兰祖先的后裔。说他与并无任何已知共同后人的非裔有着共同的历史，却与荷兰人没有共同的历史，这样说是否前后一致？即使杜波依斯与非裔团结在一起，也不是因为他们分享共同的历史，而是因为他假设他们由于肤色相同，都是同一种族的成员。只有当据说有共同历史的多个人群（例如非洲人、美国黑人、加勒比黑人）因其肤色而已经被认为是一个可识别的群体时，用共同历史来定义种族的想法才是可信的。说到底，杜波依斯对种族的社会描述还是依赖于一个生物学概念。

奎迈·安东尼·阿皮亚（Kwame Anthony Appiah）1954年出生于伦敦，但在加纳长大。他求学于剑桥大学，并曾在剑桥、康奈

尔、耶鲁、杜克和哈佛等大学任教。他目前执教于普林斯顿大学，任哲学和非裔美国人研究教授。阿皮亚不相信非裔身份是实际存在的。实际存在的是尼日利亚人、卢旺达人、南非人等。然而，生活在非洲大陆的人们认为自己是非洲人是有益的，在政治上也是明智的。你看出区别了吗？

是否有任何令人信服的证据证明种族的生物学描述？阿皮亚总结了当代生物学家的习惯看法：

> 每一位值得信赖的生物学家都会同意，非洲、欧洲或亚洲种群之间的人类遗传变异性并不比这些种群内的遗传变异大多少……我们现在倾向于依据皮肤、头发和骨骼等可见形态特征，将人们归入最广泛的种族类别，即黑种人、白种人、黄种人，除此之外，在英国人口中发现的遗传特征，很少会在扎伊尔或中国找不到类似的比例。……
>
> 人们更熟知的共识是，人群之间在语言、道德情感、审美态度或政治意识形态方面的差异……并没有受到生物学角度任何显著程度的决定作用。[11]

如果生物学或共同历史都不能证明非洲身份的主张是正当的，那么共同的文化呢？阿桑蒂和柯林斯主张，存在某种共同的非洲文化感受，例如语词的力量，以及倾向于和谐和整体性思维。阿皮亚也对这种种族观提出了质疑。他诉诸整个非洲大陆前殖民、殖民和后殖民经

历的多样性，发现非洲共同文化身份的概念几乎没有可信度。他指出，试比较，

> 阿桑蒂(Asante)的君主政体，在这个联盟里，[引导]国王
> 的是……他的长老和大酋长，而19世纪布干达(Buganda)*穆
> 233 特萨一世(Mutesa the First)拥有更绝对的权力；或者传统的
> 豪萨(Hausa)人妻视野封闭，永远被禁止与丈夫以外的男人接触，而尼日利亚南部的女商人则拥有开阔的空间；或者像贝宁的艺术以巨大青铜器著称，而阿肯人(Akan)**的金人铸像小巧精致。让沙卡的祖鲁人战团(Shaka's Zulu impis)与富拉尼圣战者(Fulani jihads)对峙……在宗教本体论和仪式上，在政治和家庭的组织上，在两性关系上，在艺术上，在战争风格和烹饪手法上，在语言上，当然都存在着差异，所有这些难道不当然都是根本的差异吗？[12]

一些思想家相信，共同的种族身份的基础，就是有关社会不利处境的共同经历。难道黑人不是有着将所有非洲人和美国黑人团结在一起的种族压迫历史吗？阿皮亚也对这种社会视角表示怀疑。如果说美国黑人与非洲人分享种族压迫的共同经历，难道他们不是和亚洲人一样遭受压迫吗？此外，阿皮亚注意到，基于种族的压迫也不是一

* 原为乌干达境内的古老王国，后沦为英国殖民地，现为乌干达的一个行政区。

** 非洲民族名，主要分布在非洲西部的科特迪瓦、加纳、多哥，而多哥东边即为贝宁。

种平滑无缝、千篇一律的体验。美国南部的种族奴隶制体系与战后美国东北部城市中心的种族歧视大相径庭；而这些也都很难与英属加纳的殖民统治经历或南非的种族隔离制度相提并论。比如说，对于种族主义的体验，可能个人性程度不一，或是系统性程度各异，遭受到的抵抗也是形式多样。最后，反对种族主义的斗争并非受压迫人群所独有。白人在多大程度上将自己置于黑人的位置，作为想象的受害者，他们就在多大程度上能够并且确实认同反种族主义斗争。

阿皮亚将上述观点总结如下：

> 无论非洲人有什么共同点，我们都没有共同的传统文化、共同的语言、共同的宗教或概念词汇。……我们甚至不属于一个共同的种族。[13]

尽管各路思想家未能基于统一或共同的非洲身份这一观念，奠立黑人团结的观念，但阿皮亚并不想完全放弃这一观念。非洲一体性仍然是一个颇具魅力的文化和政治目标，部分原因在于非洲历史和社会斗争的共同点。此外，诉诸非洲身份也有助于实现政治动员，在非洲各国内部和彼此之间协商谈判达成和平，在非洲和全球范围内建立联盟，并将国际注意力集中在非洲和非裔流散人群身上。最后，“非洲”一词已经成为许多国家公共文化不可或缺的组成部分，并由非洲开发银行或奥委会之类的社会组织大力推行。阿皮亚旨在捍卫对非洲身份的诉求，但不是强硬且具误导性的一体性主张。他建议将非洲身份视为可选的、可变的、始终有待争议的和片面的。虽然政治和社会组织的实践需求迫使我们主张存在某种非洲身份，但我们——知识分子和公民——不应忘记身份是多重的：家庭的、部落的、国族的、基于性别的或宗教的。阿皮亚选择组合起一种策略，既打破有关非洲的统一固定形象，同时捍卫对非洲身份的实用性诉求。

234

有关白人身份的理论阐述

考虑以下几点：至少从19世纪30年代的托克维尔开始，许多社会思想家就认为，美国所面临的首要挑战就是种族。无论重点是美洲原住民、黑人、华裔和日裔，还是墨西哥裔，种族之于美国，就像阶级之于英国、意大利或法国一样。这是使作为一个国家的美国陷于分裂的因素，也是困扰其公民良心的因素。关于种族，哪怕只是关于美国黑人，相关书籍和文章就可以填满一座大学图书馆。例如，在美国社会学中，没有任何别的论题的撰述能多过种族，特别是黑人在美国的地位。然而，令人奇怪的是，直到最近，社会学家和社会科学家对白人和白人身份几乎未置一词。

好吧，公允地说，社会学家和其他人对日常生活中的白人种族主义，以及从工作到学校和教会等机构中的白人种族主义，进行了大量经验研究和社会思考。我们研究了白人对非白人的态度；研究种族偏见是如何被习得的；研究白人居住、上学和工作的地点。简而言之，我们大量了解了白人如何成为种族主义者以及他们的种族特权和权力如何维持，也详细知晓了白人种族主义的影响，例如对非白人的工作、健康、住房和自尊的影响。但是，直到最近，很少有学者将白人身份（Whiteness）作为一种独具社会和历史特征的种族身份进行研究；很少有社会思想家分析白人身份本身如何塑造社会生活。

精确来讲，并非所有学者和思想家都忽视了白人身份。非白人是承担不起无视白人生活方式的后果的。为了适应或挑战白人的特权，美洲原住民、黑人、拉丁裔和亚裔成为白人身份的敏锐观察者。特别是从杜波依斯到马尔科姆·X的著述中，非白人试图揭露作为一种特殊的种族身份和文化的白人身份。尽管如此，非白人的视角仍然受限。人们往往以刻板印象看待白人，也往往忽视他们内部的差异。此外，白人身份就像黑人身份，或作为亚裔或美洲原住民，经常被非历史地看待，好像这些种族标示多少属于人之为人的固定部分。

对白人身份的学术研究出现在20世纪八九十年代，无疑是在回应新的多元文化现实，后者使尊重群体差异成为美国国族身份的核心部分。随着黑人、拉丁裔或美洲原住民公开宣扬他们独特的身份和文化，白人身份的地位成为有待考察的事情。白人研究就是从社会性和历史性的角度来阐述白人身份。尽管该领域相对较新，但文献中还是能集中看出一些主题。

不可见性/可见性

理查德·戴尔在《白》中，如此评论所谓白人身份既是可见的又是不可见的这一观念：

> 对书籍、博物馆、报刊、广告、电影、电视、软件的研究一再表明，在西方的表征中，白人占压倒性的、不成比例的主导地
> 235 位。……正因为如此，因为他们作为规范的地位，他们似乎不是被表征为白人，而是被表征为人……在种族表征的层面上……白人不属于某个种族，他们径直属于人类。[14]

一方面，在美国、英国、德国和丹麦之类的国家，白人太可见了。走进美国的办公室、医院或餐馆，白人作为经理、医生、护士和侍者被看见；非白人在场，但往往不被看见；他们是餐厅杂工、厨房帮工和看门人。想想酒店。白人直接可见；他们就在前台，作为礼宾和经理；而非白人是清洁工或厨房工作人员，身处后台，几乎不引人注目，至少对白人来说是这样。

另一方面，白人身份又不是必然被看见的。说白人被看见而白人身份不被看见，这是什么意思？白人是可见的，但作为特定种族身份和文化基础的白人身份往往是不可见的。种族或“肤色/有色”(color)与非白人相关联。黑人、亚裔、拉丁裔和美洲原住民是不同的种族。而白人被设定为是超越种族的。也就是说，许多白人并不认为白人身份是像“黑”或“红”*或“黄”那样，是与特定文化和历史相关的特定种族差异。相反，白人身份经常被当作“无色”，尤其是被白人如此看待。白人属于“就是人”或就是人类。像美国、瑞典或意大利

* 所谓第五人种，即亚美利加人种，基本上指殖民时代之前美洲大陆上的原住民（除因纽特人）。现在一般认为是误称。

这样的国家都是围绕某种二元论组织起来的：白人就是人，而非白人就属于特定的种族。

下面举个白人身份不可见的例子。在美国，记者通常会称“黑人小偷”“西班牙裔政治家”或“亚裔作家”。你上一次听到记者或媒体评论员提到“白人银行劫匪”或“白人参议员候选人”或把诺曼·梅勒称为“白人作家”是什么时候？白人身份是被设定的；它不需要被标示或言说；在没有具体指定肤色的情况下，它就是默认条件。白人身份的去种族化掩盖了它也具有特定的历史，并表达了特定的社会立场。

白人的形成

白人身份是被径直设定的，好像一直有人是白人，或者好像这是人类的自然状态。历史学家最近提出了一些疑问。白人身份与作为黑人或非洲人一样都是一桩历史事件。尽管对某些人来说听起来很奇怪，但并不总是有白人或被认为是白人的人，属于一个特定的白人社会群体。

一直有人皮肤苍白，其中许多人也可能具有独特的面部特征（例如特定的鼻型或发质），但他们并不总是被识别为白人种族的成员。例如，研究白人身份的顶尖学者之一大卫·罗迪格就指出，事实上，许多在20世纪早期抵达美国的西欧和南欧移民并没有被信奉新教的美国人视为白人。

> 例如，移民可以是爱尔兰人、意大利人、匈牙利人和犹太人，而不是白人。许多现在通常被称为“白人”或“白人少数族群”
> 236 人口的群体，在历史上其实被作为东道主的美国公民认为属于非白人。在19世纪中叶，信奉天主教的爱尔兰新移民的种族地位成为长期激烈辩论的对象。“猿猴一般”的、“野蛮”的爱尔兰人只是一步一步地通过抗争、努力和投票，才挤进美国的白人种族。进入20世纪后很久，在带有种族歧视和反爱尔兰意味的美国俚语中，黑人还被视作“烟熏过的爱尔兰人”(smoked Irishmen)。再往后，来自南欧和东欧的移民有时肤色更黑，同样被描述成非白人。……工厂经理将员工明确地称为犹太人和“白人”，尽管“好犹太人”有时也被算成是白人。而较贫穷的犹太人更被蔑称为黑人。[15]

欧洲的少数族群之所以受到压迫，不仅因为他们不是英国血统，还因为他们不被视为白人。在某种程度上，白人身份让人想到的是一位令人敬重的美国好公民，而欧洲移民要努力获得作为白人的地位。爱尔兰人、意大利人、波兰人和犹太人只有在被承认为白人时，才被同化或成为一等美国人。但是，当他们成为白人时，他们的欧洲族群意识也被削弱了。罗迪格再次评论道：

> 随着这些群体从在美国的爱尔兰人或在美国的波兰人过渡到爱尔兰裔美国人或波兰裔美国人，他们也就成为了美国白人。在这样做的过程中，他们成为白人少数族群，但也变得不那么特

> 别有族群性，不仅因为他们力求同化到美国人这个宽泛范畴中，还因为他们力求被接受为白人，而不是爱尔兰人或波兰人。[16]

白人研究强调了关于种族和族属特征的一个重要理论观点。种族或族属涉及通过排斥行为或对比和对立行为来建立界限。只有在与非白人对比的背景下，作为区分人类类型的一种方式，才会出现白人身份。白人之所以存在，只是因为有几类人不是白人。种族身份的形成是建立种族等级秩序的一部分；它们总是带有政治性的。白人、黑人、红人或美洲原住民，还有亚裔，不仅是不同的种族身份，而且彼此之间存在不平等的关系。身为白人不仅是一种特殊的种族身份，而且是一种特权身份。

白人特权

白人身份在历史上被赋予特权。在某种程度上，特权是显而易见的，白人的可见性本身就标示出他们的支配地位。白人在政府、传媒、军队、学校、企业等领域占据权力地位。白人统治着许多西方国家的机构。白人是明确被看见的。正是他们作为经理、首席执行官、公职官员、军方领导人等的可见性，响亮而明确地宣示了白人特权。

但白人特权还有一部分在于白人作为一种特定文化的不可见性。白人声称为全体人代言，而不仅仅是为某个特定种族或文化传统代言。白人的利益和价值观被说成是表达了广泛的人类关切。就此而言，白人身份声称用理性的声音说话；白人身份充当了某种标准，是被视作合乎自然和规范/正常的基线。正如文化评论家和电影研究学者理查德·戴尔所言：

> 237 白人拥有权力，并相信他们的思考、感受和行动像所有人一样，并为着所有人；白人没有能力看到自身的特定性，无法考虑其他人群；白人创造了世界的支配意象，并不能完全看清他们因此按照自己的意象构建了世界；白人设定了有关人性的标准，而依照这些标准，他们注定要成功，其他人注定要失败。上述绝大部分都不是故意的和恶意的；……但白人权力不管出于什么意图都会再生产出自身……因为它不被视为白人身份，而是被视为合乎规范/正常。白人需要学会将自己视为白人，看到他们的特定性。[17]

通过某种方式，白人统治被塑造成看起来几近合乎自然和预期；毕竟，是白人，而且只有白人，宣称超越了特定种族群体的狭隘利益和世界观。白人似乎与合乎理性的或所有人都感兴趣的事物保持联系。有一种受权统治的资格与白人身份关联在一起。

白人身份赋予了一种被普遍化的社会特权。每个能够成功宣称白人身份的人都可以宣称它的某些便利和社会优势。这些是享有机会、有权选择、发出声音和获得尊重的特权。但是，白人特权只是相对于非白人种族身份才是有效的。因此，白人女性相对于亚裔女性享有特权地位；白人的残障人士或同性恋者也是相对于其非白人对应人群，才获得某种受权感。

在白人身份的范畴内，也存在权力和地位的差异。显而易见的是，白人内部存在着基于财富、政治权力、文化地位、性身份、族属、健全或残障的多种不平等。因此，同性恋或残障的白人男性就放弃了白人身份的一些特权；他们受到直男和健全的白人支配。白人身份也是分层的。

在讨论男性特质的同时，平行谈论白人身份的霸权形式似乎很有用。特定的国家或社会会倡导有关白人身份的特定理念，例如白人公民。某些身体属性，或着装和说话方式，或特定的价值观和行为，被关联到白人身份的理念（ideals），或理想的（ideal）白人公民。随着白人人口中的不同部分努力让自己有关白人身份的特定观念占据主导地位，这些意象和理念会发生变化，成为冲突的焦点。稍微看看电影或电视，就会发现有关白人身体、面部、头发、衣服和生活方式的标志性形象。名人和电影明星经常充当白人身份的偶像。粗略地说，在美国，理想的白人公民就是异性恋、身体健全、有钱、已婚、北欧（英国人、瑞典人、斯堪的纳维亚人，*而不是意大利人、匈牙利人或克罗地亚人）、讲英语、基督徒等。

白人研究的初始预设是，白人身份不是自然的，而是社会形成的种族制度的一部分；据说白人身份既可以塑造白人的生活的结构，对非白人也是如此。露丝·弗兰肯伯格做出了颇有教益的概括："首先，白人身份是一种具有结构性优势和种族特权的位置。其次，这是一个'立场'，是白人看待自己、他人和社会的一个位置。第三，'白人身份'

* 原文如此，瑞典人本身也属于斯堪的纳维亚人。

是指一套通常不被标示和命名的文化实践。”[18]白人研究的目的是揭
露白人身份的社会起源，挑战其特权地位。理查德·戴尔写道：“看见
238 白人的种族化过程的意义在于，让他们/我们离开权力地位，连同所
有由权位导致的不平等、压迫、特权和苦难，通过削弱他们/我们在世
界上言说和行事的权威，让他们/我们离开原位。”[19]

推荐书目

Gloria Anzaldua, *Borderlands/La Frontera* (San Francisco: Spinsters/Aunt Lute Press, 1987).

Beverly Guy-Sheftall, ed., *Words of Fire: An Anthology of African-American Feminist Thought* (New York: New Press, 1995).

bell hooks, *Ain't I a Woman* (Boston, MA: South End Press, 1982).

Jean Stefancic and Richard Delgado, eds., *Critical Race Theory* (New York: New York University Press, 2001).

参考文献

1. bell hooks, *Ain't I a Woman* (Boston, MA: South End Press, 1982); Cornell West, *Prophetic Fragments* (Trenton, NJ: Africa World Press, 1988); Kwame Anthony Appiah, *In My Father's House: Africa in the Philosophy of Culture* (New York: Oxford University Press, 1992).
2. Molefi Kete Asante, *Afrocentricity: The Theory of Social Change* (Buffalo, NY: Amulefi, 1980).
3. Molefi KeteAsante, *The Afrocentric Idea* (Philadelphia: Temple University Press, 1987).
4. Asante, *The Afrocentric Idea*, p. 56.
5. Asante, *The Afrocentric Idea*, p. 79.

6. Asante, *The Afrocentric Idea*, p. 40.
7. Patricia Hill Collins, *Black Feminist Thought: Knowledge, Consciousness, and the Politics of Empowerment* (London: HarperCollins, 1990).
8. bell hooks, *Talking Back* (Boston, MA: South End Press, 1989); Barbara Smith, ed., *Home Girls* (New York: Kitchen Table Press, 1983); Audre Lorde, *Zami, A New Spelling of My Name* (Trumansberg, NY: Crossing Press, 1982); Alice Walker, *The Color Purple* (New York: Washington Square Press, 1982).
9. Collins, Black *Feminist Thought*, p. 10.
10. Appiah, *In My Father's House*.
11. Appiah, *In My Father's House*, p. 35.
12. Appiah, *In My Father's House*, p. 25.
13. Appiah, *In My Father's House*, p. 26.
14. Richard Dyer, *White* (London: Routledge, 1997), p. 3.
15. David Roediger, "Whiteness and Ethnicity in the History of 'White Ethnics' in the United States," in Philomena Essed and David Theo Goldberg, eds., *Race Critical Theories* (Malden, MA: Blackwell, 2002), p. 329. 亦参Roediger, *Wages of Whiteness* (London: Verso, 1991)。
16. Roediger, "Whiteness and Ethnicity," p. 333.
17. Dyer, *White*, p. 9.
18. Ruth Frankenberg, *The Social Construction of Whiteness: White Women, Race Matters* (London: Routledge, 1993), p. 1.
19. Dyer, *White*, p. 2.

239

第十六章

男女同性恋及酷儿理论/异性恋研究

早在美利坚共和国创立之初，性别和种族就是标识身份的范畴。美国人将自己理解为男性或女性，或白人或黑人（Black，或者colored和Negro）。但性相方面并非如此。据历史学家报告，异性恋和同性恋直到20世纪初才成为个人身份的标识基础。[1]此前，同性性相只是被视为一种行为类型。事实上，历史学家已经记录了有一种中产阶级文化，接受女性之间的浪漫交往，至少作为异性恋婚姻的补充。[2]但到了20世纪的前几十年，这种状况宣告终结。医学—科学话语向公众宣布，存在一种新的人类身份：同性恋。同性恋者被描述为性别混淆，性越轨，是一种声名狼藉的人物形象。

在美国，大约是1890年至1930年间，开始发展出一种围绕同性行为而组织起来的公共文化。此时，同性恋主要被定义为一种性别混淆。例如，据说“同性恋”男性有着男性的身体和女性的灵魂。

直到20世纪50年代，我们才看到同性恋组织、文化和政治的兴起。主流同性恋群体认为，同性恋要么是正常的，要么最坏不过是轻微的心理偏差，不能证明歧视同性恋者是正当的。一些活动家将同性恋者想象成一种新的社会少数群体。当时的同性恋政治旨在通过公共教育，消除实现社会同化所面临的法律障碍和态度障碍。

但新的世代被黑人运动和女性运动中的骄傲精神和反叛精神所激励，抛弃了这种小心谨慎的同性恋同化政治。20世纪六七十年代同性恋解放运动的核心就是肯定性的身份政治。[*]如果说女性和非白人很难找到有关自身的肯定性形象和强有力的公众声音，那么同性恋者就更难了。至少女性和黑人是美国文化中可见的一部分。黑人在美
国的历次战争中奋勇作战；有一种黑人公共文化可以挑战主流的种族 240
主义意象。女性作为妻子、母亲和社会照顾者的角色受到重视；20世纪的女性可以利用女性丰富的文化历史和政治历史。而同性恋者是不可见的。他们打过仗，但没人知道；他们无处不在，但没有人看到他们。他们保持“深柜”(closeted)或者说隐藏身份，因为害怕失去工作和家庭。同性恋者在20世纪的大部分时间里都带着一种隐藏的身份生活，这种身份往往使他们的生活充满羞耻和恐惧。同性恋运动将运动的基石确定为个人层面和公共层面都确认令人骄傲的男女同性恋身份，这有什么奇怪的吗？

20世纪70年代的同性恋政治是围绕着对男女同性恋自我的肯定而组织起来的。积极的男女同性恋视角颠倒了社会主流的文化逻辑：同性恋可能表明了一种独特的人类类型，但同性恋者(homosexual)，

---

* “Affirmative”在全书中有“扶持性”和“肯定性”两种译法，大体上强调由外向内的确认和肯定的选择前者，强调自我看待的选择后者。我们没有选择“肯认性”或“平权”之类其他译法。

现在被重新定义为“女同性恋者”（lesbian）和“男同性恋者”（gay man），在心理、道德和社会等角度，都是与异性恋平等的。尽管对同性恋和异性恋之间的共性程度存在分歧，但同性恋视角坚持认为，男女同性恋者都表现出了独特的社会身份。异性恋主义的经历，深柜和出柜的共享现实，多重形式的压迫（例如法律、歧视、暴力和文化刻板印象），以及对社会平等和尊重的渴望，产生了共同的同性恋身份。尽管男女同性恋运动聚合在肯定性的个人身份背后，但分歧从未远离表面。尤值一提的是，性别冲突造成了持续存在的分歧。同性恋运动在70年代初分裂为女同性恋女性主义文化和以男同性恋为主的解放主义文化。这些运动产生了关于性相和社会的强有力的社会视角。然而，到了80年代初，男女同性恋运动的成功及其主流化本身受到攻击。虽然反同性恋攻击导致许多同性恋者赞成基于强硬的自然主义立场，为同性恋进行辩护，但基于性别、阶级和种族的内部分歧导致了新的观点和政治，有时会挑战身份政治。

身份理论：艾德里安娜·里奇与杰弗里·威克斯

20世纪50年代，一种公开的男女同性恋文化开始落地成型。它以酒吧、非正式网络和政治组织为中心。战后同性恋文化的发展受到同性恋迫害气氛的限制；男女同性恋者被解雇或开除军籍，在街头受到骚扰；酒吧遭到突袭，顾客的名字被公之于众。国家的权力被调动起来，使同性恋者在社会上保持不可见和入罪化。

60年代出现广泛的社会自由化，加上学生抗议、女性主义、黑人解放运动以及反文化运动纷纷问世，促进了男女同性恋运动的发展。历经70年代，男女同性恋者基于肯定性的自我身份，创造了自己的亚文化。在纽约、旧金山、芝加哥、洛杉矶和休斯敦等主要城市中心，男女同性恋者创建了自己的机构、文化体系（如报纸、出版社、剧院、艺术）和政治组织。到了80年代初，美国几乎每个中等城市都有了自己的 241
男女同性恋公共社群。这项社群营建努力的核心部分是男女同性恋者创造的知识。尤值一提的是，男女同性恋者发展出了两种新视角，将性相问题置于社会分析的核心：一是女同性恋女性主义（lesbian feminism），一是同性恋社会建构论（gay social constructionism）。

女性主义诗人和评论家艾德里安娜·里奇（Adrienne Rich）于1929年出生于马里兰州的巴尔的摩。[*]里奇于1951年毕业于拉德克利夫学院（Radcliffe College）。她在其名文“强制性异性恋与女同性恋生存”中提出，男性特质的支配地位是通过强加异性恋来维持的。根据里奇的说法，一系列政治、经济和文化力量导致女性将异性恋视为既合乎自然也符合规范/正常。换句话说，我们学会成为异性恋，并将其视为唯一正确的性表现方式。但里奇相信，回顾历史，有许多女性抵制异性恋。她们选择保持禁欲或不婚，或是以其他女性为中心来组织自己的生活。她促人深思地称这些女性为“女同性恋者”。

* 艾德里安娜·里奇已于2012年去世。

英国社会学家杰弗里·威克斯(Jeffrey Weeks)出生于1945年。他曾先后就读于伦敦大学和肯特大学坎特伯雷校区(University of Kent at Canterbury)，并于1983年获得博士学位。在20世纪70年代，威克斯是“伦敦同性恋解放主义阵线”(London Gay Liberationist Front)的成员，也参与创建了“同性恋左翼团体”(Gay Left Collective)，这是一个知识分子团体，他们试图基于社会主义的视角，来理解权力如何塑造了有关性相的观念。威克斯目前执教于伦敦南岸大学(South Bank University)，是“社会建构论”的核心理论家之一。他并不否认性的生物学基础，但是主张，性相的意义、社会组织和历史都具有深刻的社会性。社会学家在许多地方探寻社会的现实，不是社会的本质，而性就是他们瞩目的最后几个地方之一。

女同性恋女性主义是在回应同性恋运动据称的性别歧视，以及女性主义中的异性恋主义。女同性恋女性主义者旨在将女同性恋与男性的同性恋*区分开来，并与女性运动保持一致。她们的策略包括重新定义女同性恋。女同性恋女性主义者拒绝接受那些将女同性恋视为一种性偏好或生活方式的观点，断言女同性恋者是这样的女性，她们以其他女性为中心来安排自己的生活，并由此反抗男性支配。女同性恋女性主义者认为，正是异性恋支撑着男性支配。异性恋是指一系列社会实践，包括有关性行为和性别行为的规范，有关异性恋浪漫的

* “男性的同性恋”即“male homosexuality”，“男同性恋”即“gay”或“gay men”。

意识形态，以及婚姻和家庭制度。异性恋制度通过让女性的生活以男性的兴趣、价值观和需求为核心，使男性的支配地位永久化。浪漫文化以及婚姻和家庭制度掩盖了男性的支配地位，同时将女性置于社会 242
臣属角色，即妻子和母亲。成为女同性恋者是一种反抗的政治行为；它挑战了异性恋支配和男性支配。它把女性定义为独立的，为自己而活，并强调了女性之间的团结纽带。女同性恋者凸显成为典范的女性主义者：独立且以女性为中心。

女同性恋女性主义发展于20世纪70年代初。蒂-格蕾丝·阿特金森、吉尔·约翰斯顿、丽塔·梅·布朗和夏洛特·邦奇等理论家分析了性相、性别和资本主义之间的关联。[3]这些观念被证明至关重要，不仅因为它们使女性主义和女同性恋主义之间有可能结盟，还因为它们颇具概念深度和想象力。然而，女同性恋女性主义在女性运动中引发了新的张力。这种视角等于说是，只有女同性恋者才能成为真正的女性主义者。

女同性恋女性主义的一场关键表述，就是艾德里安娜·里奇的“强制性异性恋和女同性恋生存”。[4]里奇确认了女同性恋女性主义的基本命题：规范性的异性恋支撑了男性支配。她认为，女性不是天生就是异性恋的；异性恋既非合乎自然也非符合规范/正常。不仅如此，异性恋也不是被选择的。女性是被强迫成为异性恋的，有时这种强迫甚至是暴力的。社会汇集了种类之多令人称奇的资源来塑造女性的性相，使异性恋让人觉得是合乎自然和符合规范/正常的。而强制性异性恋的强制推行，靠的是各种法律、经济、公共政策组成的一套体系，有关异性恋浪漫和情色的文化，以及对偏离的女性诉诸暴力和监禁。在晚近异性恋女性的形成过程中，核心就是利用庞大的文化体系，包括大众传媒和科学，旨在使女同性恋变得不可见和属于越轨。结果，女同性恋者的生活被隐藏在历史之外，在学术文化和公共生活中不可见。里奇说，可悲的是，女性主义有时试图将性别与性政治严格分开，从而助长了女同性恋生活在公共生活中的不可见。

强制性异性恋的“制度”或系统在历史上一直受到抵制。尽管社会利用强大的机制来推行有关异性恋的规范，但“女性历史中有一桩核心事实，那就是女性一直抵制男性暴政”。[5]例如，里奇提到“一些女性拒绝生孩子”，女性主张一种“反阳具性相”（antiphallic sexuality），恪守禁欲，或发展女性互助网络。抵制男性支配的女性，或在一些重要方面围绕女性来安排自己生活的女性，都属于里奇所说的“女同性恋连续统”（lesbian continuum）的一部分。因为所有女性主义者都致力于女性的自由，所以她们都可以定位在这个连续统上。但并非所有女性主义者都过着里奇所说的“女同性恋生存”。这个术语是指主要的性生活和亲密生活都围绕女性来组织的女性。里奇在女同性恋生存和男性的同性恋之间做出了鲜明的区分。男性无论是异性恋还是同性恋，都葆有性别权力，而女性无论是异性恋还是同性恋，都臣属于男性。男同性恋的性别权力允许他们将同性恋当作一种生活方式；与之相反，成为女同性恋的女性等于是在发表政治声明，因为她们正在挑战男性的支配地位。

里奇认定，异性恋是社会强加的。例如她说，绝大多数女性之所
243 以结婚，是因为她们别无选择。她们结婚是为了经济生存，为了生儿育女，为了避免社会嘲笑，或者为了实现男性强加的有关女性自我实现的理想。有关异性恋和男性支配的制度使女性几乎没有自由。“当然，在［异性恋］制度中存在质的经验差异；但缺乏选择仍然是未被承

认的巨大现实。”[6]女性被迫成为异性恋,并因此放弃了部分的性自主和社会自主。选择女同性恋生存,就是选择自由。里奇认定,为维持异性恋规范而建立的庞大社会机器,也暗示了女同性恋的自然力量。然而,记录企图维持异性恋规范的那些社会力量,丝毫不意味着同性恋冲动或异性恋冲动两种自然力量孰强孰弱。女性可能会感到一种与女性建立联系的强烈冲动,但这并不一定排除与男性建立联系的一种同样令人印象深刻的欲望的存在。并不能就此推出假设,认为所有女性对于异性恋规范都必然会觉得是强制性的。

里奇认定了女同性恋生存的普遍性。她认为,女同性恋者一直存在,女同性恋生存的意义在历史上也是一致的。正如异性恋被想象成一种平滑无缝、形式一致的支配秩序,女同性恋生存也被认为具有某种本质意义。如此假设存在普遍的女同性恋连续体和身份,将不同历史中的女性统合在一起,业已遭到大量批评。从20世纪70年代中期至今,学者们已经形成了一些新的视角,强调性相的社会建构性质,注重同性恋的含义和社会角色方面的变异。

英国历史学家和社会理论家杰弗里·威克斯是社会建构论的先驱。[7]他对社会思想的两大潮流做出了回应。首先,男女同性恋社群的形成也伴随着下述主张:“同性恋者”一直作为一个具有特定身份的独特的人而存在。同性恋活动家和学者提出了一份其真实同性恋身份被揭露的已逝男女名人名单。尽管宣称有高贵的血统可能有助于将同性恋身份合法化,但根据建构论的观点,它未能捕捉到当今同性恋生活的独特之处。其次,尽管威克斯受到马克思主义对用非历史思路看待同性恋的批评的影响,但他也批评马克思主义和女性主义,因为它们将性相说成是阶级或性别方面动力机制的某种效果。这类主张实际上设定没有必要发展某种专属男女同性恋的理论和政治。有关性相和同性恋的议题肯定与阶级或性别等方面的动力机制有关，但前者不能归结为后者。性相有其自身的历史和社会模式，需要专属的理论和政治。威克斯把同性恋想象成一种社会和历史现象，就像所有形式的性相一样，需要独立的性理论。

宣称性相有其社会性几乎不算什么新鲜事。弗洛伊德将性相作为人类行为和社会动力背后的驱动力；威廉·赖希（Wilhelm Reich）和赫伯特·马尔库塞之类的弗洛伊德派马克思主义者将性相与资本主义联系起来。而布朗尼斯劳·马林诺夫斯基和玛格丽特·米德等人类学家描述了所谓“原始人”的性生活的社会组织机制。然而，这些彼此各异的思路却都展示了一套关于性相的共同预设，威克斯称之为“本质主义”。这种思路将性视为内置于个体生物结构中的自然本能。
244 此外，本质主义思路设定性是一种强有力的力量，驱动着个体的思想和行为。尽管看待性相的本质主义思路对于什么算合乎自然或符合规范/正常的尚存分歧，因此对于社会在监管性方面扮演何种角色适宜也各执己见，但对于性相和社会处于对立关系这一点还是几无异议的。本质主义视角往往主张，性是一种自然力量，涌动于自我深处，寻求公共释放；而社会对性实施压抑和监管。

但威克斯没有设定性与社会的对立，而是提出了一种社会建构论的视角：

> 首先……我们不能再把“性”与“社会”当成两个分离的领

> 域相互对立。其次，人们普遍认识到性方面各种形式、信念、意识形态和行为的社会变异性。性相有……许多历史……第三……我们必须学会看到，性相是社会以复杂方式生产出来的东西。它是赋予人类活动以意义的多种社会实践的结果，是社会定义和自我定义的结果，是有权定义和监管的人与抵抗者之间斗争的结果。性相不是被赋予的，它是谈判、斗争和人类行动的产物。[8]

威克斯没有将性视为事关个人欲望和行为，而是将性相视为社会性的，涉及各种社会性的意义、规范、制度和冲突。性不是一种本能，其本质是固定的；它是一处场所，无论个人性的还是政治性的，身体还是社会，都成为社会意义和斗争的焦点。

通过概述威克斯看待同性恋的视角，可以很好地体现他的社会建构论思路。常识之见设定，整个人口区分为两类个体，不是天生异性恋，就是天生同性恋。同性之间的性欲望和性行为被认为体现出独特的同性恋身份。由此观之，社会对待同性恋者，要么宽容，要么压制。所谓自由，就是真诚地作为一个同性恋者生活。同性恋政治吸收了这种看待同性恋的观点。例如，即使在今天，男女同性恋者也经常诉诸同性恋的自然性，以证明有正当理由索求地产权和尊重。

在《出柜：19世纪至今英国的同性恋政治》一书中，威克斯提出，所谓同性恋行为揭示某种人类身份的观点，直到19世纪晚期才在西方社会出现。[9]在此前千百年里，同性恋往往被归入鸡奸*这一广泛类

* “sodomy”，其实含义远不限于这个汉语词往往特指的男子肛交。

别，包括一系列非法的同性行为和异性行为。鸡奸行为表明一种类型的人，其性欲标志着一种独特的同性恋身份和异性恋身份，上述观念在19世纪晚期之前的西方社会还是令人陌生的。鸡奸者会受到法律和习俗的惩罚，但只是因为他或她的特定行为，而不是作为一个越轨的人。同性恋者直到晚近才现身为一种独特的生理、心理和社会身份，通过他或她的性相得到全面标示，而且只在西方如此。

威克斯非常强调，在现代同性恋的形成过程中，有一门关于性相的科学的兴起非常重要。在经济学、社会学、人类学和政治学兴起的同时，一门有关性相的新科学——性学（sexology）——在德国和
245 英国以及随后的美国出现了。性学家旨在发现人类的性本质。他们试图勾勒性本能的发展，并记录其多种形式及其正常的演化和病态的演化。从德国性学家卡尔·海因赖希·乌尔里希（Karl Heinreich Ulrichs）出版的十二卷本关于同性恋的书，到阿尔弗雷德·金赛针对美国人性生活的数千次采访，性学始终力求揭示自我的隐藏真相，这些真相被认为埋藏在人类性相的低层区域。

从1898年到1908年，有超过1 000种关于同性恋的出版物问世。性学家似乎痴迷于勾勒同性恋的发展、类型以及心理上和行为上的表现。性学家并没有创造同性恋；已经有个体在从事同性行为，也已经有了这些人的网络。然而，性学确实有助于创造这样一种观点，即人类具有某种特定的性本质和身份，人类自然分为“异性恋者”和“同性恋者”，性的欲望、行为和身份可以归类为要么正常要么异常。

性学家的观念产生了巨大的社会影响。国家，律师和法官，精神病学家和精神分析学家，以及大众传媒，纷纷采纳了他们有关同性恋

的观念。威克斯强调指出，一些耸人听闻的公共事件扮演了重要角色，为性学家观念的传播提供了社会推动力。在诸如19世纪90 年代英国对奥斯卡·王尔德涉嫌同性恋的审判之类的公共事件中，同性恋身份的观念被吸收到流行文化中。有关性相与性类型的语言，异性恋与同性恋的对立，性正常与性异常的伦理，通过诸如此类的公共戏剧成为日常生活语言的一部分。到20世纪最初几十年，认同为同性恋的人成为公共领域的一部分。虽然同性恋身份的语言将个体污名化，但威克斯注意到，它也激发了同性恋意识的强化。这反过来又促进了网络的建立，这些网络逐渐导致了男女同性恋解放运动的发展。这虽然并非接踵而至，但是，在第二次世界大战之后，出现了形形色色的男女同性恋肯定性运动，它们经常诉诸科学和性学来合法化，扭转了对于同性恋的污名化观点。而肯定男女同性恋身份的运动所诉诸的，正是最初将这些身份丑闻化的有关规范/正常和自然的观念。

酷儿理论：戴安娜·法斯与伊夫·科索夫斯基·塞奇威克

尽管威克斯批评了把同性恋看作一种自然而普遍的类型的流行观念，但在很大程度上，他的社会建构论同性恋学说也是受到这一时期基于身份的同性恋社群建设努力的影响。威克斯可能已经将同性恋身份历史化，但他并不怀疑其积极作用。实际上，他赞同以族属模式来看待同性恋身份，即使他分析了它的历史演化和社会演化。然

而，威克斯注意到，族属模式的身份倾向于具有排他性，并通过向分离
246 主义或自由同化主义的方向发展，消解了其批判性的政治潜力。有鉴于此，他主张结合阶级、种族和性别的差异，来阐述男女同性恋身份。威克斯并没有质疑当代同性恋生活中身份框架的重要性，哪怕他将身份理解为必要的历史虚构。事实上，身份政治在社群建设和政治动员方面取得了巨大的成功。历经20世纪七八十年代，男女同性恋者创造了挑战强制性异性恋的一众国家层面和国际层面的运动。

戴安娜·法斯（Diana Fuss）出生于1960年。她于1988年获得布朗大学博士学位。法斯是酷儿研究领域的主要人物。在酷儿理论出现之前，男女同性恋研究追溯了历史上男女同性恋身份的构建方式。这项工作很重要，因为它表明性有其历史流变，也有其社会基础。时至今日，重要的是要揭示性身份类别的不稳定性。在这方面，法斯指出，异性恋和同性恋这两个类别本质上是不稳定的，因为它们是相互排斥的，但同时它们又相互依赖，以保持内部统合。因此，对于法斯来说，男女同性恋学说的目的已经不是从理论上阐述男女同性恋身份，而是考察并撼动将人、身份和欲望划分为异性恋或同性恋这种做法。法斯目前在普林斯顿大学任教。

到了20世纪80年代初，同性恋运动受到来自两个截然不同方向的挑战。一方面，强烈的反同逆流汇集力量，要推翻此前十年的成果。另一方面，我们不妨称之为同性恋主流的地位渐趋巩固，这种趋势遭

到属于有色人种和激进分子的男女同性恋者的攻击，其中一些人因艾滋病流行而转向好战立场。面对这场同性恋生活危机，有两种反应比较明显。首先，为了应对反同攻击和围绕性政治日益加剧的内部分裂，一些男女同性恋者退回到生物本质主义，主张性身份的自然基础。另一些人为了应对危机，重新思考身份与政治之间的关联，而其具体方式背离了女同性恋女性主义和社会建构论。艾滋病活动家和“酷儿国度”（Queer Nation）团体中的激进政治重振声势，与此同时，也出现了对与酷儿理论相关的性政治的重新思考。耐人寻味的是，此前几代性理论家不是独立学者、历史学家就是社会科学家，与此相反，新一代理论家绝大多数是深受后结构主义影响的英语教授。

战后的许多同性恋理论都设定，同性恋是一部分人的状况或身份。尽管本质主义者和建构主义者之间，或者分离主义者和同化主义者之间存在分歧，但依照男女同性恋理论的阐述，同性恋是基于多少共同的同性恋身份的一种少数群体体验。

酷儿理论家质疑把同性恋者视为社会少数群体的观点。酷儿理论家并不去分析男女同性恋少数群体的自然形成或社会形成，因为这样做的焦点就是同性恋身份的获得，以及族属社群的建设；相反，他 247
们聚焦于同性恋和异性恋这两个类别本身所产生的社会影响，例如，这些类别如何影响流行文化、法律乃至整个社会生活。酷儿理论家的目标是将男女同性恋理论扩展为一般性的、批判性的性理论。

伊夫·科索夫斯基·塞奇威克（Eve Kosofsky Sedgwick）于1950年出生于俄亥俄州代顿（Dayton）。她在耶鲁大学获得博士学位，并曾执教于汉密尔顿学院（Hamilton College）、波士顿大学、阿默斯特学院（Amherst College）和杜克大学。她目前在纽约城市学院研究生中心任教。塞奇威克是酷儿理论的领军人物。她认为，我们与其狭隘地专注于说明特定的性身份（异性恋或同性恋），不如问问自己是如何认为自己拥有某种性身份的。如果根本没有性身份的标签，会是一个更美好的世界吗？

酷儿理论的核心就是质疑有关核心同性恋身份的观念。反对统一同性恋身份的理由既是分析性的，也有政治性的。任何试图定义做一名女同性恋或男同性恋意味着什么的尝试都既有欠完整，也表征错误。根本不可能在一般层面上定义做男同性恋或女同性恋意味着什么；每一次具体指明这种身份的尝试，都投射出一种有关做同性恋的规范性模式，将其他许多女同性恋者和男同性恋者的生活排除在外。即使谈黑人女同性恋者或白人劳工阶级男同性恋，由此将身份多重化，也不能避免这些问题。例如，白人工人阶级男同性恋者的类别本身就包含着巨大的差异，这取决于年龄、宗教、健全或残障以及族属等方面的考虑。此外，身份的多重化也可能造成分裂，削弱政治动员的努力。

戴安娜·法斯对同性恋身份理论提出了独具酷儿特色的批评。她认为，每一次尝试定义和肯定做一名同性恋，都会再造同性恋和异性恋之间的分隔。个体被归类为要么这类要么那类；而且势必会将其中一种身份视为更加可取，从而强制执行了某种社会等级制度或不平等的状况。她写道：

> 解构……认为……身份就是差异。鉴于身份总是包含着非身份(non-identity)的幽灵,要获得主体位置,总是以排斥他者、压制或否定非身份为代价的。[10]

法斯认为,一个人的身份也蕴含在其对立面之中。异性恋的意义必须结合其对立面也就是同性恋;前者赖以成立的内部统合取决于对后者的排斥和压制。同性恋者必须是单纯的、完全的同性恋,毫无异性恋的痕迹——而异性恋者也是如此。根据法斯的说法,身份逻辑就是一种边界维护逻辑,势必会产生分隔和等级秩序。即使同性恋者被赋予与异性恋者平等的地位,双性恋者也会成为新的局外人。法斯的结论是,身份政治充满了棘手之处;每一种确认身份的努力都势必会生产出新的局外人。属于好的异性恋生产出属于坏的同性恋;但同性 248
恋中的好的又生产出同性恋中的坏的;而属于好的同性恋和异性恋则生产出属于坏的双性恋。法斯敦促人们逐渐摆脱肯定少数群体身份的政治,转而对迫使我们宣称某种排他性性身份的性制度提出抗争;她希望我们将理论焦点从说明个人如何成为同性恋转移到说明一种性秩序如何形成,并生产出一系列刻板的性身份。

伊夫·塞奇威克所著《深柜的认识论》的核心,就是不再从理论上阐述作为一种少数群体体验的同性恋,逐渐转向从理论上阐述围绕异性恋/同性恋对立组织起来的性系统。[11]塞奇威克没有从身份问题的角度来探讨同性恋,而是分析了异性恋/同性恋对立如何构建20世纪的思想、文化和身份的一些核心模式:

> 《深柜的认识论》提出，20世纪整个西方文化中的许多主要思维模式和知识模式，都是由同性恋/异性恋定义所长期面临并渐成普遍蔓延的危机而构成的，准确地说是由这场危机所撕裂的。……本书将论证，要理解现代西方文化几乎任何方面，如果没有纳入对现代同性恋/异性恋定义的批判性分析，不仅有欠完整，而且其核心实质必然受到损害。[12]

异性恋/同性恋的定义不仅将身份分派给个人，而且塑造了西方思想和文化的宽泛类别。例如，异性恋/同性恋的定义从自我披露的角度构建了人们的经历，无论其性取向如何。换句话说，与同性恋相关的独特动态，即从“深柜”中“出柜”，从同性恋者扩散到其朋友、家人和同事。同性恋者的亲属必须反复重述同性恋者的深柜和出柜的经历。此外，在今天，异性恋者涉及隐秘和披露的经历也可能被框定为出柜经验。正如塞奇威克的书名所示，在以异性恋/同性恋定义为特点的社会中，深柜和出柜成为知识和文化组织的一般类别。

塞奇威克将异性恋/同性恋的符号形象想象成一种核心逻辑，类似于男性特质/女性特质的性别符码。它构建了身份，知识和文化的基本类别，以及对社会的规范性组织。换句话说，同性恋议题不再仅仅是某个社会少数群体的议题，也不再仅仅是权利、骄傲、尊重和平等的议题，而是涉及整个社会的问题。酷儿理论不再是一种少数群体理论；它是对异性恋/同性恋定义在服务于异性恋规范时的社会生产力的一般性分析。一方面，酷儿理论的目的是展示异性恋/同性恋符码普遍渗透并塑造结构的存在和力量。而另一方面，它又力求凸显这种二元对立的不稳定性，目的是削弱其力量，并为欲望、身份和社会组织释放新的可能性。

在法斯和塞奇威克笔下，我们可以观察到一种意义重大的努力，将男女同性恋理论从少数群体理论转变为有关性的广泛的社会批判理论。分析的焦点应该是围绕异性恋/同性恋对立组织起来的性系统；这种系统塑造了社会生活和文化生活。这意味着一种意在颠覆的 249
后结构主义政治：即使不是颠覆身份，也是在挑战异性恋/同性恋二元符码本身的自然性和必然性。酷儿理论设想了一种广泛的文化政治，与使刻板的性秩序和性别秩序自然化、规范化/正常化的那些社会力量和政治力量做斗争。

重审异性恋

如果我被要求陈述同性恋理论的一项重大洞见，那就是同性恋是一种社会和历史现象，而不是自然现象。被同性吸引的个体是一向都有的，但他们很少被视为独特的人类类型或身份。同性恋理论在性行为和性身份之间做出了至关重要的区分；同性行为可能是普遍的，但它只在某些社会中成为性身份和社会身份的基础。

但是异性恋呢？奇怪的是，异性恋并不总是社会分析的焦点。诚然，历史学家研究了婚姻和家庭的历史；社会学家和人口学家分析了生育率，并对异性恋行为进行了调查。然而，这种学术研究大部分假设异性恋是自然的、普遍的。几乎没有关于异性恋和异性恋身份如何形成的社会历史分析。与此类似，异性恋的规范性地位也被认为是合乎自然和符合规范/正常的。因此，异性恋作为一块丰富的社会和政治研究领域一直被忽视，最近才有所改观。

将异性恋视为一种社会事件和历史事件，这与大众思维和学院思考都背道而驰。如果被问到，我们大多数人可能会说异性恋是自然的，或者是使生命成为可能的人类基本驱力。当然，从某种意义上说，如果没有异性恋行为，人类将灭绝，至少在人工授精之类新近技术问世之前是这样。我们所称的异性恋性行为一直存在。但是，异性恋者也是一向就有的吗？提出这个问题可能听起来很愚蠢。难道自然界不会产生异性恋者，就像它产生男人和女人，或右撇子和左撇子，或绿眼睛和蓝眼睛的人一样吗？异性恋难道不是人类生存的必要条件，因此不是一直有异性恋吗？

可是有学者问：今天说一个人是异性恋，究竟是什么意思？大多数美国人或英国人可能会说，它指的是被异性吸引的个人。异性恋者是指性偏好是女性的男人或被男人吸引的女人。但我们需要小心和精确。在当代美国，异性恋单纯意味着表现出在性上被异性所吸引。换句话说，我们并不是说一个人要成为异性恋者，就必须有结婚或建立家庭的动机。我们只是说，异性恋者是对异性有性欲的人，无论他们的目的是快乐、爱情、婚姻，还是建立家庭。此外，今天的美国人将异性恋视为一种身份。我们中的许多人宣称自己是异性恋，就像我们
250 自认为女性或拉丁裔一样。在当代美国或英国，异性恋意味着你在性方面被异性吸引，并且宣称了一种特定的性身份。

但历史学家告诉我们，这种异性恋的观念不一定是我们的祖先所

共有的。例如，在19世纪的美国，人们认为个人天生就有性本能。这种本能就像一个有关繁殖的遗传程序。换句话说，性本能是一种生殖本能。性正常意味着趋向于生殖，就像饥饿驱使人进食。我想在这里强调一个微妙但关键的观点：异性恋表明一种生殖驱力，而不仅仅是一种性吸引力；这是一种驱力或行为，而不是一种身份。因此，只在异性身上寻求性快感的美国人有时被认为是不正常或不道德的。换句话说，我们今天所谓的异性恋，即对异性的性欲，在维多利亚时代会被视为一种像鸡奸或通奸一样的变态。此外，将异性恋者视为与同性恋者形成对比的一种类型的人或身份，这样的观念也不存在。同性恋者的概念在19世纪美国的大部分时间里都不存在。没有这个概念，就不可能有作为独特身份的异性恋者这样的观念。

根据重新思考异性恋的先驱之一乔纳森·卡茨的说法，"异性恋"一词在19世纪90年代首次出现在科学和医学文献中。[13]它被从当代的角度来定义，即基于觉得异性有性吸引力的身份。关键的一点是，异性恋的欲望与繁殖脱钩。正常的性被定义为异性恋的情欲吸引力；而异常的性则是同性恋的情欲吸引力。换句话说，异性恋的概念是参照同性恋的概念而凝聚成形的。这两个术语都表示与生殖无关的性欲望，是个人身份的基础。到了20世纪初，界定性身份的不再是生殖驱力，而是个人的性别选择。

我们可以在弗洛伊德的思想中看到异性恋含义的这种变化。弗洛伊德与他那些19世纪的同行不同，你可能还记得，他认为性本能趋向的是快乐，而不是生殖。此外，他认为性满足可以涉及许多不同的行为，怀着不同的目标，例如快乐、自我表达、爱或繁殖。在弗洛伊德的著述中，现代异性恋更进一步：这是一种人类的性类型，其定义仅仅是一种一般性的对异性感到的性吸引力，但其性相在其他方面是流变的或灵活的。

为什么异性恋的含义会从生殖本能转变为性欲望和性身份？

一种观点认为，20世纪初出现了性别身份危机。在19世纪的大部分时间里，男性和女性承担着不同的社会角色。男性支配着工作和政治的公共世界，而女性的主要角色是家庭主妇和母亲。这被认为反映了男女之间的本质差异。男性被认为是讲求理智、合乎理性、积极进取和目标导向的，而女性则被定义为富于情感、长于养育、善解人意和充满母性的。婚姻的基础是性别身份和角色的互补性。男性支撑和保护家庭，而女性则为家庭提供充满道德和慈爱的环境。

251 这种社会安排在20世纪最初几十年开始瓦解。女性开始上大学，进入职场，开始组织起来争取自己的权利，并积极参与社会改良运动。与此同时，男性的工作逐渐从农场和蓝领劳动转向白领工作岗位。作为公司或政府的白领劳动者，意味着大多数男性没有什么权力，并且越来越依赖"女性特质"的技能，例如合作、沟通和讨人喜欢的自我展示。从许多同时代人的角度来看，女性变得更加男性化，而男性则变得更加女性化。被认为是稳定社会秩序基础的男女之间的性别分隔正在瓦解。事实上，许多女性选择保持单身或离婚，或结婚但坚持不生孩子，这更加剧了危机感。

针对性别身份趋于模糊，针对婚姻的危机感，有一种回应是重新强调异性恋的规范，以此作为重申二分性别角色之规范性/正常性的一种方式。通过强调异性恋的自然性和正确性，男女之间的差异也被视为合乎自然和善好。也就是说，如果异性恋是合乎自然的，并且对稳定的社会秩序至关重要，那么男性和女性应该继续承担不同的角色。主张明确的异性恋身份成为标示正常性别身份的一种方式。异性恋开始与一个人的核心自我身份联系在一起，其意义集中在对异性感到性吸引上。

如此强调异性恋身份，带来的另一个结果是创造了一种恐同（homophobia）文化。随着异性恋成为确认正常的/规范的性身份和性别身份的重要方式，同性恋开始代表一种越轨的地位。不仅对同性感到性吸引力被污名化，而且性别越轨作为同性恋的标志，也不受赞同。其结果，男性和女性都害怕表现出任何偏离有关具备男性特质的男性和具备女性特质的女性之规范的性别特征。一种积极推行异性恋作为规范的性制度的宗旨，就是支撑脆弱的性别秩序。

我们不妨把焦点从异性恋的历史转到异性恋的社会学。如果确立异性恋身份已经成为投射规范/正常、体面可敬的性别身份的一种重要方式，那么这在日常生活中是如何实现的？新兴的学术研究将异性恋身份和同性恋身份一样，都视为一种社会成就。个人如何让别人相信，他们是异性恋？

我们别忘了前文提到的一些讲法。我们的身份是在对比关系中确立起来的。塑造一种令人信服的女性身份，意味着不表现出任何（或太多）与男性和男性特质相关的特征。一个人通过拒绝男性特质的特征，例如咄咄逼人、争强好胜或在性方面积极自信，来塑造合乎规范/正常或受人尊敬的女性身份。当然，关于作为一个女人意味着什么，有不同的版本。它们可能相互冲突，但都涉及与某种男子气概概念的对比。如果一名女性表现出某些男性特质，如讲求理智或追求职业生涯，她可能仍能作为一个“好女人”而要求得到尊重，但她可能必须是明显属于异性恋的。

与此类似，个人要确立异性恋身份，在一定程度上也要靠与同性
252 恋的任何联系保持距离。例如，恐同行为不仅宣布一个人是异性恋，而且宣布异性恋是好的，而同性恋是坏的。

一些英国研究人员研究了高中生如何使用恐同行为来确立公共异性恋身份。[14]他们发现，学生，特别是男孩，急于避免任何他们可能是同性恋的怀疑。他们研究的高中文化有自己的定义性身份的符码。例如，好学生，勤奋的学生，温柔、安静或避免运动的男孩，有时会被贴上“同性恋”的标签。学生们急于将彼此的行为解读为标志着他们的性身份。

研究人员发现，男生们为了应对这种焦虑，在男性友谊中建立严格的界限，排除任何可能被解释为性意味的亲密表达，以此将自己与任何同性性爱情感相分离。男孩们保持着明确的社交界限，将自己与被怀疑是同性恋的学生分开。此外，一些男孩参与咄咄逼人的公共恐同展示，例如，口头贬低被认为是同性恋的学生，以响亮、可见的方式嘲笑他们，有时还诉诸暴力。研究人员将恐同视为确立体面可敬的异性恋身份的一种手段。男孩们通过将自己的同性恋情感投射到他人身上，并谴责他们是同性恋，来远离自己的同性恋情感。这使得这些男孩能够将自己表现为一贯的异性恋和男性化。

学生和其他人之所以觉得不得不公开宣称异性恋身份，是因为异性恋是一种享有特权、体面可敬的社会地位。就此而言，学者们提出，异性恋不仅仅是一种行为或身份，而且在大多数社会中，它是一种“制

度”。社会通过国家、法律、医学—科学机构、家庭和性别角色的权力，以及一种在倡导异性恋的同时诋毁同性恋的文化，将异性恋确立为一种性偏好和社会偏好。一些理论家更提出一种异性恋社会学，视之为社会支配的一种形式。[15]

总而言之，晚近有关性和性别的批判性理论不仅针对同性恋而且针对异性恋提供了新的社会视角。从性行为转换到性身份，需要从社会角度和历史角度给出说明。与此类似，自然界可能需要异性恋行为，但并不要求异性恋成为社会规范；而异性恋成为一种制度或权力系统也不是不可避免的；这些发展的根源还是在社会。这种新思维的根源是一个影响深远的命题：性本身就是社会性的。我们认为属于“性”的那些欲望、幻想、行为、身份和关系，都是社会因素和动力机制的产物；我们可能生来就有身体，但我们只在社会中才获得性的特点。

推荐书日

Vanessa Baird, *The No-Nonsense Guide to Sexual Diversity* (London: Verso, 2001).

Annamarie Jagose, *Queer Theory* (New York: New York Press, 1997).

Steven Seidman, *The Social Construction of Sexuality* (New York: W. W. Norton, 2003).

Michael Warner, ed., *Fear of a Queer Planet* (Minneapolis: University of Minnesota Press, 1993).

参考文献 253

1. Jonathan Katz, *Gay/Lesbian Almanac* (New York: Harper & Row, 1983);

Steven Seidman, *Romantic Longings* (New York: Routledge, 1991); Lillian Faderman, *Odd Girls and Twilight Lovers* (New York: Columbia University Press, 1991).

2. Carroll Smith-Rosenberg, "The Female World of Love and Ritual: Relations between Women in Nineteenth-Century America," in *Disorderly Conduct* (New York: Alfred A. Knopf, 1985); Lillian Faderman, *Surpassing the Love of Men* (New York: William Morrow, 1981); Anthony Rotundo, *American Manhood* (New York: Basic Books, 1993).
3. Ti-Grace Atkinson, "The Institution of Sexual Intercourse," in *Women's Liberation: Notesfrom the Second Year* (New York: Radical Feminism, 1970); and "Lesbianism and Feminism," in Phyllis Birkby, Bertha Harris, Jill Johnston, Esther Newton, et al., eds., *Amazon Expedition* (Washington, DC: Times Change Press, 1973); Charlotte Bunch, "Lesbians in Revolt," in Nancy Myron and Charlotte Bunch, eds., *Lesbianism and the Women's Movement* (Baltimore, MD: Diana Press, 1975); Jill Johnston, *Lesbian Nation* (New York: Simon & Schuster, 1973); Rita Mae Brown, "The Shape of Things to Come," in Myron and Bunch, eds., *Lesbianism and the Women's Movement.*
4. Adrienne Rich, "Compulsory Heterosexuality and Lesbian Existence," in Ann Snitow, Christine Stansell, and Sharon Thompson, eds., *Powers of Desire* (New York: Monthly Review Press, 1983).
5. Rich, "Compulsory Heterosexuality," p. 195.
6. Rich, "Compulsory Heterosexuality," p. 202.
7. Jeffrey Weeks, *Sexuality and Its Discontents* (London: Routledge, 1985).
8. Jeffrey Weeks, *Sexuality* (New York: Tavistock, 1986), p. 26.
9. Jeffrey Weeks, *Coming Out: Homosexual Politics in Britain from the Nineteenth Century to the Present* (London: Quartet Books, 1977).

10. Diana Fuss, *Essentially Speaking: Feminism, Nature and Difference* (New York: Routledge, 1989), p. 103; 亦参 "Inside/Out," in Diana Fuss, ed., *Inside/Out: Lesbian Theories, Gay Theories* (New York: Routledge, 1991)。
11. Eve Kosofsky Sedgwick, *The Epistemology of the Close*t (Berkeley, University of California Press, 1990).
12. Sedgwick, *Epistemology of the Closet*, p. 1.
13. Jonathan Katz, *The Invention of Heterosexuality* (New York: Penguin, 1995).
14. Debbie Epstein and Richard Johnson, *Schooling Sexualities* (Buckingham: Open University Press, 1998).
15. 例如，参看Chrys Ingraham, *White Weddings: Romancing Heterosexuality in Popular Culture* (New York: Routledge, 1999); Mary Louise Adams, *The Trouble with Normal: Postwar Youth and the Making of Heterosexuality* (Toronto: University of Toronto Press, 1997); and Michael Warner, "Fear of a Queer Planet," Social Text 9 (1991), 3–17。

254

第十七章

殖民话语研究

社会学起源于英欧社会。这些社会当时正在经历重大社会变革，例如工业资本主义及其工厂、雇佣劳动和社会生活的商业化，最初发生在英国、法国、德国和美国。这些国家在19世纪和20世纪成为世界强国。这是英欧支配世界的时代。英国和法国统治着19世纪，美国和苏联是20世纪的超级大国。这些国家都属于帝国强权。

从许多方面来看，第二次世界大战标志着帝国时代的结束。联合国宣布了普遍国家主权原则，强调全世界不赞成各国相互殖民。可以肯定的是，美国和苏联仍然是帝国强权，但它们不再依靠直接的军事和政治权力来控制其他社会。相反，它们依靠自己的经济实力、强大军力的威慑，有时还有有限的军事干预和无处不在的秘密行动。战后时期也见证了全球反殖民国族主义运动的浪潮。在非洲和东南亚，在国族主义和独立精神的激励下，各种独立运动奋起反抗它们的殖民统治者。印度通过斗争终结了英国的殖民统治；非洲各社会结束了欧洲对其大陆的殖民化；1989年，东欧结束了苏联的控制，并揭启了该帝国的解体。因此，战后时期是一个充满动荡和希望的时期。

随着全球社会格局的重塑，这些新成立的民族国家孕育了一个新的思想家群体。这些思想家介于殖民主义和后殖民主义（postcolonialism）之间。他们透过殖民臣属的视角看待英欧世界，但也属于那个世界的一部分，因为他们在西方接受教育，许多人也生活在那里。

这些知识分子对英欧历史提出了新的批判视角。尤值一提的是，他们从殖民主义历史的角度看待西方。他们提出了新的问题：为什么美国和欧洲国家会成为帝国强权？这些帝国主义国家是如何对外国领土和民众实施殖民和统治的？而且，殖民者和被殖民者之间的关系是什么？这些强大的国家如何为殖民统治行为辩护，同时又倡导个体自由、国家主权和社会进步的思想？ 255

弗朗兹·法农

20世纪五六十年代，见证了非洲、加勒比海、中南美洲、中东和亚洲其他地区的去殖民化运动。曾经是殖民地的各民族纷纷宣布独立，从牙买加和肯尼亚到印度、越南和匈牙利。在这些全球变化的背景下，一个新的知识分子群体成长起来。他们既是知识分子，又是深度参与这些反抗运动和国族重建运动的活动家。

弗朗茨·法农、C. L. R. 詹姆斯、艾梅·塞泽尔和阿尔伯特·梅米等思想家，就是这群新式政治知识分子的典型代表。[1]他们生活在两个世界，一个是殖民地的世界，一个是帝国的世界。例如，法农既不仅仅是马提尼克岛人，也不仅仅是法国人，而是两者兼而有之。生活在两个世界但不完全属于其中任何一个世界的经历，给了这些知识分子一种独特的社会视角。具体来说，他们坚持认为，社会分析的重点应该是互动中的社会，特别是东西方的交流，这是一种殖民地和帝国的关系。

弗朗茨·法农（Frantz Fanon，1925—1961）出生于法国殖民地马提尼克岛（Martinique）。第二次世界大战期间，他离开马提尼克岛，前往法国与纳粹德国作战，战后他留在法国接受精神病学培训。法农在法国与阿尔及利亚战争期间在阿尔及利亚的一家医院服役。他是殖民主义理论的创始人之一。他的精神病学训练被证明有助于探索殖民统治的心理学。殖民权力的受害者最终如何再生产出这种权力？身体暴力和心理暴力在维持和推翻殖民统治方面的作用是什么？

这些反殖民国族主义运动的许多领导人都借鉴了马克思主义来理解和批判西方殖民主义。存在一种马克思主义分析殖民主义的传统。这种视角的核心观念就在于，帝国主义是资本主义的延伸。作为一种必须持续扩张以实现利润和增长的动态经济体系，资本主义不可避免地驱使企业扩展到国界之外。为了寻找新的市场、原材料、廉价劳动力和稳定的社会环境，资本主义驱使各国建立和维持殖民地。由
256 于英欧国家的繁荣依赖于控制外国领土的资源和民众，西方各国政府

就承担着建立并维持殖民地的政治和军事任务。

后殖民思想家从马克思主义中汲取灵感，但也提供了理解殖民主义的新方法。他们特别强调文化视角。法农等人着重指出，殖民主义不仅仅涉及在非主权领土上建立市场、军事前哨和傀儡政府。它还涉及主权民族国家和殖民领土之间的文化区隔，让前者被视为比后者优越。换句话说，在一个国家入侵、征服和统治另一个国家之前，通常存在一种文化背景，在社会各类型之间确立某种道德上的分隔。据此，领土征服可被视为社会进步的合法载体，实际上是必要的载体。

弗朗茨·法农作为法国殖民地马提尼克岛的本地人，写了几本重要作品，详细描述了殖民统治和抵抗的逻辑。[2]他问道：殖民国家如何证明统治是正当的？而且，同样重要的是，此前独立的民众是如何被统治并适应其殖民地地位的？殖民化如何塑造了被殖民者的心理和社会生活，以维持他们的处境？

法农认为，帝国的核心是对当地人的非人化。被殖民者被定义为下等人，作为次一等的人类类型。特别是被殖民者通常被理解为在种族角度上属于劣等。例如，法农分析了欧洲殖民者在非洲和加勒比地区持有的有关“黑人”的观念。在殖民话语中，黑人被视为完全出于性和本能的驱动，缺乏自制和纪律。据说黑人的本性阻碍了非洲和加勒比地区的社会进步。奇怪的是，殖民主义常常以西方人文主义的名义来证明其正当性。作为理性和先进文明的假定承载者，欧洲和美国的民众想象他们肩负着向人类其他部分传播启蒙和进步的职责，实际上这是一种天命。西方的使命就是将人类从冲动、迷信和专制统治的黑暗中解救出来，进入理性、民主和社会进步的光明。法农相信，西方统治的事实导致殖民地臣民接纳了殖民者高人一等的观点。这种文化帝国主义在一定程度上促成了殖民统治。实际上，殖民地臣民在面对高一等的权力时，通过承纳自己的社会劣等地位来求得适应。殖民地臣民可能变得消极被动，甚至积极支持殖民者的文明化使命。然而，在殖民统治渗透到当地人的心灵的同时，人们对殖民强权针对当地人及其文化实施摧毁、非人化和非道德化的行径也是满腔愤怒。正是心理层面和社会层面这种根深蒂固的愤怒，助长了国族独立运动的风险和希望——有时甚至是暴力。

在法农看来，暴力是殖民主义的核心特征。殖民者对被殖民者的身体实施暴力，例如监禁、酷刑、殴打、强奸、饥饿、种族灭绝，以及剥夺体面住房和医疗保健。还有通过剥夺自由、正直和自尊而对被殖民者的心灵和思想施加的暴力。不仅如此，殖民统治还对当地文化实施暴
257 力。被殖民者的历史遭到压制或摧毁。他们的习俗遭到嘲笑和贬低。他们被迫接受统治者的文化；他们的信仰和价值观被贬斥为落后和原始。谈到非洲人的体验，法农描述了殖民强权如何采取行动，将非洲多样化的部落文化和民族文化一概视为黑人初民心智的表达，从而予以抹杀：

> 殖民主义……从未停止坚持认为黑人是野蛮人；对于殖民者来说，黑人既不是安哥拉人也不是尼日利亚人。因为他只是说“黑人”。对于殖民主义来说，这片广阔的大陆(非洲)是野蛮人的出没之地，这片土地充满了迷信和狂热，注定要被蔑视，被上帝的诅咒所压垮，一片充斥着食人族的土地——简而言之，黑人的

土地。殖民主义的责难是针对整片大陆的。[3]

法农的观念之所以很重要，是因为他坚持认为殖民主义具有深刻的文化特征和心理特征。他明白，正如殖民统治涉及领土、经济和军事控制一样，它也涉及捕获和支配被殖民者的灵魂本身。殖民主义在心理、文化和社会方面的无情暴力有助于说明去殖民化运动的两个决定性特征。首先，它们是反殖民国族主义运动。席卷非洲和加勒比地区的独立运动通过诉求其历史文化传统的真实性和价值来团结大众。这些运动致力于重振当地文化，将其作为独立主权国家的根基。作为国族主义运动，被殖民者接管了殖民者的国族主义框架。殖民地反抗运动的第二个决定性特征是它们本身的暴力。在集体愤怒的驱使下，这些反殖民运动往往依赖于曾经用来对付它们的做法：暴力。如果最初的暴力目标是欧洲殖民者，那么可悲的是，一旦殖民者被击败，这种愤怒往往会转向本土对手。

爱德华·萨义德

法农认为，具有讽刺意味的是，西方殖民主义的根源正是他所称的“人文主义”。人文主义与其说是一种哲学，不如说是一种弥赛亚文化。人文主义究其核心就是一种信念，相信理性和自由是人类成其为人类的要素。西方的天命就是要将全人类从孩童般的自然状态提升到文明的高度。作为人类最先进的部分，欧洲各社会有义务为全人类带来理智和文明。正是这种福音派精神最终驱动了西方帝国主义，并使西方民众对他们造成的苦难和混乱视而不见。

法农擅长想象殖民主义的文化特征与心理特征，而爱德华·萨义德是将殖民主义置于现代性中心的主要理论家。作为一名成年后大部分时间都在美国生活的巴勒斯坦人，萨义德认为殖民主义和帝国主义的直白现实应该成为现代历史的中心。他写道：

258 想想看，在1800年，西方列强声称拥有55%的地表，但实际上拥有大约35%的地表，到1878年，这一比例为67%。……到1914年……欧洲总共拥有大约85%的地表作为殖民地、保护国、附属国、自治领和联邦。历史上没有其他任何殖民地体系如此庞大，如此彻底统治，没有一个在权力上与西方宗主国如此不平等……在19世纪末的欧洲本身，几乎没有一个生活角落不受帝国事实的影响。[4]

爱德华·萨义德（Edward Said）1935年出生于耶路撒冷。他曾在耶路撒冷、开罗和马萨诸塞州的学校上学。1964年，萨义德在哈佛大学获得博士学位。他在哥伦比亚大学任教，直到2003年去世。萨义德提出，在西方殖民主义出现之前，必须有与“东方”相区分的“西方”的观念。西方的权力只有在被视为有价值和高尚的情况下才能以领土征服的形式行使。如果东方被视为专制和落后，那么将西方权力扩展到该地区就可以作为服务于进步的工具被合理化。

请注意：萨义德是在说，帝国的现实塑造了殖民者和被殖民者的世界。对于英国、比利时、荷兰或德国之类的殖民国家来说，获得并维持对其他土地和民众的统治，这样的需要深深影响了它们的经济、政府、军事和文化；而对于印度、埃及以及几乎整个非洲大陆和东南亚大部分地区等被殖民国家来说，当然存在着身体性和社会性的暴力与征服的严酷现实。

萨义德认为，在现代西方历史上，帝国的形成和维持不能仅仅从政治和经济角度来说明。他写道：

> 在帝国扩张的百十年中，欧洲文化的核心是不屈不挠的欧洲中心主义。这积累起了大量的经验、领土、民众和历史；它对这些进行研究、分类、验证，然后……最重要的是，它为了使他们臣服，从白人基督教欧洲的文化中，事实上从白人基督教欧洲这种观念本身当中，驱逐了他们的身份，除非作为较低层次的存在。这种文化过程必须被视为与帝国主义物质中心的经济和政治机器比肩共在的对立面，至关重要，富含信息，令人振奋。[5]

在《东方主义》中，萨义德旨在从文化维度来阐述殖民主义，这种阐述远比法农关于其人文主义起源的大胆但过于简化的主张来得复杂。

萨义德认为，在欧洲殖民时代之前，必须先有一个“欧洲”的观念，或者有一个与“东方”相对的被称为“西方”的社会空间和地理空间观念。在他看来，西方和东方的观念不是自然的地理—文明复合体。组成所谓东方的不同民族在语言、文化、历史和政治上各不相同。阿拉伯半岛的沙漠游牧民族不同于统治中华帝国历代王朝的官吏，就
259 像他们不同于美国实业家或法国公务员一样。如果今天西方和东方被认为是两个不同的文明，每个文明都有自己的身份或本质，那是因为历史上我们被引导以这种方式思考。西方/东方（West/East and Occident/Orient）的二元观念早在古希腊人那里即已存在。然而，直到18至20世纪之间，欧洲才形成了一套信念，这些信念在大学、研究所、政府和流行文化中制度化，并在西方和东方之间形成了鲜明的区分。

18世纪以后，下述观念在英国、美国以及欧洲各地成了常识之见：西方是理性的，促进个体自由和民主，是推动社会进步的载体。相比之下，西方思想家常常认为，东方在社会维度上落后、专制或孩子气，没有能力发展和进步。东方人之所以被认为低人一等，往往被从种族和性别的角度来理解。东方人被想象成非白人和“原始人”，并与刻板印象中的女性特征有关，比如消极被动、优柔寡断、孩子气的和爱慕虚荣。萨义德将这套构建这种全球象征划分的话语、表征、知识和民间信念称为“东方主义”：

> 东方主义的主要教条［包括］……西方与东方之间绝对的、系统的差异，前者是理性的、发达的、人道的、优越的，后者是反常的、不发达的、劣等的。另一个教条是关于东方的抽象概括……总是比从现代东方现实中得出的直接证据更受推崇。第三个教条是，东方是持恒不变的、千篇一律的、无法定义自己的；……第

> 四个教条是，东方究其根本，要么是令人恐惧的（“黄祸”、蒙古游牧民、棕色支配[brown dominions]），要么是应该控制的（通过绥靖、研究和开发，一旦有可能就直接占领）。[6]

简而言之，欧洲中心论的文化在英美社会中扎根，确认东西方之间在地理、文明和道德上的分隔。西方的天命就是将文明和进步带到东方。

东方主义是西方帝国主义的核心。东方主义意识形态推动了殖民化：西方被想象为给东方带来社会进步和自由。印度、中国、沙特阿拉伯或埃及等社会如果任其发展，就会陷入停滞、无休止的内部冲突和专制。从某种意义上说，萨义德认为殖民化之所以成为可能，是因为殖民国家从未真正看到实际的埃及人、印度人或巴勒斯坦人。西方殖民列强只把这些民族看作是“东方人”的例证，因此是孩子气的、女性化的、专制的、不成熟的——简而言之，他们需要西方的道德和理性指导才能使他们文明化。

霍米·巴巴

要说法农和萨义德的工作塑造了一个全新的知识领域，即殖民话语研究（colonial discourse studies），也毫不夸张。虽然这一领域受到马克思主义的影响，并坚持认为经济、政治和军事力量在说明殖民主义动力机制方面扮演着重要角色，但也强调文化的核心作用。具体而

260 言，重点是关于西方和东方的“西方”思想如何塑造了欧洲殖民主义的历史。最初，殖民话语研究是同时扎根于被殖民社会和西方社会的那些思想家的产物。他们是位于殖民主义和后殖民主义之间灰色地带的知识分子。这种模棱含混的立场使他们有可能理解殖民统治的复杂性，理解殖民者和被殖民者之间微妙而复杂的动态关系。

殖民话语研究的关键假设是认为，文化和权力相互关联。具体来说，语言、知识、传媒、流行文化、艺术和文学无论如何也是权力的形式。这些文化形式塑造了有权势的精英的行为，也塑造了流行文化，为帝国主义的实践提供了动机和理由。欧洲中心论的文化创造了有关西方与东方、现代性与传统、进步与停滞的意象或观念，这是殖民主义不可或缺的组成部分。

如果说《东方主义》是这一领域研究的起点，它不是最后的定论。萨义德的后继者接过了他的思想的重担，但也有义务对这位奠基性人物提出批判。萨义德的《东方主义》被批评说设定了有关东方和西方的单调概念。人们批评萨义德在看待欧洲中心论立场有关东西方的话语时，忽视或看低了西方有关东方的意象本身的变化，其中一些是被用来批评西方的，这样萨义德的做法就在某种意义上再生产了东方主义。批评者们指出，萨义德也忽视了非西方人对自身和西方所抱持的意象。占据“东方”的民众经常抵制欧洲中心论立场的表征，维护自己的文化，或发明新的混生文化。简而言之，西方殖民者与被殖民者之间的关系比法农或萨义德想象的要复杂得多。

霍米·巴巴(Homi Bhabha)于1949年出生于印度，在印度和

> 英国接受教育，并在美国获得多种学术职位。他现任哈佛大学英语系教授。巴巴在前殖民地度过了青年和成年早期，又在20世纪两大帝国强权英国和美国过着成年生活，两者之间的模糊社会定位塑造了他的视角。他喜欢的写作体裁是短论。他迄今为止的主要著作《文化的位置》就是一部短论集。他写作的核心是试图在理解殖民动态过程时引入多层复杂性。巴巴促使我们看到含混、纠结和流动性，而殖民者和被殖民者在那些地方都只想看到尖锐的分裂和对立。

文学理论家霍米·巴巴将殖民体验的复杂性和含混性作为一项核心主题。他引入了三个已被证明具有影响力的概念：纠结(ambivalance)、模仿(mimicry)和混生性(hybridity)。[7]萨义德认为英欧社会将东方构建为低于西方的他者，而巴巴则认为西方与东方有着纠结的关系。尽管西方社会将东方人描绘成不同的和劣等的，但欧洲中心论的话语也在同等程度上揭示了对东方的某种欲望、吸引或渴望。东方是西方的可能替代品，是一个有吸引力的他者，值得欲求和 261
模仿。但同时，除了西方的纠结态度之外，西方既对东方感到厌恶，它也认同东方。西方在多大程度上从东方看到自己，东方就在多大程度上对西方享有某种权力，它就会成为对西方的威胁。它有可能破坏西方对优越性的主张，而优越性有赖于它对东方的他者性和劣等性的主张。因此，西方和东方之间的关系，作为霍米·巴巴用作殖民者与被殖民者之间关系的范例，不仅仅是对立的，而是涉及认同，是厌恶和吸引的混合，也是始终有逆转危险的支配立场。

霍米·巴巴引入了模仿这个观念，使殖民主义的动力机制进一步复杂化。权力只是一种线性的、单边的关系结果吗？只有西方或殖民者拥有权力？事实上，殖民主义，特别是19世纪的欧洲殖民主义，涉及“间接统治”。英国或法国等殖民列强依靠殖民地臣民来维持他们的统治。英国之所以能够仅凭几千名英国官员和一支小型英国军队统治印度，是因为它依靠印度人来管理和执行英国的统治。印度当地人负责执行英国的统治，以维持特权地位或谋求特权。英国人依赖印度人。殖民者不得不将被殖民者带入殖民统治的领域。合作，殖民者和被殖民者之间的相互依赖，是使殖民统治成为可能的原因。但正是这种情况也赋予了被殖民者权力；他们必须接受统治技能的教育和培训。具有反讽意味的是，这种合作创造出被殖民者一方“模仿”殖民者的欲望，即统治的欲望，自治的愿望。毕竟，一旦被殖民者意识到他们有统治和自治的技能和能力，殖民者就变得多余了。模仿有可能破坏殖民统治。抵抗和臣服一样，都是殖民动力机制中不可或缺的组成部分。

针对用扁平化的二元术语（殖民者/被殖民者、统治者/被统治者）来构建殖民关系，霍米·巴巴通过“混生性”这个概念，提出了最后一方面的挑战。如前所见，合作和相互依赖的殖民状况是一种不稳定或动态的状况。权力与其说是固定不变的，不如说是流变不居的；认同过程模糊了殖民者和被殖民者之间的界限。不仅如此，使间接统治成为可能的那种合作状况意味着，被殖民者不仅承接了统治的技能，而且承接了它的一些文化，包括它的语言，自我展示的习惯，以及统治者的审美和情感。这种非常深层次的认同或模仿破坏了将殖民权力和殖民地臣民分开的心理界限和文化界限。此外，如果被殖民者挪用(appropriates)了殖民者的一些文化,殖民者就会接管被殖民自我的某些文化,作为合作的条件。换句话说,认同和模仿的过程在殖民者和被殖民者两方都会出现。用二元术语来理解殖民地的自我和文化,不如用混生性或混融(mixing)这套语言更为恰当。霍米·巴巴的结论同样是,殖民主义从根本上塑造了被殖民者和殖民者。

霍米·巴巴的理论观点似乎脱离了历史背景,但它们为有关殖民动态过程的经验研究提供了丰富的概念思路。他的视角迫使我们密 262
切关注殖民实践中的合作、相互依赖和文化创新的模式。他没有将权力视为从统治者到被统治者的线性、单方的流动,而是强调权力的双向性,哪怕统治者显然拥有更多的社会权力。统治者的权力总是有限的,因为他们依赖殖民地臣民来执行他们的统治,因为他们认同于并变得依附于殖民地臣民,甚至对后者产生了欲望。殖民者一方的这种依赖和认同状况使被殖民者具有了技能与空间,有可能进行抵抗乃至颠覆。与此同时,被殖民者一方的认同也创造出与统治权力之间的纠结的关系。被殖民者是希望与殖民者并肩而立,还是要取代殖民者?而且,也许更能说明问题的是,被殖民者认同于殖民者,是否启动了取代殖民统治的动力,只是在后殖民状况下成为新的殖民型统治者?霍米·巴巴简略讨论了非洲及别处的后殖民统治显然具有混融性的历史,提供了一种理论视角,来看待20世纪反殖民国族主义运动的令人警醒的政治意义。

推荐书目

Iain Chambers and Lidia Curti, eds., *The Postcolonial Question* (New York:

Routledge, 1996).

Patrick Williams and Laura Chrisman, eds., *Colonial Discourse and Post-Colonial Theory* (New York: Columbia University Press, 1994).

Robert Young, *Colonial Desire* (New York: Routledge, 1995).

参考文献

1. Frantz Fanon, *The Wretched of the Earth* (New York: Grove Press, 1968); C. L. R. James, *The Black Jacobins* (New York: Random House, 1963); Aimé Césaire, *Discourse on Colonialism* (New York: Monthly Review Press, 1972); Albert Memmi, *The Colonizer and the Colonized* (Boston, MA: Beacon Press, 1974).
2. Frantz Fanon, *Black Skin, White Masks* (New York: Grove Press, 1968).
3. Fanon, *The Wretched of the Earth*, p. 211.
4. Edward Said, *Culture and Imperialism* (New York: Vintage, 1994), p. 8.
5. Said, *Culture and Imperialism*, p. 222.
6. Edward Said, *Orientalism* (New York: Vintage, 1978), p. 301.
7. Homi Bhabha, *The Location of Culture* (New York: Routledge, 1994).

第五编　结语

263

如前所见，启蒙运动可以说是社会思想的一个关键转折点。人的行为和社会制度都被理解为社会性的。无论人类动机的生物学基础是什么，我们生活的形貌在很大程度上都是社会因素的产物。

许多现代社会理论都试图准确地说出哪些社会因素很重要，并理解当今人类和社会生活的形貌。不仅如此，现代思想家还希望评点现代生活的道德含义和政治含义。因此，理论家们塑造出了不同的视角，每个视角往往都颇具说服力。马克思说，真正重要的是经济；一个是由技术和有关自由的观念所推动的世界，一个是被阶级和社会不平等所分裂的世界，现代社会在这两者之间深陷撕裂。其他理论家提出了自己的观点。韦伯更加重视政治和文化在塑造社会生活中的作用；他认为科层制是我们对自由和个体性的主要威胁。他对人类的未来深感悲观。帕森斯也许是最乐观的。他认为，在民主革命、工业革命和教育革命的推动下，自由在现代世界中稳步推进。

启蒙运动中的人物，从孟德斯鸠到亚当·斯密，以及他们在19世纪的继承人，比如孔德、马克思、韦伯和涂尔干，就此创造了一股强大的社会思想传统。任何思考当今社会世界的人都必须努力应对他们对世界的社会观照和道德观照。我们都站在这些思想巨人的肩膀上。

然而，这股社会思想传统的一些核心观念也已遭到了严重怀疑。我们看到了所谓的后现代视角的兴起，这些视角严重挑战了思考社会和现代性的许多标准思维方式。特别是在福柯的著作中，我们可以说是对理论典范（canon）的重大决裂。福柯挑战了有关社会知识的传
264 统观点，以及有关现代生活的社会和道德动力机制的传统观点。类似的挑战来自与性别、性、种族和国际正义等方面的晚近社会运动联系在一起的一些社会思想家。

女性主义、非洲中心论、同性恋和后殖民等立场的理论家，对社会理论中居于支配地位的传统的许多方面都持高度批评态度。

首先，传统被批评忽视了社会生活的关键方面。他们问，对身体、性相、性别、种族、帝国和个人身份的分析在哪里？马克思讲的是劳动，但是大多属于女性劳动的生儿育女、照看成年人身心的劳动呢？涂尔干分析了社会中的劳动分工，但没有一处分析男女之间、种族之间、不同性属的公民之间的分工。韦伯通过精彩的文明比较来说明西方现代化，奇怪的是没有考虑殖民主义和帝国主义所扮演的角色！并不是只有法国、英国或荷兰在“现代化”的，而且它们的发展是以牺牲被剥削和征服的社会为代价的。

其次，如果说这种理论传统忽视了社会生活的关键方面，那么它们有关现代性的故事也存在严重缺陷。马克思对资本主义政治经济学的分析缺乏对这种生产方式的性别、种族和性方面特征的分析。尽

管韦伯对科层制的描绘非常出色，但组织动力机制的性别化和性化特征却完全缺失。同样，在韦伯、哈贝马斯或吉登斯的笔下，有关异性恋的规范的形成故事在哪里？异性恋是如何与何谓自然和正确的联系在一起的？说到底，从孔德到帕森斯、哈贝马斯和柯林斯，那么多的社会理论是如何止步于讲述一个有关现代性的故事，使西方成为戏剧中心，从而将非西方人化约为这个人类历史剧世界中无足轻重的角色？

第三，基于身份的思想家挑战将客观知识与科学联系起来的传统。从孔多塞到涂尔干、帕森斯和布尔迪厄，科学，而且只有科学，被认为会产生社会真理。哲学、文学、宗教、常识、新闻和传统提供的都是主观的或带有偏见的社会观念。这些观念可能对生活有所帮助，但它们不是确凿的真理。只有科学才能超越偏见、社会利益和政治，揭示世界的“本来面目”。

但一些女性主义者、同性恋者、批判性种族思想家和后殖民理论家对这一观点提出了挑战。例如，一些女性主义者将西方科学描述为男性中心论的（androcentric），或反映男性的旨趣和价值观。比如说，科学的男性化色彩体现在社会学的主要问题和论题（例如经济和政府而不是性别、性相或家庭），其基本范畴和说明（例如雇佣劳动而不是家庭劳动，或阶级维度的说明而不是性别角色角度的阐述），以及方法论（例如量化而不是民族志）。社会知识的标准本身据说是性别化的。因此，知识如果认同客观的、价值中立的标准，据说反映了男性抽象的形式主义文化。相比之下，人们认为女性更偏好个人的、体验的、对话的和情境的知识思路。如果科学知识认同于男性的价值观，那么女性的认知方式就会被贬低为低劣或前科学。

在以身份为导向的思想家眼里，科学是有政治性的。例如，心理
265 学和社会学发挥了核心作用，提出“科学”视角，将女性定义为充满母性、富于情感和长于养育的。这些性别定义迫使女性承担妻子、母亲和社会照护者(例如护士、秘书或社会工作者)的角色。与此类似，在塑造下述文化的过程中，心理学是持续发挥重大作用的社会力量，该文化将异性恋视为自然和规范/正常，同时将同性恋污名化为不正常和越轨。社会学在关于越轨和“家庭”的话语中，经常认为异性恋和核心家庭合乎自然和善好。社会科学将非西方社会构建为落后的、原始的、静滞的和威权的。从马克思到哈贝马斯，社会科学一直是“东方主义”的主要源泉，或假定优越的西方与劣等的、臣属的东方之间的对比的主要源泉。这些身份理论就此认为，科学与排斥、边缘化和贬低等社会实践脱不开干系，从为剥夺同性恋者的公民权利提供正当性辩护，到推动殖民主义，视之为对社会进步的贡献。这并不意味着将科学视为邪恶而予以抛弃；科学也被用来与异性恋主义、性别歧视和欧洲中心论做斗争。关键在于，据说政治以我们通常不承认的方式塑造了社会知识，也被社会知识所塑造。

第六编

修正与反叛：世界秩序理论

第六编　引言 269

从孔德到哈贝马斯，现代社会理论设定主权民族国家是现代社会生活和分析的基本单位。人们进一步设定，民族国家的变迁主要是内部的社会文化动力机制的结果。例如，根据哈贝马斯的说法，资本主义危机是特定社会政治、经济和文化方面特征的内在矛盾的结果。韦伯和帕森斯相信，西方的发展是由罗马法和基督教推动的内部文化发展所驱动的。

然而，今天许多学者强调了一个颇有说服力的观点：民族国家(nation-state)并不总是存在。尽管对民族国家的起源存在相当大的分歧，但大多数学者都同意说，国族主义(nationalism)和民族国家的时代是在19世纪和20世纪。到第二次世界大战结束时，全球几乎每个社会都被组织成一个民族国家。例如，在1870年至1970年间，非洲大陆从1870年没有任何民族国家，转变为完全由民族国家组成的大陆。今天，联合国承认大约194个独立国家。

然而，就在民族国家的时代似乎大获全胜之时，学者们开始质疑它们的实际主权。一些思想家想搞清楚，国族主义的时代是否其实正在衰落。许多社会和政治思想家已经宣布出现了一个后国族时代(postnational age)，其特点是全球秩序以及各种国际运动和机构的主导地位。还有一些社会批评家强调，带着19世纪痕迹的帝国主义行径已经不太可能卷土重来。但美国入侵伊拉克，以色列在巴勒斯坦推行殖民定居点的政策，都表明现在就宣告殖民主义时代已经终结可能还为时过早。

270 在接下来的几章中，我们将考察有关当今国族*和世界秩序之形貌的一些发人深省也极具挑战的观点。关于全球化、资本主义性质演变以及帝国主义作用问题的一系列论战，挑战了“二战”后世界秩序的两项关键原则：一是民族国家的主权，一是依赖国际机构和法律在全球创建公民秩序与和平。

---

* “nation”，我们只在本编和下编第二十一章等集中讨论或密集同时出现“nation”“nation-state”“ethnicity”“state”“empire”“country”“government”等词时，除另行注明外，一般将“nation”处理为“国族”(“nationalism”类似处理为“国族主义”)。在非专门讨论的一般行文中，为照顾汉语习惯，我们直接译为“国家”。

第十八章 271

从国族到全球：大卫·赫尔德与玛丽·卡尔多

今天，我们中的许多人都习惯于从全球视角思考时事。从某种意义上说，我们知道，世界上某个地区的事件可能对世界其他地区产生影响。但是，要说到澄清全球化这个概念，还存在着相当大的分歧。一般来说，在美国，从经济视角谈全球化是相当显眼的。从诺奖得主经济学家约瑟夫·斯蒂格利茨到《纽约时报》专栏作家托马斯·弗里德曼，一众美国思想家将全球化理解为经济一体化世界的形成。[1]市场的扩张将世界不同地区维系在一起，形成一个商贸网络；商品、货币、资本和劳动力以令人眼花缭乱的数量，令人难以置信的速度，跨越国界流通。这些思想家指出，今天，典型的企业是跨国公司，资本投资领域是国际性的，劳动力是全球性的。简而言之，一些美国思想家认为，我们生活在由某种全球经济驱动的一套全球秩序中。这种强有力的视角当然也指出了美国在经济上的世界主导地位。然而，这并不是对全球化的唯一看法。

在大洋彼岸，有关全球化，英国人塑造了同样令人信服的社会学观点。鉴于英国作为世界大国的晚近历史，英国人更习惯于将各国视为国际舞台的组成部分，对此我们不应该感到惊讶。如果说美国人强调经济面向，那么英国人更强调全球化的社会维度和政治维度。粗略地说，有一个独特的社会学家“学派”，对全球化提出了具有社会学上重要意义的独特视角。这些社会学家以伦敦经济学院为中心，植根于批判性马克思主义传统，满怀希望地看待全球化的动力机制，但对历史反讽之处又具有敏锐的意识。

全球化的承诺：大卫·赫尔德

272 大卫·赫尔德(David Held)出生于1951年。现任伦敦经济学院格雷厄姆·沃拉斯(Graham Wallas)政治学讲席教授。著有《民主的模式》(2006)、《全球转型》(1999)、《为世界主义一辩》(2003)和《全球盟约：对华盛顿共识的社会民主替代方案》(2004)。赫尔德旨在提供新的选择方案，既替代新自由主义的全球化观点，也替代一些激进批评者的反全球化观点。他主张用复杂全面的社会学观点来看待全球化，用世界主义的思路来讨论全球监管。后者在解决国际冲突时，将减少对市场或国族主义战略的依赖；相反，赫尔德将鼓励国际法和海牙国际法庭(International Court of Justice)之类机构的发展，在全球监管中发挥核心作用。

社会学家和政治理论家大卫·赫尔德一直是塑造英国全球化研究的关键人物。[2]赫尔德勾勒出有关全球化的一种社会学的大致轮廓，既能给出强有力的经验描绘，也能做出令人信服的伦理—政治评估。

赫尔德基于晚近对各国历史的学术研究，认为从大约8世纪到15世纪，民族国家并不是欧洲的一个显著特征。在此期间，欧洲的特点是去中心化的、碎片化的统治体系。它的地域由各种王国、公国、城市和其他权力中心组成。权力是人格性和地方性的。如果说有一个君临四方的政治力量，那就是基督教王国，或神圣罗马帝国，从德国延伸到西班牙，从法国北部延伸到意大利。虽然其世俗权力有限，但天主教会是更具地方性的封建权力的主要竞争对手。

现代国家的发展既是挑战天主教会的统治地位，也是挑战封建主义的多重权力中心，渴望将权力集中化、中心化。在16世纪和17世纪，出现了新的政治体制：法国、奥地利、西班牙和俄国的绝对君主制，以及英国和荷兰的君主立宪制。欧洲各君主声称拥有通过神授权利统治领土和人口的合法权利。这些国王大力发展国家行政体系、常备军、职业官僚体系、财政管理系统，这使得他们有可能在广阔领土上实施社会统治。简而言之，现代国家的关键要素是由16世纪和17世纪的这些重要王室创造的。

哪些社会因素导致了现代国家这些特征的发展？首先，君主制国家之间普遍存在的竞争和战争使军事力量尤为重要。要发展和维持常备陆军和海军，并为此提供资金，就需要建立一套中央集权的政治行政机构。其次，欧洲列强之间的商业竞争迫使每个政府集中政治权力，以促进经济发展。国家参与促进工商业，保护其国家财富免受外 273

国势力的侵害。第三，现代国家的发展是由中产阶级和雇佣劳动阶级权力的增强所推动的。由于国家依靠招募公民参军和鼓励经济发展，政府需要民众的忠诚。为了换取对国家的忠诚和服务，有产阶级被赋予公民权。在君主制下作为“臣民”或仆从的个人正在成为一个民族国家的“公民”。事实上，在18世纪和19世纪，君主制逐渐转变为以选举、法治、政党和公共领域为特征的民主的民族国家。与诉诸传统或神授权利来为政治统治辩护的君主制不同，新的民族国家诉诸人民的力量，表达国家主权和自治民主社会的社会理想。民族国家被视为一个主权社会体系，被视为民主的容器。

现代国家的形成不同于民族国家的兴起。现代国家是指一种政治管理体系，包括政治上的集权、对暴力手段的垄断控制和明确的领土边界。如前所见，16世纪和17世纪的君主制王朝体现出了这些特征。国族（nation）的概念包含下述观念：一个社会的成员共享共同的历史、文化和身份。欧洲各大君主制王朝发展出强大的国家（state），但不一定是国族。一般而言，现代民族国家* 只是在19世纪和20世纪才发展起来的。

国家主权的理想在19世纪和20世纪初获得了相当大的关注。据说每个民族国家在自己的边界内都是主权和自治的。国际法承认国家的领土主权，形式上的平等，以及国家制定自己的社会法律和政策的权利。

然而，现实与这一国家主权原则相矛盾。大约从18世纪到第二次

---

* “nation-state”或“national state”，即国族式的国家。

世界大战后，许多欧洲国家（nations）都是帝国主义国家（states）。英国、法国和德国等世界性帝国在全球范围内行使了相当大的控制权。事实上，殖民主义帮助创造了一个相互关联的全球秩序。第二次世界大战的破坏导致了这些欧洲帝国的衰落。国联（League of Nations）和随后的联合国（United Nations）的崛起逐渐接受了和平民事形式的国际监管，以取代帝国主义和殖民主义的现实政治（Realpolitick）。赫尔德认为，一个新的国际秩序已经成形，创造了一种全球公民秩序的可能性。

今日全球秩序

在过去两个世纪中，各民族国家宣示了国家主权和自治原则，尽管如此，它们依然深陷与其他社会和国家之间的相互依赖关系。从这个意义上说，全球化并不新鲜。全球化仅仅意味着各社会之间的相互关联。赫尔德指出，新鲜的只是"二战"以来全球化的强度和程度。社会层面的关联，各类商品、资源、人员、资本和文化的跨国界流动，其 274
范围之广，强度之大，都是史无前例的。今天，国家，所有的国家，都是全球秩序不可分割的组成部分。

这种全球秩序具有以下特点：

全球经济。当今之世，各社会都是国际经济的组成部分，因此对其国民经济的控制减弱。从美国或日本之类最富有的国家到非洲最贫穷的国家，各国经济都依赖于国际劳动分工、全球资金流动和世界市场的波动。例如，跨国公司占世界产出的近三分之一，占世界贸易的70%，占外国直接投资的80%。这些公司作为具有全球网络的跨国公司运作；它们在多国领土上建立企业。经济生产在许多经济部门都是国际化的，比如汽车、电子和纺织。同样，国家对资本和金融交易的控制也较少。国际银行、市场、股票系统和货币等的运作在很大程度上不受个别国家的控制。伦敦、东京和纽约今天充当着全球金融中心。

经济生活国际化的一个结果是，国家政府发现很难管理它们的经济。例如，20世纪70年代的中东石油危机造成了整个西方世界的经济危机。随着产油国提高石油价格，世界各地的生产者和消费者受到为商品、机械、运输和日常生活开支支付更多费用的影响。

全球经济的整合也意味着全球劳动力市场。今天，越来越多的劳动者跨越国界寻找工作岗位或新的经济机会。移民从北非和苏联国家涌入欧洲。在美国，来自墨西哥和拉丁美洲的工人已成为国民经济不可或缺的一部分。印度经历了“人才流失”，因为专业人士移民到英国和美国从事高科技行业的工作。

全球政治。在我们生活的这个时代，许多社会问题超越了国界，例如核扩散、恐怖主义、贫困、全球变暖和难民危机。为了应对这些全球性问题，发展出了许多跨国组织和运动。例如，1909年有176家非政府组织 (NGO)；到了1989年有将近五千家。非政府组织从国际电信联盟到世界气象协会，再到世界银行、联合国教科文组织和大赦国际。这些跨国组织处理的问题是影响各国的，但各国自己无法轻易处置。

例如环境问题，像是全球变暖、臭氧层空洞、对特定物种的威胁、酸雨和工业污染，都是当今全球关注的问题。各国必须相互合作，以保护地球的生态系统。为促进这类合作，创立了新的跨国组织、条约和公约。为了应对全球环境问题，已经形成了相关新兴社会运动。例如，绿色和平组织成立于1971年；到20世纪90年代中期，它拥有超过600万会员，收入超过1亿美元。绿色和平组织参与一系列政治行动， 275
从制造媒体奇观（media spectacles），到展开游说，推动国际政策，以追究个别国家的责任。绿色和平组织拥有成熟完备的理事会和来自数十个国家的代表，将生物多样性这方面的环境可持续性所面临的威胁视为需要全球应对的世界问题。

或者考虑一下成立于1944年的国际货币基金组织（IMF）。国际货币基金组织最初是为了监督全球货币往来而成立的，如今它为陷入困境的国家经济提供技术经济咨询和贷款。国际货币基金组织可以要求一个国家在某些基本方面改变其经济政策，以获得技术援助和金融支持。依赖国际货币基金组织的国家的主权受到严重限制。与主要参与发展政策的世界银行一起，国际货币基金组织已成为塑造许多国家国内经济和社会生活的强大全球力量。

战后时期也见证了直接影响各国的国际政治组织的兴起。例如，欧盟制定政策、通过法律并发布治理方针，限制个别欧洲国家的国家主权。欧盟成员国被指示避免某种程度的债务、失业和通货膨胀，以保住成员国资格。欧盟设立了一个欧洲法院，负责监管国家之间的争端，并认为欧盟国家应对法院的裁决负责。

全球军事安保。这是指强调削弱国家军事主权的多边和集体防务安排以及国际军事协调。例如，北约致力于安保的国际化。凭借其由欧洲盟军最高指挥官领导的联合军事指挥架构，北约做出的军事安保决策代表跨国利益或区域利益，而不是狭隘的国家利益。今天，几乎所有国家都是超越并限制国家主权的军事网络的组成部分。

国际法。尽管至少从17世纪开始就有规范国家间关系的法律，但并不总是有一个由国际法律组织、法院和法律组成的网络来规范各国的国内实践。例如，自第二次世界大战以来，已经通过了许多法律，签署了许多条约，承认人权，而不仅仅是基于国家的公民权利或政治权利。截至2005年，190个国家中有140个签署了联合国人权宣言。非洲统一组织于1981年通过了《人权和人民权利宪章》(Charter on Human and People's Rights)，并设立了一个促进和落实人权的委员会。1950年，《欧洲保护人权与基本自由公约》(European Convention for the Protection of Human Rights and Fundamental Freedoms)确立了一项新原则，即公民个人可以通过诉诸国际人权原则对本国政府提起诉讼。国家不能只按照自己认为合适的方式对待其公民。国际法律体系要求个别民族国家承担责任。今天，个体是作为世界公民受到法律道德保护的焦点。

全球文化。民族国家这个观念的核心，就是独特的国族文化和身份。每个国家都宣称其公民拥有共同的历史和文化，将他们作为一个独特的共同体维系一体。今天，这一观念受到了全球文化形成的挑 276
战。例如，尽管许多国家抵制，英语已成为全世界的主导语言。而且，随着美国成为唯一的超级大国，其国民文化，例如电视节目、电影、音乐和艺术，已经变得全球化。

与电信革命相关的新技术，以及跨国界运营的多媒体集团，削弱了人们居住的物理场所与个人文化体验之间的关联。全球电信网络提供信息和文化形式（电视、新闻、互联网和网站）的接入，无论它们来自何处。从新闻纪录片到肥皂剧，从流行音乐到抗议和艺术，各类文化产品在各社会间流通。人们可以进入他们以前从未遇到过的世界，而且可能永远不会实时接触。鉴于人们与电信网络相连的程度，无论我们实际居住在哪里，我们都能清楚地意识到，自己是全球世界的一部分。

全球文化并不一定意味着每个人都有相同的文化。地方层面、区域层面和国家层面的文化差异仍然存在。事实上，在许多情况下，当各国公民抵制全球文化动力机制，地方层面或国家层面的文化传统和习俗受到更刻意的捍卫。然而，这确实意味着，人们更加意识到我们生活在一种全球文化环境中。

全球化与民主

今天，各国陷入了限制其独立和主权的经济、行政、法律和文化网络。在这个日益受到全球化力量塑造的世界中，我们不能再设定主权民族国家是民主政治的基石。关于政治权威、代表权和参与的责任，一系列新问题在全球化的背景下被提出。随着权力从民族国家转移到跨国权威，或者随着权力在国家性和全球性各社会机构之间分享，我们需要重新审视民主代议和问责制的问题。

赫尔德认为，全球时代的民主要求在国际层面确立民主实践。正如在民族国家有公共讨论的民主论坛，例如议会或国会，在国际层面也必须这样做。简言之，我们需要全球性的公共审议和决策机构。在这方面，赫尔德倡导某种世界主义民主的观念。与民族国家的地方性和区域性政治机构并行，必须有审议性的全球政治机构。事实上，这种世界主义民主的观念已经在联合国、欧盟和跨国法律机构中被想象出来并部分实现了。这些全球性政治机构的核心思想是，全球层面的监管是国际秩序的先决条件，这种监管必须包含世界各国的代表和参与。

277 赫尔德认识到，在全球层面确立民主实践将会很困难，并且会遇到很多阻力。然而，鉴于社会和政治方面动力机制全球化的现实限制了国家主权，选择要么是由最强大的国家或国家集团统治，要么陷入混乱和战争，要么创建民主的机构和实践，以提供全球秩序的民事形式的可能性。

要打造全球民主，需要一个全球公民社会，也就是说，一个各路社会组织和运动能够代表不同人口的利益和议程的领域。它还需要一个由国际审议和立法机构组成的全球公共政治领域，负责全球监管的日常工作。像联合国或海牙国际法院这样的组织必须牢固确立并确保效力，以便这些全球组织的决定对各国具有约束力。此外，全球民主制度需要切实的行政权力，才能在全球范围内实施法律和政策。最重要的是，各个国家，尤其是强国，将不得不接受对其主权的政治限制。这并不意味着各国将失去所有权力，而是它们必须学会分享权力。这些全球民事、政治和行政组织将对民族国家起到补充作用。

全球公民社会：玛丽·卡尔多

如前所见，赫尔德相信，全球化带来了新的政治机遇和挑战。鉴于国家间的交流史无前例地加强，以及资金、人员、图像和资本跨越国界快速流动，仅限于国家层面来应对当今的需求是不够的。世界各国必须发展跨国的社会和政治维度的组织与原则，以监管全球秩序。但仍然有一个问题挥之不去：鉴于联合国和其他国际组织的弱点，全球民主秩序的想法纯属乌托邦，还是有充分的理由认为这属于切实的可能？

赫尔德在伦敦经济学院的一位同事玛丽·卡尔多认为，全球民主的想法还真的是一种切实的历史可能。卡尔多的《全球公民社会》试图在全球层面勾勒公民民主秩序的意义和前景。[3]卡尔多在许多方面体现了学者与活动家的结合，或者用我们在第六编引言中使用的术语来说，身兼话语理论家与道德理论家。她的思想受到西方社会运动的影响，特别是20世纪80年代晚期东欧的系列改弦易辙。卡尔多既是这些争取和平与社会正义运动的观察者，也是这些运动的支持者。

我们不妨首先来谈谈公民社会*这个观念。一般而言，学者们认为公民社会表明一种社会状况，在这种状况下，个人可以通过塑造舆论和公共政策来参与社会治理。有时，公民领域被认为是介于国家与家庭之间的社会领域，其中包括自愿结社、社会运动、传媒和经济。就此而言，在公民社会这块社会领域中，个人相互联系，组成团体或组织，
278 表达各自需要和愿望，就社会政策和规范进行辩论和竞争，并通过这种集体行动塑造自己的历史。从某种意义上说，在公民领域里，个体可以表达他们对社会的主人翁意识，并声称有权根据自己的利益和思想塑造社会。[4]一个强健有力的公民社会既能限制国家对个体的权力，又能赋予后者对前者提出要求的权力。

玛丽·卡尔多（Mary Kaldor）出生于1946年。她是伦敦政治经济学院的教授。她还指导伦敦政治经济学院的全球治理研究（Study of Global Governance）项目。著有《想象中的战争》（1990）、《新旧战争》（1999）和《全球公民社会：对战争的回答》（2003）等。她是欧洲核裁军组织（European Nuclear Disarmament）的创始成员，也是赫尔辛基公民大会（Helsinki Citizens' Assembly）的创始人和联合主席。卡尔多认为，在全球社会环境中，社会监管也必须是全球性的。然而，为了使全球监管切实有效，必须有一个全球公民社会。她认为，全球公民秩序

* "civil society"，前文有的地方也译作"市民社会"。"civil"兼具"公民的""市民的""民事的""文明的""礼貌的"等义。

的要素已经存在，但它是否会发展出权威以执行公民秩序和正义的一般原则，尚待观察。

尽管公民社会在欧洲已经存在了几个世纪，但卡尔多认为，今天的公民社会不再局限于领土国家的边界。自第二次世界大战以来，一种全球公民秩序已经成型。它表现在各种国际性法律、组织、运动、条约等的大量繁生上。例如，卡尔多强调了社会运动的全球化。“无论我们谈论的压制性政权中孤立的持不同政见者，中美洲或亚洲的无地劳工，甚至是宗教原教旨主义者和狂热的国族主义者，与世界不同地区其他志同道合的团体建立联系的机会已经不同往日，不仅向国家提要求，而且向全球机构和其他国家提要求，这样的机会也已经不同往日。”[5]在这方面，卡尔多认为，1989年的东欧系列革命在推翻苏联帝国方面发挥了关键作用，这是由全球人权话语、国际法院、全球媒体和跨国和平运动共同促成的。简而言之，全球公民社会使1989年的系列革命成为可能。

然而，如果还不存在一个全球国家或世界社会，那么全球公民秩序究竟是做什么的？像一个国家的公民社会一样，它旨在监管全球事务或国家之间的互动。卡尔多的主要论点之一是，一个强健有力的全球公民社会将有可能大大减少国家之间的暴力。我不妨略作说明。在第二次世界大战之前，主宰国家之间的关系的，主要是权力，武力威胁，以及最终的军事干预或战争。两次世界大战和无数的地区战争及种族屠杀事件证明，国家之间是一部非公民/非文明关系的历史。正如卡尔多所说，我们在国家内部有公民/文明秩序（至少在最好的情况下），而国家之间则盛行着非公民/非文明秩序。一个全球公民社会将使公民/文明秩序有可能扩展到国际领域。国家之间的关系将受
279 法律和伦理原则的约束，例如尊重人权、少数群体权利等。当然，国家之间总会有竞争和冲突，甚至是“没有国家的战争”，例如西班牙（巴斯克）或俄罗斯（车臣）的国族主义冲突，或基地组织的恐怖主义政治，但一个生机勃勃的全球公民社会将减少世界大战的可能性，而在今天，世界大战对全人类构成了真正的威胁。

全球公民社会的前景如何？卡尔多充满希望，但心怀谨慎。给她带来希望的是战后社会运动的激增。由于许多社会问题和冲突今天被理解为全球性的，无论是环境、难民还是经济不平等，因此已经发展出了许多国际组织和运动来应对这些问题。卡尔多强调了围绕和平、人权、女性、男女同性恋和土著权利运动组织起来的社会运动的重要性，因为它们将弱势群体的声音带入了全球公共舞台。

卡尔多在全球公民组织中看到，有可能遏制压制性和不宽容的国家政府。鉴于大赦国际、乐施会（Oxfam）或无国界医生组织（Médecins Sans Frontières）能够要求各国政府对国际法律和管理原则负责，全球公民领域正在推进扩大人权和社会正义的工作。例如，全世界对南非施加的压力（抵制、动员全球人权组织和反种族歧视运动）促成了种族隔离的结束。在最好的情况下，社会运动创造了跨国公民网络，承担着赋予全球公民秩序权力并使其民主化的任务。

卡尔多是一名现实主义者。必须根据实际情况评估在全球扩大公民和平与正义的潜力。1989年的系列革命无疑促成了苏联统治的终结，但并没有建立起多极世界秩序，美国试图确认其单极世界主导

地位。尽管东亚日益增长的力量是一种制衡，但这些新的亚洲大国是否坚定奉行有关人权、少数群体权利和全球公民秩序的理念，还完全不清楚。

不仅如此，对于社会运动民主化在全球造成的影响，卡尔多的看法也是喜忧参半。一方面，这些运动已经在跨国“公民网络”中制度化，这些网络在继续为正义和社会变革而努力的同时，保持着草根的联系。另一方面，这些运动越来越多地被非政府组织或国际非政府组织（INGO）所取代。2000年的一项调查统计到大约13 000个非政府组织，成员超过250 000人。这些组织对于一个强健有力的公民社会是不可或缺的，因为它们为弱势群体发声并提供援助、技能和资源。然而，它们是以专业服务为导向的，而不是单纯倡导的运动。此外，非政府组织可能很容易受到国家利益和承诺的控制。同样遏制卡尔多对全球民主的希望的是，在国家层面和全球层面，拒斥民主公民社会的右翼原教旨主义和国族主义团体的力量越来越大。

最后，在战后世界，国家暴力和国际暴力的记录显然好坏参半。从积极的一面来看，卡尔多观察到，在20世纪90年代，世界目睹了转向反对战争国家。军备控制条约，冷战后军费开支的削减，以及人权法律的加强，都表明了将公民秩序从国家扩展到全球的愿景。然而，我们也目睹了新式战争的蔓延。在巴尔干半岛、非洲和中东等弱小或 280
失败的国家，国家之间的战争已经让位于涉及非国家行动者的战争，如恐怖主义网络、雇佣兵、军阀和准军事团体。这些战争往往是由有组织的全球网络实施的，维系这些网络的是意识形态，特别是宗教和民族主义，在这些网络中，暴力已经成为一种政治形式。这些做法，有时还包括国家的反应，破坏了全球公民秩序。卡尔多明确陷入沉思："我们会不会回头看看……'快乐的九十年代'？那是否是一段全球冲突间歇期，全球公民社会、人权、全球法治或全球社会正义等乌托邦观念在那时似乎成为可能？或者，根据另一种解释，这是全球公民社会逐渐成熟的时刻？我恐怕答案已经很清楚了。"[6]

推荐书目

Ulrich Beck, *Power in the Global Age* (Cambridge: Polity Press, 2005).（乌尔里希·贝克，《全球化时代的权力与反权力》，蒋仁祥、胡颐译，广西师范大学出版社，2004）

Anthony Giddens, *Runaway World* (New York: Routledge, 2003).（安东尼·吉登斯，《失控的世界：全球化如何重塑我们的生活》，周红云译，江西人民出版社，2001）

David Held and Anthony McGraw, eds., *The Global Transformations Reader* (London: Polity Press, 2000).

Anthony King, ed. *Culture, Globalization and the World-System* (Minneapolis: University of Minnesota Press, 1997).

Saskia Sassen, *Globalization and its Discontents* (New York: New Press, 1998).（萨斯基亚·萨森，《全球化及其不满》，李纯一译，上海书店出版社，2011）

Martin Shaw, *Theory of the Global State* (Cambridge: Cambridge University Press, 2000).

参考文献

1. Joseph Stiglitz, *Globalization and its Discontents* (New York: W. W. Norton, 2002); Thomas Friedman, *The Lexus and the Olive Tree:*

Understanding Globalization (New York: Farrar, Straus & Giroux, 1999).

2. David Held, *Democracy and the Global Order* (Stanford, CA: Stanford University Press, 1995).
3. Mary Kaldor, *Global Civil Society: An Answer to War* (Cambridge: Polity Press, 2003).
4. 参看Jeffrey Alexander, *The Civil Sphere* (Oxford: Oxford University Press, 2006)。
5. Kaldor, *Global Civil Society*, p. 2.
6. Kaldor, *Global Civil Society*, p. 149.

281

第十九章

全球资本主义：伊曼纽尔·沃勒斯坦与曼努埃尔·卡斯特

从孔德到哈贝马斯，社会思想家都把单个社会或民族国家（比如法国、意大利或日本）作为社会分析的焦点。他们设定，理解单个社会的内在动力，可以为把握人类历史提供基础。基于这种视角，要理解社会如何组织起来并发生变化，国家与国际环境之间的关系只是次要考虑因素。我们记得，甚至马克思也把资本主义的发展说成是社会内在动力的产物，特别是利润驱动和资本与劳动之间的冲突。诚然，根据马克思的理解，资本主义在追求利润的过程中会无视国界，创造国际市场。然而，资本主义的这种国际化被说成是国民经济增长的产物。同样，涂尔干认为劳动分工最终会将全球各个国家和地区联系起来。然而，涂尔干认为，这样的国际秩序将由各个民族国家组成，而这些国家仍将是历史的核心角色。沃勒斯坦和卡斯特的著述挑战了以民族国家为中心的社会理论。

伊曼纽尔·沃勒斯坦

沃勒斯坦开创了后来人称的“世界体系论”。[1]不妨说，驱动他的理论视角的是一个凌驾一切的观念：民族国家只能被理解为各个国家和经济过程组成的社会网络的一部分。沃勒斯坦的早期研究有助于他拒绝传统的假设，即个体社会或民族国家是社会分析的基本单位。当他的同事们几乎完全将其社会学注意力集中在欧洲和美国时，沃勒斯坦在20世纪五六十年代在非洲研究去殖民化进程和后殖民国家的形成：“我最初去非洲时尚处殖民时代，接着我目睹了‘去殖民化’的 282
过程，然后是一连串主权国家的独立。”[2]沃勒斯坦在殖民化和去殖民化方面具有第一手体验，这使他倾向于将各个社会视为密不可分地联系在一起，或作为更广泛社会网络的一部分。渐渐地，沃勒斯坦将这些社会网络想象成有其独特的身份、边界、内部动力和历史。他开始将这类社会互联模式称为“世界体系”(world-systems)。

伊曼纽尔·沃勒斯坦(Immanuel Wallerstein)出生于1930年。[*]他曾在纽约州立大学宾汉姆顿分校(State University of New York at Binghamton)任教，任该校社会学杰出教授，费尔南·布罗代尔经济、历史体系和文明研究中心(Fernand Braudel

* 沃勒斯坦已于2019年去世。

Center for the Study of Economies, Historical Systems, and Civilizations）主任。他以其世界体系论而闻名。沃勒斯坦的理论强调了国家之间的相互依赖和不对称关系。他把国家分为三类：资本主义核心国家、边陲国家和半边陲国家。资本主义核心在世界体系中行使经济、政治和军事上的支配。经济和政府方面都很薄弱的边陲国家由核心国家控制。半边陲国家兼有核心和边陲的特征。沃勒斯坦的研究将世界体系变成社会分析的基本单位，已被证明对研究人员和理论家都非常有用。

沃勒斯坦区分了两种类型的世界体系。有“世界帝国”（world-empires），它也是许多社会组成的网络，但其统一靠的是一个国家或中央集权的政治权威的统治，例如罗马帝国、中国和奥斯曼帝国。沃勒斯坦认为，随着他所谓的“世界经济体”（world-economy）的兴起，世界帝国趋于衰落。历史上维持下来的世界经济体只有一个：资本主义世界经济体。这是一个以多个国家或政治权威共存为特征的世界体系；它的统一靠的是国际分工和不平等的政治经济关系。沃勒斯坦设想了第三种可能性——一个取代资本主义的社会主义世界政府（socialist world government）。由此观之，苏联和中国并不标志着新社会形态的开始，而是资本主义世界经济体中的由社会主义控制的国家。

沃勒斯坦概述了资本主义世界经济体的社会逻辑。就我们的目的而言，引起我们注意的与其说是资本主义演变的历史细节，不如说是关于现代世界体系的组织和动态的主要思想。

现代世界体系按照资本主义的原则运作。它是一种市场经济，由以利润和增长为导向的企业组成。利润涉及剥削或不平等的社会交换。然而，沃勒斯坦并未聚焦于国家内部的阶级分隔，而是在全球范围内重排了资本主义的戏剧。从16世纪的欧洲起源开始，资本主义就是一个世界体系，它的矛盾（产生非常富裕和极其贫穷的国家）一直是它的驱动力。

沃勒斯坦认为资本主义世界经济体分为三个区域：核心（core）、半边陲（semiperiphery）和边陲（periphery）。社会可以大致归类为属于这些区域之一。每个区域都有特定的社会经济和政治特征。一个 283
特定社会在资本主义世界经济体中的定位方式，将决定其主要特征和发展的可能性。换言之，社会之间的模式化关系是塑造国家发展的主要社会力量。

世界资本主义的中心是"核心"社会。它们在经济、政治、军事和文化上在世界体系中占支配地位。核心社会在经济上是多样化的，在技术上是先进的，包含由受过教育的熟练劳动力骨干运作的高度资本密集型经济，并且是制造业、商业和金融的中心。核心社会有稳定而强大的国家。国家保护国内和海外的经济投资。前者的维持部分是靠发展维持高工资和劳动者保障的福利制度，从而整合了劳动力。后者的维持靠的是发展一支保护外国投资的不容小觑的军事力量。核心社会的特点是强大的中产阶级、先进的教育体系和世界主义的文化。

沃勒斯坦认为，核心国家彼此之间是竞争对手。它们相互竞争以剥削非核心社会。例如，在19世纪的大部分时间里，英国和法国都是激烈的竞争对手，因为它们争夺进入并控制非核心社会的机会。20世纪，最初德国和日本之间争夺霸权地位的冲突逐渐让位于美苏之间的冲突。过去几十年中，伊斯兰社会和经济上强劲的亚洲国家崛起，对欧洲的主导地位和美国的霸权地位构成了挑战。

在不同时期，某一个核心国家将获得资本主义世界体系中的霸权地位。建立霸权意味着在不同经济部门（农业、工业、商业、金融）保持经济上的霸主地位，并维持对其他核心国家的军事和政治支配。实际上，霸权国家是不稳定的和暂时的，因为其他核心国家最终会挑战居于支配地位的国家。

这是沃勒斯坦的主要主张之一，即核心社会需要较弱的、臣属性的社会以供支配和剥削。这些被剥削的社会属于边陲。与核心国家相反，它们在经济上是专门化的，甚至是单一性的（专门从事一种产品），劳动密集型的，技术上不发达的，缺乏成熟完整的金融、商业和制造业基础。边陲社会因为臣属于核心国家，导致经济不平衡和不发达。在全球劳动分工中，它们的经济可能会沦为生产一种产品或向核心国家提供原材料和廉价劳动力的角色。例如，在去殖民化之前，非洲国家专门提供这种廉价劳动力；加勒比地区各社会往往沦为专门从事糖或棉花生产的单一经济体，在经济、政治和军事上依赖核心国家。这样的社会也会有脆弱和不稳定的国家。由核心国家支持或扶植的威权国家并不罕见。从文化上讲，边陲社会经历了文化退化。本土文化或土著文化被贬低——遭到嘲笑并被贴上低劣的标签。通常，被贬低的本土文化会被种族化，这证明了核心的支配地位的正当性（作为文明化的使命）。

沃勒斯坦识别出第三个区域：半边陲。属于半边陲的社会兼具核 284
心和边陲的特征。这些社会可能经济上不平衡，例如，有发达的制造业部门，但金融部门不发达。这些社会的主要特点是它们充当了核心国家的缓冲。沃勒斯坦认为，处于半边陲地位的国家成为边陲对抗的主要焦点，并以此保护核心国家。

资本主义世界体系的主要动力是由社会经济不平等驱动的国家之间的冲突。尽管核心国家之间竞夺霸权的冲突对于理解社会变革很重要，但核心动力还是核心与边陲之间的剥削关系。核心从边陲榨取剩余价值，并行使社会和政治上的支配，以维持经济剥削。这种世界体系动力机制一方面创造了富国、强国，另一方面造就了穷国、弱国。换言之，核心区域的社会发展是通过在全球广大地区制造社会和经济不发达而实现的。这种社会经济不平等是由核心国家在经济上的压倒性优势维持的，并通过政治手段和必要时的军事手段来实施。这可能涉及在边陲社会中安插政治统治者以奉行占支配地位的核心国家的命令，或使用公开或秘密的军事干预来保护外国投资。而自由企业、民主化和社会进步之类的意识形态，则为国家之间的这种支配和剥削关系提供了正当性理据。

沃勒斯坦的《现代世界体系》的大部分内容详细描述了世界资本主义的演变和国家地位的变化。他在阐述现代世界体系的形成时，灵活游走于经济层面和政治层面之间。关于前者，他分析了经济扩张和收缩（即萧条和衰退）的周期，但这些周期发生在150年的周期中，而不是马克思勾勒的10年周期。这些经济长周期为主要的政治冲突提供了基础和框架。

我概括了沃勒斯坦关于资本主义世界体系演变的观点的大体特征。简而言之，有四段时期：(1) 1400年至1640年，资本主义世界经济体源起于欧洲；(2) 1640年至1815年，资本主义世界经济体在欧洲趋于巩固；(3) 1815年至1917年，英国霸权下真正的世界经济和社会体的开端；(4) 1917年至20世纪60年代，美国在现代世界体系中崛起为世界霸权。在过去的几十年里，美国开始失去其支配性的社会地位；去殖民化运动，日本、巴西和西德崛起至一流经济地位，以及阿拉伯和亚洲一些国家经济实力的增强，苏联的军事挑战，以及引发普遍社会不满的新政自由主义共识的崩溃，这些都为全球国家之间冲突的加剧构筑了舞台。

沃勒斯坦认为，城市和制造业的扩张，商人资产阶级的崛起，引发了封建主义的危机，世界资本主义经济体就是从这样的危机中产生
285 的。此外，随着土地的商业化，农民变成了雇佣劳动者。因此，到了16世纪，现代资本主义的条件被孕育出来——资产阶级和雇佣劳动者阶级。

从1600年至18世纪50年代，资本主义世界经济体在欧洲北部确立起来。核心国家是英国、荷兰和比利时。最初，荷兰凭借其在造船、纺织、渔业方面的进步，以及令人生畏的海军力量，占据了霸权地位。到19世纪末，资本主义经济体已经从欧洲北部扩展到全球广大地区。英国凭借其工业化和具有压倒性优势的海上力量，取代荷兰成为霸权强国。在19世纪，以法国为主要竞争对手的英国是金融、商业和造船的中心，也是未遇对手的军事和政治强国。英国的世界霸权在第二次世界大战中结束。现在承担霸权核心国家角色的是美国。美国的经

济、政治和军事实力是无与伦比的。此外，到第二次世界大战结束时，全球资本主义已成为一个世界经济体。在沃勒斯坦看来，到了20世纪60年代，随着亚洲经济强国的崛起，欧洲作为独立政治力量的重新确立，以及苏联作为军事对手的复兴，美国的霸权宣告完结。

尽管沃勒斯坦承认挑战资本主义世界经济体的各种运动的兴起，但他并没有就此预期资本主义世界经济体即将崩溃。核心国家发生动乱的可能性很小。西方国家的工人阶级运动不太可能经历政治激进化。富裕的核心国家有能力提高工人的生活水平，建立完善成熟的福利制度，并为大多数公民提供一定程度的社会保障。即使在经济停滞可能带来政治激进化威胁的地方，可以通过将少数种族和穷人作为替罪羊，在很大程度上避免这一点。当然，在整个20世纪，反对核心国家的运动一波又一波地出现。然而，这些运动往往是旨在确立国族独立的反殖民斗争。换句话说，定义它们的斗争的，是反对殖民列强，而不是反对资本主义世界经济体。此外，它们的国族主义常常使其缺乏兴趣或能力，去建立某种国际组织和联盟，有可能对霸权国家进行有效的挑战。沃勒斯坦像马克思一样，最终将希望寄托于经济周期和趋势，为世界革命创造条件。最终，他认为——并希望——世界资本主义将产生争取社会主义世界秩序的全球运动。

曼努埃尔·卡斯特

沃勒斯坦有关世界资本主义经济体的理论是在20世纪70年代发

展起来的，但仍然具有非凡的影响力。尤其是资本主义是一种全球秩序的观点，吸引了许多社会思想家的想象力。其中一位思想家，社会学家和城市学家曼努埃尔·卡斯特，提出了一套高度原创的全球资本主义理论。[3]沃勒斯坦依赖颇为传统的马克思主义，与其相反，卡斯特
286 将电信革命纳入了他的资本主义理论。在卡斯特看来，全球资本主义的社会意义和组织机制出现了更为深广的变化，当代资本主义的新式电信基础设施是其中的一部分。

卡斯特同意沃勒斯坦的观点，即最好把当前的世界秩序理解为全球资本主义秩序。然而，卡斯特认为，资本主义的特征已经从以工业和服务业为导向的经济转变为一种新型的资本主义，他称之为“信息资本主义”(informational capitalism)。信息资本主义具有以下特点：

- 基于电信的基础设施。信息资本主义的独特之处在于，知识、计算机化和新式技术的不断推进，驱动着经济。
- 竞争激烈的全球经济。在信息资本主义的条件下，公司或企业是跨国的和全球性的。为了保持竞争力，企业必须适应知识转换和技术变革。这要求它们具有跨国性和对变革的开放性，以便能够吸收知识和技术的最新创新，并保持一支高技能、专业化的劳动力队伍。从卡斯特的角度来看，使资本主义成为全球秩序的与其说是市场的国际化，不如说是电信基础设施，它要求全球企业适应不断变化的知识和技术环境。
- 灵活和去集中化的公司。在以知识为基础的技术创新持续不断的全球经济中，企业必须在全球经济中参与竞争。保持竞争

优势要求公司保持灵活性。也就是说，它们必须对知识和技术的不断变化持开放态度，并且有足够的灵活性将这些变化纳入它们的生产体系。这种灵活性意味着，在信息资本主义的条件下，公司将是去集中化的、松散联系的组织。全球资本主义的特征是生意或企业分散在全球，与其说是有明确界限的公司，不如说是网络。用更传统的术语来说，卡斯特认为资本主义的组织结构正在经历从所谓的福特制实践（集中化的、等级制的、严格的分工）向"后福特制"类型的公司转变，后者是全球性的、去集中化的、灵活的，并组织成松散联系的网络。

- "可重新编程劳动力"（reprogrammable labor）的兴起。无论是以制造业为基础的资本主义，还是以服务业为基础的资本主义，都依赖于大量的非熟练或"通用型"（generic）劳动力。当然，经济的制造业和服务业部门仍然需要非熟练劳动力。然而，与信息资本主义相伴而来的，是对受过教育、技术熟练但又颇具灵活性和流动性的劳动力的需求。为了服务于全球信息资本主义，以及它那种去集中化的、灵活的、以变革为导向的文化，劳动者必须在劳动地点、劳动日程，甚至劳动者个体为经济带来的技能种类方面，保持灵活性和流动性。卡斯特所说的"可重新编程"，意思是今天的劳动者需要能够重新武装自己，
重新培训技能，以适应不断变化的工作环境。随着可重新编程 287
的劳动力取代非熟练的通用劳动力，工会也趋于衰落。新型劳动者是自力更生的，流动的，不加入工会的。
- 由全球信息资本主义组织起来的世界不再由美国和欧洲所主

> 导。在某种程度上，使美国和欧洲在20世纪中叶成为最发达经济体的那些创新，如大规模生产、科学生产和大公司，使这些国家在信息资本主义的背景下反而处于劣势。如前所见，以灵活、去集中化和松散连接的网络为特征的公司，最适合信息资本主义的条件。因此，在卡斯特看来，新的网络型企业和劳动者在亚洲社会会发展得更快、更有效，也就不足为奇了。换句话说，推动信息资本主义的经济体是日本、韩国、中国台湾、中国香港和新加坡。亚洲经济体加速发展的原因之一是政府与企业之间的紧密联盟。信息资本主义似乎需要一个在技术信息基础设施上投入大量资金的政府。

尽管资本主义结构发生了这些重要变化，但有一个特征保持不变：资本主义在社会层面和经济层面产生了巨大的不平等。尽管如此，鉴于资本主义的组织已经改变，我们可以预见到不平等和社会冲突的动力机制会发生变化。卡斯特强调了社会不平等和潜在社会冲突的几条轴线。

从经典马克思主义的角度来看，卡斯特承认资本家和工人之间的分隔一直持续到21世纪初。仍然有资本的所有者和管理者，以及他们在思想上的卫道士，与这些人相对立的，是绝大多数继续靠薪水生活的人。然而，今天的阶级结构比马克思想象的要复杂得多。资本主义的各个部门之间存在着分隔，例如金融部门和技术管理部门之间的分隔，正如劳动者之间存在着显著的分隔一样，特别是拥有电信知识和技能的劳动者与没有这些知识和技能的劳动者之间。在极端情况下，有一类公民主要集中在美国和欧洲的城市内城区，他们缺乏教育和电信技能，陷入了卡斯特所说的“信息资本主义黑洞”。如果没有接入信息资本主义回路的技能，这些人要么停留在经济的极端边缘，要么诉诸犯罪生涯或挣扎度日。

遵循沃勒斯坦将资本主义视为全球秩序的思想，卡斯特强调了全球层面的分裂和冲突。然而，沃勒斯坦谈的是核心国家和边陲国家之间的全球分裂，而卡斯特则分析了与信息资本主义动力机制相关的全球不平等。具体来说，他区分了处于信息资本主义中心的社会区域或国家，以及被排除在信息资本主义回路之外的国家和地区。整个国家和大陆，如中亚和东南亚的部分地区，以及非洲，都陷入了经济停滞和贫困的恶性循环，这在很大程度上是因为它们缺乏相关基础设施和能力，包括技术上的和人力上的，无法成为全球信息资本主义秩序的组 288
成部分。实际上，世界上的这些区域也陷入了信息资本主义的黑洞。在这种停滞、贫困和非法的泥潭中，出现了一个由暴君统治的“第四世界”，其特点是种族灭绝、暴力肆虐和全球犯罪的黑社会经济。后者围绕着毒品、性、女性、移民和劳工的贩运。在世界某些地方，这些犯罪集团和组织的力量之强，堪比某些政府。

曼努埃尔·卡斯特（Manuel Castells）1942年出生于西班牙。他曾在加州大学伯克利分校任教，目前在南加州大学任教。他著有《信息时代》，许多学者认为，此书是考察电信革命的广泛社会和政治影响的最重要尝试。卡斯特考察了全球信息资本主义、国家和社会运动之间的关系。最后，他提出的问题是，社会运动和全球性机构能否利用晚近电信技术的解放潜力。

卡斯特提出，在全球资本主义的条件下，民族国家放弃了一些主权，但仍然是世界秩序中的权力中心。由于各国被迫作为世界经济体的一部分发挥作用，国际机构，从设定汇率和调节货币的金融机构，到影响各国国内经济决策的世界银行，再到北美自由贸易协定(NAFTA)之类的多边贸易协定，都严重限制了个别民族国家的独立性。社会相互依赖的加剧，这是全球资本主义的一个条件，也是当今政治的一个条件。作为政治行动者，国家还必须在相互依赖的全球背景下运作。例如，政府无论强弱，都依赖于外国贷款方。同样，几乎所有民族国家都是北约之类多边区域军事组织的组成部分。

在更一般的层面上，卡斯特认为，比照企业灵活的、去集中化的、网络化的特征，国家也采取了网络的形式。他将当代国家，至少在美国和欧洲的国家，描述为“网络国家”(network state)。政治权力或权力与其说在国家一级集中化、集权化，不如说在地方、地区、联邦和全球各级之间分配。在过去的几十年里，现代集权国家已经将其部分权力交给了地方或地区政治当局，比如城市、自治地区、州政府，以及地区性的政府当局和协会。与此同时，政府权威的一部分现在由联合国、各种国际政府组织和法院等全球性机构和组织有效行使。卡斯特所说的网络国家，意思就是这种政治权力的分散。

从这种政治权力的分散和去集中化趋势中，可以看到其民主化的一面。原则上，人们期望网络国家对社会更加负责，并将一系列对国家层面权力集中的牵制予以制度化。如果权力在地方、国家和全球层面分散或分享，似乎任何一个层面的政治权力过度垄断都会遭到其他层面的政治权威的阻遏。不过，卡斯特的政治观点即使不是悲观的，也是谨慎的。 289

在美国和西欧各国等国家，卡斯特看到了政治性质的恶化。随着大众传媒在国家政治中发挥核心作用，对实质性社会议题和社会政策的关注，以及成熟辩论和论证的文化，都被边缘化，取而代之的是推崇个性、魅力、媒体形象、声音片段*和丑闻。换句话说，卡斯特认为，“第一世界国家”正在经历民主政治及其在强健公民社会中的基础的衰落。与美国和欧洲出现的这种政治败落同时发生的，是非洲、中亚和东南亚以及俄罗斯等广大地区，任何趋近民主政治文化的东西都趋于匮乏，在那些地方，蛊惑人心的政客或气度促狭的暴君凭借着无情的暴力实施统治。即使在的确发生民众政治动员的地方，例如在东南亚和中东的部分地区，它往往与一种宗教国族主义狂热路线联系在一起，而这种狂热路线正是民主的敌人。

然而，卡斯特对未来并非不抱希望。具体而言，透过围绕扶持性身份和关注个人、社会和环境福祉的生活政治组织起来的新型共同体和运动的兴起，他发现了促进自由和民主原则的社会力量。例如，在美国、欧洲和其他地方的女性运动中，卡斯特观察到一股强大的社会力量，致力于社会平等、问责制，以及对监管家庭和社会生活的那些社会规范的公开讨论。与此类似，环境运动在许多国家赢得广泛民心，获得强大精英的支持，承诺要改变世界、人类、社会和自然之间的关系。

---

* 一般指新闻播报中对名人尤其是政界人士的简短引述。

推荐书目

D. Acemoglu and J. Robinson, *Economic Origins of Dictatorship and Democracy* (Cambridge: Cambridge University Press, 2005).（达龙·阿塞莫格鲁与詹姆士·罗宾逊,《政治发展的经济分析：专制与民主的经济起源》,马春文等译,上海财经大学出版社,2021）

Jeffrey Frieden, *Global Capitalism* (New York: W. W. Norton, 2007).（杰弗里·弗里登,《20世纪全球资本主义的兴衰》,杨宇光译,上海人民出版社,2017）

William Robinson, *Theory of Global Capitalism* (Baltimore, MD: Johns Hopkins University Press, 2004).（威廉·罗宾逊,《全球资本主义论：跨国世界中的生产、阶级与国家》,高明秀译,社会科学文献出版社,2009）

参考文献

1. Immanuel Wallerstein, *The Modern World-System*, vols. 1–3 (New York: Academic Press, 1974–89). 亦参 *The Essential Wallerstein* (New York: New Press, 2000)。
2. Wallerstein, *The Modern World-System*, vol. I, p. 4. 参看其 *Road to Independence* (Paris: Mouton, 1964)。
3. Manuel Castells, *The Information Age: Economy, Society, and Culture*, 3 vols. (Oxford: Blackwell Publishers, 1996–8).

290

第二十章

帝国的复归？迈克尔·哈特与安东尼奥·奈格里、大卫·哈维与迈克尔·曼

社会学是在成为具有空前范围和权力的帝国的那些国家中发展起来的。如前所述，现代社会学和社会理论主要在英国、法国、意大利、德国和美国蓬勃发展。自19世纪以来，这些国家也对地球表面的大部分地区行使统治权。因此，"帝国"以及殖民主义和帝国主义的动力机制被古典和当代社会学家所忽视，这一点至少可以说令人奇怪。诚然，韦伯和涂尔干，或者帕森斯和吉登斯，都意识到帝国主义，有时也给出富有见地的观察。然而，帝国的动力机制并没有被纳入他们的社会理论的基本范畴和观点。因此，殖民主义和帝国主义并没有出现在有关现代世界形成和结构的核心社会学视角中。

不过确实有一个重要的例外：马克思主义的传统。我们记得马克思认为资本主义是一种动态的社会类型。资本主义是由对利润和持续经济增长的追求所驱动的。利润是基于剥削的：劳动者的报酬低于他们生产的财富的价值。增长是通过扩大生产来实现的，这既涉及生产更多产品，也涉及让更多人购买更多商品。马克思认为，资本主

义不可避免地要打破国界，成为一种国际体系。随着资本家寻找原材料、廉价劳动力和新市场，他们也创造了全球经济网络。例如，在穷国建立企业，以剥削其廉价劳动力和丰富的资源；这些商品将在富裕国家出售，以获得可观的利润。或者，由于寻求灵活的劳动力和利润，资本主义也促进了国家之间的贸易和人员流动。简而言之，资本主义创造了一种全球社会秩序。

不仅如此，马克思还相信，资本家会争取国家为促进自由贸易、大企业和经济增长服务。毕竟，国家在促进国民经济增长方面有其利益；它扩大了税基，使高水平的就业和高薪劳动者成为可能，从而有
291 助于保持稳定而和平的公民群体。因此，国家将资本主义的成功作为至关重要的国家利益。例如，当资本家大量投资海外时，政府将保护他们的资本投资。资本家会向政府施压，要求他们创造一个有利于经商的国际环境。这可能意味着建立国家联盟，支持友好的统治者，并反对敌视国家经济利益的政治政权，有时需要诉诸武力。简而言之，马克思认为，帝国主义，或一个国家的政治权力扩展到其他社会，会不可避免地伴随资本主义而来。

了解到马克思对帝国主义的态度纠结，或许会令人惊讶：他谴责帝国主义摧毁了本土文化，给人和环境都造成了巨大的破坏。他还批评富国对穷国实施支配与剥削。但马克思也认为，欧洲对非欧洲世界的经济和政治征服对于推动社会进步是必要的。欧洲帝国主义将把工业、城市发展和世俗文化带到他经常认为社会角度上落后的社会。马克思绝不是从浪漫主义立场出发倡导传统和地方文化；他基本是属于启蒙运动之子，相信社会进步，相信欧洲是历史进步的引擎。

马克思关于帝国的思想从未系统化。他的继承人负责发展一套有关帝国主义的马克思主义理论。罗莎·卢森堡（Rosa Luxemburg）之类的社会思想家，以及俄国革命家列宁，为马克思主义的帝国主义观充实了细节。列宁的书名《帝国主义是资本主义的最高阶段》就说明了一切。资本主义的发展不可避免地超出了国界；剩余利润和商品驱使资本主义企业寻找新的投资机会、市场和资源，国家通过扩大对外国领土和民众的控制，来为这种投资铺平道路并提供保护。通过和平或暴力手段，所有国家都被带入市场关系。富国不可避免地支配着穷国；具体而言，强大的西方资本主义国家寻求对广阔的全球领土进行经济和政治控制。就这样，帝国主义被视为资本主义动力机制的必然产物。

马克思主义者将帝国主义与殖民主义区分开来。前者描述的是一个国家对其他国家行使的广泛的政治权力；后者涉及实际占有和控制其他民众的土地。从20世纪初的角度来看，列宁和卢森堡等马克思主义者认为殖民主义正在衰落，但通过市场和扩大国家政治权力来运作的帝国主义正在成为当代国际秩序的统治原则。

随着联合国的发展以及国际公约、条约和权利宣言中国家主权原则的确立，帝国主义时代似乎也结束了。毕竟，英国、法国和德国等强大的世界帝国在“二战”后被摧毁，并随着席卷全球的去殖民化浪潮而瓦解。当然，美国兴起为一个超级大国，但却是一个宣称自己反对打造帝国的超级大国。在许多观察家看来，对帝国主义的最后一次致命打击是20世纪90年代苏联的解体。然而，仅仅十年后，帝国理论已经重新引起了学界和公众的关注。

292 作为帝国的全球化？迈克尔·哈特与安东尼奥·奈格里

迈克尔·哈特（Michael Hardt）于1960年出生于美国华盛顿特区。他在危地马拉和萨尔瓦多度过了20世纪80年代，参与了在美国为逃离行刑队的难民提供宗教庇护所的运动。他于1990年在华盛顿大学获得比较文学博士学位。意大利哲学家和活动家安东尼奥·奈格里（Antonio Negri）出生于1933年。他于1983年逃往法国，在那里流亡了14年。在法国期间，他在几所大学教授政治学。奈格里于1997年返回意大利，因涉嫌参与恐怖主义组织红色旅（Red Brigades）而被判处13年徒刑。《帝国》是重新思考全球化作为帝国的意义的大胆尝试。

马克思主义者和后殖民思想家尽管存在差异，但都将社会世界视为一个由竞夺资源、市场和国家权力的国家组成的世界。社会世界被视为分隔成主导国家或核心国家与臣属国家或边陲国家，或者发达世界和不发达世界。由此观之，帝国主义被理解为世界秩序中不可避免的一部分；占主导地位的国家将寻求控制实力较弱的国家。主要的社会戏剧的展开，就是围绕着哪个国家占支配地位，以及它是使用武力还是其他手段来获得支配地位。例如，据说法国和英国是19世纪和20世纪初占支配地位的帝国主义强权；据说德国在20世纪中叶取代了它们，只是在“二战”后让位于美国。

这种对帝国主义和现代世界的看法在过去几十年中受到了挑战。现在，许多思想家通过全球化这个观念来看待全世界的社会动力机制和政治。这是一个棘手而复杂的概念。但是，一般来说，它指的是从聚焦于特定的民族国家，转向考虑国家陷入社会、经济和文化相互依赖的网络的方式。

关于全球秩序的两种观点尤其具有影响力。第一种观点通常被称为“新自由主义”。这种视角认为市场资本主义使全球各地相互接触。资本主义的驱动力是全球性的。所有国家，无论大小贫富，都被带入市场。在全球秩序中，货物、人员和观念都在一定程度上跨越国界自由流动。新自由主义者相信，全球化是一种好的或积极的发展趋势。使各国相互接触，创造一个或多或少开放的商品市场和观念市场，削弱了独裁者，提高了全体民众的生活水平，并有助于创造一种尊重个人权利的生机勃勃的世界文化。从新自由主义的视角来看，帝国和帝国主义的动力机制皆已成为过去。当然，仍然会有局部摩擦和国
族冲突，但帝国主义和帝国建设被视为与全球秩序中事物和人员的自 293
由流动无法相容。

全球化的第二种观点与各种批评者有关。例如，一些持马克思主义立场的批评者认为，全球化只不过是美国强权的扩张。今天，不仅美国政府的权力遍及全球，而且它的公司、传媒集团和大众文化也是如此。而且，这些批评者指出，美国的扩张并没有促进世界的自由和民主；相反，贫困和专制政权追随着美国世界支配地位的脚步。其他批评者则抨击全球化，理由是它破坏了当地的本土文化和共同体。随

着市场和西方大众文化与消费渗透到全球各地的村庄城镇，当地习俗和生活方式的维存遭到严重威胁。

新自由主义对全球化的称颂也好，左翼的批评也罢，都受到两位令人意想不到的思想家迈克尔·哈特和安东尼奥·奈格里的挑战。前者是美国的英语教授，后者是一位政治活动家和学者，他在被判犯有恐怖主义罪后一直被囚于意大利监狱，最近才出狱。尽管如此，他们的《帝国》一书还是在新自由主义和马克思主义之外，提出了一种替代思路来看待全球化。[1]

哈特和奈格里在一个重要方面同意新自由主义：当前时代是一个新时代。由寻求帝国支配的互相敌对的国家定义的世界秩序，并不是使当下成其为当下的特征。哈特和奈格里与新自由主义者一样认为，市场经济的国际化已经使帝国主义过时了。他们认为，全球秩序的指导原则是商品、人员、金钱和观念跨越国界的自由流动。帝国主义意味着固定明确的国界，以及以暴力手段干预人员、资本和商品的流动循环，这与全球化的核心动力机制背道而驰。越来越多的国家认为，帝国主义野心对于一个运作良好的全球体系来说属于不可接受的障碍。各国想方设法避免帝国的征服和战争。但哈特和奈格里不赞同新自由主义者的地方在于，后者认为只有市场力量才能推动全球化，而全球秩序的核心就是自由贸易以及人员和观念自由流动的体系。相比之下，哈特和奈格里认为，全球化是建立一种新型的“主权”，或新的政治和社会秩序。

哈特和奈格里称这种新的世界秩序为“帝国”。与帝国主义时代不同，彼时有明显居于支配地位的国家，而在帝国的状况下，没有中心的权力，也没有一个占支配地位的国家。帝国可以比作万维网，一种由许多权力组成的网络；但权力是分散的，而不是集中的。国家与跨国公司、传媒集团、非政府组织以及欧盟和世界银行之类的组织分享权力。“我们的基本假设是，主权已经采取了一种新的形式，由一系列国家有机体和超国家有机体组成，它们在一个单一的统治逻辑下联合起来。这种新的全球主权形式就是我们所说的帝国。”哈特和奈格里继续谈道：

> 与帝国主义相反，帝国没有建立领土性的权力中心，也不依赖固定的边界或壁垒。它是一个**去中心化**、**去领土化**的统治体系，逐渐将整个全球领域纳入其不断扩大的开放性边界内。帝国通过调节指挥网络来管理多种混生身份、灵活层级和多重交换。帝国主义世界地图上各国独特的色彩已经混融成帝国的全球彩虹。[2] 294

哈特和奈格里提出，从帝国主义时代到帝国时代的转变，是从现代社会到后现代社会的更广泛变革的一部分。

现代世界被他们理解为由各个国家、权力斗争、支配与臣属关系组成的一套秩序；它受法律和社会等级秩序的监管。例如，在政治统治领域，现代世界的原则是法治和科层权威；在经济领域，工厂、科学生产和福特制大规模生产是现代世界的特征。

而后现代这个时代是一种全球世界秩序，由许多不同类型的权威机构和实体组成，从国家到国际救援机构。这些实体纠缠在权力关系的网络中。没有中心，没有控制性力量。作为现代制度特征的自上而下的秩序已经让位于更灵活的调控原则，比如后福特制经济；明确划定的边界已经让位于高度流动的劳动力，更加开放而疏松的国界，混生身份和多重公民身份。从相互依赖、市场网络、新式合作以及不同全球性实体之间的协议中，孕育出社会秩序。帝国令人想起的不是现代，更像是罗马帝国时代，包括它的民族融合、社会原则、物和人的流通，以及集中化和去集中化的政治统治形式的结合。

但帝国是一股善的力量还是恶的力量？哈特和奈格里既不赞同新自由主义者那种盲目天真的（Pollyannaish）乐观主义，也不支持左派黯淡的宿命论。他们并非对当前全球秩序中的那些不平等和不公正视而不见，他们认为美国是当今的支配性力量，但不是19世纪意义上的帝国强权。对于哈特和奈格里来说，帝国不仅仅是某种类型的社会支配。尽管帝国见证了它介入剥削和种族灭绝，但它也关乎权利、自由和民主运动。它的去集中化，流动性，以及构成当前全球秩序的实体的多元化，包括各类国际社会运动，使积极的社会变革成为可能。作者对未来充满希望。他们含糊地谈论着替代性的或“反帝国”（counter Empire）的可能性。实际上，他们像福柯一样相信，哪里有权力，哪里就有抵抗。然而，并非所有形式的对抗都值得捍卫。例如，他们并不同情狭隘地反对全球化的运动。不仅如此，他们认为，旨在捍卫传统或当地生活或共同体形式的那些政治抵抗行为，其社会影响有限。归根结底，他们赞成的那些抗议和运动是针对全球社会层面的，旨在促进进一步的去中心化和民主化。我们预计他们会支持晚近的抗议活动，从1999年在西雅图和2001年在热那亚举行的抗议世贸组织活动，到2012年在希腊举行的抗议活动，反对世界银行和国际货币基金组织格局促狭，只盯着财政问题，而忽视了政治赋权或社会正义等议题。

帝国主义美国：大卫·哈维与迈克尔·曼 295

并非所有讨论帝国的理论家，尤其是马克思主义传统的理论家，都认为帝国主义时代已经结束。为了回应美国先后对阿富汗和伊拉克的干预，许多社会思想家重新考虑了帝国在当今世界的位置。具体而言，美国的行动引发了美国是否是一个帝国主义国家的问题。大卫·哈维和迈克尔·曼为有关帝国的理论阐述做出了两项重要努力。

大卫·哈维的书名《新帝国主义》就挑明了他的观点。美国是一个帝国主义国家，但与晚近的英国或法国这些世界帝国有所不同。[3]19世纪和20世纪的帝国主义往往涉及领土占领和军事征服。也许这种帝国主义风格的最好例证就是欧洲对非洲的征服。个别欧洲国家将这片大陆分割为一批新的国家，分头实施控制，通常是在无情的军事征服之后。然而，在这两个世纪的大部分时间里，欧洲帝国主义与其说依赖于领土征服，不如说依赖于自由主义意识形态和自由市场的国际化。英国作为经济上最强大、最具支配地位的国家，通过推动自由企业、开放市场以及废除关税和贸易法规之类的自由政策，能够成为世界强国。“二战”之后，英国的霸权让位于美国。后者拒绝进行殖民征服，但继续依靠自由市场来维持帝国地位。然而，哈维认为，依靠市场来维持世界支配地位的策略被证明是有限的，因为亚洲和欧洲能够挑战美国的经济主导地位。因此，在20世纪后期，美国逐渐转向新保守主义意识形态，打着传播自由民主和全球秩序的旗号，奉行咄咄逼人的干涉主义和黩武主义外交政策。新保守主义代表了新帝国主义的意识形态，而领土控制的政治则体现出它的一些实践做法。从这个角度来看，这种新帝国主义并不是因为9·11才成为可能，但是有可能就此更加公开，政治上更可能被接受，就像它用国内自由换取更大的世界支配地位更容易被接受一样。哈维指出，这就是当今美国的状况。

大卫·哈维(David Harvey)出生于1948年，是纽约市立大学(City University of New York)人类学杰出教授。他接受的专业训练是地理学，但他的工作将这门学科与批判性社会理论相结合。他著述丰富，包括《后现代性的状况》(1989)、《巴黎城记》(2003)和《资本的空间》(2001)。哈维的工作最知名之处，是探讨资本主义不断变化的特征及其与后现代主义和全球化的关系。

296 与其他许多将美国视为帝国强权的当代社会思想家和观察家不同，哈维旨在理解美国帝国主义的社会结构逻辑。他谈到帝国主义的双重逻辑——政治逻辑和经济逻辑。帝国主义的政治逻辑涉及领土控制。而它的经济逻辑是资本主义积累的逻辑。

我在这里把被称为“资本主义帝国主义”的[帝国主义]特殊风格定义为以下两者的一种矛盾的混合……一是帝国主义作

为一种独特的政治规划，行动者的权力基于对领土的掌控……一是帝国主义作为空间和时间上分散的政治经济过程，其中对资本的掌控和使用占主导地位。对于前者，我想强调一个国家诉诸使用的政治、外交和军事战略……因为它努力在整个世界确认自己的利益并实现其目标。对于后者，我专注于经济力量在连续空间中流动的方式……通过生产、贸易、商业、资本流动的日常实践。[4]

哈维旨在展示，领土权力逻辑和资本主义权力逻辑如何经常结盟运作，但同样经常处于紧张状态，这些逻辑的关系如何塑造了新帝国主义的轮廓。

作为一名马克思主义者，哈维设定资本主义逻辑是首要的。他提出，今天的资本主义的特点是后福特制公司从事他所谓的“灵活的资本积累模式”。这意味着今天的资本主义必须具有流动性和灵活性，以便在竞争激烈的全球经济中维持生存并繁荣壮大。事实证明，资本主义的灵活性和流动性非常适合应对当今资本主义的主要危机，即“过度积累危机”。随着市场饱和，利润通过金融交易飙升，资本必须找到投资渠道，否则将遭受贬值以及萧条和通货紧缩衰退的恶性循环。“如果资本的盈余……不能在内部[国内]吸收……如果它们不贬值，就必须被送到其他地方，为它们寻找有利可图的新领域。”[5]为了应对这些周期性危机，资本将目光投向新的市场和领土，以吸收其资本并实现利润。由于大量资本投资于外国经济，通常是不太发达的经济体，当地人失去了对自己的生产性财产和资源的控制。随着跨国资本主义公司掌管外国经济，本土公司、生产者、农民和小企业被取代或边缘化，同时产生新的垄断。哈维称之为“剥夺性积累”(accumulation by dispossession)。全球资本主义和弹性资本主义的时代也是掠夺性资本主义(predatory capitalism)的时代，其做法是跨国公司主导，兼并，快速财产转移，以及对利率和货币的金融操纵。掠夺性资本主义所创造出的这个世界，其特征就在于各个国家、地区和民众之间巨大的社会和经济差异，以及社会内部和社会之间的不平衡发展，因为资本流动在利润和危机威胁的驱动下，在全球范围内迅速而无情地流动。

虽然资本主义的逻辑驱动了全球动态过程，但它并不能说明一切。与资本逻辑相伴的是领土扩张和控制的政治逻辑。国家创造了使全球弹性资本主义成为可能的条件。它为海外投资提供了一个稳定的全球环境，并保护了资本在全球无休止地流动。因此，在当今全
297 球资本主义的中心，特别是在美国，国家奉行侵略性的外交政策。美国政府反对新自由主义意识形态，试图对外国领土和民众进行政治控制，以便确立并维持有利于全球弹性资本主义的条件。因此，在哈维看来，今天的美国新帝国主义涉及资本主义扩张和政治—领土控制的双重逻辑。

从这个角度来看，美国干预伊拉克并非偶然。相反，它必须被理解为属于数十年来日益黩武化的外交政策(两次海湾战争、巴尔干半岛和阿富汗)模式的一部分，这种模式强调了政治—领土控制在美国政治经济中所起的优先作用。伊拉克只是新帝国主义的一个更不加掩饰的表现。综上所述，入侵伊拉克是获得廉价石油以维持美国全球资本主义的一种方式。

哈维认为，新保守主义及其咄咄逼人和黩武主义的外交政策可能对资本主义发展有害。战争耗尽了经济，中断了资本发展。哈维认为美国是一个帝国强权，但却是一个不稳定的国家，必然会引起不满和反对。它的政治军事力量不可避免地受到新式战争（越南、伊拉克、基地组织）以及亚洲或东南亚崛起的政治军事力量的挑战。此外，哈维和许多观察家一样认为，最终美国经济即使不崩溃，也将大幅放缓，要么是因为债务，因为军事化的成本，要么是因为其他新兴经济大国的崛起，挑战了美国的经济霸权。

到最后，哈维把对美国未来的希望寄托在国内进步的社会和政治力量上。在对新保守主义者和掠夺性全球资本主义的公开批评中，哈维找到了社会问责精神和社会理性精神的苗头。但是，要使这种反对真正有效，它必须联合成一个集团，以对抗支持黩武主义、金融和垄断资本主义的各种社会势力的庞大力量。哈维对这种可能性的暗示更多地表达了他的希望，而不是针对他的分析中体现出的社会现实主义。

尽管哈维试图从分析上分离帝国主义在政治上和经济上的两种动力机制，但最终是资本主义的逻辑驱动和组织了帝国主义的模式。正如哈维所说："资本主义的帝国主义与其他帝国概念的不同之处在于，资本主义逻辑通常占支配地位。"[6]因此，将哈维的作品与迈克尔·曼的作品合观对读，或许不无教益，迈克尔·曼提供了受韦伯启发的视角来看美国这个帝国。

迈克尔·曼（Michael Mann，生于1943年）是加州大学洛杉矶校区的社会学教授。他著有《社会权力的来源》第一卷和第二卷等书籍。[*]迈克尔·曼强调权力在社会生活中的作用。他发展了一种多维的权力理论，并以此为基础，对全球社会和长期历史进行比较历史分析。

298 像哈维一样，迈克尔·曼要回应美国入侵阿富汗和伊拉克，以及其单边主义和黩武主义的外交政策。同样像哈维一样，他认为布什政府没有体现出，奥巴马政府也可能不会体现出，会对美国政治文化和外交政策做出什么重大转变或背离，而是以一种更加公开和清晰的方式表达了一种模式，表明美国的帝国野心。不过，与哈维不同的是，根据迈克尔·曼的解读，美国是一个失败的帝国。[7]

哈维和迈克尔·曼对美国力量的认知分歧，在很大程度上反映了他们不同的理论立场。哈维颇为倚重对资本主义政治经济学的分析来理解美国帝国主义，而迈克尔·曼则贯彻了一种多维权力理论。根据这种观点，权力分布于经济、军事、政治和文化领域。迈克尔·曼通过这种四重社会拓扑分析了美国的力量，得出的结论是，美国是一个摇摇欲坠、不连贯的帝国。

自第二次世界大战以来，美国已取代英国和德国，成为世界经济体中的经济强国。在一段时间内，确实可以说美国在工业、制造、金融和电信等领域都行使了经济霸权。然而，迈克尔·曼认为情况已不复如此。在过去的几十年里，欧洲和亚洲已经成为与美国平起平坐的经济力量。事实上，随着贸易逆差、国际债务和巨额军费开支的增加，迈

---

* 此书最后完成时共有四卷，皆有中译。

克尔·曼预计美国的国际经济主导地位将趋于下降。

很少有思想家会怀疑美国是唯一的军事超级大国。这个国家拥有在全球行使军事支配地位的常规力量和核力量。事实上，由于军事基地战略性地设置在世界每个区域，美国的军事支配地位是毋庸置疑的。然而，由于晚近的战争变成非常规战争，例如涉及非国家行动者或跨越多国领土的恐怖主义基层组织，美国的军事力量可能被证明难以充分应对。从越南到阿富汗和伊拉克，美国压倒性的军事力量并没有转化为在这些非常规战争中赢得胜利。

凭借其咄咄逼人的单边主义和黩武主义外交政策，美国的帝国野心进入了乔治·W. 布什政府政治的中心。布什政府无视国际公约和条约，未经联合国安理会批准就发动先发制人的战争，代表了美国对其帝国地位的公开主张。然而，美利坚帝国的失败最明显、最尖锐的体现，莫过于这个国家未能为入侵伊拉克获得国际合法性，然后又无法确保该国的民事秩序与和平。最后，美国不得不呼吁其他国家和联合国协助挽救这场失败的军事干预。

将文化全球化与美国化混为一谈，这几乎成了陈词滥调。全球的流行文化，无论是麦当劳、嘻哈音乐，还是耐克，都烙上了美国的烙印。然而，尽管美国流行文化在全球范围内传播，但它也经常遭到忽视、边缘化和抵制。面对美国化，本地文化并没有消失。事实上，在许多情 299
况下，它们已得到振兴、重塑和颂扬，成为宗教、族属或国族主义纯洁与自豪的象征。

迈克尔·曼并不否认或贬低美国的帝国野心。然而，他确实旨在展示美国力量的局限性及其未能成为一个连贯的帝国。迈克尔·曼特别强调了战后美国内政外交政策的黩武化模式。面对政治经济问题或地缘政治危机或冲突，美国急于转向军事解决方案。因此，面对中东好战分子、伊拉克方面的不合作或塞尔维亚在巴尔干地区的行使权力，美国以武力相回应。此外，由于缺乏维持政治军事全球支配地位所需的人力、国家意志和各种技能，美国一再遇到自己的局限性乃至遭到失败。迈克尔·曼没有想象未来美国会成为一个成功的世界帝国，而是预测，随着黩武主义的扩张，国内和国际赤字与债务不断增加，美国面临的挑战可能是避免经济危机和政治衰退。最后以作者的话作结：

> 我们将看到，新帝国主义制造了更多而不是更少的恐怖分子，它创造了更坚定的“流氓国家”，它削弱了美国在世界上的领导地位。但美国的敌人错误地将其视为大撒旦或邪恶帝国。它并没有组织得那么好。这是一个不连贯的帝国，其过度自信、过度活跃的黩武主义很快就会毁了它。[8]

推荐书目

Craig Calhoun, Frederick Cooper, and Kevin Moore, eds., *Lessons of Empire* (New York: New Press, 2006).

Noam Chomsky, *Hegemony or Survival* (New York: Henry Holt, 2003).（诺姆·乔姆斯基，《霸权还是生存：美国对全球统治的追求》，张鲲译，上海译文出版社，2006）

Chalmers Johnson, *The Sorrows of Empire* (New York: Henry Holt, 2004).（查默斯·约翰逊，《帝国的悲哀：黩武主义、保密与共和国的终结》，任

晓、张耀等译，上海人民出版社，2005）

参考文献

1. Michael Hardt and Antonio Negri, *Empire*, (Cambridge, MA: Harvard University Press, 2000).
2. Hardt and Negri, *Empire*, p. xii.
3. David Harvey, *The New Imperialism* (New York: Oxford University Press, 2003).
4. Harvey, *The New Imperialism*, p. 26.
5. Harvey, *The New Imperialism*, p. 117.
6. Harvey, *The New Imperialism*, p. 33.
7. Michael Mann, *Incoherent Empire* (London: Verso, 2003).
8. Mann, *Incoherent Empire*, pp. 15–16.

300

第六编　结语

经典社会理论将个体社会等同于民族国家。从孔德到韦伯，都设定民族国家是社会生活的基本单位，至少是现代社会生活的基本单位。经典理论家也意识到，社会并不总是被组织成民族国家，而是在历史上被组织成亲属群体、氏族、部落、联邦、城邦或帝国。从某种意义上说，他们明白民族国家是历史性的，但他们从未试图分析国族主义和民族国家的历史和社会建构。耐人寻味的是，这些理论家都相信，从长远来看，民族国家要么消失，要么失去其社会权力，或许只有韦伯是个例外。例如，马克思预见到一场共产主义革命不仅意味着社会阶级的终结，而且意味着各自分离的民族国家的终结。涂尔干设想了人类境况的未来状态，在其中会出现一个世界社会，将见证单个民族国家的逐渐消失。

从许多方面来看，经典理论家说得没错。尽管今天的学者们争论民族国家是否是一种独特的现代发展，但他们没有人对民族国家在现代世界中的历史重要性提出严重质疑。事实上，关于所谓的现代，民族主义和民族国家的形成一直是这个历史时期的中心。今天，世界在领土上被组织成由各个民族国家组成的一套秩序。除了新加坡等少数城市国家外，很难找到什么国际公认的社会不是组织成一个民族国家的。

尽管19世纪特别是20世纪可以被概括为国族主义和民族国家的时代，但社会思想家今天正在重新考虑民族国家的未来。我们应该搞清楚这些思想家在主张什么。他们并不是说民族国家正在消失，或正在失去其在当代世界秩序中的权力。我们在本编中讨论的所有思想家都认为，国家在近期和不久的将来仍将是一股强大的社会力量。柏 301
林墙的倒塌，以及对生活在一个全球化世界中的意识的强化，使一些社会思想家开始想象，由后国族形式的社会生活所组成的一种新型世界秩序正在兴起。尽管如此，大多数社会思想家仍然设定，民族国家仍将是全球的基本社会单位。

然而，如前所见，人们越来越感觉到，有些社会过程和动力机制不能完全在民族国家框架内把握。对于大卫·赫尔德和玛丽·卡尔多之类的理论家来说，社会相互依赖的程度，或当今每个社会与其他社会紧密相连的方式，意味着我们不应该仅仅根据社会的内部动力来分析社会。今天的社会必须被理解为社会角度上密集网络的组成部分。此外，全球化意味着这些社会网络产生了独特的全球进程和机构，例如多种形式的全球不平等和全球社会运动，以及国家层面和国际层面的非政府组织。因此，虽然民族国家在许多方面仍然是世界秩序的基本社会单位，但从全球化的视角来看，当代社会的结构和组织既有赖于其国内环境，也在同样程度上取决于其外部的全球环境。

尽管全球化的观念已经成为理解当代社会生活和全球生活的有

力观点，但它确实不乏批评者。如前所见，沃勒斯坦和卡斯特并不质疑社会动力机制的全球背景，但他们主张，当前全球环境的新颖或独特之处在于资本主义的全球化。资本主义曾经是一种以国家为基础的经济体，今天它是一种世界经济体。而且，有些社会思想家认为，伴随着资本主义的国际化，个人自由和政治自由权利也得到传播，但沃勒斯坦和卡斯特与他们不同，认为随着资本主义走向全球，社会不平等也随之扩散。世界各国之间和各个区域之间存在着各具特点的不平等，反映了当代全球资本主义的矛盾特征。他们的观点与赫尔德和卡尔多的全球化观点大相径庭。例如，后两位思想家认为全球秩序的主要问题与全球监管有关，而前两位则强调全球社会不平等的状况。

探讨全球化和全球资本主义的理论家们有一点取得了共识：当代世界秩序没有给帝国主义和帝国建设留下任何空间。然而，这一说法最近也受到质疑。因此，哈特和奈格里提出了一个有点自相矛盾的论点，即全球化本身是一种独具特色的新式帝国：既不是依靠殖民地和征服的帝国，也不是建立在市场国际化基础上的帝国，而是一个没有政治中心但仍控制世界秩序的帝国。也许哈维和迈克尔·曼对全球化视角提出了更激进的挑战。他们质疑下述说法：依靠殖民地和征服的帝国主义已属历史往昔。尽管美国自认为是反帝国的，但过去几十年的侵略性和黩武主义外交政策表明，这个社会实际上并没有放弃其帝国野心。无论这个国家是一个成功的帝国还是一个衰落的帝国，他们的视角迫使我们重新考虑，在现代世界，包括当下这个世界，帝国扮演着何种角色。

第七编

后学科性理论的兴起

第七编　引言 305

孔德或马克思和涂尔干著书立说之时，社会学或人类学的学科几乎尚未成形。孔德和马克思是独立的思想家；两人都没有担任学术职务。直到19世纪末，社会科学才成为大学的一部分。韦伯和涂尔干倒是学院中人，但他们所接受的专业培训也不是社会学家。他们接受过法律史、经济学、哲学和语言学方面的培训；根本就不存在社会学这门学科。事实上，涂尔干是使社会学成为法国大学中受人尊敬的一门学科的关键人物。而韦伯等人也在德国扮演了类似的角色。

从19世纪90年代到20世纪20年代，社会学逐渐成为美国、德国、法国、意大利、英国和其他地方的大学里一门被承认的学科。然而，像涂尔干、韦伯，或英国的赫伯特·斯宾塞，或者美国的杜波依斯或阿尔比恩·斯莫尔（Albion Small）这样的思想家，都是既在社会学也在历史学和哲学等领域游刃有余的整体性思想家。

社会学直到20世纪六七十年代才成为我们今天所知道的样子。当时，欧美大学的学生入学人数猛增。在美国，社会学培养出来的博士人数激增；成立了州、地区和全国性专业协会，成员人数急剧增加。简而言之，社会学学科成为大学和美国文化中地位稳固的一部分。

从20世纪70年代至今，社会知识一直围绕各学科的学院文化进行组织。每个学科都有自己的主题、方法、问题和理论。虽然有一些观念交流，但直到最近，每个学科都多少有些故步自封。例如，社会学理论家很少阅读政治理论家的典范性人物，比如亚里士多德、柏拉图、马基雅维利、洛克或霍布斯。同样，人类学理论也有自己的传统，包括布朗尼斯劳·马林诺夫斯基、玛格丽特·米德、弗朗兹·博厄斯（Franz Boas）、克劳德·列维-施特劳斯和玛丽·道格拉斯——他们都不是社
306 会学典范的组成部分。因此，每个学科都塑造了自己的典范性人物和文本，核心主题和问题，以及理论阐述和经验研究的特定风格。

这套学科文化正在瓦解；各门社会科学学科之间的界限，人文学（humanities）和社会科学之间的鸿沟，变得疏松和流动；理论和研究的学科孤岛各自分离的观念正在失去可信度和连贯性。

今天，理论越来越后学科化。学院理论家可能仍然以社会学家或政治学家的身份写作，但他们所关注的问题不再是专属于特定学科的。诚然，社会学理论家仍然专注于独特的问题，例如个体或微观层面分析与结构或宏观层面分析之间的关联。然而，如今社会学理论家参与的许多关键辩论都不是专属于特定学科的，例如关于公民社会、国族主义、社会身份或全球化的辩论。今天的理论论辩和研究与其说是在狭隘的学科环境中发生，不如说是在后学科环境中发生的。在当代理论论辩中，无论主题是社会不平等还是种族不公正或权力，参与者来自不同的学科，并被期待熟悉许多理论思路，例如女性主义、后结

构主义、经典社会学和文化研究。

学科界限的模糊凸显了许多欧美社会更广泛的文化转变，即对孔德、马克思、帕森斯和哈贝马斯传统的旧式宏大理论阐述的怀疑。我们在讨论后现代理论阐述时已经看到，思想家们更加意识到知识的情境性，知识的政治，以及社会历史生活的巨大复杂性。后现代主义给社会思想带来了某种谦逊。在社会理论领域，这一点也体现在一方面，人们努力发展一种后基础主义类型的一般社会理论；另一方面，放弃一般理论，转而支持“语域”导向的理论阐述。

我们不妨来界定这些术语。我所说的一般理论（general theory），是指旨在提供有关“社会”的综合性、整体性的观点的理论阐述。它确定社会的关键组成部分，例如经济、国家、文化、家庭、宗教、性别，等等，并概述这些组成部分如何相互作用，并形成一个多少统贯一致、功能有效并充满活力的整体。一般理论阐述的核心是旨在理解造成不稳定并推动变革的那些核心张力、冲突与矛盾。一般理论渴望提供一种语言来理解和说明“社会”的形成和变化模式，原则上，“社会”意味着任何社会，包括过去的、现在的和未来的。

今天，在对一般理论进行后现代批判之后，许多理论家已经放弃了孔德或帕森斯式宏大的、基础主义的雄心。他们承认，我们总是从具有社会情境定位的角度出发进行理论阐述，我们的概念和观念将始终带有其历史起源的印记，观念的力量或真实性有着依赖于背景的特征，或者至少，意识到对于社会历史环境截然不同的民众来说，他们的观点可能不会引起共鸣，或者不会具有说服力。而且，今天许多接受一般理论的理论家也认识到，他们的观念充满了伦理—政治意图和意涵。事实上,许多人放弃了有关客观性和价值中立的某种观念,转而大力推进具有伦理—政治目的的社会理论。

307 如果说一般理论旨在以富有想象力的方式捕捉整个社会的核心和基本轮廓,那么,面向语域的(domain-oriented)理论则侧重于特定社会或社会子集的一个特定组成部分或动态过程。因此,这些理论家不会分析经济如何与国家、家庭、宗教等相互联系以构建整个社会,而是关注像是不同经济部门的全球化动力机制,或经济中的性别变化方式(例如女性进入刻板印象中的“男性”工作岗位,或职场母亲的崛起)如何塑造家庭的形式和动态。或者,面向语域的理论阐述可能会探讨某种广泛的动态过程,例如“他者化”过程,性的流动性,或性别解构。

在接下来的三章中,我们将评点语域理论和一般理论的一些实例。就前者而言,我们集中讨论“后殖民国族主义”。注意它以哪些方式构成一种语域理论阐述。后殖民国族主义是指(第一)作为国族或受国族主义激励的社会子集,(第二)在该子集中,它指的是一个更小的子类别,仅包括具有殖民化和后殖民化历史的社会,以及(第三)这些社会进一步接受国族主义作为社会动员的意识形态和社会身份的叙事。因此,这种理论阐述只限于18世纪以后的现代社会,主要是西欧以外的社会,以及那些将国族主义作为打造后殖民国家的一部分的社会。接下来的两章具体例示了有些理论阐述既放弃了宏大的、总览的、基础主义的理论阐述,同时也承认一般的系统性理论的必要性和重要性。为此,我们将回顾杰弗里·亚历山大对公民社会的雄心勃勃、颇具创意的重新思考,以及南希·弗雷泽对批判理论的综合重建。

308

第二十一章

后殖民国族主义的理论阐述：“语域”理论阐述一例

现代社会理论成形之时，正逢民族国家形成时期。社会理论的形成时期是在1789年法国大革命到第一次世界大战之间。英国、法国、意大利、德国和美国只是在19世纪才成为强国和真正的民族国家。

在19世纪之前，无论是欧洲各国（countries），还是美利坚合众国（United States），都不是当代意义上的国家/国族（nations）。几个世纪以来，欧洲的领土由国王、贵族、贵族家族联盟和教会统治。在18世纪，欧洲各社会成为强大的帝制国家（imperial states）。从英国到西班牙和荷兰，都渴望成为与奥斯曼帝国相匹敌的世界帝国。这些帝国的边界都不稳定，会随着时间的推移而变化；在它们统治下的人口由多种文化组成；这些帝国内部也有多个政治权威中心。由于这些政治实体缺乏某种意识，即有一群人民，在公认的领土边界内共享共同文化和身份，因此很难将这些帝制国家称为国族/国家（nations）。想想独立后的北美殖民地：有来自不同欧洲领土的移民，众多美洲原住民部落，来自加勒比海和非洲大陆的奴隶，来自法国、西班牙和英国的探险家和拓殖者；有诸多教派的天主教徒和新教徒；各种地方身份、地区身份和原生身份在当时大行其道。南方农民和北方纺织工匠都不认为自己属于一个“国族共同体”(national community)。直到南北战争之后,美国这个理念才开始真正对应到某个共享的国族身份。

奇怪的是,社会理论的先驱们不同程度地忽视了改变欧洲格局的那些国族主义运动。当然,他们意识到法国和英国之间的国族主义竞争以及美洲的国族主义起义；也肯定认识到欧洲的国族沙文主义将导
309 致第一次世界大战。然而,他们并没有把这些各具特点的国族主义表达汇聚成一个明确的、确定的知识对象；换句话说,他们没有试图理解和说明为什么国族主义正在成为一种典型的“现代”事件。我们只能推测原因；也许他们设定国家/国族是自然的,一直都存在；或者国家/国族是暂时的发展,注定要再次让位于帝国；或者新的全球类型的领土性、文化性实体将取代国家/国族。

如果说现代社会理论的奠基人们未能从理论上阐述国族主义,那么“二战”后的一代社会学家和学者就很难回避这种现象了。从大约20世纪80年代到今天,国族主义一直是理论和社会分析成果最丰富的领域之一。这不难理解。自20世纪50年代以来,世界目睹了新的国家/国族和国族主义的爆发,它们主要来自欧洲诸帝国的前殖民地,但也来自晚近对苏联的反抗。在非洲、亚洲大部分地区、中东,以及加勒比地区,反殖民主义的反叛主要就是国族解放运动。被压迫的民众起来反抗,要求得到国家/国族的地位和人民主权的权利。如果我们还记得,在19世纪60年代,全球可能只有不到十几个民族国家/国族式国家(national states),那么今天我们生活在一个有大约196个

民族国家(nation-states)的世界中,就很能说明问题了!的确,20世纪是国族主义的时代,今天在伊朗、车臣、巴斯克地区,在库尔德人、波多黎各人当中,以及几乎全球每个角落,国族主义的火焰还在持续燃烧。

无论全球化如何体现出,资本、人员、观念和文化都在跨越国界进行着令人眼花缭乱的流动,国族主义的根本核心原则,即认为有一个民族,由共同的文化、历史、语言维系在一起,渴望得到公众承认和主权,仍然是世界上的一股基本力量。接下来,我们来谈谈关于国族主义的一些核心论辩。

在此之前,我们不妨先来定义一些关键术语。**国家**(state)是指监管或管理以领土为基础的一群人口的治理结构或政治—行政结构。国家实施的政治控制可能是集权/集中化的,也可能是分权/去中心化的;它们的形式多种多样,取决于权力集中程度、领土控制范围、公共问责能力,以及是受宪法约束还是有某种形式的专制。

而**国族**(nations)是指一种共同体或群体。具体来说,国族据说分享共同的遗产、文化、历史和语言。国族包括许多较小的群体,如家庭、氏族、部落,也许还有各种族属或宗教。一个国族可以为其公民提供共同的身份,尽管存在许多地方的或特定的社会差异。国族不同于家庭、宗教、兄弟会、工会或政党之类的其他群体;它们通常包括这其中许多甚至所有群体。国族也不同于帝国,帝国包括多种文化,但可能并不分享共同的历史、语言、文化或身份。尽管国族的公民内部存在许多具体差异,但国族提供了一种共同的身份和归属感,至少作为一种愿望。像亲属共同体、族群共同体或宗教共同体一样,国族要求其成员付出忠诚和牺牲，但也要为他们提供认同感和归属感。

而**国族主义**（Nationalism）就是对国族作为基本或核心共同体的信念。正如社会正义运动（民权运动、女性解放运动、同性恋运动、社
310 会主义）一样，国族主义可以成为运动的驱动力或意识形态；例如，19世纪晚期和20世纪初的犹太复国主义就是欧洲和俄国犹太人的国族主义运动，旨在建立一个犹太人的祖国。西班牙的巴斯克运动和土耳其的库尔德运动都是国族主义运动的当代实例。

国族和国家并不总是彼此一致或相互关联的。大多数学者认为，直到18世纪和19世纪，**民族国家**（nation-states）才成为欧洲和美洲的显著组成部分。此时，具有可识别领土边界的强大中央集权国家与新兴的集体身份感相结合。此时似乎还有些新鲜的东西：国族被等同于"国民"（the people）；原则上包括所有至少出生在以领土为基础的政治共同体的人。这个国族共同体里的个体成员被想象成平等的公民。实际上，民族国家表达的理念就是一个社会作为一群自治的国民。

我们应该强调现代国族的两个维度。其一，国族意味着国民有权行使人民主权。其二，国族还渴望成为一个具有文化独特性的共同体，不同于其他所有共同体，其他所有国族共同体。因此，现代国族主义究其核心，在民主化的冲动和沙文主义的倾向（我们的国族利益高于其他所有国族的利益）之间，存在某种张力。

由民族国家组成全球秩序，这种现代状况在历史上是独一无二的，对此很少有学者会怀疑。今天，几乎全人类都被组织成主权民族国家。新的国族仍在创建中，例如最近增加了南苏丹共和国。民族国家相互承认，并得到各种国际机构的承认，从联合国到世界银行以及

数千个非政府组织和国际非政府组织。

然而，对于国族是否在历史上也是独一无二的，或者说只有现代特有，人们并没有达成一致意见。对于一些学者，即所谓的永恒论者（perennialists）来说，国族是社会产生的，但它们并不是现代时期所独有的。英国社会学家安东尼·史密斯提出，国族的历史悠久，早于18世纪。[1]它们的根源在于族群共同体，而族群共同体和国族共同体之间的界限是模糊的。例如，史密斯认为，几乎所有国族都通过共同族裔血统的神话来塑造身份。这种世界观诉诸起源、黄金时代、敌人和英雄、失败与胜利，并表达了对集体复兴或解放的希望。这些神话强大有力。史密斯说，国族主义神话赋予了寻常生活一种超然的意义；它们将某种神圣的意义赋予这片土地及其居民、英雄人物、划时代的事件、战斗、地点以及文献。想想美国人崇拜乔治·华盛顿、《独立宣言》、《宪法》、亚伯拉罕·林肯、富兰克林·德拉诺·罗斯福和马丁·路德·金的方式。在现代世界中，国族主义意识形态经常扮演宗教信仰在过去所扮演的角色。作为公共信仰的宗教遭到侵蚀或削弱，加上科学和意识形态政治没有能力填补这一空白，为作为一种强大的现代信仰的国族主义开辟了道路。从这个角度来看，国族并非现代所独有，而现代性与过去的文化决裂也并不那么显著。

有些学者对永恒论者提出异议，主张族群共同体是原型国族主义 311
的（protonationalist），但不是真正的国族。独特的国族主义运动和意识形态的形成，属于从"传统"社会到"现代"社会的巨大转变的一部分。诚然，国族利用的民族宗教文化资源可能有数百年甚至数千年的历史（例如塞尔维亚、以色列、巴勒斯坦）。然而，只是在最近几个世纪，在中央集权主权国家的背景下，国族主义和作为包容性共同体的国族才在全球范围内得到巩固。更具体地说，国族主义是对与工业资本主义、现代科层制国家、大众教育、民主化和世俗主义相关的全面变革的回应，也是全面变革的组成部分。此外，现代论者（modernists）还将国族视为日益世俗、多元和流动的社会世界中的文化整合力量。最有影响力的现代论者是人类学家本尼迪克特·安德森，他的观点引发了广泛而富有成效的论辩。[2]

有关国族本质的问题困扰了学者们很长时间，并继续引起很多论辩。鉴于大多数民族国家的特点就是极具社会多样性，我们应该如何看待国族？是居住在特定领土上的个体或公民的总和吗？它是由一个社会的所有共同信仰和价值观组成的吗？是国家或某个统治阶级制造出来的一种幻觉吗？

安德森提出了一个巧妙而令人信服的观点：国族是一种想象的共同体。想象的并不意味着就是不真实的或幻觉性的，而是以某种方式有能力成为人们生活中切实存在的社会力量的观念，因为不管怎么说，我们为这个观念做出了牺牲，有时甚至是献出了我们的生命。安德森推论道，与家庭或兄弟会不同，我们永远无法认识组成一个国族的所有公民。尽管如此，我们相信，或者至少我们中的许多人相信，所有（比如说）美国人都有相似的想法和感受，归属于美利坚共同体。

因此，国族是有关归属的一种观念和感受，跨越一系列社会差异而共享。国族是一种特殊类型的想象共同体。这是一个“横向团体”（horizontal fellowship）；国族成员被视为国民（nationals）彼此相似或平等。此外还假设，公民分享团结意识，因为他们都属于一个国族共同体。但这种横向团体是一个有限的、有边界的共同体。例如,它不包括全人类,甚至不包括只是生活在自己国界之外的人。它可能不是最大或最具包容性的想象共同体。一个教会甚至一个族群可能涉及更多的人——想想天主教会或穆斯林社群/共同体。最后,国族也不像想象的族群共同体之类,它是主权或自治的。这意味着它原则上不受制于外部的什么权威。各个国族都渴望独立和自治。

哪些社会力量有助于说明国族在现代世界中的起源?而且,为什么它们会成为当前全球秩序中不可或缺的决定性特征?

我们不妨先来讨论最后这个问题。安德森给出了一个直截了当的阐述:国族提供了一种集体的认同感和归属感。在许多前现代社会中,通常严格划分出精英和大众,国王和教会创造了一种政治和文化共同体感。无论是政治共同体,还是宗教共同体,都建立在基于宗教的世界观上,特别是创世神话和神圣血统的谱系。安德森认为,“现代化”,或与工业资本主义和城市化相关的动力机制,撼动了宗教神话信 312
仰和信念的中心地位,这些信仰和信念在前现代社会中充当了神圣的帷幕(sacred canopy)。这类共同体遭到破坏后,导致人们寻找集体身份和团结的新理据。国族这种想象共同体,以其横向共同体和民众统治的乌托邦主义,为基于宗教的共同体提供了替代品。

是什么让现代化催生了国族?安德森确定了两种关键的动力机制。首先,报纸、杂志、期刊和小说的广泛流通(或他称之为“印刷资本主义”[print capitalism])有助于产生一个国族共同体。缘何如此?历经18、19世纪,印刷材料越来越多地使用普通民众的语言,而不是拉丁语或什么玄秘的专业语言。这就促成了一群共同的公众或

“国民”。同时,大规模生产白话印刷新闻,使同一个领土国家中的不同城镇、村庄、城市和地区的普通人能够阅读相同的事件及其发展。个人可以假设其他人,所有参与某个阅读公众群体的匿名的其他人,都知道同样的事情,分享关于过去、现在和未来的基本观点,并相应地发展出一种属于同一国族共同体的感觉。换句话说,在大众识字时代,印刷资本主义有助于在公民之间建立一种横向团体。

然而,大众化的阅读公众群体只是创造了分享共同世界的可能性;还必须动员和塑造这个公众群体,以宣称作为一个国族的身份。换句话说,在一个公众群体成为一个国族之前,还必须有一股宣扬国族主义意识形态的社会群体或运动。这里我们就来到了安德森的说明的第二部分。国族主义背后的驱动力是什么?安德森的回答是:克里奥尔人(Creoles)。

这个词指的是大约从16世纪到18世纪到美洲拓殖的欧洲人。在此期间,西班牙,或者说伊莎贝拉和弗朗西斯的王室,渴望成为可以与英国、法国和荷兰相抗衡的世界强国。西班牙着手殖民美洲。西班牙王室凭借其坚船利炮,从欧洲各地派遣拓殖者对美洲实施征服、掠夺、拓殖和开化。克里奥尔人就是最初的欧洲拓殖者的后裔。他们是在墨西哥、佛罗里达、古巴、南美和北美殖民的欧洲拓殖者的孩子。克里奥尔人继承了殖民特权;他们繁荣兴旺,强大有力,将欧洲基督教文化带到了美洲。随着时间的流逝,克里奥尔人不再认为自己是西班牙人或意大利人,更多地自认为他们称之为家的美洲当地的公民。然而,尽管一些克里奥尔人变得强大,却被剥夺了对政治权力杠杆的控制,这些杠杆仍然掌握在王室及其殖民地管理者手中。

在美洲各地的一个又一个殖民地中,由于克里奥尔人的经济和社会力量不断增强,但始终缺乏政治权力,不满情绪渐趋恶化。不满导致了冲突和对社会变革的渴望。由于克里奥尔人的数量相对较少,他们与部分当地人口结成联盟,通常是拥有大量追随者的首领。为了获得当地人口的支持,克里奥尔人诉诸国族主义意识形态,或者诉诸下述观念:起义的目的是将权力从殖民当局转移到“人民”手中。换句 313
话说,国族主义的论调获得了广泛的民众支持。因此,18世纪晚期到19世纪初期美洲的反殖民起义就属于国族解放运动。

结束殖民统治只是这部转型戏剧的第一幕;终局则是转移政治权力并建立一个主权国族。这需要将统治手段或者说国家政权(state)从殖民当局转移给被殖民者。掌控国家不仅涉及夺取对正式统治机构的控制权,它还需要接管一种政治文化,在这种文化中,当地人口大多是臣民,而不是公民。在这方面,安德森认为,殖民统治从来都不是仅仅通过武力或武力威胁来运作的。殖民地国家部署各种手段来安抚和统治充满抵抗情绪的当地人口,而后者代表着压倒一切的多数。例如,许多殖民政权依靠人口普查,人口普查提供了有关人口的统计图绘(年龄、家庭规模、地区);人口普查还可以将当地人口划分为不同的种族群体或族属群体,而这些分类在当地人中原本可能不存在或仅有微弱的呈现。然后,这种分类可以用来分隔当地人口并助长对立,因为有可能招募某个群体与殖民国家合作,以换取地方权力和特权。总而言之,无论政治权力向国民转移那一刻是多么充满胜利意味,如果政治文化没有发生相应的转型,其殖民遗产就会延续,产生各种各样的问题和挑战(我们很快就会看到)。

事实证明，安德森的思想具有巨大的影响力，当学者们将注意力转向后殖民国族主义的历史和社会学时就尤其如此。学者们考虑他的一般理论观念，同时也试图评估他关于国族主义的具体经验主张。

简而言之，鉴于安德森在阐述国族主义时以美洲为中心，拉美研究学者提出了一些极为尖锐的批评。大致说来，他们对安德森的历史分析的诸多方面提出了质疑。[3]与安德森说的相反，独立运动（大约1810年至1825年）是由拿破仑占领西班牙导致的西班牙王室危机引发的，与其说是国族主义，不如说是宣示宽泛的“美洲”认同，以反对某种欧洲沙文主义。此外，安德森错误地淡化或忽视了地方、区域、族属、省域和种族等维度身份的重要性，这些身份比国族主义的欲求更重要。事实上，批评者认为，真正的国族意识直到19世纪中叶才出现，并且当时也只是在精英中出现；直到20世纪中叶，国族才真正成为一种想象的共同体。而且，虽然印刷资本主义在19世纪发挥了作用，但那已经是在独立之后很久了。许多学者更加强调，在创造国族身份感的过程中，咖啡馆和沙龙的传播，服装、音乐、食物、口音，以及民事和宗教仪式与节日，都发挥了重要作用。最后，与欧洲部分地区不同，在拉丁美洲，先有国家再有国族，是独立后几十年提倡国族主义的一股重要社会力量。

尽管这些经验批评很重要，但它们并不一定对安德森观点的理论
314 核心构成挑战。帕莎·查特吉在《国族及其碎片》一书中，在更具理论性的层面上讨论了安德森。[4]根据查特吉的说法，安德森有时似乎将国族主义转化为国族的过程化约为一个政治过程，或者涉及将一套政治—行政体系（即国家）从殖民强权手中转移给当地人口。而且，

即使他引入了一种文化动力机制,也只是强调国族主义者在不知不觉中吸收了大部分殖民文化。查特吉认为,安德森未能充分理解各殖民地国族的国族主义运动与其西方对应运动之间的差异。前者往往是反西方的;这意味着反殖民独立运动会使有关国族身份的文化建构在政治转型过程中同样占据核心地位。如果说有关变革的文化规划是后殖民国族主义的核心,就意味着有一种本土文化在殖民统治下维持了生存,这是安德森未能考虑到的。当地人可能被迫放弃物质权力(例如对土地、劳动力和统治机器的控制),但他们抵制文化殖民主义。尽管欧洲殖民统治大部分肩负着文明化的使命,但与亲属关系、性别、真实自我的观念、宗教信仰、语言、艺术等有关的本土文化传统仍然存在。这个“精神”领域在殖民主义之下幸存下来,是塑造国族身份的材料。因此,后殖民国族通常会融合西方殖民政治—行政结构和当地文化传统。

查特吉提到印度如何将女性同时理解为传统和现代性的标志,以此来说明他的文化抵抗观念。印度的父权制传统虽然经常得到国族主义者的捍卫,但对于英国殖民者来说,却是落后和压迫的。在他们看来,通过仁慈的殖民“指导”推行的现代化将解放女性,因为它将赋予她们新的权利和应享资格。

查特吉对这种两极化论辩提出了异议。他认为,绝大多数国族主义者将女性想象成既是丰富的印度传统的一部分,又是现代的,但并没有将“现代”消解为“西方”。国族主义者想象中的新女性在尊重家庭或心怀虔敬方面是传统的,但在接受教育和参与公共生活方面也是现代的。简而言之,国族主义者寻求一条变革之路,想象一个后殖民时代的印度，在其中，有关女性之道的传统观念将与印度当前转型中的新思想融合在一起。

对于一些学者来说，安德森将国族视为某种想象共同体的想法和查特吉笔下的“精神领域”过于偏重文化主义思路。说到底，国族不仅仅是一个理念，而是一个有领土边界、公民、机构、法律、军队等的物质现实。这些现实难道不应该在我们有关国族的阐述中占据突出地位吗？而且，尽管话语、表征和叙事建构了一个国族，但国族不也是通过排斥和压制而形成的吗？（当时的）年轻学者约瑟夫·马萨德正是持有这种立场。在《殖民效应》一书中，马萨德旨在重提国家机构在塑造后殖民国族中的作用。[5]具体而言，他强调了法律和军队在锻造国族中的作用，既是生产性的，也是镇压性的。

马萨德提出了新国族形成的“模式”。他确定了四个环节或阶段。首先，某个外国势力确立了支配地位。一个殖民国家逐渐发展成熟；边界建立，治理体系就位，与持同情立场的当地精英结成联盟，等
315 等。其次，出现了反殖民独立运动，要求转移政治权力。国族主权得以确立，但殖民地国家的治理体系在很大程度上被保留。第三，国族经历收缩或扩张；新领土被吞并或丧失；要么合并新人口，要么固有的公民被排除在国族地位之外。第四，社会动荡和冲突长期存在。关于国族身份，关于哪些群体最能代表国族，哪些群体威胁到国族地位，斗争不断。可悲的是，内战往往是后殖民国族面临的命运。

作为中东问题专家，马萨德用约旦来例示他的想法。简而言之，在第一次世界大战之前，约旦并没有作为一个国族存在；它是奥斯曼帝国的一个省。随着奥斯曼帝国的失败，英国人被新成立的国联授

权创建一个国家/国族。1921年，成立了外约旦（TransJordan）这个新国家/国族；英国人接着确立一个殖民国家（state）。约旦将是一个君主立宪制国家；英国提供了法律和边界，并扶植了阿卜杜拉国王（King Abdullah），一位持同情立场的盟友。本地反叛被击败，到20世纪30年代，国王依靠英国的军事力量和对贝都因人等关键社会群体的补贴来稳定国内事务。1946年，约旦被正式授予主权；而50年代的民粹主义起义最终将英国人赶出了约旦。

众所周知，1948年，联合国正式宣布，巴勒斯坦领土应分为犹太国和阿拉伯国。巴勒斯坦人拒绝了这一法令，并与以色列开战（1948年5月宣布）。但他们被击败了，以色列和约旦之间达成了一项协议；约旦将吞并属于巴勒斯坦领土的约旦河西岸（West Bank）。换句话说，阿以战争导致约旦国界大幅扩张，并增加了数十万新公民，也就是那些住在约旦河西岸或在战后避难的巴勒斯坦人。

到了20世纪60年代，国王试图通过与强大的贝都因部落结盟来巩固他的统治。虽然巴勒斯坦人已经融入社会，许多人日子也过得挺红火，但也出现了新的好战情绪，主要针对以色列，不过也针对约旦对约旦河西岸的统治。巴勒斯坦人认为这片土地是他们家园的一部分。1970年，内战爆发，国王与巴勒斯坦武装分子对抗。后者被击败，其领导人被迫离开约旦。在这场战争之后，国王依靠军事、法律和通俗文化来创造一种明确反巴勒斯坦的约旦身份。换句话说，人们想象约旦身份的方式，突出的是贝都因文化、部落主义、公众虔诚和遵奉国王。巴勒斯坦变成了他者：危险的、侵略性的、世俗的、不守规矩的。法律被用来界定公民权，排斥或削弱巴勒斯坦人。同样，军队成为培养忠于国王和国族的约旦国民的关键机构。

最后，随着巴勒斯坦解放运动变得更加强大，并作为巴勒斯坦人的合法代表获得国际承认，约旦不得不将西岸的控制权交给巴勒斯坦解放组织（Palestine Liberation Organization，简称PLO，巴解组织）。随后约旦的边界缩小，公民流失，因为许多巴勒斯坦人宣布效忠巴勒斯坦国族。

通过这段非常粗略的勾绘，我们可以体会到，国族的打造是一个异常复杂的过程。战争、内乱、地区政治以及国内权力斗争塑造了一
316 个国族的基本特征，例如其边界、人口统计特征、政治文化和集体身份。在安德森、查特吉和马萨德的作品中，我们也意识到新的国族极其脆弱，因为国族地位的基本要素（边界、国族身份、法律、政治代表和问责能力）是时有加剧的冲突和斗争的焦点。新国族的阴暗面是本章的最后一个主题。

一旦完成主权移交，就必须面对作为一个独立国族展开运作的几乎无法克服的挑战。需要处理的关键任务包括：确立国族身份，制定国内和国际议程，并协调确定与殖民传统和前殖民传统之间的关系。面对这些挑战，后殖民国族经常屈服于国内暴力。在本节中，我们来评点试图说明这些国族动荡历史的两种视角。

如果说新国族有一个中央舞台，那就是非洲。在1880年之前，非洲没有任何民族国家。从19世纪80年代到第一次世界大战，英国、法国、比利时、德国和意大利从非洲大陆中切分出大约40个民族国家（今天有54个非洲国族）。到20世纪晚期，非洲殖民主义已经全部终结。然而，可悲的是，独立往往伴随着暴政、战争和种族灭绝。政治学

家和非洲学家马哈茂德·马姆达尼试图说明这段动荡的历史。[6]

殖民列强几乎在每个非洲国族都建立了两级政治行政体制或殖民国家。殖民者将由民法和独立法院统治,并享有完整的法律权利和公民地位。与此相反,被殖民者则受习惯法的约束。这一点需要做些说明。从殖民强权的角度来看,实施统治的唯一途径是依靠当地精英,他们将获得特权以换取交付秩序。这种殖民统治模式被称为"间接统治"。大多数当地人居住的乡村被划分为地区和部落;每个部落都由一个部落显贵或酋长直接领导。他们确定了部落的习俗,这充当了他们的法律。这些部落首领往往冷酷无情;部落之间存在着残酷的对立,因为它们在殖民国家下争夺稀缺的特权和地位。

在殖民地非洲,殖民者和当地人之间存在着巨大的分裂。前者是欧洲人、基督徒和白人,是统治者和公民,而当地人是种族化的、劣等的殖民地臣民。然而,一些当地人被招募来帮助管理殖民国家。通常,欧洲人会依赖特定的部落或族群,给当地分裂煽风点火。在殖民者眼中,这些当地盟友仍然是当地人,仍然是种族化的劣等臣民。但对于那些被排除在殖民国家有限机会之外的部落或族群来说,把当地盟友视同为殖民者而予以鄙视。

这种双层殖民秩序在非洲国族中普遍存在,并在独立后持续存在。马姆达尼认为,当代非洲的内乱大部分可以由这种殖民遗产来说明。例如,在卢旺达,马姆达尼认为欧洲殖民者(法国和比利时)招募了作为少数族群的图西人(Tutsi)来帮助治理,因为他们被认为比多数族群胡图人(Hutu)受过更好的教育,更值得信赖。在几十年的时间里,图西族在被殖民者中享有特权地位。胡图人将他们视为"拓殖 317

者”或大致相当于欧洲人。换句话说，被殖民者采纳了殖民者的两分种族化文化。但现在图西人被定义为“拓殖者”或殖民者。你可以想象，图西族和胡图族之间的这种文化分隔助长了这两个族群之间的仇恨。当胡图族在1994年发起叛乱时，现在作为独立后卢旺达的统治精英的图西族成为敌人。随之而来的是难以言状的种族灭绝暴力；在大约100天内，近100万人被屠杀。

如果说种族灭绝和族群清洗在非洲各地都有发生，那么内战就是更常见的命运。马姆达尼认为，殖民秩序及其间接统治的政制有助于说明这一结果。非洲国族主义运动取得成功后，面对的是在根深蒂固的部落分裂基础上建立起来的社会秩序。此外，一个国族内部众多部落和族属很少或根本没有共同生活的历史；它们几乎没有共享的传统，甚至往往没有共享的语言。殖民强权的突然撤退留下了政治真空。在一个由敌对部落和族属组成的社会中，没有或很少有公民权和民事解决社会冲突的历史，如何能够锻造出一个国族？

在最好的情况下，后殖民国家使国家去种族化，也就是说，所有当地人都成为公民。然而，单薄的公民意识往往被习惯法统治仍然持存的厚重的部落与族属文化所淹没。独立对遏制部落分裂和敌对情绪几乎没有作用。政治和公民生活的公共领域很容易成为社会冲突和暴力加剧的空间。在这种情况下，政治往往被化约为最糟糕的形式，即暴政或内战。除非正式的公民身份与结束部落和族属分裂以及习惯法传统相结合，否则独立带来公民进步的可能性很小。

欧洲殖民主义改变了地球的面貌。一些学者估计，到第一次世界大战时，大约80%的文明世界处于屈指可数的少数欧洲帝国主义国家的政治支配之下。在许多方面，这样的世界随着第一次世界大战而结束。这是否意味着殖民主义宣告终结？不，但殖民主义和国族主义的动力机制在20世纪完全不同。在《发明伊拉克》一书中，英国社会学家和中东问题专家托比·道奇探讨了这种改变的模式。[7]

伊拉克的领土在第一次世界大战之前一直处于奥斯曼帝国的统治之下。此时，伊拉克还不是一个国族，而是由奥斯曼帝国的三个省组成——北部的摩苏尔、中部的巴格达和南部的巴士拉。每个省都有自己的文化和历史。例如，巴士拉主要是什叶派，而巴格达是逊尼派，摩苏尔主要是逊尼派，但也包含混合的各种族群，如阿拉伯人、库尔德人和土库曼人。库尔德人不是阿拉伯人；他们有自己的语言和传统。

在第一次世界大战中奥斯曼帝国战败后，英国和法国想要吞并中东的土地。胜者赢得战利品，这是欧洲殖民主义的指导精神。但舞台上出现了一个新的国族强权，那就是美国，它排除了旧式殖民主义。威尔逊总统阐述了应该主导新世界秩序的新原则：所有国族的主权都应得到尊重。因此，新成立的国际联盟没有对阿拉伯土地实施殖民， 318
而是授权英国和法国创立国族并指导它们的独立之路。一种新的体系取代了殖民主义：委任统治制（mandate system）。第一世界的国家将创造新的最终会享有主权的国族。

英国被授权建立伊拉克这个国族。为此，英国统一了这三个省，似乎不知道这些地区代表了非常不同的族属、宗教和部落身份与忠诚。请记住，这些省份几乎或根本没有作为一个国族运作的基础。例如，虽然大多数是穆斯林，但逊尼派和什叶派有着悠久的对抗和竞争历史。不仅如此，许多伊拉克什叶派认为自己是波斯人，而许多逊尼派是阿拉伯国族主义者。此外，逊尼派又进一步分裂为阿拉伯人和库尔德人，代表具有不同国族主义欲求的不同族群共同体。

除了这些地区、族属和宗教差异外，还有深刻的部落分歧。英国人通过建立间接统治制度来加强部落。部落成为其新殖民主义议程的基石。酋长统治着部落，通常以铁腕治理。部落提供了经济安全和归属感。英国统治伊拉克，一定程度上就是通过控制强大的部落酋长。

虽然英国人在战后创建了伊拉克这个国族（扶植国王，制定宪法和法律等），但伊拉克实际上远非一个国族。要成为一个国族，这个社会必须解决根深蒂固的部落、宗派和族属对立。伊拉克成为一个阿拉伯国族？那库尔德人怎么办？或者成为一个穆斯林国族，那么基督徒和犹太人怎么办？逊尼派和什叶派之间的分歧又怎么办？它是该以西方为导向，还是一个阿拉伯国族？

1932年，伊拉克宣布独立。英国人撤退了，但他们留下了模棱两可的遗产。一方面，他们加强了作为农村秩序堡垒的部落的力量。另一方面，他们缔造了一个强大的国王和中央集权的国家，以便为国族秩序提供一个框架。在20世纪50年代，君主制让位于共和国，但国族的稳定和一致性继续依赖于与主要部落结盟的强大领导人。一个又一个独裁者统治着伊拉克；萨达姆·侯赛因是最后一个，掌权近25年。他通过扩充完善一个压制性的安保国家，与逊尼派和主要部落首领结盟，在自己周围促进个人崇拜，并利用伊拉克的丰富石油来维持腐败的庇护体系，就此实现这一目标。

在萨达姆统治下，伊拉克从未成为一个国族。可悲的是，在美国推翻萨达姆之后,这一点就更明显了,宗派、族属和部落仇恨爆发为一场旷日持久的内战。这场内乱在很大程度上是英国殖民主义留下的遗产。

推荐书目

Roger Brubaker, *Nationalism Reframed* (Cambridge: Cambridge University Press, 1996).

Partha Chatterjee, *Nationalist Thought and the Colonial World* (London: Zed Books, 1986).(帕尔塔·查特吉,《民族主义思想与殖民地世界:一种衍生的话语?》,范慕尤、杨曦译,译林出版社,2007)

Eric Hobsbawm, *Nation and Nationalism since 1780* (Cambridge: Cambridge University Press, 1990).(埃里克·霍布斯鲍姆,《民族与民族主义》,李金梅译,上海人民出版社,2020)

Jyoti Puri, *Encountering Nationalism* (Oxford: Blackwell, 2003).

Anthony Smith, *The Ethnic Origins of Nation* (Oxford: Blackwell, 1986).

参考文献 319

1. Anthony Smith, *Nationalism and Modernism* (London: Macmillan, 1998) and *The Ethnic Origins of Nations* (Oxford: Blackwell, 1986).
2. Benedict Anderson, *Imagined Communities* (London: Verso, 1983).
3. 有关拉美研究学者对安德森的批评,参看Sara Castro-Klaren and John C. Chasteen, eds., *Beyond Imagined Communities* (Baltimore, MD: Johns Hopkins Press, 2003)。
4. Partha Chatterjee, *The Nation and Its Fragments* (Princeton, NJ: Princeton University Press, 1993).
5. Joseph Massad, *Colonial Effects* (New York: Columbia University Press,

2001).

6. Mahmood Mamdani, *Citizen and Subject* (Princeton, NJ: Princeton University Press, 1996) and *When Victims Become Killers* (Princeton, NJ: Princeton University Press, 2002).
7. Toby Dodge, *Inventing Iraq* (New York: Columbia University Press, 2005).

第二十二章 320

杰弗里·亚历山大：在幻灭时代重构民主理论

亚历山大的理论阐述跨越了从20世纪70年代末到现在的关键几十年。正是在这段时间里，社会学被制度化、专业化，并在全球范围内被公认为社会知识的一种合法形式。

他的作品讲述了居于社会学特别是社会学理论核心的一种张力：始终被驱动着要追求一种一般理论，能够一劳永逸地确立科学连贯性和合法性，但却遭到了异口同声的批评。最初，批评者针对的是帕森斯式的结构功能主义、系统理论以及“科学马克思主义”，但到了20世纪90年代，社会和文化思想中出现了后现代转向，对所有提供有关社会的普遍有效理论的努力都提出了挑战。

时移势易。启蒙运动对科学和社会进步的信仰，事实上包括理性可以获得关于实在、道德或美的普遍真理的观念本身，都受到了怀疑。从后结构主义者到身份理论家，信奉严格的历史主义的保守思想家，以及来自去殖民化世界的声音，各路批评者“揭露”了普遍性主张背后特定的西方价值观和理性。对于启蒙运动信仰的强硬捍卫者来说，

90年代十分艰难。

不过，尽管经历了坎坷时期，但丰富的文化传统往往持韧存在。而且，最近，对历史主义和地方主义的不满，以及/或者对排他性的语域专属性思考的不满，导致一些思想家重新考虑更具雄心的理论阐述。今天，我们看到有人试图重申一般理论的中心地位，同时并不回到经典和当代社会理论的宏大传统。亚历山大的理论阐述体系具体展示出，在似乎转向一个更加多极化的全球化世界之后，理论阐述抱持的许多欲求，面临的不少困难。置身这样的世界，对于理性启迪并推动社会势力民主化的力量，美国人和其他西方思想家已不再信心满满。

321 有关社会的基础主义理论初探

杰弗里·亚历山大以他的第一部著作《社会学的理论逻辑》(1983—1984)[1]宣示了他作为一名年轻社会理论家的雄心壮志，整整四卷！这本书的宗旨最起码是提供知识基础，以解决20世纪七八十年代社会学中持续的争议和两极分化。在将孔德、马克思、涂尔干和塔尔科特·帕森斯联系起来的宏大社会学规划的激励下，他试图提出一种新的但骨子里仍是帕森斯风格的综合，来维护同时改造这一宏大传统。宏大理论最大的雄心，就是寻求一种通用语言，以捕捉社会生活最为核心和基础的要素与过程，适用于过去和现在的所有社会。

在70年代末和80年代初的背景下，这一雄心在许多方面符合时代精神。虽然帕森斯式的社会学正在失去其在美国社会学中心的地位，但还有其他基础主义的理论，比如伯格和勒克曼论现实的社会建构，柯林斯的冲突理论，或彼得·布劳论不平等和异质性（参见第五章和第六章）。每个理论家都寻求一种语言来统一社会学，希望为属于科学进步和经验进步的时期搭建舞台。

当时，有两大分歧贯穿整个学科。首先，社会学家在那些拥护以冲突为中心的社会学和以秩序为中心的社会学之间两极分化。其次，他们在研究社会生活时，在个体主义思路和集体主义思路之间两极分化。亚历山大试图通过塑造一种"理论逻辑"来解决这些争端，该逻辑将提供一个综合框架，整合这些立场中的每一个。他认为，当代理论的问题在于它不够多维和包容。

我不妨说明一下。亚历山大认为，支撑社会学家之间两极分化的分歧的，是两个基础性的预设问题。

首先，没有关于社会行动的某种理论，就不可能思考社会生活。无论我们研究的是穷人还是性别不平等，我们都会就人们为什么会如此行事抱有一些预设。例如，某些社会学家（冲突理论家或交换理论家）说，行动是讲求合理性的，或受理性引导的，旨在促进我们的自我利益或帮助我们适应环境。其他人有不同意见，认为人类的行为与其他动物物种不同，是与理性无关的，或者是符号性的，也就是说，受到价值观（帕森斯主义者或涂尔干主义者）或宗教与政治意识形态提供的超验性道德愿景的激励。而亚历山大的立场是，我们不应将行动视为要么合理性的要么符号性的，而应当视为两者兼而言之，并相应地调整我们的概念和研究策略。

第二个基础议题的核心是如何说明社会秩序。对于一些社会学家来说，是个体与他人联合产生社会稳定，包括制度的形成。但是，同样也有另一些理论家认为，社会秩序在很大程度上是集体力量的产物，例如不能化约为个体行为的资本主义经济、劳动分工或宗教文化。至于亚历山大的观点，你可能推测出来，是这些立场彼此互补，而不非
322 得相互对立。社会学家之间的许多分歧反映出，他们对行动和秩序本质的观点是狭隘而片面的。多维社会理论为社会学家提供了一个统一的、包容的框架，鼓励社会学家继续将理论与研究联系起来。

亚历山大早期的理论阐述得到的接受效果可谓褒贬不一。观点主张抱负宏大，论述清晰，力求整合，这些都值得一定的关注。然而，他如此依赖帕森斯式的一般思路来看待理论和社会，与时代精神步调不一。人们怀疑统摄全局的理论，特别是怀疑似乎强调社会秩序和整合的理论，以及定位如此高度抽象的理论，它自然遇到了很多阻力和批评。

到了20世纪90年代，基础主义社会理论的规划陷入危机。有关一般理论、普遍真理的“现代”规划，以及对抽象理性与社会进步之间紧密联系的信仰，逐渐丧失可信性。与德里达和福柯相关的法国后结构主义（第十一章和第十二章），以及与女性运动、男女同性恋运动和反种族主义运动相关的身份政治（参见第五编），相伴而生的这两股力量打破了将理性、科学、普遍真理和解放维系一体的被视为理所当然的观念。后现代主义和全球主义的时代要求人们清醒地关注西方动荡的历史和政治，包括“西方理性”。一般理论和客观性似乎已经过时了；关注社会背景、历史和自身伦理—政治意义的局部或“语域”

层级的理论。从这个角度来看，亚历山大的《社会学的理论逻辑》属于另一个时代，一个现在已经逝去的时代。

亚历山大本人正在应对这些变化。引人注目的是，他放弃了复兴和重建帕森斯式理论作为新功能主义社会学的努力。不过，他确实保留了两点关键的帕森斯式立场。首先，根据他的理解，指导任何理论和经验研究都需要范畴和前提，而要思考这些范畴和前提，一般理论就是不可避免的，必不可少的。在这方面，他仍然是一名忠诚的帕森斯主义者，但我们下文就将看到，他现在正在构想一种后基础主义的理论阐述。其次，他从帕森斯及其传人那里获得了这样的观点，即文化作为一种生产着意义也饱含着意义的社会力量，是社会生活的核心。社会学必须以文化为中心，但既不放弃结构分析，也不忽视文化分析的历史性和伦理—政治含义。

有关社会的后基础主义理论初探

在20世纪90年代及之后，亚历山大逐渐转向文化性社会学(cultural sociology)方面的工作。这项工作部分是由于他对“文化社会学”(sociology of culture)的不满，后者是大多数社会学家讨论文化的方式。这种视角侧重于分析意义，视之为社会结构和权力动态的产物或表达。例如，马克思主义和批判理论的各种潮流，包括英国文化研究和布尔迪厄，都是更多地关注文化意义的阶级生产或亚文化生产，以及它们在意识形态上的意涵，而不是它们的实际逻辑。当然，

文化意义，例如符号、话语或叙事，都植根于社会环境，并结合阶级、
323 种族、经济模式和国家行动者等社会力量而发展成型。但亚历山大主张，文化意义不能化约为它们的社会结构起源或背景，或者说由后面的因素来充分阐述，仅仅关注后面的因素。

针对文化社会学家，亚历山大提出了文化"相对自主性"的观念。文化意义，比如价值观、符号、符码、叙事、宗教、道德世界观或政治意识形态，都是文化环境的一部分，往往是由来已久的传统的相当一部分。换句话说，符号和意义是结合生产出它们的文化基体（cultural matrix）而形成的。例如，新教改革者最初回应的不仅是天主教会和世俗国家的权力，而且针对可以追溯到早期犹太教—基督教传统的丰富文化历史。这种宗教—文化历史有其独特的文化结构或关于真实和神圣的假设，它自己的教义教条、张力和分裂的历史，以及它自己的风格和论辩语言。例如，新教所属的宗教传统遵行一神论，遵行神圣领域和凡俗领域之间的符号分隔，遵行以上帝、魔鬼、拯救与救赎为核心的独特符号体系。

根据亚历山大的说法，文化性社会学应该以理解意义及其逻辑和对社会生活的影响和意涵为中心。我们不妨就考察他著作中的一个例子。亚历山大撰有《文化性社会学的承诺：技术话语与神圣和凡俗的信息机器》一文（1993），[2]文中质疑当时流行并得到社会学和马克思主义主流支持的观点，即计算机化和机器化在西方社会不断扩散，指向一个日益由科学—技术理性支配的社会世界。不少思想家认为，机器正在成为历史的驱动力，它们的工具理性思维模式将提供模板，塑造人们如何思考，如何相互联系以及与环境联系。许多社会学家相

信，至少在美国和西欧，我们正在进入一个新的时代，宗教和道德理想主义的吸引力正在从公共领域消失，要么局限于私人生活，要么被隔离在教会或教派之内。但亚历山大认为，机器化，无论是工业驱动还是数字驱动，都必须在其文化背景下，从不同群体与技术相维系的意义的角度予以理解。亚历山大研究了流行传媒中对计算机化的表征，观察到事实上机器并不只是技术上的东西，而是道德意义的载体；特别是在叙事和话语中，机器传达的是一种有关救赎和天启的语言。今天的计算机是文化悲观主义和批判的场所，也是谋求救赎和解放的希望之源。一场道德戏剧，连同市场化和权力斗争的动力机制，正在围绕当代社会中对于机器的体验而上演。

如果说文化社会学优先考虑社会结构，那么文化性社会学则优先考虑意义但不放弃社会背景。亚历山大说他的“文化性社会学强纲领”(strong program of cultural sociology)提倡一种双重研究思路。

> 第一步是分析意义的内在结构……也许，不同群体有多种意义，或者存在意义之间的内在矛盾……你重建好这些文化结构，就再把这些结构放回社会系统……然后你看看文化结构和制度逻辑之间存在哪些关系和张力。[3]

历经多年，这套文化性社会学理论已经变得非常复杂，层级细分， 324
依赖于文化符码、叙事性、话语和创伤(trauma)等观念。我们在转向他的公民社会理论时就将看到，其核心是符号结构这个观念，或者更具体地说，是二元文化符码(binary cultural codes)这个观念，这种符码嵌入叙事和话语，并且无意识地塑造了社会实践和组织的结构。最近，他又增加了“展演”（performance）这个观念。如其所言，“展演是时空中的符号行动。它们依赖于背景表征（符码、话语和叙事），并向与演员*/展演者相分离的受众投射意义。如此一来，通过用展演代替行动，我们聚焦于沟通”。[4]随着这种转向展演的变化，亚历山大扩展了他的社会学方法，将文化想象成一种深广的、多层次的沟通实践。它包括符码、话语和叙事，作为舞台展演的一种文化背景。演员/行动者投射意义（特别是公民领域的道德准则/符码[codes]），受众根据他们的社会利益、权力考量和文化地位，以多种多样的方式接收并处理它们。展演的影响是多层级的，其影响超出了预期。在这种拟剧论思路（dramaturgical approach）中，文化被想象成作为沟通行为的复杂、分层的社会展演。

在《政治的展演》（2010）一书中，亚历山大试图通过考察2008年奥巴马总统竞选活动来具体例示他的文化理论。从各方面来看，这都是美国政治中一桩意想不到的戏剧性事件。对奥巴马胜利的种种说明，只关注选民的经济利益，或他们的种族地位或阶级地位，都是片面的。总统候选人并不仅仅是将选民作为人口统计的特定类型来发出吁求，而是必须考虑并试图影响选民所抱持的那些意象及其表征。最近尤其如此，因为党派归属和家庭投票的做法愈发不太稳定，难以预测。因此，候选人必须阐述一种符号性、道德性的语言，说服选民他们在道德上是善良和值得信赖的，并且真正关心重要的民主价值观和理

* “actor”，即行动者。

念。正如亚历山大所言：

> 由于所有这些原因，谋求权力的斗争变得戏剧化。候选人努力向公民受众呈现令人信服的公民能力展演，而这些受众不仅在地理上，而且在情感上和道德上，都相距遥远。正是这些展演的成功，决定了白人、黑人、犹太人、天主教徒和女性如何分配他们宝贵的选票，而在竞选过程中，这些具有显著意义的人口群体的意见，会针对编码、叙事基调、隐喻、背景和展演做出回应，发生显著的变化。[5]

就此而言，奥巴马的胜利并不仅仅是因为他资金充裕，或是打造了一个由年轻选民、女性、非白人和自由派组成的强大联盟。他的竞选活动有效地塑造了一个令人信服的形象，即他是一个英雄人物，可以使美国超越两极分化，超越一个处于危机中的国族的集体感受。他成为救赎性民主理想主义的一个集结点，一个强有力的符号，而这种理想主义在布什政府的诸般失败后光彩渐褪。

对公民社会的理论阐述 325

在《公民领域》(2006)中，[6]亚历山大试图将他对文化性社会学的看法整合到有关公民社会的一般理论中。这是他最雄心勃勃的努力，在后基础主义的语域中，提供一套视野宽广的社会理论。

对公民社会进行理论阐述有着悠久的传统。从广义上讲，思想家们认为公民社会与国家和家庭并立，在经验上有所交叠，但在分析上可以区分。

从这个角度来看，国家是由政府、议会、国会、军队、选举、外交政策等组成的领域。国家关乎对正式权力的宣示和使用权力的权威，例如制定法律、社会政策或宣战；原则上，国家权力将用于增进国族的总体福祉。在国家领域，个体被承认为拥有权利、义务、特权和各种福利的公民。与此相反，家庭是一块私人领域。这是一个由个人纽带组成的世界，植根于血缘和丰富的情感亲密关系。在这种传统中，公民领域既不关乎国家权力，也不涉及家庭的血缘关系和亲密纽带。相反，公民社会关乎个体，原则上包括所有社会成员，他们追求自己独特的欲望、利益和抱负；它涉及个人对自己的个人和公民生活做出决定的自由，受到法律的保护，不受国家或其他个人的任意干预或骚扰。在公民生活中，个体可以锻造和追求自己的生活规划，想象不受其家庭或国家定义的生活，创造新的结社生活形式，表达自己的观点以及个人和社会梦想。

在许多社会理论阐述中，公民社会都是宏大社会希望和可能性的舞台。公民社会的观念中隐含着一种民主理想：个体渴望自由结社并创造自己的社会世界，他们由此可以主宰自己，塑造自己的命运。作为个体和群体追求自身利益和理想的领域，公民社会被视为冲突和社会转型的主要舞台。因此，马克思设想，通过阶级反抗来改造市民社会，最终会把工业资本主义社会转变为一种更具民主社会主义色彩的秩序。从亚当·斯密这样的自由主义思想家，到罗纳德·里根和玛格丽特·撒切尔之类的政治偶像，都认为将公民社会从国家和家庭控制中解放出来，将创造一个真正个体主义的、充满活力的社会和全球秩序。

亚历山大同样抱持着公民社会所附着的那些乌托邦式希望，但提出了有关这一领域的新的概念。他承认，这个领域与经济、国家或家庭等其他领域既有联系、重叠又相互分离。但是，尽管几乎所有的理论家都认为经济可能是公民社会的核心和驱动力，但亚历山大却没有。相反，他坚持认为，公民领域从根本上说是一个属于团结/连带(solidarity)的领域，充满了意义、情绪性(emotionality)和符号体系。公民团结是一种特别类型的团结，不是家庭、教会或政党的特殊主义纽带，而是一种关联性质或对于“我们性”(we-ness)的感觉，它跨越并包括构成社会生活的所有局部的、特定的社会纽带。公民领域体 326
现出或渴望着具备社会层面的包容性，形成一种超然的、兼容并包的团结。

> 公民领域不仅仅是法律保障的权利、私人结社和志愿团体。它也是一种感觉结构。它的界定靠的是有关团结的体验，靠的是对某人所属社会中其他所有成员的认同感，或者至少是同情。……**公民**团结……是普遍的而不是特殊的，不是基于爱、友谊或亲属关系的共同体，而是一个……社会共同体*，原则上超越

---

* 注意此处原文并非“social community”(与政治、经济、文化等横向并列的社会维度的)，而是“societal community”(与国家、个体等纵向分隔的社会层面的)，也就此保留了与帕森斯的密切承继关系。

> 任何特定的宗教、阶级、族属、种族、地区、性别和性相，拥抱有关全人类的理想。[7]

根据亚历山大的说法，公民领域，至少在西方和其他地方的发展过程中，呈现出一种道德普遍主义。也就是说，它体现出原则上所有社会成员都被包括在内并可以参与公民生活的想法。但有一个重要的资格线：只有那些同样具备被视为“好的”“神圣的”或“纯洁的”道德行为品质、动机与社会取向及理想的人，才真正被认为是公民生活的完整成员。

因此，对于亚历山大来说，公民领域关乎谁属于谁不属于；它关乎包容和排斥，关乎我们的希望和奋斗，以感受并成为一个广阔的社会共同体的一部分，这个社会共同体不仅赋予形式性的权利，而且赋予符号性的公民身份，即作为一个好人的道德地位。要了解公民领域的动力机制，研究者不仅要分析涉及利益冲突和权力斗争的社会学逻辑，还需要去分析包容和排斥的文化逻辑。

我们且来搞清楚到底在论证什么。如前所述，公民领域是一个由社会团结组成的领域，它关乎归属感和成员资格。归属感赋予权利、物质利益、尊重和尊严。

为了领会包容和排斥的文化逻辑，亚历山大引入了二元文化符码的观念，他认为这在经验角度上可识别，在社会维度上有效力，就此而言，是真实存在的，并且表达了某种道德和社会理想主义。这种文化符码规定了一些基本类别，从社会和道德角度对个体、群体、组织、机构和运动进行分类。这种符码深深植根于我们的制度、文化习俗和关系之中，大多是不自觉的，但构建了我们的思维和行为。尤值一提的是，这种符码主导了有关归属感和社会成员资格的政治。

所有公民社会都将其成员分为好公民和坏公民，或合乎公民的与反公民的（anti-civil），或在某些情况下，分为公民和敌人。公民生活创造了局内人（insiders）和局外人（outsiders），使前者享有特权，使后者处于不利地位。“公民”被想象成具有特定的动机、性格属性、社会价值观、关系方式和伦理政治理想，在文化上被标记为良好、正确和纯洁；他们值得作为完全得到承认的公民，获得应有的物质地位和符号地位。例如，好公民被视为讲求理性、善于自控、思想开放、为人诚实、思维独立、注重合作、政见宽容；他们严于自律，做事情能够考虑到他人的利益，并持有民主价值观。被认为具有这些品质的社会成员沐浴在善好、理性和公民意识的道德光环中。与此相反，反公民的公民或 327
敌人缺乏这些理想的特征；他们被认为是不诚实的、不坦荡的、懒惰的、寄生的、自私的、非理性的，有暴力倾向或权力贪欲。因此，他们被归类为坏的、不可信的、暗中破坏的和危险的。根据这种文化逻辑，他们将被识别出来，遭到排斥，不允许参与或不被承认为公民社会的好成员或好公民。具体而言，他们可能被剥夺或只能部分获取权利、机会、政府补贴和资源。这类个体可能被剥夺权利、污名化、罪犯化，并经历社会边缘化，甚至更糟。

根据亚历山大的说法，不存在没有敌人的公民。实际上，公民身份不仅代表一种法律政治地位，而且代表一种道德状态。根据定义，任何人只要其特征和被归因的动机或社会政治取向超出好公民的道德尺度，就属于坏公民或敌人。某人或某个群体越是偏离好公民的身份，这些人就越有可能被剥夺尊重，被泼脏水，成为具有威胁性的“他者”。由此观之，永远不会有什么公民国家是不存在社会分裂、两极分化、冲突、等级秩序和压迫的。在这里，我们可以看到亚历山大融入了后现代主义发人深省的后解放主义精神，但并没有放弃启蒙运动的民主希望。

关于公民二元符码，还需要指出两点。首先，它不是抽象的运作；个体和群体或媒体不会将其表述为一个精简的理性逻辑概念。事实上，我们往往没有意识到这种符码，它深深地植根于我们的制度、文化和语言本身当中。相反，这种二元文化符码体现在私人生活和公共生活中流通的那些叙事和话语中。我们讲故事来领会我们的经历，并对我们的个人生活和集体生活进行复杂的分层描述，表达公民与敌人、善与恶的语言。换句话说，二元公民符码被构建成我们的表征、叙事、话语、标志性图像和日常交流。符码赋予我们的文化表达以情感、道德和社会维度的承载；文化之所以总是具有政治影响力，原因之一正在于此。如果我们透过舆论的喧嚣，仔细倾听或打量这些文化符码，就会注意到，在各种新闻报道、演讲、采访、评论和批评中，都会以微妙和不那么微妙的方式，调用这些二元对立，最终唤起它们来勾绘一套有关善恶的道德秩序。

但是，公民领域仅仅是一个由文化符码、符号、意义和道德判断组成的世界吗？一些批评者认为亚历山大正是这么说的，但这种观点具有误导性。文化意义并不仅仅是与真实的人、群体、运动和机构之间毫无附着或关联地漂浮着的。诚然，它们的效力在一定程度上有赖于被阐发为符码、叙事和话语。但这些文化意义也确实嵌入了“监管机构”（regulatory institutions），特别是法律和亚历山大所谓的“沟通机构”（communicative institutions）。前者是由地方、州和联邦各级的法院、法官和法律决策组成的世界。公民文化符码被写入法律和司法判决。法院关于公民权利的判决，例如结婚权、投票权、服兵役权或堕胎权，对社会成员资格有直接而强大的影响。沟通机构是指大众传媒、民意调查机构、网络网站、政策研究所等。这些机构通过专家解读、社 328
论、日报和新闻报道来表达公民符码。虽然缺乏国家约制，但它们具有巨大的社会意义，因为它们塑造了公众舆论；它们控制着我们的日常生活，使这些机构成为有关包容和排斥的政治的核心。

公民领域与非公民（noncivil）领域持续互动，属于后者的那些社会生活领域，无关于团结，而关乎利益、情欲、爱、权力、信仰或教育。公民领域和非公民领域之间存在的张力实属寻常，实际上是不可避免的。非公民领域的逻辑（利益、信仰、爱、权力）会侵入并渗透公民领域，既制造张力，有时又有助于巩固公民领域。例如，通过法律或立法，国家可以将权利和合法参与途径扩大到越来越多的成员，以此支持公民领域；但是，国家也可能会对某些特定人口，例如族属、种族或性等维度的少数群体，或是女性，实行剥夺公民权、罪犯化或边缘化等措施，从而将某些形式的社会排斥符码化/法典化（codify），予以固定。或者说，追求利益的经济驱动，及其造成的严重的社会不平等，意味着人口中的某些部分将在社会上被边缘化，处于不利地位，这与公民领域的包容性团结主义追求相矛盾。此外，强大的政治或经济精英可能获得足够的国家和社会权力，来促进他们自己的特定文化价值观，推动他们自己特定的公民符码的具体化，就好像它们代表所有公民的公民符码。

因此，公民领域是动态的。公民领域和非公民领域之间的交流不可避免地在公民生活的结构中产生缝隙和撕裂，但也会产生修复和改变的努力。冲突和变革还有一个驱动因素：持续发生的有关包容和排斥的政治。如前所见，一些个人、群体和亚人群被剥夺公民权，失去了尊重，被迫生活在边缘或退出，这都是不可避免的。在某些情况下，被剥夺权利的人不仅会非正式地抗议他们的局外人地位，而且会在政治上这样做。他们将寻找志同道合的人，分享他们的故事，并诉诸将他们的排斥合理化的那些公民符码，以将他们的困境政治化。他们将援引公民领域的核心原则和价值观，例如所有人都有正直和尊严，人们应该根据其行为而非其肤色或性—性别地位得到评判，或者既然他们工作、纳税并作为好公民行事，也应该被赋予公民权利和充分参与国族生活的平等机会。简言之，公民领域的道德普遍主义本身就不可避免地产生了他者性，但也产生了包容的政治。

随后，公民排斥的模式会产生一些被归类为敌人或亚公民的亚人群；再往后，这些人群又利用公民符码要求获得符号性公民身份；这样，社会运动就诞生了。20世纪六七十年代发生的事情当然就属于此，而最近则是由人们注意到警察对美国黑人的暴力模式引发的“黑人的命也是命”(Black Lives Matter)运动。

运动并不总能成功，甚至往往并不成功。要取得实效，需要个人承担相当大的风险，需要有建立和维持组织所需的资源，以及政治动员的策略，形成联盟和网络，如此等等。但运动也必须有效地使用公民民主理想主义的语言，创造积极分子和持同情立场的受众、盟友及

广泛的社会支持，以提高成功的可能性。从这个角度来看，一场寻求 329
社会变革的运动，如果采取的论调是将美国视为不可逆转的腐败和邪恶，例如彻底的种族主义和厌女立场，需要彻底的革命，那很可能是无效的，因为它与美国公民社会的核心道德理想主义和团结主义存在深切的张力。这种激进的论调无论是来自右翼还是左翼，往往没有意识到，民主公民权的话语不仅仅是精英们保持权力的一种意识形态或策略，而是绝大多数美国人根深蒂固的道德信仰和政治信仰。

调用美国公民民主的话语很难确保成功。一场运动的命运既取决于更广泛的结构性动力机制，例如经济状况、国家行动者的角色和当时的国族政治精神，也在同样大的程度上取决于其所拥有的资源，结成的同盟，与有权势的机构和网络之间塑造的关联。

考虑到美国各种运动的历史，亚历山大概述了运动设法实现一定程度的社会包容或融合的三种方式。

首先是社会融合的“同化”(assimilative)模式。外来人口/局外人群只有在他们屈服，或使社会上看不到他们被污名化或被泼脏水的特征和行为的情况下，才能获得社会认可。例如，20世纪中叶美国的犹太人获得了一定的社会认可，但代价是放弃标志着犹太人特性的特定习惯，或将其保持在私人领域，例如，有些人改变了他们的名字，或放弃戴犹太小帽(yamaka)或说意第绪语。

第二种融合模式亚历山大称为“并存”(hyphenation)。特定群体或文化共同体被污名化的那些文化特征也得到了容忍，但只在他们自己的共同体中得到容忍；它们不被承认为广泛的国家“公民”特征。虽然他们的特殊属性不被承认为“美国人的”，但这些以前被污名化的特征不再将他们标记为“外国人”，而是“少数族群”。这种“并存”使他们能够加深他们特定的文化共同体纽带，同时也开始感到自己是更广泛的社会共同体的一部分。在19、20世纪之交，意大利移民经常被表征为非白人、非新教徒和外国人，其实是被污名化。在第二次世界大战后的几十年里，他们的意大利人属性逐渐被视为一种特定的族属，并不排斥他们的美国人身份。

第三种融合模式是“多元文化主义”（multiculturalism）。此前被污名化的文化特征或习惯将一个文化共同体标记为与众不同和不受尊重，现在被核准为“公民的”或作为美国人的一种表达。做一名犹太人、黑人或同性恋，现在被理解为也是做美国人的方式，与众不同但也获得认可。多元文化的融合意味着广泛的重大社会变革。所谓由多种价值观、符号和叙事形成的特定聚合界定出一种统合一体、独具特色的美国核心文化，这个国族几代人的心中一直有着这样的观念。多元文化主义表明，美国的独特之处，受人尊敬之处，恰恰在于它由纷繁多样的文化所组成的；它的核心共同价值观就是尊重文化差异的价值观，因其对差异的包容性才能辩称国族之善好。最后：融合不仅关乎权利和机会，而且关乎被承认为有道德的好公民；它吁求的是团结的扩大，是公民领域道德普遍主义的力量。

330 看到民主制要么被化约为自由市场绝对主义（即新自由主义），要么被愤世嫉俗地视为超级富豪和有权势者的意识形态而遭拒斥，当此之时，亚历山大提出了一种重构的民主理论。亚历山大通过有关公民社会的社会理论的语言，提供了一种可供替代的愿景，坚定主张公民生活的道德理想主义仍然至关重要，并且意外地促人深省。诚然，我们生活在一个看似难以解决的两极分化的时代，社会等级秩序跨越多个维度，许多人只是勉力维持。但是，在亚历山大的世界观中，正是这些境况也可能产生不满，引发对公民领域的社会正义希望。

推荐书目

Jeffery Alexander, "The Strong Program in Cultural Sociology" , 收于 J. Turner, ed., *Handbook of Sociological Theory* (New York: Kluwer Academic, 2002)。

Jeffery Alexander and Steven Seidman, eds., *The New Social Theory Reader*, 2nd edn. (New. York: Routledge, 2008).

参考文献

1. Jeffrey Alexander, *Theoretical Logic in Sociology*, 4 vols. (Berkeley: University of California Press, 1982–4).
2. Jeffrey Alexander, "The Promise of Cultural Sociology: Technological Discourse and the Sacred and Profane Information Machine," in N. Smelser and R. Munch, eds., *Theory of Culture* (Berkeley: University of California Press, 1993).
3. Jeffrey Alexander, "Cultural Sociology as Social Research: A Conversation with Jeffrey C. Alexander," *Sosiologisk Tidsskrift*, 2014, 1: 75–90, p. 81.
4. Alexander, "Cultural Sociology as Social Research" , p. 77.
5. Jeffrey Alexander, *The Performance of Politics: Obama's Victory and the Democratic Struggle for Power* (Oxford: Oxford University Press, 2010), p. 9.
6. Jeffrey Alexander, *The Civil Sphere* (Oxford: Oxford University Press, 2006).
7. Alexander, *The Performance of Politics*, pp. 9–10.

331

第二十三章

南希·弗雷泽：为激进民主而辩

20世纪六七十年代出现一波社会正义立法浪潮，当时对公民权利期望高涨，解放主义运动风起云涌，自那以后，大规模民主变革的前景似乎已经黯淡。从90年代开始，美国自由主义的希望和愿景明显缩小。不再是秉持新政精神的变革性政治，也不是六七十年代的正义运动，焦点落在了促进经济增长和社会稳定的国家政策。全球化的经济，加上亚洲崛起为新兴强权，以及从越南到阿富汗和伊拉克的不受欢迎并招致"失败"的入侵，对美国实力形成一系列打击，已经给美国的信心带来了怀疑。

在美国和整个欧洲，似乎出现了从坚定的民主愿景中退缩的情况。在美国，民主党人和共和党人都团结在所谓的新自由主义周围，这种政策和社会愿景的核心就是相信自由市场的有益力量，旨在消除对市场活力的任何阻碍。新自由主义往往不仅意味着减少政府监管，而且还意味着削减以国家为后盾的社会支持，比如福利，比如对特别有利于穷人和少数族群的社会项目和地方社区的投资。正是在这种背景下，亚历山大之类的理论家试图重新把握对于重焕生机、具有社会意识的自由主义的民主灵感和愿景。

虽然在美国和西欧大部分地区，自由主义一直是居于支配地位的社会和政治传统，但激进的政治和社会思想潮流也提供了一种批判性的替代方案。简单来讲，至少从20世纪以来，我们可以识别出激进社会理论和政治的两大脉络：社会主义和身份政治。

马克思主义—社会主义与阶级政治 332

尽管马克思主义—社会主义传统有许多线索，但其核心是对资本主义的批判和对社会平等的伦理—政治承诺。这一传统的核心就在于以下观念：平等社会是所有公民都有平等渠道获得社会机会的社会，要做到这一点，一个国家的财富应该得到公平分配。尽管资本主义是一个动态的、以增长为导向的社会系统，为人类发展创造了巨大的财富和潜力，但它不可避免地在国家内部和各国之间造成了严重的不平等，或是财富和贫困的高度集中，从而破坏了这种潜力。社会主义者主张，如果公民创造了一个社会的财富，他们应该公平地分享其分配。不幸的是，资本主义不可避免地使财富分配向企业和财产的所有者和管理者倾斜；它造成了人类广泛地被剥夺和不安定状况。

社会主义在20世纪和21世纪命运多舛。它与苏联的关联，在很大程度上损害了这种意识形态和政治的信誉，对美国人来说尤其如此。然而，社会主义在西欧的进展要顺利得多，例如在英国、法国、德国和斯堪的纳维亚诸国。在这些国家,普遍致力于建立一个追求社会正义和公正经济的强大政府。

然而,即使在这些国家,具有改革意识的民主社会主义在过去几十年中也已趋于衰落。例如,英国有着令人印象深刻的工会社会主义传统和对强大的福利国家的支持,但在托尼·布莱尔领导的工党执政期间似乎已经倒退了。最近,保守立场的保守党获得了权力,让工党怀疑,现在乃至将来,自己是否只能是一个少数党。在整个欧洲,社会主义及其社会正义和平等的规划都受到了打击。而在社会主义传统薄弱的美国,占领华尔街的运动让人们关注经济和社会已经变得多么两极分化和有失公正,以及政府如何逐渐退缩,偏离对社会正义和社会平等的不懈而积极的承诺。

新兴社会运动与身份政治

美国和西欧的第二股激进潮流与以身份为导向的社会运动有关。无论我们谈论的是女性运动或同性恋运动,还是族群运动和种族运动,几个世纪以来,这些都一直是“西方”意识形态和政治景观中不可或缺的组成部分。特别是在“二战”后的岁月里,这些“新兴社会运动”获得了相当大的政治意义。它们利用自己的组织、收入和大众普遍支持,组建了全国性的运动,有时甚至是国际性的运动,并奉行从选
333 民登记和民权立法到直接行动的各种政治策略。这些运动产生了广泛的社会影响,影响了立法、社会政策、文化意义和个人生活。这些运

动与基于阶级的运动一样，也产生了新的社会理论，比如女性主义、黑人民族主义、非洲中心主义、男女同性恋理论和酷儿理论，以及批判性残障研究。这些运动的政治的核心，就是被边缘化、污名化和被剥夺权利的那些群体对正义的要求。他们的诉求很简单：尽管意识形态认为社会是由同样受到尊重和珍视的个体组成的，但现代社会实际上不仅由阶级不平等构成，而且由种族、性和性别等维度的等级秩序构成。特定的身份和群体，例如白人、异性恋、男性或身体健全的自我，通过被提供一系列的权利、社会尊重，登上生产文化形象和价值观的传媒，就此享有特权。另一方面，非白人、女性、非异性恋者、残障人士或生理上面临挑战的人士之类的身份和群体就会被剥夺权利，在文化上不受尊重，可能被污名化或罪犯化，并在社会上被边缘化。身份运动所表达的那些理论，说明了基于身份的等级制度的形成，以及各个群体在权利、尊重和社会地位等方面的分布方式。运动理论家所倡导的那些正义形式，涉及权利、承认和尊重，或者更具挑衅性，旨在挑战作为组织社会生活和个人生活的原则的这些身份类别。

从20世纪50年代至今，这些运动带来了重大的社会变革。此前被剥夺权利和边缘化的身份和人口已经获得了权利、尊重并正在被纳入主流，尽管这方面的进展并不均衡，并且仍然存在被严重边缘化的人口，如跨性别者或残障人士。这种变化最明显的莫过于最近美国和西欧大部分地区对同性婚姻的宪法承认。

然而，在许多运动活动家和理论家中，存在着相当大的不满。正如“黑人的命也是命”运动所彰显的那样，人们对种族正义等方面的“进步”存在严重怀疑。或者，虽然许多积极分子庆祝同性婚姻，但许多认定为男女同性恋的人，特别是非白人和低收入人群，继续与涉及就业、住房、骚扰和暴力等方面的基本关切做斗争。

不仅如此，一些激进的活动家和理论家还提出了一个更根本的挑战：围绕身份加以组织，可能会在这些身份群体中产生新的分裂和等级秩序（在运动的意识形态中，黑人或女同性恋者是否有所体现？是否应当有所体现？），新的内群体/外群体，以及新的监管形式，即监管如何做同性恋或如何看起来像真正的黑人的新规范，以及控制这些文化规范的新精英。此外，一些批评者还提出，这些运动的目的不应是固化身份和群体当中的分隔；相反，他们主张解构身份标签和身份群体，以便为个体生活和社会生活中的更多变化和流动性开辟空间。

总而言之，激进政治和社会理论已经有一段时间止步不前。大多数振兴激进思想和行动主义的努力仍然属于社会主义阵线或身份政治阵线。也就是说，理论家们要么专注于重新思考资本主义的政治经济学，要么批判性地重新评估身份政治。除了对另一个阵线的基本属
334 于片面的批评之外，几乎没有人努力让这两种传统展开认真的对话，并提供一种综合的社会政治愿景。正是由于对激进思想和行动主义内部的这种分裂，对这种分裂阻碍民主政治的方式，愈益产生不满，激发了南希·弗雷泽的工作。

再分配与承认：迈向综合性批判理论

弗雷泽作为一名同样自认为社会主义者的女性主义者，以及一名

探求不立基础的一般化社会理论的“后现代”政治理论家，已经建立了一块旨在重振激进思想和行动主义活力的理论阐述语域。她希望将批判理论与社会正义思维和行动主义这两股重大传统带入富有成效的对话。

她认为，社会主义和身份政治这两股传统都有一个概念，对于它们的理论阐述和行动主义来说是基础性的。

对于社会主义来说，就是“再分配”(redistribution)这个观念，或者说认为一个公正的社会就是普通公民创造的财富应该得到公平分配的社会。由此观之，面对基于经济的社会不平等，政治上的重大挑战就是重新分配财富，以实现社会和政治参与机会的均等，或者创造弗雷泽所说的“参与均等”(parity of participation)。

而对于身份政治，确定性概念则是“承认”(recognition)。在所有社会中，一些身份和社会地位得到确认和珍视，而另一些则得不到承认或尊重。文化上的承认不当(misrecognition)或不予承认(nonrecognition)限制了个体参与社会生活持续塑造的能力。例如，如果同性恋被视为不正常或有罪，这类个体将无法组建被其他公民和国家认为是合法并珍视的同性家庭。或者，如果黑人被理解为缺乏自我控制和规划未来的能力，那么他们就不会被人认真考虑授予负有权威和责任的社会角色或职位。在这种文化领域中的正义意味着，比如说，通过将权利和尊重扩大到那些被边缘化的人口，扩大这些人平等参与一个国家完整的社会文化生活的机会，来承认存在地位差异。

再分配和承认设定了两种不同的社会观、正义概念和行动主义类型。然而，弗雷泽并不是说，承认是关于我们应该如何理解身份政治或地位政治，而再分配涉及我们应该如何分析阶级政治。相反，这两大激进传统提供了两种有力的视角，每个都可以用来同时理解阶级政治和身份政治，并想象一个公正的社会。此外，如果行动派要整合这种双重视角，激进政治就得到了整合，因此比单边片面的模式更具效力。

我们不妨来更细致地看看这两种思维和正义范式。

再分配针对的是社会经济不公正或经济不平等，这会转化为社会政治参与的不平等，个人成长和福祉的机会不平等。例如，弗雷泽所
335 谓的各种形式的“分配不当”（misdistribution），包括资本主义对劳动力的剥削，低于标准的工资和生活条件，经济上的缺乏保障，或是住房和医疗保健缺乏保障。显而易见，这种基于经济的不平等造成了社会不平等，例如限制经济上处于劣势的人上学，对媒体和公职人员施加影响，等等。因此，再分配正义要求经济重组，以使个人、家庭和群体的财富和基于物质的机会均等。驱动再分配政治的是阶级动员，例如组建工会、劳工政党或员工协会。

承认针对的是文化不公正或公民获得表征与沟通手段的渠道不平等。如果文化生产不平等，某些群体的思想和价值观将比其他群体拥有更大的力量。文化上强大的群体将有权力决定，从服装和艺术表达到亲密关系的安排，哪些社会实践得到尊重和地位，或者从政治到美等话题，谁的声音或意见被倾听并被视为具有权威性。

例如，鉴于异性恋属于合乎规范的，被认定为异性恋的个人可以从国家获得种类广泛的权利；他们将看到自己的异性恋生活在媒体和艺术中得到提倡，并且可以假设他们的亲密关系选择几乎肯定会被认

为是合法的，并得到国家、民事机构、同龄人和家庭的广泛支持。在异性恋规范秩序中，非异性恋者可能会被剥夺基于国家的权利，在肯定性文化表征中不获承认，甚至可能被剥夺选择公开形式的同性亲密关系的个体自由。更一般地说，在美国，作为一个男人、白人或“健全”的身体已经被正常化/规范化，与这些地位相关的文化特性继续发挥规范性的作用，使非男性、非白人和残障人士处于文化上的劣等地位。后者遭受地位贬值或诋毁，更重要的是，由于文化上的地位低下，他们参与社会的能力严重受限。这些形式的符号性苦难与经济剥夺在同等程度上属于压迫形式。

承认正义的斗争的核心是某些地位或身份群体，它们寻求进入生产表征和话语的文化制度/机构的平等渠道；这是实现平等参与塑造社会信仰、规范、价值观和理念的必要条件。正义意味着开放各种文化制度/机构，重新考虑一个社会如何表征文化理念、规范和价值观，并在不同的文化群体中分配地位。

弗雷泽提供了一种一般社会理论。她认为有两项重要的社会结构化原则：一是经济，它创造了一种基于阶级的社会秩序，在分配上不公正；二是文化，创造了一种基于地位的社会秩序，产生了承认的不公正，即不尊重和文化剥夺的做法。正如弗雷泽在谈到这两项结构化原则时所言：

> 阶级和地位表示社会根深蒂固的臣属秩序。说一个社会有阶级结构，就是说它把经济机制制度化，系统地剥夺了它的一些成员与其他人平等参与社会生活所需的手段和机会。与此类似，

> 说一个社会有地位等级秩序，就是说它把文化价值模式制度化，
> 336 这种模式普遍剥夺了一些成员要成为社会互动中充分参与的伙伴所需的承认。阶级结构或地位等级的存在构成了参与均等的障碍，因此是一种不公正。[1]

为了详细说明，我想再谈三点。

首先，弗雷泽并不是说这两套社会结构化和不公正的秩序是相互分离、彼此独立的。这种说法正是她所要挑战的。经济与文化、阶级与地位动力机制实时交织。当我们考虑阶级政治时，我们需要同时考虑再分配的动力机制和承认的动力机制。穷人不仅遭受住房和医疗保健的无保障，而且还被污名化为比高收入人群更无价值，更不值得尊重。他们进入某些机构（媒体、学术界、政策研究所）的渠道也将减少，而正是这些机构所确立的那些信念、规范、价值观和理想，决定了哪些人和行为或哪些个人特性和社会特性是更有价值的，更值得尊敬的。同样，地位政治也与经济和分配问题有关。如果女性被想象成主要以情感为中心、受母性驱动，如果认为照料是她们的本性，作为她们的核心身份，那么她们就不会被信任去担任管理和领导的高级职位；后者被认为有赖于男性特征，如理智地计算和强硬的有时甚至是无情的决策。或者，如果同性恋者因为异性恋规范和恐同症而被迫深柜，那么引导他们做出经济选择的可能是安全和舒适方面的考虑，而不是他们的市场技能、才能和职业抱负。再分配和承认不是两种相互分离的范式，而是理解社会不平等的综合思路。归根结底，它的价值将不是通过学术论辩来检验，而是通过它在社会正义的行动主义中的有效性来检验。

长期以来，批判性思维和行动主义这两种传统始终相互敌视或彼此隔膜。弗雷泽认为，最近，身处欧美的我们目睹了地位群体冲突和承认政治的主导地位。我们需要将再分配视角带入地位群体的政治，将承认视角带入阶级政治。正如弗雷泽所说："几乎所有的臣属轴线都同时参与了地位秩序和阶级结构。因此……地位和阶级代表了分析上各自分离的臣属秩序，通常贯穿各类社会运动。但不管怎么说，地位和阶级**的确**分别对应了承认不当和分配不当。"[2]

其次，阶级臣属和地位臣属的共同点是，它们都限制了个人或群体参与社会的可能性。而且，对弗雷泽来说，"参与均等"，或者说所有个人参与公民社会和政治的生活的平等机会，是判断是否属于公正社会的最终标准。简单地说：阶级不平等和地位不平等限制了社会参与。就前者而言，物质匮乏/剥夺*干扰了上学的机会，获得负担得起的医疗保健的机会，或积极塑造公共论辩和国家政治的能力。就后者而言，文化匮乏/剥夺阻碍了边缘化人群挑战某些表征和形象的机会，那些表征和形象一直在贬低他们，并阻碍了他们平等参与社会生活和政治生活。物质上和文化上的被剥夺都维持着社会不公正，维持 337
着一个包括种种等级秩序和严重不平等的社会世界。

第三，弗雷泽区分了可能纠正不公正的两种不同方式：一是通过扶持（affirmatively），一是通过变革（transformatively）。在前一种情况下，社会不平等，无论是经济上、政治上还是文化上的，都能予以应

* "deprivation"，"匮乏"强调"客观"的结果、现状，"剥夺"强调形成的原因、机制，或者说，"匮乏"是"剥夺"的自然化、客观化。

对,但总体上维持了现有秩序。

例如,对经济分配不当的扶持性回应可能涉及通过改革税法或调整工资,或扩大国家支持的医保覆盖面,来减少收入不平等。这类改革很重要,因为它们影响到人们的日常生活。然而,它们并未触动资本主义的基本秩序,在弗雷泽看来,资本主义不可避免地产生了收入不平等和参与社会各领域的机会不公平。正如弗雷泽所说,这种经济改革"不会挑战产生阶级劣势的深层结构"。[3]与此相反,变革性再分配补救措施旨在根除造成反复出现的分配不当型不平等的政治经济条件。对分配不当的变革性补救措施将包括"重新分配收入,重组劳动分工,使投资服从民主决策,或改造其他基本经济结构"。[4]扶持性补救措施改善了某些人的生活,但保留了结构性不平等,而变革性补救措施旨在实现真正的分配平等和正义。

至于与承认有关的不公正,扶持性补救办法包括容忍甚至接受以前被诋毁和边缘化的那些身份或地位群体。这可能意味着将权利扩大到被剥夺权利的人群,将边缘群体的文化表征纳入媒体和公共事务的主流,引入配额和平权行动/扶持性行动(affirmative action),以加强他们对社会生活和政治生活的参与。然而,构成社会地位群体分化基础的身份将不会受到触动。

例如,男女同性恋者或跨性别者将被正常化;恐同症和恐跨症(transphobia)不会得到公开容忍。媒体和流行文化形象将抱持尊重;公民权利和政治权利将得到扩大,承认他们是平等的公民。不过,根据性身份对所有个体进行分类,并将其简化为对伴侣的性别偏好,这样的文化并未受触动。弗雷泽指出,这种基于性身份的文化的问题在于，它使身份物化，固化了性身份群体之间的分裂，监管和约束了其内部群体成员，并再生产出了一种异性恋规范的性别二元秩序，即使是更宽容的秩序。

与此相反，对地位不公正的变革性回应旨在挑战和改变创造特定身份和地位群体的文化本身。这很重要，因为如前所述，尽管扶持/肯定（affirming）身份可以结束歧视和某些形式的污名和边缘化，但它们也可能成为限制，并产生国族主义反击运动，比如白人至上主义（white supremacist）团体。变革性正义补救措施旨在挑战和解构的那种文化，强迫性、种族或性别维度的认同，并要求我们每个人都接受内部统一、相互排斥的身份。因此，活动家们的目标不是扶持少数种族身份并促进重视不同种族群体的文化，而可能定在消除产生种族分类和基于种族的地位群体的那种欧洲中心主义和殖民主义文化。或者， 338
变革性的补救措施不是去扶持男女平等，而可能会挑战关于性和性别的"自然主义"主张；它可能会挑战异性恋规范，但不是通过为非异性恋者寻求权利和平等，而是通过接受一种"酷儿"立场，用想象的自我和不属于这种僵化的二元秩序的情色生活文化，取代规范化/正常化的性别身份和性身份。

重审政治领域：代表政治

从围绕再分配和承认的斗争的角度，是否就能充分地框定政治领域，这类问题始终困扰着弗雷泽。她增加了第三个关键角度，代表

(representation)。因此,除了再分配的经济与政治、承认的文化与政治之外,现在又有了代表的政治竞争舞台和政治学。

如前所见,经济不公正和地位不公正关系到公民参与社会生活各个方面的不平等。代表不公正反映了越来越多的公民所面临的现实,他们在政治上不被代表或被代表不当(misrepresented)。例如,人类中有些群体整个儿没有出现在政治公共视野中,或者虽然被看到,但由于缺乏资源,或由于人们理解或"框定"政治的方式所限,他们被剥夺了发出公共声音和进入具有政治影响的论坛的机会。这种情况集中体现了政治代表不公正:受到国内外诸般社会力量的影响,数百万人无法参与可能决定自己命运的政治论坛或被排斥在外。与分配不当和承认不当一样,无代表和代表不当助长了民众参与一个国家的社会生活和政治生活的不平等。可以通过扩大政治过程中的参与均等,来纠正与代表有关的不公正现象。

大体来说,有两组情况将政治领域和代表政治推向了许多当代思想和行动主义的中心。

首先,"第一世界"国家中的社会不平等日益加剧,民众中压倒多数的人在政治上缺乏发言权,被边缘化,这种现实愈演愈烈,尽管有形式上的权利和形式上民主的政体,但实际上剥夺了一个国家中大部分人的权利。金钱在政治中的作用,游说者和企业的权力,以及反复选举相同官员的腐败政治制度,以及其他动力机制,已经塑造了美国和其他地方的国家政治,因此越来越多的公民不仅感到被排斥,而且实际上在政治上是不被听到也不被看见的。在这种情况下,民主面临危险,可能徒具形式,成为掩盖明显不公正的政体的意识形态面纱。

与公民在所处国家中普遍遭到政治禁声和排斥相伴而生的，是人们更加意识到民族国家不能成为看待代表政治的唯一视角。长期以来，弗雷泽所称的“凯恩斯主义—威斯特伐利亚”构架框定了有关政治和正义的讨论。也就是说，政治正义被认为是在民族国家内部发生 339
的，并解决国家公民的参与和公平待遇问题。但全球化极大地改变了政治环境，弗雷泽说，我们必须重新思考政治正义的含义。

今天，民族国家与国际或跨国公司、非政府组织和国际非政府组织、跨国社会运动和组织分享权力，从联合国到各种国际法院和论坛，再到欧盟等后国族单元。不仅如此，我们所有人，无论我们生活在美国、瑞典、印度尼西亚、肯尼亚还是叙利亚，都面临着基于全球的新型挑战：全球变暖、数千万移民和难民的跨境流动、环境危机、国际恐怖主义、基于网络的军火贸易和入侵等等。“正义的天平”[5]已经改变；我们需要重新思考有关政治正义的问题，既要认真对待民族国家持续存在这一现实，又要认真对待后国族时代的全球环境。

当我们把焦点转移到全球政治背景时，正义问题就变得错综复杂了。民族国家框定的“正常正义”(normal justice)，我们知道谁是正义的主体(国家公民)，也多少知道正义牵涉到什么(分配或承认)，现在这些再也不能被认为是理所当然的。我们不能忽视或否认超越国界的那些边缘化的、政治上被压迫的群体，或是跨越国界的那些劳工、难民和移民人口，他们所提出的各种正义诉求，其中许多人在国家公民身份之外长期生活。我们也不能忽视这样一个事实，即民族国家不是政治正义的唯一裁决者，甚至不总是最重要的裁决者。新的跨国公共论坛和组织已经成为正义的政治空间，比如世界社会论坛(World

Social Forum)或国际非政府组织,如大赦国际或绿色和平组织,或国际刑事法院,或是基于网络的全球司法团体和网络,如维基解密,或将中东地区阿拉伯之春的系列反叛联系起来的各种网络。跨国公共空间现在是政治领域的一部分;它们是普通人提出正义诉求并让其利益得到代表的合法空间。

在这种瞬息万变的国际环境中,正常正义已经让位于“非正常正义”(abnormal justice)。对于许多全球公民来说,明确、合法的治理结构付之阙如,或者虽然有但缺乏合法性,或处于转型过渡期,又或是相互交叠而彼此冲突。例如,想想巴勒斯坦的西岸地区或整个中东地区的那些难民营;每个难民营都有自己的治理结构,但也都受东道国的政治权威和国际法的约束。在国家内部,由于政变、权力快速更迭、国家恐怖或与非国家组织和行动方争夺统治权威,许多国家不稳定且缺乏合法性。在国家之外,从联合国或欧盟之类的老牌政治行动方,到所谓“伊斯兰国”之类破坏稳定的新兴行动方,创造出一种政治环境,不清楚向谁诉求正义问题,也不清楚如何处置正义问题。事实上,弗雷泽认为,在这种瞬息万变、充满冲突的政治环境中,正义的含义本身就存在争议。弗雷泽自己的工作当然有助于这一正在进行的讨论。

340 弗雷泽实际上提出了挑战。对于我们中的许多人来说,无论是普通民众、活动家还是理论家,我们都不能再理所当然地接受确立和协商正义的那些条件。今天什么才算属于政治?谁可以提出正义的诉求,或者什么算是正义问题?谁是相关决策者,代表性诉求的相关论坛是什么?最后,正义到底意味着什么?她提出了一些初步的想法,例如,代表正义,代表不当的不公正,作为政治行为的框架化/框定

（framing），以及正常正义和非正常正义。归根结底，决定政治和正义的命运的，是各种思想家、活动家、公职人员，以及涉入政治竞争舞台的普通民众。

参考文献

1. Nancy Fraser, "Social Justice in the Age of Identity Politics: Redistribution, Recognition and Participation," in N. Fraser and A. Honneth, Redistribution or Recognition? *A Political-Philosophical Exchange* (New York: Verso, 2003), pp. 49–50.
2. Fraser, "Social Justice in the Age of Identity Politics," pp. 49–50.
3. Nancy Fraser, "From Redistribution to Recognition: Dilemmas of Justice in a Postsocialist Age." *New Left Review*, 1995, 212: 68–93, p. 85.
4. Fraser, "From Redistribution to Recognition," p. 73.
5. Nancy Fraser, *Scales of Justice: Reimagining Political Space in a Global World* (New York: Columbia University Press, 2009).

341 第七编　结语

随着世界趋向全球化和多元文化，随着高科技园区排挤掉工业制造工厂，随着时间和空间通过新型高速通信和运输系统发生巨大变化，随着各个国家、民族和文化之间的界限变得疏松，社会知识的形态也在发生变化，又有什么值得惊讶的呢?

我提出了一个重要的变化：社会知识的后学科组织。虽然我们仍然成为了社会学家或人类学家，但我们所应对的学术论辩和研究问题，所使用的概念资源和方法资源，都来自许多学科。对于今天的我们许多人来说，我们作为社会学家或政治学家的认同，对于我们实际的理论阐述和具体研究来说，几乎不说明什么。

在后学科的学术环境中，学术论辩与其说是围绕“流派”或典范来组织，不如说是围绕关键人物、文本、理论议题、研究问题和争论话题的密集集群，并且是由来自广泛学科的学者参与的。事实上，在其中一些集群中，学者和非学者之间的分界线是模糊的，因为公共知识分子(例如记者、社会评论家、独立学者)也经常以关键的方式参与社会知识的生产。

社会知识的后学科组织还有一个特征：对无所不包、统合一体的社会理论或社会知识体系这种观念所抱持的信心趋于衰减。作为全球多元文化环境和后学科学术文化的产物，五花八门的视角层出不穷，各式各样的理论语言和研究语言相互冲撞，迫使许多学者重新考虑他们对客观性、普遍知识和创建一套理论体系这种理想的核心信念。

长期以来，对科学的信仰一直是社会思考的核心。从孔多塞和亚当·斯密等启蒙思想家，到马克思和涂尔干，以及帕森斯、兰德尔·柯 342
林斯和皮埃尔·布尔迪厄，社会思想家们都渴望声称他们的社会观念具有科学的地位。这不仅仅是一种获得公共权威或击败思想对手的玩世不恭的套路。许多社会思想家，无论是当时还是今天，都相信科学是通往客观知识的**唯一**道路。凭借其方法论上讲求严谨的文化，以及评估真理诉求的公共过程，科学被认为能够塑造出世界“如其所是”的观念。普通民众、诗人、宗教人士或政治活动家各自所持的社会视角据说都表达了他们独特的个人经历和价值观，或他们的政治意识形态。与此相反，科学可以说屏蔽了科学家的特定价值观和旨趣。换句话说，科学制度使科学家成为一个理性的行动者，遵从知识生产和证明的一般的、非个人的准则。

无论你是否相信科学成功地产生了社会真理，有一件事似乎是明确的：对科学的渴望迫使社会思想家对自己和他人的想法保持严谨性、系统性和批判性。一门有关社会的科学，这样的理念所提倡的文化，在思考概念、证据和真理标准时，具有反身性、严谨性和条理性。我们并不想放弃科学文化的这一面向。

然而，似乎很明显，科学已经失去了很多光彩。20世纪发生了太多事情，我们无法再不加批判地倡导科学：形成威胁要终结生命本身的科学武器，科学的酷刑，以及旨在让我们活着但也延长痛苦的科学的医学。科学可能确实是一种推动世界变得更美好的力量；然而，它也同样容易将我们引上通往社会噩梦的道路。

不仅如此，人们开始怀疑两个世纪以来几乎从未被质疑的观念，即只有科学才能产生客观的社会真理。一些批评者已经辩称一种新的社会知识观："情境化知识"（situated knowledge）的观念。

将知识视为情境性的，意味着我们从特定的立场出发来认识世界。立场可以表明某种性别身份或种族身份，或者国族身份或"文明"身份，比如"西方""非洲"或"东亚"。立场塑造了我们如何看待社会，无论我们关注的是个体还是群体，无论我们认为阶级、种族、性别还是殖民主义更重要，无论我们关注的是孤立的社会还是多个社会组成的网络。我们永远无法摆脱我们的立场来认识世界；我们是谁很重要，因为它关系到我们对世界能说什么，能知道什么。

你可能会问：如果知识总是与特定的立场相关，它又何以可能？答案是，正是立场使知识成为可能，即使它也赋予了知识片面性。

例如，根据一些女性主义者的说法，在许多社会中，男性的生活是通过参与公共的、制度的世界而形成的，例如军队或政府。这种社会立场塑造了男人看待世界的方式。从积极的方面来看，男性的公共定位使他们能够对公共生活产生复杂的观念。由此观之，经典社会学家——全是男性——的主要贡献是他们有关经济、劳动分工、科层制或法律的观念，这并非巧合。事实上，女性主义者会说，男性已经发现了关于公共制度世界的真实社会的真相。

然而，男性在公共世界中的社会定位本身也意味着，他们的观念 343
存在严重缺陷和片面性。男性的社会视角基本上将女性排除出了社会和历史的故事。女性思想家和文化创造者，以及各类相关运动和组织，在男性的社会和历史视角中始终是缺失的，直到最近才有改观。历史上占据女性生活的那些活动，对身体的制造和照料，对家户的社会组织，在男性的社会思考中一直缺失。在孔德、马克思或涂尔干的笔下，对性相、性别、生育、育儿或情感的分析在哪里？最重要的是，男性的视角始终未能分析人类行为和社会世界中深刻的性别化特征，直到最近才有所改观。理解性别化的身份和实践，以及私人生活和公共生活之间的鸿沟，它们的社会形成过程，并不是社会理论传统的一部分。在经典和当代的许多社会思想中，性别并不是领会人类生活的关键透镜。

对性别的这种忽视，并非毫无政治和道德意义。由于男性从与公共生活的关联中颇多受益，而女性因与私人生活的关联而身处劣势，男性特质的社会知识就加强了男性的社会支配地位。而且，女性主义者指出，我们不应该对此感到惊讶！男性像任何特权群体一样，对揭露自己权力的社会来源和理据不感兴趣。与此相反，女性确实有兴趣/有利益（interest）去努力理解性别的社会意义，理解性别差异和不平等的社会根源。女性因现有的性别秩序而处于社会劣势。为了改善她们的处境，她们必须挑战一种使性别差异和不平等成为自然法则或上帝律法的意识形态。

将知识作为情境性的来看待，并不否认社会真理的可能性。相反，它表明我们只能从特定的立场出发去了解社会世界。立场使知识成为可能，但这也意味着我们的社会观念总是片面的和视角性的。也许我们必须放弃有关全面、绝对、客观的社会知识类型的理想。社会真理既揭示社会现实，也掩盖社会现实。如果我们将知识作为情境性的来看待，我们应该注意知识是通过哪些方式，塑造了我们自己和社会生活。知识不仅在于表现现实，而且在于建构现实。

一种将社会知识视为情境性的并分散成集群式论辩的文化，可能会回避对社会知识体系的追求。今天还有人敢做孔德、帕森斯甚至哈贝马斯所尝试的事情，即提供一种社会学体系，或一种关于社会、历史和现代性的综合理论吗？至少就目前而言，追求体系的时代，追求自信地迈向普遍真理的一门有关社会的科学，对我们许多人来说似乎不那么有说服力了。也许放弃这个崇高的梦想会失去一些宏大的东西，但这可能只是暂时的信心丧失，因为西方对自身的确定似乎有所衰减。但是，无论一般理论的命运如何，我们已经看到一种更温和的一般理论卷土重来，在我们有关社会知识的不断变化的文化中，科学的精神，它对分析严谨性的承诺，它的批判反身性，以及对知识和社会生活的意义的不懈探问，仍然非常活跃，发展良好。

索引*

* 页码均为原书页码，其中有下划线者表示在该页能找到这位学人的生平简介。

性别身份 gender identity, 215–20, 230, 250–1
　性解放 sexual liberation, 178–83
　性分层 sexual stratification, 89–90
　亦参 女性主义理论 feminist theory

译者说明

本书作者史蒂文·塞德曼，是一位过于正常的人。他努力想葆有自己作为一个个体，在生活取向上的“反常”性，作为一个社会中的人，在学术取向上的“反常”性，并以这样的“反常”性，来彰显自己与自己眼中（美国）学界主流学人、主流道路相比的完整性。为了完整地延续这种完整性，他甚至会摆明自己生活道路和学术道路的断裂性（我为什么要用“甚至”呢？）。

塞德曼这本书，是一部过于正常的书。为了向经典大师致敬，他大大压缩了大师学说本身的介绍篇幅；为了向社会学的想象力致敬，他不惜笔墨叙说着过于现实的时代风云和院外思潮/运动（movements）；为了向内心中学院/学人/学术的使命致敬，他直白坦陈显然不讲究价值中立的价值立场，无论是被介绍的学者，还是介绍人自己。相较于一般学科理论史教材，它更像是一部史论，并且是从人物选择、观点阐述到得失评价都带有鲜明作者特点的史论，你甚至可以说是作者的自白，从60年代走来的作者的青春自白，也是作者对自己青春的反省自白。这些都写在书的序言中，并贯穿着全书。

译者说明

翻译塞德曼这本书，是一次过于正常的经历。本世纪初时我初读此书的首个中译本，如痴如醉，如见初心。不知道是作者写得好，还是作者“写”的好，其实这难以区分也正是本书的特点。首个中译本译者刘北成老师统率他的几位学生奉献出的译作，相较同类史论质量颇高，但编校质量实在难以令人满意。而从当时所据的第二版，到本次中译所据的第六版，作者本人不断扩容更新，虽然毕竟年事渐高，偶有疏失，但在国内社会理论史论读物中，无论就内容范围还是运笔风格而言，仍有其独树一帜的不可替代的位置。也特别感谢本版中译的编辑的识见，使本书从最初的选题策划，到最后的书名定夺，都能在正常的轨道上顺畅运作，不掩其“反常”的价值。

首个中译本的书名“有争议的知识”是不妥的，原书各版题名中保持不变的核心词汇“contested knowledge”，强调的不是知识有瑕疵、尚存争议，企求不存任何瑕疵、消除一切争议、解释全局问题的那种理论体系，比如帕森斯式的学说，肯定不是本书追求的目标。毋宁说，这是一部“知识在争议中”的风云激荡史，是一部学界学人置身时代并直面时代而不以学术独立、皓首穷经自我安慰的“从辩求知录”。还需要指出的是，重读经典不仅仅只是回归经典文本，肃清美国主流学界的问题也并非只是回归欧洲社会理论丰富资源，在这个方向上，作者未必做得非常好，但已经有了坚实的表现。

最后，且改编一句实在有些烂大街的歌词：来吧，战吧，以最不孤高的姿态，去追索最孤高的梦。

2023年8月12日
于京北西二旗智学苑

文
景

Horizon

社 科 新 知　文 艺 新 潮

置身时代的社会理论（第6版）

史蒂文·塞德曼 著　李　康 译

出 品 人：姚映然
策划编辑：朱艺星
责任编辑：朱艺星
营销编辑：胡珍珍
装帧设计：徐　翔

出　　品：北京世纪文景文化传播有限责任公司
（北京朝阳区东土城路8号林达大厦A座4A　100013）
出版发行：上海人民出版社
印　　刷：山东临沂新华印刷物流集团有限责任公司
制　　版：南京展望文化发展有限公司

开 本：700mm × 1020mm　1/16
印 张：37.00　　字 数：395,000　　插页：2
2024年1月第1版　　2024年1月第1次印刷
定 价：149.00元
ISBN：978-7-208-18493-0 / C.696

图书在版编目（CIP）数据

置身时代的社会理论：第6版 /（美）史蒂文·塞德曼（Steven Seidman）著；李康译．—上海：上海人民出版社，2023

书名原文：Contested Knowledge: Social Theory Today

ISBN 978-7-208-18493-0

Ⅰ.①置… Ⅱ.①史… ②李… Ⅲ.①社会学—研究 Ⅳ.①C91

中国国家版本馆CIP数据核字(2023)第231654号

本书如有印装错误，请致电本社更换　010-52187586

Contested Knowledge: Social Theory Today, 6th Edition,
By Steven Seidman
ISBN: 9781119167587

Copyright © 2017 John Wiley & Sons, Ltd
Authorised translation from the English language edition published by John Wiley & Sons Limited. Responsibility for the accuracy of the translation rests solely with Horizon Media Co., Ltd., a division of Shanghai Century Publishing Co., Ltd. and is not the responsibility of John Wiley & Sons Limited. No part of this book may be reproduced in any form without the written permission of the original copyright holder, John Wiley & Sons Limited.
Chinese simplified translation copyright © 2024 by Horizon Media Co., Ltd.,
A division of Shanghai Century Publishing Co., Ltd.
ALL RIGHTS RESERVED

Copies of this book sold without a Wiley sticker on the cover are unauthorized and illegal